B1

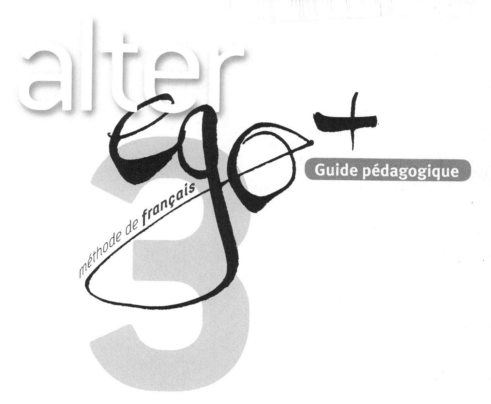

alter ego +

méthode de français

Guide pédagogique

Michel Guilloux
Édith Turbide

Marie-Françoise Né
Marie Rousse

En collaboration avec Catherine Dollez et Sylvie Pons

hachette

FRANÇAIS LANGUE ÉTRANGÈRE

www.hachettefle.fr

Couverture : Nicolas Piroux
Adaptation graphique et mise en page : Médiamax
Coordination éditoriale : Sarah Billecocq

ISBN : 978-2-01-155818-3
© Hachette Livre 2013, 43, quai de Grenelle, F 75905 Paris Cedex 15.

SOMMAIRE

INTRODUCTION

Présentation de la méthode

Alter Ego + est une méthode de français sur cinq niveaux destinée à des apprenants adultes ou grands adolescents, qui couvre les niveaux A1 à C2 du *Cadre européen commun de référence pour les langues* (CECRL).
Alter Ego + 3 s'adresse à des apprenants ayant acquis le niveau A2. Il vise l'acquisition des compétences décrites dans le niveau B1 du CECRL, dans un parcours d'environ 150 heures d'activités d'enseignement/apprentissage. Il permet de se présenter au DELF B1.

1. LES NOUVEAUTÉS

Alter Ego + conserve **la structure, la progression et l'approche pédagogique d'***Alter Ego***, avec en plus :
– des **documents** (écrits, visuels et oraux) **renouvelés et actualisés**
– une **démarche actionnelle renforcée** (plus de tâches et 1 projet par dossier)
– des **outils d'apprentissage encore plus nombreux** :
  • plus d'exercices de systématisation ;
  • un lexique multilingue interactif et un lexique alphabétique ;
  • un lexique thématique ;
  • un abécédaire culturel actualisé et enrichi ;
  • des activités de phonie-graphie.
– une **préparation au DELF intégrée au livre de l'élève**
– une **offre numérique enrichie** (voir page suivante)

2. LES COMPOSANTS

Alter Ego + 3 comprend :
– un livre de l'élève avec CD-ROM inclus ;
– un cahier d'activités avec CD audio inclus ;
– un guide pédagogique ;
– un coffret audio classe ;
– un manuel numérique enrichi pour la classe.

• **Le livre de l'élève** *Alter Ego + 3* comprend :
– un tableau des contenus
– 9 dossiers ; chacun est composé :
  • d'une double page de sommaire et de mise en route ;
  • de cinq doubles pages contenant les activités d'enseignement/apprentissage ;
  • d'une page *Paroles en scène* comprenant des activités de phonie-graphie, de diction/intonation et d'expression de la créativité ;
  • d'une page *Projet* guidée pour réinvestir les savoirs et savoir-faire acquis ;
  • d'une double page *S'exercer* pour la vérification des acquis grammaticaux, lexicaux et pragmatiques ;
  • d'une double page de préparation au DELF B1 (deux compétences par dossier) et d'une épreuve complète pour le dossier 9.
En fin d'ouvrage, se trouvent les transcriptions des enregistrements, un précis grammatical, un abécédaire culturel, un lexique thématique et une carte de France.

• **Le matériel audio pour la classe** : audio du livre de l'élève, du cahier d'activités et les compréhensions orales des deux épreuves DELF du guide pédagogique.

• **Le cahier d'activités**
En complément du livre de l'élève, il permet un travail en autonomie :
– les exercices de réemploi permettent à l'apprenant de vérifier et de renforcer ses acquis : lexique, grammaire, communication (actes de parole) ;
– les activités de compréhension et d'expression renforcent le travail sur les compétences en compréhension orale/écrite et en expression écrite ;
– le portfolio permet à l'apprenant de suivre de façon active et réfléchie son parcours d'apprentissage et de s'autoévaluer.

• **Le guide pédagogique** comprend :
– une introduction avec la présentation de la méthode, de ses composants et de ses principes méthodologiques ;
– un mode d'emploi du livre de l'élève ;
– un accompagnement à l'utilisation du livre de l'élève (objectifs détaillés et scénario de chaque dossier, précisions sur la démarche et l'animation de classe, corrigés des activités, corrigés des épreuves DELF) ;
– des Points Info permettant à l'enseignant de s'informer sur les principaux contenus culturels des leçons et fournissant des pistes de recherche sur Internet ;
– deux épreuves DELF B1 complètes, les transcriptions des compréhensions de l'oral, les corrigés, un barème de notation et des conseils pour l'enseignant et l'apprenant ;
– une fiche d'exploitation pour chacune des 9 vidéos de la méthode, des activités pour aller plus loin, les transcriptions, les corrigés et des notes culturelles ;
– des renvois aux outils du CD-ROM et du manuel au cours des exploitations correspondantes, afin de permettre l'utilisation au meilleur moment de tous les composants : vidéos et exploitations toujours en rapport avec des actes de parole présentés dans les pages Outils pour... ; jeux ; entrées du Lexique thématique et de l'Abécédaire culturel.

3. L'OFFRE NUMÉRIQUE

• **Un CD-ROM** inclus dans le livre de l'élève, comprenant :
– tout l'audio du livre de l'élève au format mp3 ;
– un lexique multilingue (français, anglais, espagnol, allemand, portugais, italien, polonais) interactif, qui permet aussi aux apprenants d'ajouter leurs propres mots et définitions ;
– le Portfolio ;
– une vidéo par dossier en lien avec un objectif pragmatique et culturel ;
– un jeu par dossier.

• **Un manuel numérique enrichi** comprenant :
– les contenus du livre de l'élève et du CD-ROM ;
– tout l'audio classe ;
– le guide pédagogique ;
– le cahier d'activités ;
– des documents écrits complémentaires ;
Compatible PC et Mac. En vidéo-projection ou sur TNI (toutes marques).

Principes méthodologiques

La méthodologie d'*Alter Ego + 3* repose sur une **approche communicative** de l'enseignement. Elle place l'apprenant en situation et lui fournit les instruments nécessaires pour échanger de manière **autonome**, tant dans la classe que dans le milieu francophone où il peut se trouver immergé. Il est constamment impliqué dans son apprentissage grâce à une **démarche résolument actionnelle**.
Dans la logique du DELF B1, mais également pour apprendre la langue et la culture dans tous leurs aspects, *Alter Ego + 3* s'articule autour de deux axes : théorique et pragmatique. Ainsi, *Alter Ego + 3* accorde toute sa place à la dimension critique de la langue française : les médias, extraits d'œuvres littéraires, essais abondent pour apprendre à *parler de* quelque chose. Mais dans *Alter Ego + 3*, on considère qu'il faut encore apprendre à *parler pour agir,* même à un niveau avancé. C'est pourquoi, dans les pages *La vie au quotidien*, de nombreux objectifs pragmatiques sont repris pour être enrichis par rapport aux apprentissages de niveau A2 comme demander son chemin, réclamer, etc., le *Cadre européen commun de référence* invitant à un apprentissage en spirale se poursuivant niveau après niveau.
Les dossiers s'organisent donc autour d'une progression fonctionnelle, lexicale et civilisationnelle, et les activités font intervenir les quatre compétences (signalées par les pictos 📖, 👂, ✍, 🗣) dans des situations authentiques. Les contenus grammaticaux sont mis au service de cette progression dans une approche principalement **inductive**. L'apprenant découvre d'abord la règle par lui-même puis il se l'approprie à l'aide d'activités de réemploi (pages *S'exercer*). *Alter Ego + 3* fait donc constamment appel à ses capacités d'observation et de réflexion. Quant à la phonétique, elle apparaît dans chaque dossier sous forme d'exercices ludiques de prosodie et de phonie-graphie.

Les 9 dossiers du livre de l'élève s'organisent de la façon suivante :
• une double page de présentation qui annonce les apprentissages, les découvertes culturelles et le projet ;
• cinq doubles pages contenant les activités d'enseignement/apprentissage :
– une thématique universelle plaçant l'apprenant au centre du problème (les titres des dossiers résument cette approche à eux seuls : *Je séduis, J'achète, J'apprends...*) (***Ouvertures***) ;
– cette même thématique contextualisée dans la société française et le monde francophone d'aujourd'hui et permettant à l'apprenant de développer ses savoir-faire et ses savoir-être (***La vie au quotidien***) ;
– des angles de réflexion variés (politiques, philosophiques, économiques...) et souvent divergents, pour élargir la vision des choses et exercer l'esprit critique de l'apprenant, afin de le rendre toujours plus autonome et lui permettre d'interagir librement et d'argumenter en situation réelle (***Points de vue sur...***) ;
– des outils fonctionnels, grammaticaux et lexicaux pour permettre à l'élève d'apprendre à apprendre et de soutenir une communication écrite ou orale sur de grands thèmes communs à toutes les cultures (deux doubles pages ***Outils pour...***) ;
• de nombreux exercices de systématisation (***S'exercer***) ;
• des jeux culturels (***Paroles en scène***) et des projets faisant appel aux capacités créatrices de l'apprenant afin de le guider plus en avant sur la voie de l'autonomie (***Projet***) ;
• enfin, une évaluation formative permettant à l'apprenant d'apprécier le chemin parcouru et le préparant s'il le souhaite à l'examen B1 du DELF (***Vers le DELF B1***).
Les objectifs sociolangagiers sont soigneusement exposés au début de chaque dossier dans ce guide et tous les objectifs des activités sont clairement définis, à l'intérieur d'un scénario donné.

■ DES THÉMATIQUES UNIVERSELLES (*OUVERTURES*)

Le point de départ de chaque dossier est un texte littéraire (extrait de conte ou de roman, poème, chanson, scène de théâtre...) ou une œuvre d'art, qui ont pour but de « dépayser » la réflexion des apprenants et de susciter leur questionnement sur le thème avant de les amener à exprimer leur vécu et leurs propres pratiques. Cette double page place l'interculturel et le vécu des apprenants au centre de l'apprentissage et débouche systématiquement sur une réflexion du type ***vous et...*** (*vous et l'image, vous et la consommation, vous et l'information...*). L'apprenant ne découvre pas seulement des faits de société dans une culture étrangère, il se situe par rapport à ces faits et projette ses savoirs dans une perspective sociolangagière de questionnement : se demander qui est l'autre, ce qu'il veut, ce qu'il voit, revient à se demander qui je suis, comment je suis perçu, ce que je veux. C'est une fois seulement que ces questions sont posées qu'il peut y avoir un échange véritable et que le niveau « seuil » des interactions sociales peut être atteint.
Comme dans les deux premiers niveaux, la gestion de la classe s'organise donc autour de l'apprenant mais ce dernier apprend davantage à lire entre les lignes, à décoder par lui-même les implicites culturels, les savoirs et les savoir-être de la langue d'accueil, et à les réemployer dans une relation d'égalité avec *l'autre*. Il **s'implique** dans l'examen des thèmes abordés en ne parlant pas seulement, par exemple, de la séduction ou de la consommation, mais plutôt de la façon dont l'autre séduit et consomme, ainsi que de ses propres stratégies pour consommer et séduire. La construction des compétences de communication se fait dans ce va-et-vient permanent sur des thématiques d'une portée universelle, dans une **progression** qui mène de la séduction « égocentrée » du dossier 1 au voyage de découverte des cultures étrangères du dossier 9.
L'exploitation orale et ludique des thématiques (*Ego Questionnaire, Ego Quiz, Ego Test...*) est là pour favoriser la comparaison et la confrontation des opinions en binômes et/ou en grand groupe, ainsi que l'échange des savoirs. Non seulement l'apprenant développe ses facultés de réflexion et d'observation, mais la « libre circulation des personnes et des idées » devient une réalité concrète à l'intérieur de la classe. L'**autonomie linguistique** peut se développer grâce à cette interaction sociale, certes artificielle puisque toujours guidée par l'enseignant, « in vitro », mais idéale pour préparer l'apprenant à affronter une réalité sociolinguistique étrangère réelle « in vivo ». Qu'on échange pour convaincre ou être convaincu, on s'engage dans un groupe à une place qui détermine notre rapport à l'autre et à la langue.

■ DES THÉMATIQUES CONTEMPORAINES (*LA VIE AU QUOTIDIEN*)

Une fois que le thème a été examiné dans ses aspects universels, il reste à le contextualiser dans une époque : la nôtre. Autant que dans l'étape précédente, les documents écrits et/ou oraux sont là pour compléter les savoirs de l'apprenant et lui fournir les instruments nécessaires à l'échange et à la production personnelle ; mais ils apparaissent à présent sur des supports exclusivement contemporains : sites Internet, couvertures de magazines, interviews radiophoniques, formulaires, tracts, affiches, etc., qui lui fourniront les paramètres socioculturels nécessaires. Savoir parler, c'est être capable de se repérer dans le parcours d'obstacles des normes sociales et des façons de faire, façon de se présenter, d'écrire une lettre de réclamation, de s'inscrire dans une université, de rédiger un rapport de stage... Aussi bien à l'oral qu'à l'écrit, en binômes qu'en grand groupe, on part de l'information brute pour arriver au décodage de cette information et à une mise en pratique des savoirs. Les connaissances empiriques de l'apprenant relatives à la vie quotidienne se voient ainsi soumises à un réexamen individuel et collectif, qui entraînent l'acquisition de nouveaux « savoir-apprendre ». D'où la rubrique **Stratégies pour...**, qui accompagne ces doubles pages et où sont mises en évidence les structures du discours qui viennent d'être observées « en action ». De nouvelles activités accompagnent l'apprenant dans la reformulation et le mènent à **l'autonomie**.

Le passage de la langue maternelle à la langue d'accueil est stimulé dans toutes ces activités par **l'interaction**, la mise en parallèle des cultures et la confrontation des savoir-faire et des savoir-être. Là encore, le travail en binômes est essentiel, puisqu'il permet aux apprenants de s'approprier le plus grand temps de parole possible à l'intérieur de la classe. La communication ne se fait plus seulement de l'enseignant vers le groupe ou de l'apprenant vers l'enseignant, elle se fait surtout dans une **perspective actionnelle**, d'un individu à l'autre.

■ DES REGARDS CRITIQUES (*POINTS DE VUE SUR...*)

Cette double page constitue, après *La vie au quotidien*, le deuxième grand axe du manuel. Le principe d'une civilisation active suppose une fonction critique à l'intérieur de cette civilisation. Le *regard sur...* ne vient pas seulement de l'autre, il vient de soi. Discerner ce regard, apprendre à le reprendre à son compte ou à le critiquer, est à la base du niveau « seuil » de communication et conduit à l'appropriation de la langue en motivant l'apprenant dans une approche communicative, en l'impliquant une fois de plus dans l'apprentissage. Les documents déclencheurs, tous authentiques, viennent de la presse écrite ou de la radio. Ils sont là pour aider l'apprenant à identifier les repères culturels qui sous-tendent le discours et pour l'inciter à établir des comparaisons avec sa culture d'origine. Dans ce repérage, le rôle de l'enseignant est essentiel. Si les thèmes abordés continuent de renvoyer à des constantes universelles, il n'en reste pas moins que la façon de les aborder et de les concevoir (us et coutumes nationales, presse française, ainsi que les personnalités mises en lumière à travers eux – hommes et femmes politiques, grands intellectuels, artistes) sont cette fois propres à la culture d'accueil. Ils réclament donc de la part de l'enseignant un travail d'information auprès du groupe, travail facilité par l'**Abécédaire culturel** et le **Lexique thématique** situés à la fin du manuel et par les **Points Info** répartis dans ce guide. Cet élément didactique amène le groupe à s'interroger sur sa propre culture, d'abord dans un processus de repérage et d'identification des composantes socioculturelles fortes, puis dans un travail de synthèse et de reformulation. Les exercices de compréhension écrite ou orale sont donc suivis par des activités de réflexion, elles-mêmes écrites et orales. L'apprenant est invité à rédiger un texte *à la manière de*, à s'exprimer sur les habitudes et comportements de son pays, à participer à un débat critique autour d'un spectacle, et, d'une façon générale, à échanger sur le thème, car il ne s'agit de rien d'autre ici que d'une **culture active** donnant la parole à tous.

Les **Rendez-vous alterculturels** proposés dans cette double page portent la marque de cet esprit d'ouverture et de pluralité. On ne voit plus seulement *comment cela se passe* dans les pays francophones, on découvre des points de vue différents sur cette manière d'être et de faire, on apprend à argumenter, étayer ses opinions, défendre son point de vue.

■ L'ACQUISITION DES HABILETÉS ET SAVOIR-FAIRE (*OUTILS POUR...*)

Alter Ego + 3 propose une méthodologie basée sur l'observation des formes lexicales et grammaticales en situation. L'apprenant peut découvrir par lui-même la règle avant de la systématiser à l'aide du Mémo et de l'appliquer dans les exercices proposés en fin de dossier. On remarquera que les deux doubles pages *Outils pour...* suivent les doubles pages *La vie au quotidien* et *Points de vue sur...*. Les compétences linguistiques, les habiletés langagières sont en effet les supports indispensables des compétences déclaratives ; leur emplacement dans les dossiers est là pour le souligner. Pour un apprentissage en contexte, le point de départ de ces découvertes est un document écrit ou sonore, sur lequel l'apprenant est invité dans un premier temps à faire un travail de compréhension en repérant rapidement les formes grammaticales (les emplois du subjonctif présent et passé, la concordance des temps, l'accord du participe passé...) ou les objectifs fonctionnels en contexte (donner des conseils, exprimer des sentiments, caractériser des personnes et des comportements, faire des éloges et des reproches...). S'interroger sur *ce que dit l'autre* conduit naturellement à se demander *comment il le dit*. La thématique générale est conservée mais ce sont à présent les phénomènes morphologiques et syntaxiques relevant de cette problématique qui sont mis en avant. En réfléchissant sur les manières de dire, l'apprenant émet des hypothèses sur le fonctionnement de la langue et découvre les règles par induction : il apprend à apprendre. C'est dans ce va-et-vient entre la chose à dire et la manière correcte de le dire pour être compris que l'apprenant acquiert l'autonomie linguistique. Les recherches méthodologiques entreprises dans le cadre du CECRL ont toutes montré l'importance de la récurrence dans un travail de conceptualisation grammaticale visant la maîtrise du discours propre au niveau « seuil ». C'est pourquoi un certain nombre de points abordés dans les niveaux A1 et A2 sont repris et enrichis dans *Alter Ego + 3*.

Les exercices (*S'exercer*) permettront aux apprenants d'appliquer les règles qu'ils auront eux-mêmes contribué à mettre en place. Leurs corrigés figurent dans ce guide à la fin des doubles pages concernées.

■ L'ENRICHISSEMENT DES CONNAISSANCES À L'AIDE D'ACTIVITÉS CULTURELLES ET CRÉATIVES (*PAROLES EN SCÈNE, PROJET*)

Après la phonétique, science du son pur, étudiée dans les deux premiers niveaux, *Alter Ego + 3* donne à l'apprenant les moyens de traduire en langue standard les sons que la langue familière déforme, grâce à un ensemble d'exercices de prosodie. La rubrique *Sur tous les tons* offre tout un travail sur l'intonation : quelle voix prendre pour donner un conseil, faire un reproche, comment scander un slogan avec enthousiasme ou colère, comment distinguer l'interrogation de l'étonnement, etc., et enfin la théâtralisation du discours et l'apprentissage des parlers propres à telles catégories socioprofessionnelles : le camelot, l'agent de police, le guide... Quant à la rubrique *Phonie-graphie*, elle permet un repérage des sons vocaliques, consonantiques, des liaisons... Toutes ces activités font appel à des techniques de classe basées sur le jeu, le mouvement et la gestuelle, et préparent naturellement à de véritables **mises en scène** d'extraits de film ou de pièces de théâtre. Les œuvres littéraires représentées dans cette page présentent le double avantage de familiariser la classe avec des éléments de la culture francophone et de la libérer des contraintes de l'hyper-correction caractéristiques des deux premiers niveaux. En B1, l'apprenant doit être capable de distinguer les intonations possibles d'une même phrase et de saisir une formulation comme *ch'ais pas* aussi bien que comme *je ne sais pas*. Sa capacité à relever le défi d'une communication authentique est à ce prix. Par ailleurs, la pratique de l'oral dans *Paroles en scène* peut se poursuivre avec quelques activités amusantes et originales (le jeu du pantin, le jeu du chewing-gum, le jeu de l'énigme, le jeu du flash d'informations insolites, etc.) qui se trouvent dans le CD-ROM encarté.

Cet acquis de nouvelles compétences ne serait pas complet sans la **pédagogie du projet**. L'apprenant ne se contente plus d'imiter et de reformuler, il doit réinvestir les savoirs et savoir-faire acquis au cours du dossier en synthétisant et en produisant à son tour un travail original, dans lequel la forme, et même l'esthétisme, joue un rôle presque aussi important que le contenu. Le *faire-savoir* ne se sépare pas du *savoir-faire*, ni le *bien montrer* du *bien dire*. Qu'il s'agisse de composer la une d'un journal et de préparer un bulletin radio ou de concevoir une campagne en faveur de la consommation de produits de saison, il faut réussir à attirer l'œil et à convaincre. Dans ce but, *Alter Ego + 3* met à la disposition des apprenants des consignes détaillées, à partir desquelles la classe pourra procéder à un travail critique d'appréciation des productions obtenues. En effet, ces activités créatives, qui imposent à l'apprenant un important investissement dans le processus d'apprentissage, doivent aboutir à une évaluation conversationnelle en grand groupe. Le guide offre un supplément d'information sur les techniques pouvant aider à l'organisation de ces créations en classe et à leur évaluation.

L'enseignant notera que les activités réunies dans cette double page ne doivent pas être traitées à la suite mais au contraire doivent venir compléter les étapes des doubles pages précédentes.

■ L'ÉVALUATION FORMATIVE (*VERS LE DELF B1*)

Le riche parcours qui s'accomplit tout au long de chaque dossier doit se traduire dans l'esprit de l'apprenant par une évaluation des acquis. Un contrat a été rempli, reste à faire « l'état des lieux ». Les activités proposées dans ces pages font intervenir deux des quatre compétences, sans jamais perdre de vue la thématique générale de chaque dossier, ni les objectifs linguistiques spécifiques. La compréhension et la production orale alternent avec la compréhension et la production écrite. Il s'agit autant d'un examen que d'une autoévaluation. Des grilles d'évaluation placées dans ce guide complètent le barème du manuel. On trouvera également des exemples de productions orales et écrites, qui pourront servir de modèles. Enfin, le dernier dossier se termine par une épreuve complète de **DELF B1**.

Structure d'un dossier

Chaque dossier est composé de 9 doubles pages indépendantes :

■ UNE DOUBLE PAGE DE SOMMAIRE : le contrat d'apprentissage annonce les objectifs socioculturels
et les savoir-faire pour chaque dossier, ainsi que le projet et les activités DELF.
Une photographie et deux proverbes ou citations sont l'occasion d'introduire la thématique du dossier et d'en saisir
déjà les aspects prêtant à discussion ou à débat.

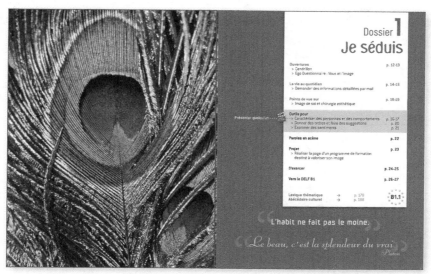

■ UNE DOUBLE PAGE D'INTRODUCTION AU THÈME (*OUVERTURES*) CONTENANT :

Des activités de compréhension
de l'œuvre proposée.

Une œuvre appartenant
au patrimoine culturel.

Une rubrique *Les mots pour...* qui
apporte les éléments lexicaux et
communicatifs et facilite l'expression.

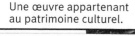

Un questionnaire pour favoriser les prises de position,
le réemploi du vocabulaire et des expressions idiomatiques
et pour nourrir la discussion.

■ UNE DOUBLE PAGE *LA VIE AU QUOTIDIEN* CONTENANT :

Des documents écrits et oraux
portant sur un aspect pratique du
thème dans le monde d'aujourd'hui
(parler *pour*).

Des activités d'exploitation (compréhension
écrite et orale, jeux de rôle, discussion,
production écrite et orale) dans une perspective
actionnelle.

Les activités font intervenir les quatre
compétences :

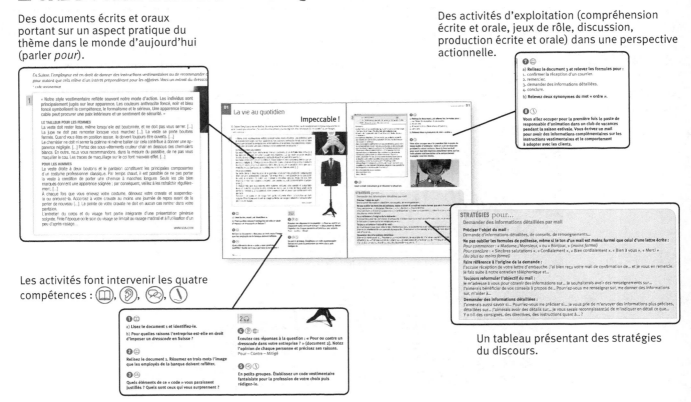

Un tableau présentant des stratégies
du discours.

■ UNE DOUBLE PAGE *POINTS DE VUE SUR...* CONTENANT :

Des documents déclencheurs
authentiques (parler *de*) : articles
de presse, extraits d'émissions
radiophoniques, témoignages...

Une rubrique *Les mots pour...* qui
apporte les éléments lexicaux
et communicatifs et facilite
l'expression.

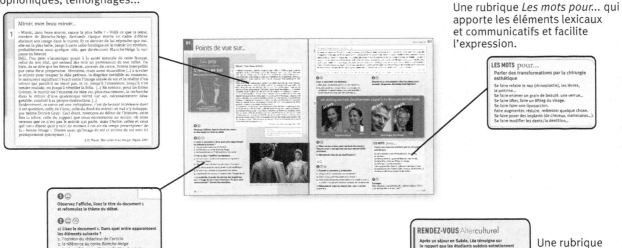

Des activités de compréhension
et de production écrite et orale.

Une rubrique
*Rendez-vous
alterculturel* qui
apporte un éclairage
interculturel.

■ DEUX DOUBLES PAGES *OUTILS POUR...* CONTENANT :

L'annonce des objectifs
fonctionnels abordés.

> Caractériser des personnes et des comportements

Des encadrés *Point Langue*
permettant l'observation et
les hypothèses. Une rubrique
Mémo pour formuler
ou rappeler la règle.

Des documents
déclencheurs.

Des encadrés contenant
des actes de parole
ou du lexique.

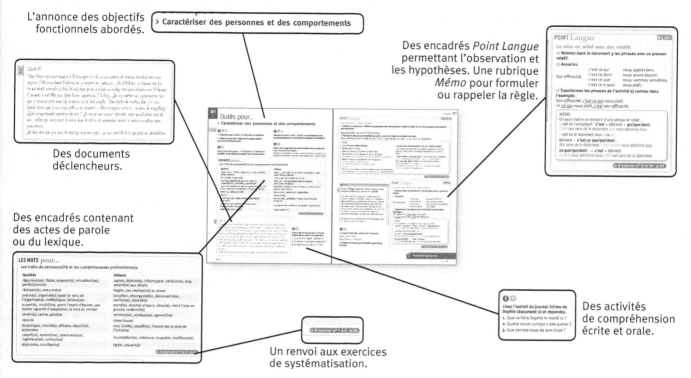

Des activités
de compréhension
écrite et orale.

Un renvoi aux exercices
de systématisation.

■ UNE DOUBLE PAGE *PAROLES EN SCÈNE* ET *PROJET* CONTENANT :

Un extrait d'œuvre littéraire,
théâtrale ou cinématographique
à mettre en scène.

Sur tous les tons

Des exercices ludiques
d'expression orale
et de travail
sur la prosodie.

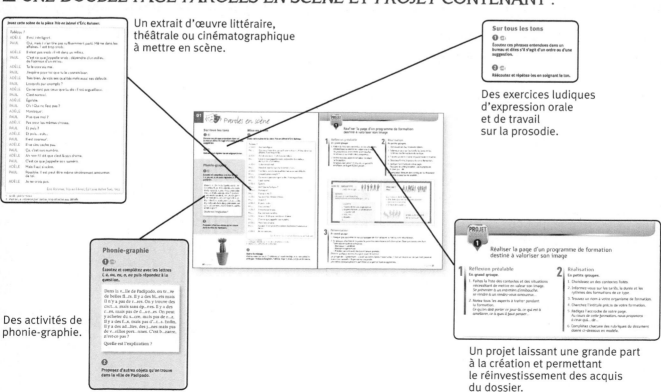

Des activités de
phonie-graphie.

Un projet laissant une grande part
à la création et permettant
le réinvestissement des acquis
du dossier.

■ UNE DOUBLE PAGE *S'EXERCER* CONTENANT :

– des exercices de systématisation grammaticale ;
– des exercices de systématisation lexicale ;
– des activités pragmatiques.

■ ENFIN, UNE DOUBLE PAGE DE PRÉPARATION AU *DELF B1* CONTENANT :

– pour les dossiers 1 à 8, deux compétences par dossier (compréhension de l'oral et production orale ou compréhension écrite et production écrite).

– pour le dossier 9 : une épreuve complète avec les quatre compétences.

Accompagnement à l'utilisation du livre de l'élève

Je séduis

> Livre de l'élève p. 10-27

Contenus socioculturels • Thématiques

Le miroir des apparences
Importance du look dans la vie affective et professionnelle
Soigner son image : corps, vêtements, attitudes, comportements
Les sentiments en relation avec les impressions

Objectifs sociolangagiers

Objectifs pragmatiques

Ouvertures	– comprendre un conte à l'oral et à l'écrit – écrire un résumé et raconter une histoire – parler de l'apparence
La vie au quotidien	– comprendre des prescriptions émanant d'une entreprise – relever des arguments et les réemployer à l'oral – repérer et réemployer des formules de correspondance professionnelle – demander des informations détaillées par mail
Outils pour...	– caractériser des personnes et des comportements professionnels – donner des ordres et faire des suggestions – exprimer des sentiments
Points de vue sur...	– comprendre le sens caché d'un conte – repérer, définir et analyser un problème de société – parler des transformations par la chirurgie esthétique – repérer le thème et classer les arguments d'un débat – exprimer son opinion
Paroles en scène	– jouer un extrait d'une scène de théâtre sur les qualités et les défauts – improviser une scène de ménage
Projet	– réaliser la page d'un programme de formation destiné à valoriser son image

Objectifs linguistiques

Grammaticaux	– les pronoms relatifs simples et la mise en relief avec ou sans pronoms démonstratifs – le subjonctif présent – indicatif ou subjonctif ? – subjonctif passé ou infinitif passé ?
Lexicaux	– le vocabulaire de l'image – les traits de personnalité et les comportements professionnels – le vocabulaire de la chirurgie esthétique – la correspondance professionnelle – les formules du commandement, de l'éloge et de la suggestion – l'expression des opinions personnelles dans un débat d'idées – l'expression des sentiments
Prosodiques	– l'intonation dans l'expression de l'ordre et de la suggestion
Phonétiques	– les sons [i], [y], [u], [o]

Vers le DELF B1	– compréhension de l'oral – production orale : entretien dirigé

> Lexique thématique → p. 178

> Abécédaire culturel → p. 188

1 Scénario du dossier

Dans la première double page, OUVERTURES, l'écoute puis la lecture approfondie d'un extrait du conte *Cendrillon* permettront de réfléchir à l'image de soi que l'on veut donner et à la vraie beauté intérieure. Les apprenants s'interrogeront sur leur rapport à cette image dans leurs relations avec les autres.

Dans LA VIE AU QUOTIDIEN, le thème de l'apparence se concentrera sur le monde du travail. Les apprenants liront les directives d'une grande entreprise sur l'apparence vestimentaire qu'elle attend de ses employés et écouteront des témoignages en lien avec ce thème. Puis ils créeront leur propre « dresscode » dans une entreprise de leur imagination. Enfin, ils chercheront par écrit à obtenir des informations sur le thème, occasion d'aborder le vocabulaire de la correspondance professionnelle par mail.

La première double page OUTILS POUR aidera les apprenants à caractériser des attitudes et des comportements dans la vie professionnelle, à présenter des qualités et des défauts et à valoriser une personne. L'emploi des pronoms relatifs pour affiner une description ou pour mettre en relief sera revu et travaillé.

Dans POINTS DE VUE SUR, les apprenants découvriront la relation entre l'image de soi et l'estime de soi, et réfléchiront à l'influence des médias sur le regard que nous posons tous sur nous-mêmes et sur le rôle de la chirurgie esthétique dans notre société.

Dans la deuxième double page OUTILS POUR, les sentiments d'amitié et d'amour seront traités à travers les rencontres en ligne : conseils et suggestions pour « séduire ». Les témoignages enregistrés et une lettre de rupture permettront de revoir le subjonctif présent et passé, ainsi que les règles d'emploi du subjonctif ou de l'infinitif et les usages différenciés du subjonctif et de l'indicatif.

Dans PAROLES EN SCÈNE, les apprenants apprendront à moduler leurs sentiments. Puis ils liront un texte d'un grand réalisateur français contemporain et seront amenés à exercer leurs talents d'acteurs et d'actrices en apprenant à mettre le ton juste.

Dans le PROJET, ils créeront la page d'un programme de formation destiné à valoriser son image. Ils présenteront leur programme en grand groupe, joueront des scènes et s'exerceront à la critique en évaluant leurs productions respectives.

Dans S'EXERCER, ils systématiseront les points linguistiques vus dans le dossier.

Dans VERS LE DELF B1, ils mobiliseront les acquis de ce dossier à travers deux activités de compréhension de l'oral et une activité de production orale.

Pages de sommaire

> Livre de l'élève p. 10-11

Illustration : Cette double page permet de découvrir la thématique du dossier. Faire décrire rapidement la photo par les apprenants et leur faire faire des hypothèses à partir de l'image de la plume de paon, à mettre en relation avec le titre : De quoi va-t-on parler et de quelle façon ? (On va parler de la séduction. Mais si le titre paraît affirmatif, le paon et sa parure sont associés à la prétention, la suffisance et la vanité. Donc attention, la belle parure peut être trompeuse.)

Citations : On fera également interpréter le proverbe « L'habit ne fait pas le moine » qui signifie qu'il ne faut pas se fier aux apparences. Un proverbe de même sens existe-t-il dans d'autres pays ? Quel protagoniste (profession, animal...) est à la place du moine ? Qu'est-ce que cela peut révéler culturellement ? Pour la citation de *Gorgias* de Platon, on touche un registre différent. Platon définit la beauté comme quelque chose qui tend vers le vrai, vers l'utile. Une chose est belle parce qu'elle remplit bien sa fonction et non pas seulement parce qu'elle est belle à l'œil. La remarque est discutable et à discuter d'un point de vue artistique : Le beau est-il synonyme du vrai ? Ce qui est authentique est-il toujours beau ?

Ouvertures

> Livre de l'élève p. 12-13

⋯⟶ OBJECTIF DE L'ACTIVITÉ 1

⋮ **Identifier à l'oral un conte et ses principaux personnages.**

❶ Livres fermés, faire un rapide tour de table sur les récits qui ont marqué les apprenants dans leur enfance. Les laisser s'exprimer librement sur la question. Ne pas leur donner de pistes sur ce qu'ils vont entendre. Puis faire écouter l'enregistrement une ou deux fois si nécessaire. Leur demander s'ils connaissent le temps utilisé et si ça les a gênés pour comprendre l'histoire. Simplement mentionner qu'il s'agit du passé simple sans en dire davantage. Livres ouverts, lire la première question aux apprenants et leur demander de justifier leur réponse (Sur quel ton parle le narrateur ? Comme un acteur ? Comme un chef d'entreprise ? Qu'est-ce que sa voix vous évoque ? Un discours politique ? Une soirée au coin du feu ?... À quel public est destiné le plus souvent ce genre de lecture ? Des adultes ? Des enfants ?...) Si les apprenants ne parviennent pas à se mettre d'accord sur une réponse, ne pas confirmer ou infirmer les hypothèses. Lire les trois questions suivantes et faire répondre en grand groupe. À l'aide des illustrations de la page 12 du livre de l'élève, faire préciser le rôle de Cendrillon dans la maison (sur les illustrations, on la voit portant un balai et nettoyant) puis ce qui va lui arriver ensuite (on la voit très bien habillée près/dans un carrosse). Grâce à ces indices et à la lecture du résumé de la page 12 si nécessaire, faire dire aux apprenants que le texte entendu est un conte (question 1).

> **CORRIGÉ**
>
> 1. Un conte. – 2. Cendrillon. – 3. Elles sont sœurs (ou belles-sœurs, le père de Cendrillon s'étant remarié avec la mère des deux autres). – 4. Les deux aînées se préparent pour assister à un bal et Cendrillon les aide.

Pour aller plus loin : Faire citer les caractéristiques littéraires des contes : histoire imaginaire avec intervention de personnages irréels (fées, elfes, ogres…) racontée aux enfants avec presque toujours une intention moralisatrice (ne pas s'éloigner du droit chemin, être bon ou bonne est toujours récompensé, etc.) et leur demander quels sont les contes les plus populaires dans leur pays.

⋯⟶ OBJECTIF DES ACTIVITÉS 2 ET 3

⋮ **Approfondir la compréhension du conte à l'écrit.**

❷ Après la lecture individuelle du texte, faire répondre à la première question de l'activité 2 et demander aux apprenants s'ils connaissent cet auteur et ce conte. Si ce n'est pas le cas, les leur présenter rapidement. S'ils les connaissent, leur demander où et quand ils en ont entendu parler et les inviter à raconter le début de l'histoire. Par exemple, un apprenant commence : « C'est l'histoire d'une jeune fille qui a perdu sa mère. Son père se remarie avec une femme qui a deux filles. » Un deuxième apprenant continue : « Cendrillon est maltraitée par ses deux sœurs… », etc. Confirmer ce récit à plusieurs en faisant lire par un apprenant le résumé du manuel (p. 12).

> **CORRIGÉ**
>
> 1. Charles Perrault – 2. *Ils peuvent le connaître par différents biais : musique, ballet, film de Disney, conte entendu dans l'enfance, conte de leur pays… Leur demander s'ils le connaissent tel quel ou s'ils connaissent une autre version.*

❸ Puis faire relire individuellement le conte. Placer les apprenants en binômes et les faire répondre aux questions. Vérifier les réponses en grand groupe en demandant aux apprenants de justifier leurs réponses. Enfin, faire lire le texte par un ou plusieurs apprenants en leur demandant de le « jouer », comme dans l'enregistrement. Il est essentiel qu'ils comprennent qu'une bonne intonation favorise l'intérêt de l'auditoire et la compréhension du texte.

> **CORRIGÉ**
>
> a) coiffure – vêtements – bijoux – silhouette ; b) 1. Faux – 2. Vrai – 3. Vrai – 4. Vrai

POINT Info

Avocat de formation, Charles Perrault (1628-1703) se voit chargé par Colbert, en 1663, de la politique artistique et littéraire de Louis XIV. Entré à l'Académie française en 1671, il devient le chef de file des partisans des Modernes dans la querelle des Anciens et des Modernes. Il a touché à presque tous les genres littéraires mais il est resté célèbre surtout pour ses *Contes de ma mère L'Oye* (1695) et ses *Contes* (1697).

⋯⋗ OBJECTIF DE L'ACTIVITÉ 4

⋮ **Résumer un conte.**

4 Faire relire le résumé de la page 12. Faire observer qu'un seul temps est utilisé : le présent (temps dont on se sert en général pour résumer un livre, un film). Faire également observer la brièveté des phrases et la structure sujet-verbe-complément. L'écriture peut se faire soit en devoir à la maison, soit en classe en travail par binômes.

PROPOSITION DE CORRIGÉ

Résumé (au présent) : Cendrillon pleure. Sa marraine la fée lui propose d'aller au bal à condition de revenir avant minuit. Cendrillon part incognito et le fils du roi tombe amoureux d'elle. À minuit, Cendrillon se sauve mais elle perd une de ses chaussures. Le Prince proclame qu'il épousera celle à qui conviendra la chaussure... et c'est à Cendrillon seule qu'elle va parfaitement. Le Prince et Cendrillon se marient et comme Cendrillon est aussi bonne que belle elle aidera ses sœurs à se marier richement.

POINT Info

Fin du conte de Perrault (attention : texte original au passé simple) : « Quand les deux sœurs revinrent du bal, Cendrillon leur demanda si elles s'étaient encore bien diverties, et si la belle dame y avait été ; elles lui dirent que oui, mais qu'elle s'était enfuie lorsque minuit avait sonné, et si promptement qu'elle avait laissé tomber une de ses petites pantoufles de vair, la plus jolie du monde ; que le fils du roi l'avait ramassée, et qu'il n'avait fait que la regarder tout le reste du bal, et qu'assurément il était fort amoureux de la belle personne à qui appartenait la petite pantoufle. Elles dirent vrai ; car, peu de jours après, le fils du roi fit publier à son de trompe qu'il épouserait celle dont le pied serait bien juste à la pantoufle. [...] Le gentilhomme qui faisait l'essai de la pantoufle, ayant regardé attentivement Cendrillon, et la trouvant fort belle, dit [...] qu'il avait ordre de l'essayer à toutes les filles. Il fit asseoir Cendrillon et, approchant la pantoufle de son petit pied, il vit qu'elle y entrait sans peine [...]. On la mena chez le jeune prince, parée comme elle était : il la trouva encore plus belle que jamais et, peu de jours après, il l'épousa. Cendrillon, qui était aussi bonne que belle, fit loger ses deux sœurs au palais et les maria, dès le jour même, à deux grands seigneurs de la cour. »

POINT Info

La pantoufle de Cendrillon était-elle de verre ou de vair ? Dans le texte original, Perrault écrit *verre* (d'où la photo p. 13) et tous les enfants français entendent et comprennent « pantoufle de verre ». Mais des auteurs peut-être insensibles au merveilleux des contes (comme par exemple Balzac, dans le *Martyr calviniste*) ont fait remarquer qu'il serait dangereux de porter de telles chaussures et que celles de Cendrillon étaient en réalité doublées de vair, fourrure d'écureuil réservée aux rois et aux dignitaires pendant le Moyen Âge. Ce serait intéressant de vérifier rapidement en quelle matière est la fameuse pantoufle dans les autres langues des apprenants.

⋯⋗ OBJECTIF DE L'ACTIVITÉ 5

⋮ **Échanger sur le conte.**

5 Faire répondre à la question puis faire lire le Point Info pour souligner l'universalité du thème (voir également le Point Info ci-dessous). Ce sera l'occasion de demander aux apprenants de commenter les les diverses sources dont sont tirées les illustrations de la page 12 (film, ballet, opéra, livre).
Cette discussion pourra en outre servir d'introduction à l'activité suivante. Poser à la classe des questions comme : Pourquoi cette histoire est-elle universelle ? Quelle en est la morale ? (La beauté transcende la situation sociale et la bonté est toujours récompensée.) Cette morale est-elle aujourd'hui dépassée ?

POINT Info

Cendrillon a inspiré de nombreux artistes à travers le monde. Parmi les plus célèbres, le compositeur Prokofiev et le danseur Noureev. Elle a également inspiré des metteurs en scène de théâtre ou des réalisateurs comme Andy Tennant dans *À tout jamais* (titre original : *Ever After*), film américain avec Drew Barrymore, Angelica Huston et Jeanne Moreau, en 1999. Sans parler de la célèbre version des studios Disney.

POUR ALLER PLUS LOIN : Proposer aux apprenants de décomposer le mot *Cendrillon*. Quelle est la racine de ce mot ? (*Cendre*.) Avec quoi rime-t-il ? (*Brouillon*, *souillon*.) Leur demander comment elle s'appelle dans leur langue maternelle et faire relever la similitude dans d'autres langues. Par exemple, en tchèque, *Popelka* vient de *popel*, la cendre ; en espagnol, *Cenicienta* vient de *ceniza*, qui signifie également *cendre* ; en anglais de même, *cinder* a donné *Cinderella*, etc. Pourquoi les cendres ? Parce qu'à l'époque où le conte fut écrit, nettoyer les cendres de l'âtre constituait l'un des travaux les plus salissants du ménage.

⑥ EGO Questionnaire • Vous et l'image

Faire lire en grand groupe les questions et s'assurer que le lexique est compris de tous. Pour aider les apprenants à répondre à ces questions, faire lire l'encadré « Les mots pour parler de l'image » et vérifier la compréhension du lexique. On pourra renforcer cette compréhension en faisant classer d'un côté les formulations positives, de l'autre les négatives. Les apprenants travailleront en petits groupes et confronteront leurs réponses en plénière. Par exemple : Formulations positives : *j'adore, j'aime, je suis séduit(e) par, je soigne, je me préoccupe de, je m'efforce de, je fais attention à, je tiens à, l'important pour moi c'est de…* Formulation négatives : *je déteste, j'ai horreur de, je ne supporte pas, je me moque de, je me fiche de…*

`Manuel p. 178` Enrichir ensuite le vocabulaire de l'image avec le **Lexique thématique**, à l'entrée « L'apparence physique ». Enfin, former des groupes de trois ou quatre apprenants (deux possibilités : soit on mélange les profils – âge, sexe, personnalité…, soit on met d'un côté les filles, de l'autre les garçons) et leur proposer d'échanger sur le thème en utilisant les questions de l'activité. Il est essentiel que les apprenants réemploient les idées précédemment exprimées ainsi que le vocabulaire de l'appréciation (« Les mots pour… »). Prévoir un retour en grand groupe, pour constater les points communs et les disparités.

La vie au quotidien

> Livre de l'élève p. 14-15

⋯⟩ OBJECTIF DE L'ACTIVITÉ 1

⋮ Comprendre une directive professionnelle écrite.

❶ Livres fermés, demander aux apprenants dans quelles situations de la vie quotidienne l'apparence vestimentaire est d'une grande importance. Retenir le domaine professionnel et faire un rapide remue-méninges sur le « dress-code » (faire définir le terme en grand groupe) dans deux professions très différentes, par exemple commercial ou réceptionniste dans une grande entreprise/un hôtel. Puis faire ouvrir les livres et décrire les deux photos de la page 14 pour un réemploi du vocabulaire des vêtements vu dans la double page précédente. Ce vocabulaire pourra être `Manuel p. 178` complété par le **lexique thématique**. Faire très attentivement observer les photos pour différencier un costume d'homme (en bas) et une femme (en haut) et voir qu'il s'agit de vêtements pour un même type de profession (cadre d'entreprise) puis mettre en relation avec le titre « Impeccable ! ». En relever les deux sens possibles : qui est très propre ou qui ne contient aucun défaut / qui ne commet ou ne contient aucune faute (une tenue impeccable, un travail impeccable, un employé impeccable). Annoncer que le document contient quelques termes difficiles (voir les propositions d'explication, dans l'exploitation de l'activité 2) qu'il n'est pas indispensable pour l'instant de comprendre, puis faire lire individuellement le texte et les questions. Laisser les apprenants travailler individuellement mais leur préciser de bien relire l'introduction pour répondre à la question b, puis vérifier les réponses en grand groupe.

CORRIGÉ

a) Il s'agit d'une directive interne de la banque UBS (Union des banques suisses) concernant le code vestimentaire de ses employés. Vu la source (« www.ubs.com »), cette lettre est sans doute publiée sur le site Internet de la banque.
b) En Suisse, c'est légal parce que l'intérêt de l'entreprise est primordial.

···⋮ OBJECTIF DE L'ACTIVITÉ 2

⋮ **Approfondir la compréhension.**

2 Avant de faire relire le document, faire associer les mots les plus difficiles à leurs synonymes dans un exercice d'associations. Par exemple : *anthracite/gris foncé, bâiller/s'ouvrir, négligé/peu soigné, rafraîchir/refaire, suspendre/accrocher*. Puis vérifier la compréhension de la consigne en demandant aux apprenants de la reformuler et en annonçant qu'ils pourront répondre soit avec des noms, soit avec des adjectifs, puis les placer en binômes et enfin comparer les réponses en grand groupe en demandant de justifier.

CORRIGÉ POSSIBLE

La compétence, le formalisme et le sérieux / impeccable, classique, soigné

···⋮ OBJECTIF DE L'ACTIVITÉ 3

⋮ **Exprimer des jugements sur un code vestimentaire.**

3 Cette activité doit servir de prétexte à une réflexion interculturelle sur l'apparence vestimentaire. Les *dresscodes* varient d'un pays à l'autre, d'une profession à l'autre, et ce qui nous paraît justifié ou surprenant, l'est généralement en fonction de notre conditionnement social. Faire dresser dans la classe le portrait du banquier modèle et le comparer à celui des Suisses. Faire chercher ou imaginer quel peut être ce portrait dans d'autres pays, sur d'autres continents. Amener les apprenants à conclure que les apparences ont leur importance, même si elles peuvent être anuel p. 188 trompeuses. Enrichir la discussion à l'aide de l'entrée « Cravate » dans l'**Abécédaire culturel**.

···⋮ OBJECTIF DE L'ACTIVITÉ 4

⋮ **Relever des arguments dans un micro-trottoir.**

4 Annoncer aux apprenants qu'ils vont entendre un micro-trottoir sur le thème du *dresscode* et lire la consigne. Passer l'enregistrement une première fois ; les apprenants répondent individuellement. Pendant la deuxième écoute, ils notent les raisons de chacun des intervenants. Faire un retour en grand groupe.

CORRIGÉ

1er (homme) : contre (discrimination contre les femmes : « Ce genre d'obligation est à mes yeux insupportable. C'est de la discrimination tout simplement… ») – 2e (femme) : mitigé (nécessaire dans certains cas, mais sans aller jusqu'à l'uniforme : « C'est évident qu'un dresscode de base est nécessaire […] mais il faudrait pas qu'on en arrive à tous porter des uniformes. ») – 3e (homme) : contre (risque de robotisation des employés : « Et pourquoi ne pas robotiser les salariés, pendant qu'on y est ! ») – 4e (homme) : pour (nécessité d'une apparence convenable : « Ça me paraît indispensable ! ») – 5e (femme) : pour (ça évite d'avoir à réfléchir sur la façon de s'habiller : « Au moins, avec des consignes précises, je n'aurai plus de problèmes ! »)

POUR ALLER PLUS LOIN : Cette activité pourra donner lieu à un échange d'idées sur la discrimination dans le monde anuel p. 188 du travail. Faire lire l'entrée « Embauche », dans l'**Abécédaire culturel** et inviter les apprenants à comparer ces pratiques avec celles en vigueur dans leur pays. Bien préciser aux apprenants qu'ils devront s'en tenir au monde du travail et de l'embauche.

···⋮ OBJECTIF DE L'ACTIVITÉ 5

⋮ **Élaborer un code vestimentaire.**

5 Faire lire la consigne et s'assurer de sa compréhension. « Fantaisiste » signifie ici « différent du *dresscode* » que l'on attend. Cette explication aidera les apprenants à laisser travailler leur imagination. Leur suggérer ensuite de choisir des professions en contexte. Deux possibilités : soit des professions ordinaires (boucher dans une rue bourgeoise, serveur dans un café français à New York, réparateur informatique à la montagne, etc.), soit des professions extraordinaires (détective privé, charmeur/euse de serpents, commercial en nains de jardins, artiste-peintre de rue…).

···⋮ OBJECTIF DES ACTIVITÉS 6 ET 7

⋮ **Repérer des formules de correspondance professionnelle et une demande d'informations dans un mail.**

6 et **7** Demander aux apprenants de regarder le document 3 p. 15 et de donner le nom de l'expéditeur (Henri Martin), le nom et la profession de la destinataire (Mme Baptiste, responsable du recrutement de l'agence « Profil »), l'objet du mail (demande de conseils vestimentaires). Faire lire le mail individuellement et demander aux apprenants de résumer la situation en notant la profession de l'expéditeur, la nature de sa mission, les points principaux de sa requête (activité 6). Puis faire faire l'activité 7 individuellement. Faire un retour en grand groupe.

Ensuite, faire lire l'encadré « Stratégies pour demander des informations détaillées par mail ». Attirer l'attention des apprenants sur les niveaux de langue des formules de politesse (allant de la plus à la moins formelle). Il est important de noter que, à tort ou à raison, les Français sont plus formels dans leur correspondance professionnelle que d'autres peuples. Il y a des codes linguistiques à respecter et cet encadré en donne un résumé. Ces formules pourront être réutilisées mot à mot par les apprenants. Ensuite, faire chercher dans le mail les expressions qui viennent d'être lues et faire lire les expressions nouvelles en vue de l'activité suivante.

CORRIGÉ POSSIBLE 6

Henri Martin s'adresse à la directrice d'une agence qui vient de l'embaucher, d'abord pour récapituler les tâches qui l'attendent, ensuite pour demander des précisions au sujet du *dresscode* et de certaines conditions financières.

CORRIGÉ 7

a) 1. « J'ai bien reçu… » » – 2. « Je vous remercie. » – 3. « C'est pourquoi je me permets de vous demander des précisions », « je vous serais reconnaissant de me le décrire de manière détaillée, en précisant… », « J'aimerais aussi savoir si… », « pourriez-vous me préciser si… » – 4. « Dans l'attente de votre réponse », « Bien cordialement ». b) consigne, directive

···❖ OBJECTIF DE L'ACTIVITÉ 8

: **Demander des informations détaillées par mail dans un cadre professionnel.**

8 Avant de faire l'activité, faire décrire la photo du Foot Guard en grand uniforme de parade (officier d'infanterie affecté à la protection de la famille royale d'Angleterre) puis faire lire et commenter l'entrée « Uniforme » dans
Manuel p. 178 l'**Abécédaire culturel** et demander aux apprenants s'ils sont favorables au port de l'uniforme en dehors des corps militaires ou policiers. Ensuite, faire lire la consigne et s'assurer de sa compréhension. Pour favoriser l'exécution de cette tâche, il est important de définir le profil de l'employé (son âge, ses qualifications, ses responsabilités) ainsi que le cadre du club (au bord de la mer ? à la campagne ? dans quel pays ?). Imposer une longueur limite de 200 mots (+/− 10 %) et de temps (20-25 min). Les apprenants travailleront en binômes. Lire les productions en grands groupes. Demander à l'oral comment ils répondraient à ces lettres.

EXEMPLE DE PRODUCTION

De : Bernard Guérin – À : Mme Lepichu, directrice du personnel au club Azur – Objet : Demande de conseils vestimentaires

Madame,

J'ai bien reçu la lettre me chargeant de la direction des animations dans votre club de vacances Nianing au Sénégal, du 1er avril au 30 septembre prochains. Je vous en remercie. J'ai bien noté que je devrai encadrer une équipe de trois animateurs, établir avec eux les activités de détente et assurer la direction de certaines de ces activités.

Comme il s'agit de mon premier poste de responsable, je me permets de m'adresser à vous pour vous demander des précisions sur les tenues que je devrai porter pendant mon travail. J'ignore si le climat sénégalais autorise le port d'une veste et d'une cravate, ou si une tenue plus décontractée, surtout dans un club de vacances, n'est pas plus de mise. Cette tenue sera-t-elle fournie par votre club ? Et dans le cas où je devrai l'acheter moi-même, me sera-t-elle remboursée par votre agence ? Recommandez-vous certaines couleurs ? Certaines marques ? Enfin, je vous serais reconnaissant de me décrire de manière détaillée l'attitude que je dois observer avec les clients. En effet, je travaillerai alors qu'ils seront en vacances. Dois-je être distant et respectueux, ou familier et proche ?

Dans l'attente de votre réponse,

Sincères salutations,

Bernard Guérin

Outils pour...

> Livre de l'élève p. 16-17

❯ Caractériser des personnes et des comportements

···❖ OBJECTIF DE L'ACTIVITÉ 1

: **Identifier une situation à l'oral et repérer une forme de caractérisation.**

1 Faire lire la consigne en la complétant au besoin pour s'assurer de sa compréhension (Qui parle ? Où ? Pourquoi ?). Procéder à l'écoute du document sonore complet et faire répondre en grand groupe. Si besoin, faire une deuxième écoute en l'arrêtant à « l'univers dans lequel vous gravitez ».

CORRIGÉ

a) Au cours d'une émission radiophonique hebdomadaire, Joël, un recruteur, interviewe Elsa, une jeune styliste à la recherche d'un premier emploi, et lui donne des conseils (« coache ») pour montrer son potentiel à un futur employeur.
b) il faut qu'on y retrouve son univers créatif : exemples de travaux d'école, fiches techniques les décrivant, photos de voyage montrant l'univers dans lequel elle évolue.

⋯⋗ OBJECTIF DE L'ACTIVITÉ 2

: **Compléter le vocabulaire de la personnalité et des comportements professionnels.**

2 Faire lire l'encadré « Les mots pour... ». Le vocabulaire de cet encadré étant abondant et riche, diviser la classe en petits groupes et demander à chaque groupe d'expliquer deux lignes de qualités et de défauts en les autorisant à recourir au dictionnaire. Pour le retour en grand groupe, les apprenants expliqueront les mots les plus difficiles avec des synonymes ou des périphrases, puis les illustreront en les attribuant à des professions. Par exemple : Un bon comptable est rigoureux (il est méthodique, précis, méticuleux), fiable (on peut lui faire confiance, il ne se trompe pas dans ses calculs et il ne vole pas d'argent à l'entreprise), minutieux (il ne survole pas les dossiers, il les étudie à fond et en détail). Faire lire la consigne et expliquer aux apprenants qu'ils vont devoir réemployer le vocabulaire de l'encadré pour répondre à la question. Une nouvelle écoute sera sans doute nécessaire. Faire comparer les réponses en grand groupe.

Manuel p. 178 Pour fixer le vocabulaire, renvoyer les apprenants au **Lexique thématique** (éléments de personnalité).

CORRIGÉ

Qualités : créatif, ayant une bonne capacité d'adaptation (« ce serait d'arriver à réinterpréter l'univers de la maison »), observatrice, intuitive, motivée, dynamique, capable de se remettre en question (« le recruteur fait appel à votre prise de recul »), honnêteté intellectuelle, réaliste, efficace, professionnelle (« vous connaissez avec précision les techniques de production et les lois du marché »), endurante et sereine (« vous possédez une bonne résistance physique et nerveuse »), motivée et dynamique (« prête à faire des efforts pour progresser »), rigoureuse (« vous savez vers quoi vous devez aller pour mieux faire »)
Défauts : exigeante, éparpillée

⋯⋗ OBJECTIF DE L'ACTIVITÉ 3

: **Repérer le vocabulaire de la mise en valeur personnelle.**

3 Faire lire la consigne, s'assurer de sa compréhension en la faisant reformuler et procéder à une nouvelle écoute du document 1. Les apprenants répondent individuellement. Confronter les réponses en grand groupe.

CORRIGÉ

Avant l'entretien : exploiter les ressources offertes par les nouvelles technologies, montrer à l'employeur sa maîtrise de Photoshop et d'autres logiciels, manifester sa créativité sans étaler son intimité.
Pendant l'entretien : montrer qu'on a une vraie personnalité, bien présenter mais sans excès, réinterpréter à sa manière l'univers de la maison, montrer simplement par son apparence ce qu'on peut apporter à l'entreprise, se démarquer des autres candidats, formuler positivement ses défauts.

⋯⋗ OBJECTIF DE L'ACTIVITÉ 4

: **Créer sa page Internet.**

4 Faire lire la consigne et demander aux apprenants de choisir un outil Internet avec lequel ils sont familiers (blog, Facebook, Myspace, etc.). Cette activité peut être le point de départ d'un projet extra-muros. Rien n'empêche en effet les apprenants de créer des profils sur Facebook ou Myspace par exemple. Ces profils pourront leur servir de nom de plume pour communiquer les uns avec les autres en français en dehors du cadre scolaire. Cela leur permettra en outre de réfléchir sur ce qu'on peut révéler et ne pas révéler sur ces sites, quand on sait que beaucoup d'employeurs y font des recherches afin d'en savoir plus sur les candidats à l'embauche.

⋯⋗ OBJECTIF DE L'ACTIVITÉ 5

: **Comprendre un extrait de journal intime pour repérer des pronoms relatifs simples.**

5 Préparer l'activité à l'aide d'une brève discussion sur les journaux intimes (Qu'est-ce que c'est ?). Placer les étudiants en binômes et les faire répondre aux questions. Corriger en grand groupe.

CORRIGÉ

1. Elle a rendez-vous à 17 heures dans une maison de couture pour un emploi de mannequin. – 2. Une tenue sobre : jupe noire en cuir, top rouge en coton, escarpins noirs. – 3. *Réponse libre.*

POINT Langue

Les pronoms relatifs simples

a) Faire relire l'extrait du journal intime de Sophie (document 2) et demander aux apprenants de noter au tableau les phrases comprenant un pronom relatif. Leur demander de souligner dans chaque phrase le mot qui remplace le pronom relatif.

CORRIGÉ « Une client qui vient souvent » : qui = une cliente – « l'adresse où je pouvais » : où = l'adresse – « un homme que j'ai trouvé plutôt aimable et dont la voix était jeune » : que et dont = un homme – « ma jupe noire en cuir que je porterai » : que = ma jupe – « Une touche de couleur dont j'ai bien besoin » : dont = une touche de couleur – « celles qui réussissent le mieux » : qui = celles – « ceux qui vont me juger » : qui = ceux – « je suis sensible à ce qui peut me déstabiliser » : qui = ce

Demander ensuite à la classe la fonction grammaticale de *qui*, *où* et *que* en les désignant par leur nom de pronoms relatifs et en les faisant réfléchir sur la structure des phrases avec pronoms relatifs. Le pronom relatif remplace l'antécédent. Si c'est un pronom sujet, on emploie *qui*, un pronom complément *que*, un pronom de lieu *où*. Ajouter un exemple dans lequel *où* est un pronom de temps. Par exemple : « Le jour où ma photo paraîtra à la une du magazine *Elle* sera le plus beau de ma vie. » Attirer l'attention des apprenants sur la construction préposition + *qui* est sans doute nouvelle pour eux (mais ne pas trop développer car les pronoms relatifs composés seront vus dans le dossier suivant).

b) Faire relire les deux dernières phrases du journal intime de Sophie et faire répondre à la question.

CORRIGÉ celles = les filles, les mannequins – ceux = les employés, les responsables de la maison de couture – ce = les choses, les éléments

···> **OBJECTIF DE L'ACTIVITÉ 6**

: Repérer la mise en relief dans une correspondance.

6 **a) et b)** Demander aux apprenants de lire le mail et de répondre aux questions en binômes. Puis vérifier les réponses en grand groupe.

CORRIGÉ

a) 1. Une personne ou un responsable du personnel de l'entreprise où travaille Corinne Chevalier. – 2. Informer le personnel de la promotion de Corinne.
b) Elle est ambitieuse, elle a le sens du contact et des relations humaines, elle est disponible, convaincante, curieuse, diplomate.

POINT Langue

La mise en relief avec des relatifs

a) Cette construction permet de mettre l'accent sur un ou plusieurs mots dans une phrase en le/les répétant ou en le/les encadrant. Faire relire le mail sur Corinne et demander à un ou plusieurs apprenants d'écrire au tableau les phrases comportant des pronoms relatifs et de faire le même travail que dans les activités a) et b) du Point Langue précédent. Donner un exemple : *C'est ce qui lui donne aujourd'hui des atouts pour son nouveau poste*. Dans cette phrase, *qui* remplace *ce* et signifie : *elle a débuté sa carrière comme simple employée et elle a su entretenir des contacts de qualité avec nos clients. Qui est sujet du verbe donner*. Puis leur demander de reconstruire la phrase en supprimant *c'est ce qui*. Par exemple : *Corinne a débuté sa carrière comme simple employée et elle a su entretenir des contacts de qualité avec nos clients. Cela lui donne aujourd'hui des atouts pour son nouveau poste*. Montrer que cette deuxième construction est beaucoup moins énergique que la première. La phrase devient plate, sans relief.

> > >

>>>>

CORRIGÉ c'est ce qui lui donne aujourd'hui des atouts – ce que nous admirons tous – c'est ce que nous lui souhaitons

b) et c) Ensuite, faire faire les deux activités oralement et expliquer aux apprenants que ce sont les deux façons pour mettre en relief un élément dans une phrase.

CORRIGÉ b) c'est ce qui nous plaît – c'est ce dont nous avons besoin – c'est ce que nous apprécions – c'est ce à quoi nous sommes sensibles
c) Ce dont nous avons besoin, c'est de son efficacité. – Ce que nous apprécions, c'est son efficacité. – Ce à quoi nous sommes sensibles, c'est à son efficacité.

On complètera cette double page en faisant visionner aux apprenants la vidéo « Présenter quelqu'un » (voir CD-ROM / Dossier 1). Vous trouverez la fiche pour son exploitation p. 196-197 de ce guide.
Comme c'est le premier dossier et que les apprenants ne se connaissent peut-être pas très bien, il est possible utiliser la vidéo pour les faire ensuite se présenter mutuellement de la manière dont on présente les candidats dans l'émission (possibilité également de commencer le dossier en utilisant cette vidéo en préambule pour faire présenter les étudiants les uns par les autres).

À cette étape, on peut inviter les apprenants à faire les activités « Sur tous les tons » et « Mise en scène » de « Paroles en scène » p. 22 du manuel. Elle offre un exemple ludique de caractérisation des personnes et des comportements, avec un réemploi des pronoms relatifs simples et de la mise en relief (pour l'exploitation, voir p. 28-29 de ce guide).

Corrigés S'exercer

1. disponible – réaliste – rigoureux(se) – curieux(se) – convaincant(e) / convainquant(e) – laxiste – endurant(e) – paresseux(se) – agressif(ve) – confiant(e) ou fiable
2. b. 6 – c. 4 – d. 5 – e. 2 – f. 1
3. 1. Je fais passer des messages. – 2. Je fais preuve de maîtrise. – 3. J'anticipe les risques. – 4. J'établis des relations professionnelles. – 5. Je suis fiable. – 6. Je sais fixer des priorités.
4. 1. qui, que – 2. que, dont – 3. où, qui – 4. dont – 5. qui, qu'
5. qui – qui – qu' – dont – qui – que
6. 1. Julie est née à Dijon où elle a fait toutes ses études universitaires et dont elle n'est partie qu'à l'âge de 25 ans. – 2. Maxime, dont les parents sont expatriés, est revenu à 18 ans en France où il a fait des études universitaires bilingues. – 3. Leila est une styliste qui a 24 ans et dont le talent est reconnu par les professionnels qui sont séduits par son originalité.
7. dont – qui – dont – dont – qui – qu' – qui – où – qui – qu' – dont.
8. 1. celui qui – 2. ceux dont – 3. celles que – 4. celui que – 5. celle dont
9. 1. Ce qui fait réagir votre client, c'est la peur. / C'est la peur qui fait réagir votre client. – 2. Ce que je vous reproche, c'est votre manque de transparence. / C'est votre manque de transparence que je vous reproche. – 3. Ce que je ne supporte pas, c'est votre passivité. / C'est votre passivité que je ne supporte pas. – 4. Ce qui est inadmissible, c'est sa désinvolture. / C'est sa désinvolture qui est inadmissible.
10. 1. Ce qui montre le talent de Corinne, c'est qu'elle a déjà vendu un projet. – 2. Ce que je trouve très positif, c'est qu'il travaille depuis longtemps avec les mêmes clients. – 3. Ce dont elle est fière, c'est de la compétence de son équipe.

Points de vue sur...

> Livre de l'élève p. 18-19

⋯⋮ OBJECTIF DE L'ACTIVITÉ 1

⋮ **Identifier le thème d'une rencontre publique.**

1 Avant de faire lire l'article, faire observer l'affiche et demander aux apprenants de la décrire. Comment l'homme se tient-il ? (Il est debout, dos à un miroir (une psyché). Il a les bras croisés, dans une pose de colère ou d'expectative.) Qu'annonce cette affiche ? (Un débat sur le thème de l'image de soi, au café Saint-René, Paris, XIᵉ.) Puis demander aux apprenants de lire le titre du document 1 et de reformuler le thème du débat proposé par l'affiche sans lire le texte. S'ils ne trouvent pas tout de suite, leur faire remarquer la photo du film avec Julia Roberts. (Comment est-elle habillée ? Quel est le titre du film ? Quel rôle joue-t-elle ?)

CORRIGÉ

Quelle image a-t-on de soi-même ? Est-elle fidèle à la réalité ou demande-t-on au miroir de nous mentir, comme le miroir ment à la méchante reine dans *Blanche-Neige* ?

⋯⊱ OBJECTIF DE L'ACTIVITÉ 2

⋮ **Comprendre l'opinion d'un psychanalyste.**

2 Faire lire l'article individuellement et demander aux apprenants de répondre aux questions en binômes en justifiant leurs réponses. Confronter les réponses en grand groupe. Le lexique de ce texte est très riche. Mais, à ce stade de l'apprentissage, une compréhension globale est plus importante qu'une analyse exhaustive du voca-bulaire, surtout dans cette page où ce sont les éléments de compréhension générale qui vont servir d'arguments aux apprenants. Voici à toutes fins utiles un résumé de l'article : « Comme la reine du conte *Blanche-Neige*, nous consultons notre miroir pour nous renvoyer une image qui nous plaît mais aussi paradoxalement pour traquer les signes de vieillissement ou d'enlaidissement inévitables. Cela peut mener à la folie. Selon le conte, donc, le miroir est destructeur parce qu'il montre forcément une différence entre l'image idéale et la réalité. Mais, selon l'auteur, le miroir est une métaphore (représentation) des autres qui nous regardent et qui prescrivent comment nous devons être. Correspondre à cette image devient le fondement de l'estime de soi dans notre société. »

CORRIGÉ

a) 2, 3, 1 – b) 1. Faux : « forte propension féminine, mais aussi masculine à scruter le miroir ». 2. Faux : « jusqu'à l'obsession… ». 3. Vrai : « Pour les frères Grimm, le miroir est l'ennemi du bien ». 4. Vrai : « ce n'est pas le miroir qui parle, mais l'Autre… ». 5. Faux : « image de soi et estime de soi sont ici pratiquement synonymes ». – c) *Réponse libre.*

POUR ALLER PLUS LOIN : Inviter les apprenants à consulter le blog dont l'adresse est notée sur l'affiche (*erratum* : dans l'édition 01 du manuel, une erreur s'est glissée dans l'adresse, il faut lire : « http://cafe-psy.over-blog.com »).

⋯⊱ OBJECTIF DE L'ACTIVITÉ 3

⋮ **Comprendre un texte traitant d'un problème de société.**

3 Livres fermés, faire un rapide remue-méninges sur les avantages et les inconvénients de la chirurgie esthétique. Puis faire lire la consigne de l'activité et demander aux apprenants de lire le texte et d'y répondre en binômes en s'aidant des « Mots pour… ». Corriger en grand groupe. Cette correction demandera un certain doigté de la part de l'enseignant. Le thème de la chirurgie esthétique est délicat à traiter en classe et il ne faudra donc pas confronter certains apprenants avec leur expérience personnelle de cette mode et avec leurs propres complexes physiques.

Manuel p. 178 Pour approfondir le vocabulaire de la chirurgie esthétique et réparatrice, renvoyer les apprenants au **lexique**
Manuel p. 188 **thématique**. Voir également l'**Abécédaire culturel**, entrées « Apparence » et « Chirurgie esthétique ».

CORRIGÉ

1. L'ordre des médecins met en avant la différence entre chirurgie réparatrice et esthétique, et attire l'attention sur les dangers du « syndrome de la bimbo ». Il incombe à chaque médecin de refuser éventuellement une opération jugée inutile ou dangereuse. 2. Le nez (« rhinoplastie »), les seins (« poses d'implants mammaires »), les cuisses (« liposuccion »).

⋯⊱ OBJECTIF DE L'ACTIVITÉ 4

⋮ **Donner son opinion sur le thème.**

4 Placer les apprenants en binômes ou en petits groupes, leur faire lire la consigne et vérifier sa compréhension en la faisant reformuler. Puis leur demander de reprendre et d'enrichir les arguments du remue-méninges vus au début de l'activité précédente. Prévoir un retour en grand groupe pour constater les points communs et les dispari-tés. Attention : pour ne pas empiéter sur l'activité 7, limiter la problématique aux adolescents. Et attention encore : veiller à respecter les sensibilités de chacun.

La beauté devient aujourd'hui plus qu'un idéal, presque une obligation. Je comprends donc que des adolescents, dont le caractère n'est pas encore formé, soient très sensibles aux messages des publicités, des films, des vidéo-clips. Mais cette tendance est dangereuse. La beauté a plusieurs visages. On peut être beau sans ressembler à Apollon ou à Aphrodite. Vers quel genre de société nous dirigeons-nous si tout le monde doit répondre aux mêmes critères physiques ? N'est-ce pas une forme d'eugénisme ?

⋯⋗ OBJECTIF DE L'ACTIVITÉ 5

⋮ **Élargir le débat à des personnalités publiques.**

5 Faire observer les photos des deux personnalités. Demander aux apprenants d'identifier leurs professions (des politiques) puis de les décrire avant/après leur opération, en réutilisant le vocabulaire de la chirurgie esthétique. Puis laisser les apprenants travailler individuellement et corriger en grand groupe.

CORRIGÉ

a) Ségolène Royal s'est fait modifier la dentition, Dominique de Villepin s'est fait enlever une verrue entre le nez et les sourcils. – b) *Réponse libre.*

POINT Info

Ségolène Royal est une femme politique française de gauche. En 2007, elle est candidate aux élections présidentielles pour le parti socialiste mais elle est battue au deuxième tour par Nicolas Sarkozy.
Dominique de Villepin est un homme politique de droite, diplomate et écrivain français. Premier ministre de 2005 à 2007, il annonce son intention de se présenter aux élections présidentielles de 2012, avant de retirer sa candidature.

⋯⋗ OBJECTIF DE L'ACTIVITÉ 6

⋮ **Comprendre un micro-trottoir sur le thème.**

6 Livres fermés, faire écouter une première fois l'enregistrement et vérifier la compréhension globale à l'aide de questions simples (Combien de personnes entend-on ? De quoi parlent-elles ?). Puis faire lire la consigne, procéder à une réécoute et demander aux apprenants d'y répondre. Une troisième écoute sera peut-être nécessaire pour la question b. Confronter les réponses en grand groupe.

CORRIGÉ

a) 1. Ils parlent de l'apparence et de la chirurgie esthétique chez les personnalités politiques. – 2. Que pensez-vous des personnalités qui ont recours à la chirurgie esthétique ? – 3. 1re personne : mitigée / 2e : contre / 3e : contre / 4e : pour / 5e : pour.
b) Arguments pour : « les feux de la popularité sont devenus hyper exigeants », « ils ne peuvent pas y échapper », « ils le font parce qu'ils savent très bien que les électeurs ne donneront pas leur voix à quelqu'un qui leur renvoie une image négative », « on préfère toujours les gens beaux »
Arguments contre : « ils sont devenus esclaves des codes de l'apparence », « elles donnent un très mauvais exemple, surtout pour les ados », « on ne lisse pas son visage sans lisser son discours », « si les hommes politiques font autant attention à l'apparence, c'est pour cacher la misère »
Arguments mitigés : « vérifier si la demande est fondée ou si c'est dans la tête... mais c'est probablement crucial pour les personnalités publiques. »

⋯⋗ OBJECTIF DE L'ACTIVITÉ 7

⋮ **Réemployer les acquis en échangeant sur le thème de la chirurgie esthétique.**

7 Diviser la classe en deux équipes, l'une pour la chirurgie esthétique, l'autre contre. Chaque équipe récapitule les différents arguments découverts au cours de la leçon. Puis inviter les équipes à confronter leurs opinions. Bien encadrer cette activité afin qu'elle ne mette pas les apprenants mal à l'aise.

Outils pour...

> Livre de l'élève p. 20-21

❯ Donner des ordres et faire des suggestions

⋯❖ OBJECTIF DE L'ACTIVITÉ 1

⋮ Repérer des expressions de l'ordre et de la suggestion dans un document écrit sur les rencontres en ligne.

❶ Livres fermés, présenter à la classe des situations problématiques et demander ce qu'il faut faire pour les résoudre. Par exemple : « – Je ne dors plus. Qu'est-ce qu'il faut que je fasse ? – Il faut que vous buviez un lait chaud avec du miel avant d'aller vous coucher. / – Je suis au chômage. Qu'est-ce qu'il faut que je fasse ? – Il faut que vous lisiez les petites annonces dans le journal. » Annoncer aux apprenants qu'ils vont retrouver cette forme et d'autres du même genre pour faire des suggestions dans le texte. Faire lire les consignes, s'assurer de leur compréhension, puis placer les apprenants en binômes et les faire répondre aux questions. Corriger en grand groupe.
Attirer l'attention des apprenants sur l'encadré « Les mots pour » afin d'élargir le vocabulaire de la suggestion et de préparer l'activité du Point Langue.

CORRIGÉ

a) 1. Dire la vérité, mettre ses atouts en valeur, être drôle, original, décalé, joindre une photo – 2. Avant la rencontre : prendre son temps, chatter ; Pendant la rencontre : être prudent.
b) 1. il faut que vous disiez…/preniez…, il est absolument indispensable que vous mettiez…, Il est donc important que votre texte soit…, Cela exige que vous l'illustriez…, soyez prudent, il faut absolument qu'on se revoie. – 2. Ne mentez jamais, il ne faut pas paraître, Interdisez-vous de dire, évitez…
c) Nous vous suggérons de « chatter », Ce serait bien qu'on se revoie, il vaudrait mieux qu'on ne rate pas…, Il ne faudrait pas précipiter…, Ce serait merveilleux de se connaître.

POINT Langue

Le subjonctif présent (rappel)

a) Ce Point langue permet de revenir sur la construction et les emplois du subjonctif présent vus au niveau A2. Cette révision se fera à partir des expressions de l'ordre et de la suggestion qui sont suivies du subjonctif. Faire observer les trois items du point a, demander aux apprenants lesquels se trouvent dans le document 1 (les deux premiers). Leur demander quelles expressions de la suggestion ils retrouvent dans ces phrases (*Il faut que* ; *Il vaudrait mieux que* ; *Ce serait bien que*) et quels modes sont utilisés (indicatif / subjonctif / conditionnel).
b) Inviter les apprenants à se référer au Mémo pour répondre. Dans ce Mémo, certaines propositions sont à l'infinitif. Insister sur la discrimination des emplois de l'infinitif et du subjonctif selon qu'on a un ou deux sujets. Par exemple, dans la phrase « Elle veut venir », c'est elle qui vient, il y a un seul sujet. Dans la phrase, « Elle veut que je vienne », c'est moi qui doit venir, il y a deux sujets.

CORRIGÉ Les expressions de la nécessité, du conseil et de la suggestion sont suivies du subjonctif. On utilise le subjonctif parce qu'il s'agit d'actions souhaitables mais non réalisées (à la différence de l'indicatif).

❯ Exprimer des sentiments

⋯❖ OBJECTIF DE L'ACTIVITÉ 2

⋮ Repérer des formes et des constructions liées aux sentiments et qui induisent le subjonctif.

❷ Annoncer aux apprenants qu'ils vont écouter des gens exprimer leurs sentiments, procéder à une première écoute. Puis faire lire la consigne, s'assurer de sa compréhension (il sera peut-être nécessaire d'expliquer des mots comme « déception » = réaction de tristesse à une espérance qui ne s'est pas réalisée, « dégoût » = réaction de rejet, d'horreur, de répulsion) et procéder à une deuxième écoute. Faire répondre individuellement et confronter les réponses en grand groupe.

CORRIGÉ

1. Hélène : joie, surprise, regret – 2. Jacques : peur, envie, surprise – 3. Sébastien : dégoût, souhait, déception

POINT Langue

Subjonctif passé, infinitif passé

Faire lire la première phrase (« Je suis tellement heureuse d'avoir rencontré l'homme de ma vie ») et demander quel sentiment la personne exprime (la joie). Demander à quel temps et à quel mode sont les verbes (indicatif présent, infinitif passé), puis quel est le sujet du deuxième verbe (c'est le même que celui du premier verbe, *je*). Ensuite, demander comment transformer la phrase pour faire apparaître un subjonctif (il faudrait changer de sujet, par exemple : « Je suis heureuse que tu aies rencontré l'homme de ta vie »). Faire réécouter le document 2, si besoin avec la transcription (p. 212 du livre de l'élève) et demander aux apprenants de relever les autres expressions des sentiments. En grand groupe ensuite, les faire réfléchir sur les modes et les temps des phrases qu'ils ont notées. Leur demander par exemple pourquoi dans la phrase : « Je suis tellement heureuse de me marier et d'avoir rencontré l'homme de ma vie », il y a l'infinitif présent et l'infinitif passé (*me marier*, infinitif présent, indique la simultanéité = un processus présent ou situé dans un futur proche, tandis que *d'avoir rencontré* indique l'antériorité). Dans la phrase : « Je trouve incroyable qu'il corresponde si bien… », *corresponde* (subjonctif présent) indique une situation non achevée dans le présent. Dans la phrase : « J'ai été surpris que nous ayons réussi à nous connaître si bien », *ayons réussi* (subjonctif passé) indique un événement ou une situation accomplie, limitée, dans le passé, et antérieure au moment où la personne parle.

CORRIGÉ Je regrette seulement de ne pas être allée sur Lovic plus tôt. – J'ai été très surpris que nous ayons réussi à nous connaître si bien sur Internet. – J'ai été très déçu que la plupart des filles ne m'aient pas donné de rendez-vous.

⋯⋮ OBJECTIF DE L'ACTIVITÉ 3

⋮ **Approfondir le vocabulaire et l'expression des sentiments.**

3 Faire lire la consigne en grand groupe, placer les apprenants en binômes pour les faire répondre puis confronter les réponses en grand groupe. Lors de cette confrontation, la question 2 pourra servir de débat sur les stéréotypes hommes/femmes dans les relations amoureuses. (Les hommes sont-ils moins sentimentaux que les femmes ? Font-ils moins de tâches ménagères ? Font-ils plus de sport ? Selon vous, cette lettre est-elle « typiquement » masculine ou féminine ? Dites pourquoi.) Puis enrichir le vocabulaire des sentiments d'amitié et d'amour en demandant aux apprenants des synonymes et des antonymes d' « aimer » (*j'aime → j'adore / je n'aime pas → je déteste*). Compléter ce vocabulaire à l'aide de l'encadré « Les Mots pour… ». Affiner la compréhension en faisant ressortir la croissance dramatique de ce vocabulaire à l'aide d'un court récit. Par exemple : « Au début, Paul et Marie étaient de bons amis. Ils s'entendaient bien. Puis ils se sont attachés l'un à l'autre et ils sont sortis ensemble. Ils ont eu une aventure qui a duré plusieurs mois. Puis Paul est devenu jaloux et il est passé de l'amitié à la haine. Finalement, il a quitté Marie. Aujourd'hui, ils n'éprouvent plus que de l'indifférence l'un pour l'autre. » Renvoyer également les apprenants au

manuel p. 178 **Lexique thématique** (entrée « Les sentiments »).

Pour le réemploi de ce vocabulaire, voir l'activité « Scène de ménage » (Paroles en scène, p. 22 du manuel).

CORRIGÉ

1. Un mot (par exemple laissé sur une table de cuisine) ou une lettre. Dominique rompt avec une personne surnommée Chouchou. – 2. On ne sait pas. Justification : Le prénom Dominique peut être porté par un homme aussi bien que par une femme et il n'y a dans la lettre aucun accord en genre permettant de clarifier la question. – 3. Le regret (« ça me désole »), la peur (« j'ai eu peur de craquer »), l'amour (« je t'aimais »), la résignation (« la vie quotidienne a eu raison de mon amour »), le dégoût et la colère (« tes amis que je déteste »), l'indignation (« j'ai trouvé choquant »), la modération (« restons amis »).

Corrigés S'exercer

11. soyez – mûrissiez – consultiez – fassiez preuve – réussisse

12. vous en débarrassiez – s'en aperçoivent – ne puisse pas – grattouilliez – y prêtiez attention – s'en aille – sachiez

13. est – sélectionne – soit – fasse – évolue – ne soumettent pas – comprenne – attendiez – réponde – receviez – sourie – sache – ne soit pas fondé – pouvez

14. 1. Je suis ravi que ma nouvelle coiffure lui plaise. – 2. J'ai envie d'aller le chercher en voiture. – 3. J'ai horreur qu'elle mette du parfum. – 4. Je suis surprise qu'il veuille sortir avec moi. – 5. Je suis content de la voir ce soir.

15. 1. J'avais peur d'avoir oublié mes clés et que ma mère (n')ait laissé le gaz ouvert. – 2. Elle regrettait que nous n'ayons pas fini la réunion à l'heure et de n'avoir pas donné de consignes assez précises. – 3. Marc était mécontent que Pauline ait pris sa place et d'avoir réagi trop tard. – 4. L'auteur était très satisfaite d'avoir enfin terminé son dernier chapitre et que son traducteur ne l'ait pas trahie.

16. 1. Je suis furieuse de ne pas avoir noté son adresse. – 2. Je trouve sympa qu'on aille à Rome un week-end. – 3. Je regrette qu'il ne soit pas venu à la gym. – 4. Je suis furieux de ne pas l'avoir reconnue tout de suite. – 5. Je suis dégoûté d'avoir mis des annonces et que personne ne m'ait répondu. – 6. Je suis moi-même surprise d'avoir accepté votre invitation et que vous m'ayez beaucoup plu.

17. entends bien – attachée – sympathie – jaloux – amoureux – proches / complices – scène – apprécie / aime bien / estime / ai de la sympathie pour – copine / petite amie – rompre / te quitter – amoureux / épris / fou – quitte – séparer

 *Paroles en scène*

> Livre de l'élève p. 22

Sur tous les tons
⋯⋛ OBJECTIF DES ACTIVITÉS 1 ET 2

⋮ **Distinguer à l'oral différentes intonations dans l'expression de l'ordre et de la suggestion.**

1 Avant de procéder à l'écoute, faire produire en grand groupe des phrases d'exemple. Exemple : Ordre – « Viens ici ! » « J'exige que tu viennes ici. » Suggestion – « Vous pourriez essayer de lui parler, non ? » « Il vaudrait mieux essayer de lui parler. » Puis, livres fermés, faire écouter l'enregistrement et demander aux apprenants à quel sentiment correspond chacune des phrases entendues. Faire réécouter autant de fois que nécessaire pour bien marquer les nuances.

CORRIGÉ

1. suggestion – 2. ordre – 3. ordre – 4. suggestion – 5. ordre – 6. ordre – 7. suggestion – 8. ordre

2 Demander ensuite aux apprenants de lire à leur tour les phrases avec l'intonation correcte. On pourra leur demander de déclamer les phrases devant la classe, comme dans un cours de théâtre, les auditeurs étant les juges. Ce travail préparera à l'activité suivante.

Phonie-graphie
⋯⋛ OBJECTIF DES ACTIVITÉS 1 ET 2

⋮ **Discriminer les sons [i], [y], [u], [o].**

1 Livres fermés, passer l'enregistrement une première fois pour la compréhension globale et poser quelques questions rapides : Qu'est-ce que la personne vient de décrire ? Qu'est-ce qu'on y trouve ? Qu'est-ce qu'on n'y trouve pas ? Faire faire l'exercice individuellement. La correction pourra se faire sous la forme d'une dictée-relais au tableau : un premier apprenant mémorise la première phrase et la dicte à un deuxième apprenant ; un troisième apprenant mémorise la deuxième phrase et la dicte au premier ; un quatrième apprenant mémorise la troisième phrase et la dicte au troisième, etc. Pour corriger l'intonation des apprenants, il sera important de la mimer. Par exemple, pour le son [i], marquer l'étirement des lèvres en faisant des moustaches à la Salvador Dalí. Pour le son [y], lever l'index vers le plafond. Pour le son [u], le baisser vers le sol. Pour le son [o], joindre les mains en cercle devant la bouche. Enfin, demander à la classe la solution de l'énigme.

CORRIGÉ

ville – trouve – fleurs – bleuets – roses – cactus – épines – rues – deux-roues – sucre – riz – feux – autos – adultes – jeunes – vieilles – personnes – bizarre.
Explication de l'énigme : dans la ville de Padipado, il n'y a pas d'i ni d'o.

2 Faire compléter la liste des objets qu'on trouve (ou qu'on ne trouve pas) dans la ville de Padipado et demander aux apprenants de lire leurs productions.

EXEMPLE DE PRODUCTION

On y trouve des chats mais pas de chiens, des lampes mais pas d'ampoules, des élèves mais pas de maîtres, de la glace mais pas à la vanille, du beurre mais pas de pain.

Mise en scène
⋯⋮ OBJECTIF DE L'ACTIVITÉ 1

⋮ **Lire et jouer une scène de théâtre sur les qualités et les défauts.**

Dans un premier temps, livres fermés, annoncer le titre de la pièce dont un extrait va être lu (*Trio en bémol*) et demander de faire des hypothèses à son sujet. Les apprenants travailleront à partir du mot « trio ». Mais il sera sans doute nécessaire de leur expliquer l'expression « en bémol » : en demi-ton, à voix basse, dont le sens par extension suggère une situation problématique. Faire lire le texte individuellement. En grand groupe, vérifier les hypothèses en demandant aux apprenants d'identifier la situation (Adèle et Paul décrivent le caractère d'un troisième personnage dont Paul est peut-être jaloux. La pièce traite sans doute de la difficulté des relations amoureuses). Demander ensuite à deux apprenants de lire la scène à haute voix pour s'assurer de sa compréhension. Ensuite, faire jouer la scène et aider les apprenants à trouver le ton juste.

POINT Info

Éric Rohmer (1920-2010) est l'une des figures majeures de la Nouvelle Vague (mouvement du cinéma français des années 1950-1960). Il a signé une vingtaine de films, parmi lesquels *Ma nuit chez Maude, Le Genou de Claire, Contes des quatre saisons*. Son œuvre se caractérise par l'importance des dialogues et le peu de moyens techniques. *Trio en bémol* est son unique pièce de théâtre.

⋯⋮ OBJECTIF DE L'ACTIVITÉ 2

⋮ **Jouer une scène de ménage.**

2 Placer les apprenants en binômes et leur proposer d'interpréter un dialogue (scène de ménage ou d'éloges) dans un couple. Leur laisser le temps de définir leurs personnages (âge, sexe, look…). Puis procéder au jeu de rôle, de préférence sous forme d'improvisation. Imposer un temps limite pour jouer la scène (une minute devrait suffire) et insister sur l'importance de l'intonation ainsi que des gestes. Faire réutiliser le lexique de l'image de soi, des sentiments et les structures pour donner des conseils et faire des suggestions. Ce jeu demandant de l'aisance, faire passer les volontaires en premier.

CD-ROM Pour conclure cette page, vous pouvez faire le jeu proposé sur le CD-ROM (Jeu du pantin) qui fera réutiliser le lexique des traits de personnalité.

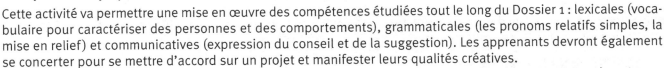

1 Réflexion préalable

: Cerner le projet

Cette activité va permettre une mise en œuvre des compétences étudiées tout le long du Dossier 1 : lexicales (vocabulaire pour caractériser des personnes et des comportements), grammaticales (les pronoms relatifs simples, la mise en relief) et communicatives (expression du conseil et de la suggestion). Les apprenants devront également se concerter pour se mettre d'accord sur un projet et manifester leurs qualités créatives.

1. Faire lire le titre du projet (Réaliser la page d'un programme de formation destiné à valoriser son image) et s'assurer que les apprenants comprennent bien qu'il s'agit de la page Internet ou bien d'une brochure (page publicitaire) d'une société de conseil en image, que ce sont des conseillers qui s'adressent à des clients potentiels et que ces conseillers vont devoir soigner leur propre image pour vendre leurs services. Ils devront s'exprimer clairement et être persuasifs. En grand groupe, sous forme de remue-méninges, lister des situations où l'on doit mettre son image en valeur (en plus de celles indiquées dans le livre de l'élève : se rendre pour la première fois chez les parents de son copain/sa copine, présenter une maison en vente, entrer dans la vie politique, paraître devant un juge, donner une interview en tant que célébrité, etc.).

2. Passer en revue les différents aspects possibles abordés lors d'une telle formation. En d'autres mots, demander aux apprenants ce qu'on doit modifier pour changer l'image qu'on donne aux autres (ses vêtements, sa façon de parler, de se présenter, de se mettre en avant, son langage corporel et d'une façon générale sa façon d'être). Puis leur demander de compléter les propositions de la consigne. Par exemple : ce qu'il ne faut pas dire, ce qu'il faut souligner, ce dont il faut se souvenir... Attention : ils ne doivent pas encore compléter ces phrases, mais seulement prendre conscience de leur formulation. Cela les aidera à réutiliser la mise en relief.

2 Réalisation

: Réaliser le projet

Placer les apprenants en petits groupes de trois ou quatre personnes, de profils différents si possible (âge, sexe, personnalité). Il sera peut-être nécessaire de désigner (ou de faire élire) un chef de projet, un concepteur de page Internet, un rapporteur. Ensuite, proposer d'échanger sur les questions de la consigne, oralement puis par écrit, en mettant l'accent sur le contexte. Faire lire en grand groupe les six items et vérifier leur compréhension (quelques mots qu'il faudra peut-être leur expliquer : *intitulé* = titre, *accroche* = ce qui attire tout de suite l'attention dans un article ou une publicité, *au cours de* = pendant). S'assurer que les apprenants ont bien compris qu'ils vont s'adresser à des personnes précises, dotées d'une profession, d'un caractère, etc. Par exemple : un amoureux, un joueur de foot, un accusé. À noter que le modèle de page n'est là qu'à titre d'exemple. Ils peuvent (et doivent) le compléter mais ils peuvent aussi le modifier pour faire preuve de plus de créativité. L'enseignant passera dans les groupes si les apprenants font appel à son aide mais sinon restera en retrait afin de ne pas limiter la créativité de la classe.

3 Présentation

: Présenter le projet

1. Avant de faire cette troisième étape, proposer des critères de jugement et un système de notation. Par exemple, les apprenants noteront de 1 à 5 (ou de 0 à 20) la présentation (choix des couleurs, clarté de l'écriture, visibilité des points importants, correction de la grammaire et de l'orthographe), la pertinence des informations (elles doivent correspondre à un programme de formation destiné à valoriser son image et à rien d'autre) et la présentation orale (élocution, dynamisme, aisance). Il sera bien sûr entendu que les groupes ne pourront pas délivrer de note à leur propre production. Le groupe ayant obtenu la meilleure note générale sera déclaré vainqueur.

2. C'est la partie jeu de rôles de l'activité. Ce jeu ne peut fonctionner que si les apprenants ont une idée précise de leur identité d'emprunt. Il ne s'agit donc pas seulement de décider qui est le recruteur et qui le candidat, ou qui est l'amoureux et qui est l'amoureuse, mais à quoi ressemble et quel est le caractère de ces personnes, leur âge, leur profession. Pour le vocabulaire, dire aux apprenants de s'aider de l'encadré « Les Mots pour les traits de personnalité et les comportements professionnels », p. 16 du manuel. Les accessoires demandés (et symboliques) pourront être une fleur, une boîte de chocolats, un maillot de foot, etc. Pour le retour des formateurs, il sera nécessaire de disposer de critères de jugement, comme dans la première partie de cette dernière étape, mais nous déconseillons les notations pour ce jeu de rôles, qui pourraient être mal perçues et causes de vexations. Le formateur devra plutôt reprendre ces notes et ces critères en formulant des suggestions (voir l'encadré « Les mots pour faire des suggestions », p. 20 du manuel).

VERS LE **DELF B1**

Avant de faire cette activité, il pourra être utile d'apprendre ou de rappeler aux apprenants en quoi consistent les épreuves de type DELF B1.

Le DELF B1 se compose de trois épreuves collectives :
– compréhension de l'oral : réponse à des questionnaires de compréhension portant sur trois documents enregistrés ayant trait à des situations de la vie quotidienne ;
– compréhension des écrits : réponse à des questionnaires de compréhension portant sur deux documents écrits (dégager des informations utiles par rapport à une tâche donnée / analyser le contenu d'un document d'intérêt général) ;
– production écrite : expression d'une attitude personnelle sur un thème général (essai, courrier, article…).
et d'une épreuve individuelle :
– production orale : entretien dirigé, exercice en interaction et expression d'un point de vue à partir d'un document déclencheur.

Chaque épreuve est notée sur 25. Le seuil de réussite pour obtenir le diplôme est de 50 sur 100. La note minimale requise par épreuve est de 5 sur 25.

Il est à noter par ailleurs que ces exercices servent de récapitulation des acquis de ce premier dossier et qu'ils ne sont pas au niveau des véritables épreuves. Autant les apprenants peuvent avoir la sensation grisante de progresser rapidement en A1 et A2, autant il leur semble souvent tourner en rond à partir du niveau intermédiaire. L'objectif de ces tests est donc de leur montrer qu'une progression existe toujours, qu'ils continuent de progresser dans l'apprentissage de la langue.

Compréhension de l'oral

Exercice 1
Demander aux apprenants de lire individuellement la consigne et les questions puis procéder à la première écoute. Laisser 30 secondes de travail individuel, puis procéder à la deuxième écoute. Laisser une minute puis corriger en grand groupe, si besoin en réécoutant.

> **CORRIGÉ**
> 1. c – 2. a – 3. c – 4. b – 5. b – 6. pour plaire aux autres

Exercice 2
Comme pour l'exercice précédent, faire lire les questions et procéder à deux écoutes. Les pauses seront de 3 minutes après la première écoute et deux minutes après la seconde écoute.

> **CORRIGÉ**
> 1. b – 2. ne plus employer des modèles/mannequins de moins de 16 ans ; promouvoir/défendre/montrer l'image de personnes en bonne santé – 3. b – 4. a – 5. c – 6. *Deux réponses parmi :* troubles de l'alimentation, régimes, dépression, baisse de l'estime de soi – 7. a – 8. *Deux réponses parmi :* taille, corpulence/poids, couleur de peau, origine ethnique.

>>>

>>>

Production orale

Cette activité se faisant dès le niveau A1, elle ne devrait présenter aucune difficulté aux apprenants. Leur signaler simplement qu'ils sont maintenant en B1 et qu'on attend d'eux une plus grande richesse linguistique. Aucune préparation n'est nécessaire ; l'épreuve durera 2 à 3 minutes. Leur dire que cette épreuve est destinée à les mettre à l'aise. S'ils n'ont pas compris un mot, ils peuvent demander à l'examinateur de le répéter et/ou de l'expliquer.

Placer les apprenants en binômes : un examinateur, un examiné. Puis inverser les rôles. À la fin de l'activité, les apprenants jugeront leur production, comme dans le jeu de rôles du projet, p. 23.

Question 2 : Parlez-moi de votre famille.

Exemple de réponse possible : Mes parents habitent à Naples. Mon père a 62 ans, il est grand et brun, il a toujours travaillé dans la même imprimerie mais il vient de partir à la retraite. Ma mère a 58 ans, c'est une élégante blonde, elle travaille encore pour deux ans comme pharmacienne. J'ai aussi un frère et une sœur, mais ils n'habitent pas en Italie : l'un vit à Londres et l'autre en Australie.

Question 3 : Quelles sont vos activités préférées ?

Exemple de réponse possible : J'aime lire, aller au cinéma et bavarder avec des amis. Je pars souvent en voyage avec le même groupe d'amis : ensemble, on loue une grande maison pour les vacances, ça revient moins cher et c'est très joyeux.

Question 4 : Quels sont vos projets pour vos prochaines vacances ?

Exemple de réponse possible : Je voudrais visiter un département d'outre-mer pour pratiquer mon français en dehors de l'Europe. J'aimerais bien aller à la Réunion parce que j'adore marcher et il paraît qu'il y a de très belles randonnées à faire dans les cirques.

J'achète

> Livre de l'élève p. 28-45

Contenus socioculturels • Thématiques

La consommation
Les façons d'acheter
Les profils d'acheteurs
Les achats en lignes

Objectifs sociolangagiers

Objectifs pragmatiques

Ouvertures	– comprendre un extrait de roman – parler de sa consommation et de ses habitudes d'achat
La vie au quotidien	– comprendre un site de courses en ligne et des instructions pour s'y inscrire – comprendre un mail de réclamation et sa réponse – écrire un mail de réclamation
Outils pour...	– parler de sa consommation – faire des comparaisons – caractériser des objets et des services – négocier et discuter un prix – rapporter les paroles de quelqu'un – mettre en garde
Points de vue sur...	– comprendre des opinions variées sur la consommation et en discuter – comprendre et décrire des systèmes de vente sur Internet – comparer deux sites de vente de biens sur Internet – parler des achats en ligne
Paroles en scène	– interpréter un sketch humoristique – jouer une scène de marchandage
Projet	– proposer des astuces de consommation à des Français résidant dans votre pays

Objectifs linguistiques

Grammaticaux	– les comparaisons et les degrés de la comparaison – les pronoms relatifs composés – le discours rapporté au présent (rappel) – le discours rapporté au passé et la concordance des temps
Lexicaux	– le vocabulaire de la consommation – l'utilisation d'Internet – le vocabulaire de la négociation – la mise en garde
Prosodiques	– l'intonation du camelot
Phonétiques	– les accents sur la lettre *e* – les sons vocaliques : les nasales

Vers le DELF B1	– compréhension des écrits – production écrite

> Lexique thématique → p. 179   > Abécédaire culturel → p. 189-190

Scénario du dossier

Dans la première double page, OUVERTURES, la lecture d'un extrait du roman *Les Choses – Une histoire des années 60* de Georges Perec permettra aux apprenants de réfléchir sur le boom de la consommation ; ils feront part de leurs expériences et de leurs habitudes dans ce domaine et échangeront sur le thème.

Dans LA VIE AU QUOTIDIEN, ils découvriront une pratique désormais courante pour faire ses courses : l'achat en ligne. Ils écouteront une conversation téléphonique sur le thème et réemploieront le vocabulaire d'Internet dans un jeu de rôle. Ils auront ensuite l'occasion de lire un mail de réclamation ainsi que la réponse à ce mail, puis d'en écrire un à leur tour.

La première double page d'OUTILS POUR entraînera les apprenants à parler de leurs habitudes d'achat. Ils reviendront sur la comparaison et apprendront à décrire et caractériser des innovations dans des phrases complexes utilisant des pronoms relatifs composés.

Dans POINTS DE VUE SUR, les apprenants découvriront différents témoignages sur la consommation. Puis ils liront deux textes et écouteront différents commentaires sur les sites eBay et leboncoin.

Dans la deuxième double page d'OUTILS POUR, ils écouteront une négociation d'achat au téléphone et se transformeront en vendeurs et acheteurs d'objets sur Internet. Ensuite, ils découvriront une conversation téléphonique au cours de laquelle deux amis évoquent la nécessité de se méfier quand on passe une commande sur Internet. Ce sera l'occasion de travailler le discours rapporté et la concordance des temps ainsi que le vocabulaire de la mise en garde.

Dans PAROLES EN SCÈNE, les apprenants écouteront un camelot vendre ses marchandises et essaieront de l'imiter. Puis ils joueront un sketch sur la difficulté de faire bon ménage avec son ordinateur. Enfin, ils devront jouer des rôles de vendeurs et d'acheteurs d'un marché aux puces au cours d'une scène de marchandage.

Dans le PROJET, ils proposeront des astuces de consommation à des Français résidant dans leur pays. Ils présenteront leurs conseils pour dépenser moins en grand groupe et s'exerceront alors à la critique en évaluant leurs productions.

Dans S'EXERCER, ils systématiseront à l'aide d'exercices les points linguistiques vus dans le dossier.

Dans VERS LE DELF B1, les apprenants mobiliseront les acquis de ce dossier à travers une activité de compréhension des écrits et une activité de production écrite.

Pages de sommaire

> Livre de l'élève p. 28-29

Illustration : Faire observer aux apprenants le titre du dossier. Leur faire décrire rapidement la photo (on y voit des bouteilles en plastique compressées) et, à partir de ces éléments, leur faire faire des hypothèses sur la thématique du dossier (De quoi va-t-on parler dans ce dossier ? De la société de consommation, de ses aspects positifs mais aussi négatifs : le recyclage et la surconsommation).

Citations : Puis faire observer le proverbe « L'argent ne fait pas le bonheur ». Demander aux apprenants de trouver des arguments pour ou contre cette affirmation. Puis faire interpréter le deuxième proverbe « Il n'y a pas de petites économies » (mettre de côté chaque jour un peu d'argent peut permettre de disposer d'une belle somme au bout d'un certain temps) et leur proposer ensuite un remue-méninges sur le thème de l'argent. Le deuxième proverbe peut également faire s'interroger sur l'avarice. Écrire au tableau au fur et à mesure toutes les propositions des apprenants (réponses possibles mais ne pas les donner si les apprenants ne les citent pas : *payer, consommer, acheter, dépenser, économiser, magasin, tirelire, euro, cher, riche*...). Leur demander s'ils connaissent en français ou dans leur langue maternelle d'autres proverbes sur le thème de l'argent et leur faire faire une réflexion rapide sur ces différents proverbes.

Lors du remue-méninges sur le thème de l'argent, les apprenants proposeront probablement le mot « pourboire »,

| Manuel p. 190 | les inviter alors à lire et à commenter l'entrée « Pourboire » dans l'**Abécédaire culturel**.

Ouvertures

> Livre de l'élève p. 30-31

⋯◌ OBJECTIF DE L'ACTIVITÉ 1

⋮ **Comprendre un extrait de roman.**

1 Avant d'effectuer l'activité, présenter Georges Perec à l'aide de la notice biographique du livre de l'élève (p. 30). Lire ou faire lire cette notice et demander aux apprenants de donner leurs impressions sur cet homme d'après sa photo. Ils s'aideront pour cela de la rubrique « Les Mots pour les traits de personnalité et les comportements professionnels » du Dossier 1, p. 16 (par exemple : il a l'air nerveux, dynamique, créatif, talentueux). Puis engager une rapide discussion sur l'auteur (Le connaissez-vous ? Avez-vous lu quelque chose de lui ? Si oui, avez-vous aimé ? Si non, êtes-vous tenté par un des romans cités et pourquoi ?).

Demander ensuite aux apprenants de lire individuellement le texte. Expliquer ou faire expliquer le nouveau lexique si besoin. Puis placer les apprenants en binômes et les inviter à répondre aux trois questions. Confronter les réponses en grand groupe et demander aux apprenants de les justifier.

> **CORRIGÉ**

1. De Jérôme et Sylvie, un jeune couple d'une vingtaine d'années / De Paris – 2. médiocre – 3. Les désirs insatisfaits

⋯◌ OBJECTIF DES ACTIVITÉS 2 ET 3

⋮ **Approfondir la compréhension écrite du texte.**

2 Demander aux apprenants toujours placés en binômes de faire les deux parties de l'activité. Leur faire justifier leurs réponses. Corriger en grand groupe.

> **CORRIGÉ**

1. la réalité actuelle / la sollicitation permanente / l'impossibilité de réaliser ses rêves – 2. l'étroitesse de la vie des personnages : « ils étaient renvoyés [...] à la réalité rétrécie [...] de leur logement exigu, de leurs repas quotidiens, de leurs vacances chétives / la proximité des tentations : « il existait, à côté d'eux, tout autour d'eux, tout au long des rues où ils ne pouvaient pas ne pas marcher, les offres fallacieuses, et si chaleureuses pourtant, des antiquaires, des épiciers, des papetiers »

3 Apporter en classe plusieurs plans de Paris et inviter les apprenants placés en binômes à suivre les itinéraires cités dans le texte. Leur faire observer également les deux photos de la page 30 (Galeries Lafayette Haussmann / Avenue des Champs-Élysées) et leur demander de situer ces lieux sur le plan. Enrichir à l'aide de l'entrée « Magasin »
~~nuel p. 189~~ de l'**Abécédaire culturel**.

> **CORRIGÉ**

a) L'énumération des quartiers laisse à penser que les tentations sont partout, qu'elles ne laissent aucun répit aux promeneurs. On peut insister sur le mot-clé « tentation » (« une perpétuelle tentation ») et faire discuter sur le phénomène de frustration entretenu par les vitrines, la publicité etc. qui exposent une profusion de biens à consommer ; la ville, l'urbanisation, les moyens de communication entretiennent un perpétuel besoin de choses nouvelles... Ce sera repris dans la page Points de vue...

b) Le titre du roman évoque les choses désirées, convoitées que la société de consommation nous met à portée des yeux ; ces choses sont les véritables héros de l'histoire et elles ont donc plus d'importance que les êtres qui les achètent ou rêvent de les acheter. Ce roman restitue l'air du temps à l'aube de la société de consommation, dans les années 60, il présente des personnages matérialistes qui rêvent d'une vie pleine de richesses.

POINT Info

L'OuLiPo (Ouvroir de Littérature Potentielle) est un groupe international de littéraires et de mathématiciens se définissant comme des « rats qui construisent eux-mêmes le labyrinthe dont ils se proposent de sortir ». Cette association a été fondée en 1960 par le mathématicien François Le Lionnais avec comme co-fondateur l'écrivain et poète Raymond Queneau. Les membres de l'OuLiPo se réunissent une fois par mois pour réfléchir autour de la notion de « contrainte littéraire », afin de produire de nouvelles structures destinées à encourager la création. Ils proposent plusieurs types de contrainte, parmi lesquels le lipogramme (disparition d'une lettre), comme dans le roman *La Disparition*, de Georges Perec. Les productions de l'émission de radio *Des Papous dans la tête* (France Culture le dimanche à 13 h) se font sur les principes de l'Oulipo (voir : www.franceculture.fr/emission-des-papous-dans-la-tete).

❹ EGO Questionnaire • **Vous et la consommation**

Faire commenter le dessin humoristique de cette page (des consommateurs se pressent dans les magasins à l'occasion des soldes et un mendiant essaie d'attirer lui aussi la clientèle en proposant une réduction de 50 % sur l'argent qu'on peut lui donner. Morale de l'histoire : à chacun sa façon de considérer l'argent). Puis faire lire en grand groupe l'encadré « Les Mots pour parler de sa consommation ». On peut enrichir ce vocabulaire avec quelques mots pour qualifier les comportements décrits (*gaspiller*, *dilapider*, *être prodigue* ou au contraire *être radin* (fam.), *avare*, *chiche*, *regardant(e)*...).

Pour la réalisation de l'activité, soit les apprenants, réunis en grand groupe, se désignent en levant la main, soit ils se déplacent dans la classe pour chercher individuellement chaque type de consommateur... Dans le deuxième cas, prévoir une mise en commun en grand groupe pour noter le nombre d'apprenants correspondant à chaque

`Manuel p. 179` profil. Puis faire lire le **Lexique thématique** (entrée « La consommation ») et l'entrée « Soldes » de

`Manuel p. 190` l'**Abécédaire culturel**. Il est possible de terminer l'activité par une petite discussion rapide (en grand groupe ou petits groupes) pour poursuivre sur leurs habitudes de consommation afin de réutiliser le vocabulaire. Étant donné que, dans la suite du dossier, les apprenants seront de nouveau amenés à discuter de leur expérience personnelle dans le domaine de la consommation, il est recommandé de ne pas passer trop de temps sur cette activité d'échange.

La vie au quotidien

> Livre de l'élève p. 32-33

⋯⋗ OBJECTIF DE L'ACTIVITÉ 1

⁝ **Comprendre un site Internet français d'achats en ligne.**

❶ a) Dans un premier temps, demander aux apprenants d'observer et d'identifier le document. Il sera sans doute nécessaire d'expliquer certains mots (*traiteur* : personne qui prépare des plats à emporter ; *macaron* : petit gâteau composé de pâte d'amande et de blancs d'œufs ; *lessive* : produit utilisé pour laver le linge). Faire également observer le vocabulaire d'Internet (*courses en ligne*, *me connecter*, *créer un compte*), vocabulaire qui sera complété ensuite.
b) Inviter tout d'abord les apprenants à énumérer rapidement et en grand groupe quelques-uns des avantages des achats en ligne et leur demander s'ils font leurs courses en ligne. Puis les faire répondre aux trois questions à l'oral. Leur demander également rapidement quels sont, d'après eux, les aspects négatifs de ce type de consommation.

`Manuel p. 179` Enrichir ce vocabulaire grâce au **Lexique thématique**, à l'entrée « Achats et ventes » (sans les trois premiers paragraphes, qui seront vus lors de l'activité 6).

CORRIGÉ

a) Il s'agit de la page d'accueil d'un site d'achats en ligne.
b) 1. Monoprix.fr offre un grand choix de produits. Il livre à domicile, le paiement est sécurisé et il est possible de retourner les produits en cas d'insatisfaction. – 2. Monoprix.fr propose toutes sortes de produits (des produits alimentaires, d'hygiène, d'entretien, des vêtements...). – 3. *Exemple de production :* Je fais mes courses en ligne pour acheter mes cadeaux de Noël, par exemple des livres que je sélectionne sur le site de la FNAC ou de la librairie la plus proche de l'endroit où je passerai les fêtes. Mais je n'achète jamais de nourriture en ligne, je préfère aller au supermarché à côté de chez moi.

⋯⋗ OBJECTIF DE L'ACTIVITÉ 2

⁝ **Comparer les prix de vente de produits de consommation courante.**

❷ Faire lire la consigne et s'assurer de sa compréhension en demandant aux apprenants de la reformuler. Cette recherche sur Internet à faire faire en classe ou à la maison permettra aux apprenants de s'interroger en grand groupe sur les différences de prix de quelques produits de base en France et dans leur pays. Pour que ces comparaisons aient un sens, donner aux apprenants quelques repères sur le niveau de vie des Français : prix de l'immobilier à Paris, salaire moyen en France métropolitaine, montant des frais d'inscription dans une université française... Tous ces renseignements sont accessibles sur Internet. Enrichir cette discussion à l'aide des entrées « Commerce en

`Manuel p. 189` ligne » et « Dépenses » de l'**Abécédaire culturel**.

⋯ OBJECTIF DE L'ACTIVITÉ 3

⋮ **Comprendre à l'oral la marche à suivre pour faire ses courses en ligne.**

3 Avant de faire l'activité, étudier le vocabulaire de l'encadré « Les mots pour utiliser Internet ». L'idéal serait de disposer d'un ordinateur en classe et d'expliquer le vocabulaire nouveau par la pratique. Mais le même travail peut se faire avec un ordinateur imaginaire et des questions simples : Qu'est-ce que vous faites pour commencer ? J'allume l'ordinateur. Comment allez-vous sur Internet ? En cliquant sur l'icône. Comment ouvre-t-on son courrier ? **Manuel p. 179** En entrant son mot de passe... Compléter ce vocabulaire à l'aide de l'entrée « Internet » du **Lexique thématique**. Ensuite, procéder au nombre d'écoutes nécessaires pour répondre aux deux questions. Les apprenants travaillent individuellement et confrontent leurs réponses en binômes, la vérification finale se fera en grand groupe.

CORRIGÉ

a) Julia appelle Emma pour qu'elle lui explique comment faire ses courses en ligne. – b) 1. site ; 2. créer un compte ; coordonnées ; mot de passe ; 3. valider ; page d'accueil ; rubrique ; 4. mon panier ; 5. valider ma commande ; 6. créneau horaire ; 7. favoris

⋯ OBJECTIF DE L'ACTIVITÉ 4

⋮ **Réutiliser le vocabulaire de l'informatique dans un jeu de rôle.**

4 Faire préparer en binômes le jeu de rôle pendant quelques minutes ; les apprenants doivent seulement prendre en note les points à aborder mais pas rédiger leur intervention. Puis faire jouer quelques binômes devant la classe.

POUR ALLER PLUS LOIN : Pour répondre à la question de savoir si les Français sont familiers avec l'utilisation d'Internet, qui pourra se présenter à la suite de cet enregistrement ou que l'enseignant pourra poser, faire lire et **Manuel p. 189** commenter les entrées « Internet et les réseaux sociaux » et « Commerce en ligne » de l'**Abécédaire culturel**, si ça n'a pas été fait précédemment.

⋯ OBJECTIF DE L'ACTIVITÉ 5

⋮ **Comprendre un mail de réclamation et la réponse à ce mail.**

5 Avant de faire lire le premier mail, faire identifier les interlocuteurs : Qui écrit ? (Julia Toubon) À qui ? (Monoprix) Puis faire lire le mail et inviter les apprenants à compléter en binômes l'objet du message. Confronter les réponses en grand groupe. Puis demander aux apprenants de lire la réponse du site et de dire si elle satisfait la demande de Julia.

CORRIGÉ

a) Problème de livraison / Demande d'avoir – b) La réponse du site n'est pas satisfaisante car deux des produits remboursés par l'équipe Monoprix ne correspondent pas à ceux cités par Julia (du riz / du café, de l'huile / du vinaigre).

⋯ OBJECTIF DE L'ACTIVITÉ 6

⋮ **Affiner la compréhension d'un mail de réclamation.**

6 Demander aux apprenants de relire le document 3 et de relever les passages concernés individuellement. On complètera le lexique des réclamations à l'aide des trois premiers paragraphes de l'entrée « Achats et ventes » du **Manuel p. 179** **Lexique thématique**.

CORRIGÉ

1. demande réparation : « Je vous prie donc → ma prochaine commande. » – 2. présente le problème : « La livraison a été faite → d'une terrine avait sauté » – 3. s'adresse au responsable du site : « Bonjour → sur votre site » – 4. insiste sur sa situation de cliente assidue : « Je vous précise → d'achats en ligne »

⋯ OBJECTIF DE L'ACTIVITÉ 7

⋮ **Apprendre à rédiger un mail de réclamation.**

7 Avant de procéder à l'activité, faire observer les formules de politesse employées par Julia dans le document 3 (« Bonjour », « Je vous prie donc de bien vouloir... », « Je vous remercie à l'avance », « Cordialement »). Puis compléter ce vocabulaire à l'aide de l'encadré « Stratégies pour écrire un mail de réclamation ». Vérifier sa compréhension en le lisant et en expliquant les mots qui peuvent poser problème (*périmé* = dont la date limite de consommation est passée ; *subir un dommage* = s'abîmer, se casser ; *assidu* = fidèle ; *défectueux* = qui a un défaut, qui ne peut pas être utilisé). Ensuite, faire décrire à l'oral les deux objets présentés page 33, à l'aide de questions simples (À quoi servent ces deux objets ? Comment fonctionnent-ils ? Sont-ils réels ou imaginaires ? À qui sont-ils destinés ?). Ensuite, faire lire l'énoncé de la situation et placer les apprenants en petits groupes. Chaque groupe rédigera un mail de réclamation concernant un des deux objets. Imposer une longueur limite (environ 120 mots). Faire lire quelques productions en grand groupe après avoir vérifié que la structure et le vocabulaire sont appropriés.

EXEMPLE DE PRODUCTION

De : Louise Maréchal – À : Achatop.fr – Objet : Demande de remboursement
Bonjour,
Le 15 janvier dernier, j'ai fait appel à votre site pour commander une combinaison Fitwear. Cet objet m'avait semblé très astucieux et parfaitement adapté à mes petits problèmes de kilos en trop.
Le jour de la réception de mon colis, j'étais ravie ! D'autant plus que je venais de lire sur votre site plusieurs commentaires de clients enchantés par cette combinaison miracle !
Hélas, j'ai rapidement constaté l'état défectueux du produit reçu : impossible de régler la température, la combinaison était brûlante ! À défaut de perdre du poids, j'ai surtout risqué de me brûler gravement !
Par conséquent, je vous renvoie cet objet défectueux et je souhaite être remboursée au plus vite.
Je vous remercie à l'avance.
Cordialement,

Louise Maréchal

Outils pour...

> Livre de l'élève p. 34-35

> Parler de sa consommation

⋯⋗ OBJECTIF DES ACTIVITÉS 1 ET 2

⋮ **Identifier les points essentiels d'une enquête afin de repérer les structures de la comparaison.**

1 Livres fermés, procéder à la première écoute, puis poser les deux questions de l'activité 1 en grand groupe. Corriger les réponses.

CORRIGÉ

1. les habitudes d'achat des Français en contexte de crise – 2. 65 millions de consommateurs

2 Faire lire les deux questions, s'assurer que les apprenants ont compris qui est Maud (c'est la mère de famille interviewée par le magazine) et procéder à la réécoute. Les apprenants répondent individuellement, puis ils confrontent leurs réponses en grand groupe. Faire écrire ces réponses au tableau en les rangeant dans deux colonnes (+ | –), afin de faire ressortir les expressions de la comparaison.

CORRIGÉ

1. Maud a changé ses habitudes afin de **moins** dépenser – 2. Elle va **un peu moins** souvent dans les magasins pour être moins tentée / Pour l'alimentation, elle fréquente **plus** souvent les magasins discount / Elle achète ses vêtements en ligne / Elle achète **de plus en plus** de produits bio.

POINT Langue

Faire des comparaisons

Il s'agit d'une révision des structures de la comparaison.
a) Après la réécoute du document 1, demander aux apprenants de compléter individuellement les phrases entendues. Corriger en grand groupe au tableau.

CORRIGÉ
Je fais beaucoup **plus** attention. Je vais aussi un peu **moins** souvent dans les magasins. Vous voyez, je suis **plus** vigilante et **moins** dépensière qu'avant et toujours **aussi** disponible. Je ne dépensais pas **autant** qu'en magasin.

> > >

>>>>

b) Faire ensuite relever dans les phrases complètes les mots employés pour faire des comparaisons et les faire associer aux trois degrés de comparaison (supériorité, égalité, infériorité).

CORRIGÉ b) Supériorité : plus – Égalité : aussi / autant – Infériorité : moins

Attirer l'attention des apprenants sur le fait que, devant une comparaison avec un nom, on trouve toujours la préposition *de* : « J'étais plus riche » → *plus* + adjectif mais « J'avais plus d'argent » → *plus* + *de* + nom.
Souligner également les cas particuliers des comparatifs de supériorité (*bon, bien, mauvais* → *meilleur, mieux, pire*) et donner des exemples : « Le dernier roman de Perec est très **bon** mais, à mon avis le premier était **meilleur**. » ; « C'est **bien** de choisir les produits directement dans les magasins mais, quand on est fatigué, c'est **mieux** de les acheter sur Internet. »
Une attention particulière devra être donnée à « plus mauvais » et « pire ». *Pire* marque l'intensité d'une chose déjà mauvaise en soi. « Ce livre est **pire** que l'autre. » → Les deux livres sont mauvais et l'accent est mis sur le fait que le premier est vraiment le plus mauvais. « Ce livre est **plus mauvais** que l'autre. » → Ni l'un ni l'autre ne sont bons, mais la différence est moins marquée entre les deux et l'un n'est peut-être pas désagréable à lire. Pour la même raison, on parlera de pire catastrophe, de pire accident et non de « plus mauvaise » catastrophe, de « plus mauvais » accident…
Faire aussi remarquer les différentes prononciations de *plus* : il se prononce [ply] devant un adjectif ou un adverbe commençant par une consonne, [plyz] devant un adjectif ou un adverbe commençant par une voyelle et [plys] quand il est suivi de la préposition *de* suivie d'un nom ou bien quand il est utilisé avec un verbe (« Il dépense plus que moi »). Ensuite, si vous le souhaitez, vous pouvez vous référer au Mémo.

POINT Langue

Préciser des comparaisons

a) Après la réécoute du document 1, faire compléter individuellement les phrases entendues. Corriger en grand groupe au tableau.

CORRIGÉ J'ai choisi d'acheter les vêtements en ligne **plutôt qu'**en magasin. C'est **nettement** moins cher. Les prix sont **bien** plus attractifs. J'étais **tout aussi** satisfaite. Les produits bio, j'en achète **de plus en plus, d'autant plus** que leurs prix baissent.

b) Faire relever dans les phrases les mots employés pour nuancer les comparaisons (en gras dans le corrigé ci-dessus) et demander aux apprenants de retrouver le sens de ces nuances.

CORRIGÉ Elles apportent un degré d'intensité et une préférence.
Enfin, si vous le souhaitez, vous pouvez vous référer au Mémo.

···⁘ OBJECTIF DE L'ACTIVITÉ 3

⁝ **Parler de ses habitudes d'achat afin de réemployer la comparaison.**

3 Placer les apprenants en groupes de trois ou quatre et leur demander de répondre à l'oral aux deux questions en simulant le même type d'interview que celui du document oral. « Et vous, vos habitudes… etc. ». Ce sera l'occasion d'utiliser les comparaisons pour montrer les changements dans leurs comportements entre les époques présentes et passées. Puis celui/celle qui joue le rôle du journaliste fait un compte-rendu en grand groupe des réponses obtenues. Enfin, chacun fera des commentaires sur les habitudes de consommation des autres. Par exemple : « Moi, je vais plus souvent que toi sur Internet pour acheter des choses. Mais moi, je suis moins confiant que toi… » Enrichir la discussion avec les entrées « Commerce équitable », « Crise économique », « Moyens de paiement » et

nuel p. 189-190 « Supermarchés » de l'**Abécédaire culturel**.

› **Caractériser**

⋯⋮ OBJECTIF DE L'ACTIVITÉ 4

⋮ **Repérer dans la présentation d'une innovation les formes utilisées pour caractériser.**

4 Avant de procéder à l'activité, demander aux apprenants d'observer la photo et l'illustration de cette page et leur faire faire brièvement à l'oral des suppositions sur le contenu de l'article (la photo semble tirée d'un film de science-fiction, le corps du cycliste est relié à un petit appareil électrique, on peut supposer par exemple que le texte présente une innovation technologique très prometteuse pour les sportifs. Mais le cycliste a l'air de souffrir, donc c'est peut-être un instrument de torture). Puis leur faire lire le texte individuellement, vérifier la compréhension du vocabulaire et demander aux apprenants placés en binômes de retrouver le titre de chaque paragraphe. Vérifier les réponses en grand groupe puis s'assurer de la compréhension du texte en demandant aux apprenants de commenter la photo (on y voit un œil entouré d'échelles de mesures informatiques et on peut donc imaginer que l'homme envoie par la pensée des messages à un ordinateur) et de confirmer ou d'infirmer leurs hypothèses au sujet du cycliste (l'appareil posé sur son dos lui permet de capter une partie de l'énergie qu'il produit, énergie qui va lui permettre d'alimenter la batterie de son portable).

> **CORRIGÉ**
>
> Premier paragraphe : 2 – Deuxième paragraphe : 3 – Troisième paragraphe : 1

POINT Langue

Les pronoms relatifs composés

Ce Point Langue prolonge la leçon sur les pronoms relatifs commencée dans le dossier 1 (Point Langue « Les pronoms relatifs simples » p. 17). Rappeler aux apprenants quels sont les pronoms relatifs simples et souligner que leur choix dépend de leur position grammaticale dans la phrase (sujet, COD, complément de lieu ou de temps, complément introduit par la préposition *de*). Les pronoms relatifs simples peuvent se substituer à une personne ou un inanimé ; c'est en particulier le cas de « qui » (*la personne qui… ou la fleur qui…*). Cette dernière remarque attirera l'attention des apprenants sur une différence avec les pronoms relatifs composés, où « qui » se substitue toujours à une personne et jamais à une chose.

a) Demander aux apprenants par deux de relever dans le document 2 les pronoms relatifs composés (qui sont formés de plusieurs mots). Lors de la correction en grand groupe, écrire les réponses des apprenants au tableau en deux colonnes :

grâce auquel à partir desquelles auxquels	à qui

> **CORRIGÉ** a) grâce auquel / à partir desquelles / auxquels / à qui – On utilise *lequel* (variable en genre et en nombre) précédé d'une préposition simple ou composée : grâce auquel = grâce à + lequel ; à partir desquelles = à partir de + lesquelles ; auxquels = à + lesquels. Il y a contraction après *à* ou *de*.

b) Faire lire les deux phrases du premier exemple. Demander aux apprenants si elles ont exactement le même sens, quels sont les pronoms relatifs et ce qu'on peut en déduire en ce qui les concerne (elles ont exactement le même sens, donc *à qui = à laquelle*). Souligner à nouveau la différence entre le relatif simple *qui* (*la voiture qui passe, l'homme qui passe…*) et l'usage de *qui* composé avec une préposition exclusivement réservé aux personnes. La transformation est possible parce qu'on parle d'une personne. Pour les inanimés, ce n'est pas possible. Exemple : « Les choses auxquelles je pense. » → Pas de transformation avec *qui* possible ; « Les amis auxquels j'écris. » → « Les amis à qui j'écris. ». Leur demander si d'autres transformations sont possibles dans les phrases du document 2 (non, car les autres pronoms relatifs composés se rapportent à des choses). Leur donner d'autres exemples : « Les enfants pour lesquels je me bats. » → « Les enfants pour qui je me bats. » ; « La femme avec laquelle il sort. » → « La femme avec qui il sort. » ; « La voiture à laquelle il pense. » → Transformation impossible.

> > >

>>>

Faire lire ensuite les deux phrases du deuxième exemple, demander quel est le pronom relatif simple (*dont*) et quel est le pronom relatif composé (*à partir desquels*). Leur demander si, dans cette phrase avec un pronom composé, la transformation est possible avec *dont* (non, elle ne l'est ni dans un sens ni dans l'autre : le pronom relatif composé *desquels* ne peut pas remplacer le pronom relatif simple *dont* et le pronom relatif simple *dont* ne peut pas remplacer le pronom relatif composé *desquels*). Par définition, un pronom relatif simple n'est jamais précédé d'une préposition alors qu'un pronom relatif composé l'est toujours, en sachant que dans l'exemple, il s'agit d'un groupe prépositionnel (*à partir de*). Leur donner d'autres exemples de groupes prépositionnels : *à côté de, au centre* ou *au milieu de, à partir de, sur les bords de, à l'aide de, en face de*... « L'homme à côté duquel (près duquel) je suis assis » mais « l'homme dont je t'ai parlé ».

CORRIGÉ b) *Lequel* peut devenir *qui* pour une personne. / Il est impossible d'employer *dont* à la place de *duquel*.

····⫶ OBJECTIF DE L'ACTIVITÉ 5

⫶ **Réemployer les pronoms relatifs composés à l'écrit.**

5 Faire lire la consigne et en vérifier la compréhension. Placer les apprenants en binômes et les laisser chercher des slogans. Faire lire quelques productions en grand groupe et vérifier l'usage des pronoms relatifs composés.

EXEMPLE DE PRODUCTION

L'invention grâce à laquelle vous n'aurez plus besoin de vous souvenir de votre mot de passe.

On complètera cette double page en faisant visionner aux apprenants la vidéo « Parler de sa consommation avec humour » (voir CD Rom / Dossier 2). Vous trouverez la fiche pour son exploitation p. 198-200 de ce guide.

Corrigés S'exercer

1. *Réponses possibles :* 1. Acheter dans un magasin est moins rapide qu'acheter en ligne. / Je préfère acheter dans un magasin plutôt qu'acheter en ligne. 2. Acheter sans l'aide d'Internet est plus fréquent qu'acheter avec l'aide d'Internet. / Je préfère acheter avec l'aide d'Internet plutôt qu'acheter sans l'aide d'Internet. 3. Il est plus facile d'économiser sur le budget vêtements que sur le budget alimentation. / Je préfère économiser sur le budget alimentation que sur le budget vêtements.

2. plutôt qu' / meilleur / plus / davantage / d'autant plus qu' / autant que / plus / meilleure / de moins en moins

3. *Réponses possibles :* La gamme de produits sur Cybercourses est beaucoup plus étendue que sur Achatnet. Sur AchatNet, les frais de livraison sont un peu moins élevés que sur Cybercourses. Cybercourses livre bien plus vite qu'AchatNet. Achatnet exige une commande minimum nettement supérieure à celle de Cybercourses. Cybercourses livre ses produits dans beaucoup plus de départements qu'AchatNet.

4. 1. C'est une clientèle fidèle pour qui / pour laquelle Internet est souvent le seul mode d'achat. – 2. Ce sont des clients à qui / auxquels le paiement en ligne ne fait pas peur. – 3. Ce sont des consommateurs avec qui / avec lesquels nous avons de très bons contacts.

5. C'est un nouveau mode d'achat avec lequel je perds moins de temps. – Je vais sur des sites sans lesquels je ne pourrais plus vivre. – Les livraisons dans lesquelles il y a des erreurs sont rares. – Les produits auxquels je suis habitué sont toujours d'égale fraîcheur. – La seule chose à laquelle il faudrait remédier, c'est le manque de choix. – Les livreurs à qui on a affaire sont en général ponctuels.

6. qui / grâce auquel / dont / dont / à qui (auquel) / grâce à qui (grâce auquel) – Il est question du courrier électronique.

7. 1. Le grand magasin du Printemps à côté duquel j'habite sera ouvert le 8 mai. – 2. Nous avons bien reçu votre proposition de vente dont nous prenons acte. – 3. La ville nouvelle dont le centre propose tous les commerces traditionnels nous a séduits. – 4. La ville au centre de laquelle nous avons trouvé tous les commerces traditionnels nous a séduits. – 5. Elle collectionne les bons de réduction au moyen desquels elle espère se payer un caddie plein de courses. – 6. J'ai beaucoup de chèques-cadeaux dont je ne sais plus quoi faire.

8. *Exemple de production :* Ces chaussures équipées de GPS sont idéales pour tous ceux qui n'ont pas le sens de l'orientation. Ce sont des chaussures grâce auxquelles ils ne se perdront plus jamais et dont ils ne pourront bientôt plus se passer !

Points de vue sur...

> Livre de l'élève p. 36-37

⋯⟩ OBJECTIF DE L'ACTIVITÉ 1

⋮ Comprendre et confronter des points de vue de consommateurs.

1 Placer les apprenants en binômes et leur demander de lire rapidement les quatre opinions. Puis leur demander de présenter à l'oral en quelques mots ces opinions à la classe. Les faire ensuite répondre aux questions, toujours en binômes, et confronter les réponses en grand groupe. Pour affiner la compréhension, demander quel est le sujet du débat (Peut-on consommer moins ?) et demander aux apprenants de classer les opinions des intervenants selon qu'elles répondent oui ou non à la question du débat.

CORRIGÉ

1. Elsa – 2. Amélie – 3. François – 4. Julien

⋯⟩ OBJECTIF DE L'ACTIVITÉ 2

⋮ Échanger sur le thème en petits groupes.

2 Proposer aux apprenants d'échanger à propos des différentes opinions de l'activité précédente pour déterminer celle dont ils se sentent les plus proches. Former des groupes de trois ou quatre personnes, de profils différents si possible (âge, sexe, personnalité...). Prévoir une brève mise en commun pour constater les points communs et les disparités.

⋯⟩ OBJECTIF DE L'ACTIVITÉ 3

⋮ Comprendre un texte sur le fonctionnement du site eBay.

3 Faire lire le document et faire répondre aux questions individuellement. Confronter les réponses en grand groupe. S'assurer que tous les apprenants comprennent bien de quel genre de site il s'agit en laissant les mieux informés en parler à la classe.

CORRIGÉ

a) Des personnes vendent des objets sur le site. Les internautes intéressés par un objet mis en vente proposent un montant d'achat supérieur à la mise à prix. À la fin du temps imparti pour les enchères, celui qui a proposé le plus remporte l'objet. – b) prix de départ : mise à prix / attribuer la marchandise : adjuger l'objet / un client qui fait monter le prix : un enchérisseur / opérations d'achat et de vente : des transactions. – c) *Réponse libre.*

⋯⟩ OBJECTIF DE L'ACTIVITÉ 4

⋮ Comprendre un texte sur un site d'achats en ligne.

4 À l'aide de questions simples et rapides, faire faire un premier repérage visuel de la page de présentation du site : Comment s'appelle-t-il ? (Leboncoin.fr.) Faire commenter le nom du site (exemple : le bon, le meilleur endroit pour acheter... là où on fait de bonnes affaires). Quelles sont les régions concernées ? (Alsace, Aquitaine, Auvergne...) Pouvez-vous nommer les îles et les territoires situés sous la carte de la France métropolitaine ? (De gauche à droite : la Guadeloupe, Maurice, la Martinique, la Guyane, la Réunion, la Corse). Puis faire lire le texte du document 3 et faire répondre aux questions individuellement. Confronter les réponses en grand groupe. Pour s'assurer de la compréhension du document, demander aux apprenants ce qu'on peut trouver sur ce site (presque tout : des voitures, des produits de beauté, des emplois, du matériel électronique, des animaux, des maisons...).

CORRIGÉ

1. Le site offre un très grand choix d'annonces, il regroupe toutes les offres disponibles près de chez vous, il est complètement gratuit. – 2. *Réponse libre.*

⋯⦂ OBJECTIF DES ACTIVITÉS 5 ET 6

⦂ **Approfondir la compréhension écrite de deux textes présentant des sites de vente en ligne.**

5 et **6** Placer les apprenants en binômes et leur demander de répondre aux questions à l'oral. Puis confronter les réponses en grand groupe.

CORRIGÉ 5

1. leboncoin – 2. eBay – 3. eBay – 4. leboncoin

CORRIGÉ 6

a) 1. leboncoin – 2. eBay – 3. leboncoin – 4. eBay – 5. eBay
b) *Exemple de réponse :* Comme je vis à l'étranger, je n'utilise pas leboncoin.fr mais un site équivalent de mon pays sur lequel j'achète des vêtements dégriffés et parfois même des meubles. L'année dernière, j'ai trouvé une super table de salon pour 50 euros seulement ! Parfois, je suis tenté d'utiliser eBay pour acheter des livres par exemple, mais comme les vendeurs habitent le plus souvent dans des pays étrangers, les frais de transport sont très élevés et cela me retient de le faire.

POINT Info

eBay est une entreprise américaine de vente en ligne, créée en 1995, qui compte aujourd'hui plusieurs centaines de millions de membres inscrits. Elle fonctionne sur le principe des enchères : l'objet convoité revient, dans l'anonymat, à la personne capable de miser la somme la plus importante.
leboncoin.fr., née en 2006, est une société française créée sur le modèle du site suédois Blocket.se. Ce site de vente présente des différences notables avec eBay : il est accessible sans inscription préalable et il est fondé sur le principe du contact plus que des enchères anonymes. En effet, il permet aux acheteurs potentiels de rencontrer les vendeurs et d'examiner de leurs yeux les objets qui les intéressent. C'est une sorte de commerce de proximité par l'intermédiaire d'Internet et son succès en France (où il devance eBay en termes de fréquentation) en dit long sur certaines habitudes culturelles des Français.

Pour aller plus loin : Proposer à un ou deux apprenants de faire un rapide exposé sur la syllogomanie, un TOC (trouble obsessionnel compulsif) qui fait qu'on accumule des objets dont on ne peut plus se débarrasser.
On pourra également réserver une partie de la leçon au français familier. On trouve deux mots de ce registre dans le document 1 (*gratter sur son budget* = économiser ; *la bouffe* = la nourriture) et deux autres encore à l'entrée
nuel p. 179 « Achats et ventes » du **Lexique thématique,** p. 179 (*se faire arnaquer* = *se faire avoir* = se faire voler dans un échange commercial). Compléter ce vocabulaire avec quelques autres mots (par exemple : *une brique* = un million ; *un bifton* = un billet de banque ; *le fric* = l'argent – *le pognon, l'oseille, la thune* signifient également *argent*, mais *pognon* et *oseille* appartiennent à l'argot des années 60, tandis que *thune* est plus actuel). Puis proposer aux apprenants d'écrire avec ce vocabulaire un nouveau témoignage sur le problème de la surconsommation.

RENDEZ-VOUS Alterculturel

Livres fermés, procéder à une première écoute de compréhension globale. Vérifier cette compréhension à l'aide de quelques questions simples : Dans quel pays étranger Léa a-t-elle séjourné ? (En Suède.) Qu'est-ce qu'une bourse d'étude ? (C'est une allocation versée aux étudiants par le gouvernement.) Qu'est-ce qu'un prêt ? (C'est une somme d'argent versée par une institution financière, généralement une banque, et remboursée dans un temps donné avec un bénéfice.) Puis faire lire les questions de l'activité et y faire répondre en grand groupe. Faire une ou plusieurs réécoutes si nécessaire. Cette activité pourra donner lieu à un échange d'expériences sur le thème (exemples : Comment gèrent-ils leur budget, se sentent-ils autonomes, responsables de leurs dépenses ? Est-ce qu'ils « grattent » un peu pour les vacances, les voyages...? Est-ce qu'ils travaillent pour payer leurs études... ? Est-ce qu'ils tirent le diable par la queue, et finalement que pensent-ils du système suédois...?).

CORRIGÉ

1. En Suède il existe un système de bourses et d'emprunt qui permet aux étudiants de financer eux-mêmes leurs études. – 2. Une partie de l'argent n'est pas à rembourser. C'est d'après elle un système très responsabilisant. – 3. Après le lycée, beaucoup de jeunes Suédois prennent une année sabbatique pour découvrir le monde.

Outils pour...

> Livre de l'élève p. 38-39

> Négocier et discuter un prix

⋯⟩ OBJECTIF DES ACTIVITÉS 1 ET 2

⠶ Comprendre une négociation.

1 et **2** Livres fermés, procéder à une première écoute et demander aux apprenants en grand groupe d'identifier la situation à l'aide de questions simples : De quoi ces deux personnes parlent-elles ? (D'un objet vendu sur eBay.) Qui sont-elles ? (Le vendeur et l'enchérisseuse qui a remporté l'objet.) Quel problème ont-elles ? (Ayant fait une erreur en tapant sa surenchère, la femme cherche à négocier le prix.) Puis, livres ouverts, faire lire la consigne de la deuxième activité et procéder à une deuxième écoute. Les apprenants répondent individuellement. Confronter les réponses en grand groupe.

> **CORRIGÉ 1**
>
> Une enchérisseuse qui a remporté un objet sur eBay appelle le vendeur de cet objet car elle s'est trompée en tapant son enchère. Elle voudrait faire baisser le prix de l'objet.

> **CORRIGÉ 2**
>
> Nom de l'objet : tête de femme d'une statuette égyptienne – Hauteur : 15 cm – Date : début du xxe siècle – Matière : bois d'ébène – État : Parfait – Prix négocié : 150 euros – Frais de livraison : 10 euros

⋯⟩ OBJECTIF DE L'ACTIVITÉ 3

⠶ Repérer le vocabulaire de la négociation.

3 Procéder à une nouvelle écoute et demander aux apprenants de repérer dans l'enregistrement les expressions utilisées lors de la négociation d'un prix. Confronter les réponses en grand groupe en demandant aux apprenants de préciser à chaque fois s'il s'agit d'un refus ou d'une recherche de compromis. Enfin, enrichir ce vocabulaire à l'aide de l'encadré « Les mots pour négocier ».

> **CORRIGÉ**
>
> Je ne peux pas mettre 250 euros (refus) – Je n'ai pas les moyens (refus) – Je peux difficilement vous la vendre 10 fois moins cher (refus) – C'est trop cher (refus) / Ce que je peux faire, c'est vous faire un prix (recherche de compromis) – Au lieu de 250 euros, je peux vous la faire à 150 (recherche de compromis) – C'est mon dernier prix (recherche de compromis) – Et vous faites vraiment une affaire (recherche de compromis)

⋯⟩ OBJECTIF DE L'ACTIVITÉ 4

⠶ Jouer une négociation dans un jeu de rôles.

4 Proposer aux apprenants de choisir l'un des objets présentés dans la rubrique « Produits d'occasion ». Leur demander ensuite d'établir individuellement une « fiche technique » de cet objet : sa description détaillée (taille, couleur, marque...), ses fonctions, son histoire, sa valeur sur le modèle de celle de l'activité 2. Former des binômes et demander aux apprenants de lire les 10 conseils pour bien négocier. Vérifier la compréhension du vocabulaire en demandant aux apprenants si ces conseils s'adressent au vendeur ou à l'acheteur (réponse : à l'acheteur) ; leur demander également de justifier ces conseils (1. Pour marchander, il faut d'abord avoir une idée précise de l'argent qu'on est prêt à mettre. 2. Il faut s'assurer de l'authenticité de l'objet. 3. Il faut connaître les intentions du vendeur...). Faire jouer la scène. Puis inverser les rôles et donc changer d'objet, le vendeur devenant l'acheteur et l'acheteur le vendeur. Enfin, en grand groupe, demander aux apprenants qui a réussi à payer/recevoir la somme qu'il voulait.

› Rapporter les paroles de quelqu'un

⋯⋟ OBJECTIF DE L'ACTIVITÉ 5

⋮ **Repérer et comprendre sur un site Internet des propos rapportés au présent.**

5 Placer les apprenants en binômes et leur demander de répondre à l'oral aux questions de l'activité. Confronter les réponses en grand groupe.

> **CORRIGÉ**
>
> 1. Il s'adresse à des consommateurs habitués à négocier. – 2. De témoigner sur leur habitude de négociation et de partager avec les lecteurs leurs meilleurs conseils pour bien négocier. – 3. Pour le plaisir de discuter, il n'y a rien à perdre. – 4. De bien préparer ses arguments. – 5. Si tout est négociable et ce qu'il ne faut surtout pas faire.

POINT Langue

Le discours rapporté au présent (révision)

Attirer l'attention des apprenants sur le fait que le discours rapporté est une construction très fréquente dans la langue parlée qu'ils vont utiliser couramment sans s'en rendre compte.

a) Faire relever aux apprenants placés en binômes les verbes introducteurs du discours rapporté. Puis lors de la mise en commun en grand groupe, enrichir la liste avec de nouveaux verbes. Distinguer ceux introduisant une affirmation (*dire, répondre,* etc.) de ceux introduisant une question (*demander, vouloir savoir,* etc.).

> **CORRIGÉ** dit (dire) / conseille (conseiller) / explique (expliquer) / demande (demander) – *Verbes possibles :* raconter / déclarer / répondre, etc.

b) Faire ensuite retrouver les phrases écrites par les internautes du document 2, c'est-à-dire les phrases au discours direct. Confronter les réponses en grand groupe.

> **CORRIGÉ** Nicole dit : « Il faut toujours oser négocier et on n'a rien à y perdre ». – Christophe conseille : « Préparez bien vos arguments ». – Marc explique : « Ce qui m'intéresse dans la négociation, c'est le plaisir de discuter ». – Samir demande : « Est-ce que tout est négociable et qu'est-ce qu'il ne faut pas faire ? »

Lors de la correction, faire remarquer que, quand on passe du discours direct au discours indirect, plusieurs changements interviennent : disparition des guillemets, modification des pronoms personnels, ajout de termes introducteurs tels que *si, que, ce qui, où, comment, quand,* etc. Attirer l'attention des apprenants sur le fait qu'une phrase à l'impératif se transforme au discours rapporté avec *de* + infinitif. Finaliser l'explication, si vous le souhaiter, en faisant lire le Mémo.

⋯⋟ OBJECTIF DE L'ACTIVITÉ 6

⋮ **Repérer à l'oral des propos rapportés au passé.**

6 **a)** Procéder à une première écoute et poser au groupe deux questions rapides pour s'assurer de la compréhension globale : Qui parle ? (Une jeune fille, Émilie, qui achète sur un site de vente aux enchères et un homme, Marc, qui n'a jamais rien acheté de cette façon.) De quoi parlent-ils ? (Voir corrigé.) Puis faire réécouter la conversation et faire répondre à la question 2 en grand groupe, en demandant aux apprenants de justifier leurs réponses.
b) Procéder à une nouvelle écoute et demander aux apprenants de relever les expressions de la méfiance. Confronter les réponses en grand groupe. Enfin, enrichir ce vocabulaire avec l'encadré « Les mots pour mettre en garde ».

> **CORRIGÉ**
>
> a) 1. Marc et Émilie parlent de la nécessité de se méfier quand on achète sur un site de vente aux enchères. –
> 2. Marc est méfiant parce qu'une collègue lui a raconté qu'elle s'était fait arnaquer sur ce site.
> b) s'en méfier / être très méfiant / ne pas trop faire confiance / tu devrais te méfier

POINT Langue

Le discours rapporté au passé et la concordance des temps

a) Après la réécoute du document 3, faire compléter individuellement les phrases entendues. Corriger en grand groupe au tableau et faire repérer les modes et les temps.

CORRIGÉ 1. c'était (imparfait de l'indicatif) – 2. elle s'était fait (plus-que-parfait de l'indicatif) – 3. je serais remboursée (conditionnel) – 4. porter (infinitif présent)

b) Puis demander aux apprenants placés en binômes de retrouver les propos d'origine au discours direct.

CORRIGÉ 1. « C'est de l'or. » – 2. « Je me suis fait arnaquer. » – 3. « je serais remboursée. » – 4. « Porte plainte ! »

Lors de la correction en grand groupe, faire remarquer que, lorsque le verbe introducteur est au passé, le temps des propos rapportés change (présent → imparfait, futur → conditionnel présent...).

Corrigés S'exercer

9. 1. pouvez me faire un prix / une réduction / un rabais – marchander / négocier – mettre autant – les moyens – les fais – baisse

10. Martin demande à sa femme : « Tu veux bien venir faire du lèche-vitrine avec moi ? » Elle répond : « Je serais ravie mais je dois terminer un travail urgent. » Il lui propose : « Je vais t'aider, ça te permettra de finir plus vite et de m'accompagner. » Il ajoute : « Je voudrais ton avis pour choisir un nouveau canapé ; il y en a un qui me plaît beaucoup mais dont le style pourrait te choquer. » Elle rit et demande : « Qu'est-ce que mon avis sur la question peut apporter puisque tu sais que je préfère notre vieux canapé et que je ne suis pas disposée, comme toi, à changer la décoration de la maison, d'autant moins qu'en ce moment nos fins de mois sont difficiles. »

11. Il lui demande de lui passer la tourniquette à faire la vinaigrette. Elle répond, en cherchant dans les tiroirs, que ce machin a disparu, qu'elle ne sait pas où il est. Elle lui demande s'il veut une cuillère. Agacé, il lui dit que quand il cuisine, il aime bien avoir les bons ustensiles. Elle lève les yeux au ciel et lui reproche de passer son temps à acheter des tas de gadgets dont il ne se sert jamais. Il proteste en disant que c'est lui qui fait la cuisine chez eux et que oui, il adore se servir d'appareils performants. Il lui demande si sa cuisine n'est pas bonne et ce qu'elle lui reproche. Souriante, elle lui assure qu'elle ne lui reproche rien du tout. Soudain, elle trouve la tourniquette et explique qu'elle était cachée derrière le pistolet à gaufres. Elle lui confie qu'elle a très faim.

12. 1. Émilie a demandé à Fabienne si elle serait remboursée si l'achat ne lui plaisait pas. – 2. Elle a voulu aussi savoir combien d'achats Fabienne avait déjà faits sur Internet. – 3. Elle lui a demandé si elle avait déjà eu un litige. – 4. Elle lui a demandé ensuite si elle pourrait l'aider à faire son premier achat. – 5. Elle ne savait pas si le paiement sur Internet était sécurisé. – 6. Elle a demandé ce qu'il y avait à vendre en ce moment sur eBay.

13. Fabienne a dit à Émilie qu'elle devait lire attentivement l'annonce, de ne surtout pas acheter si elle était incohérente, que ce qu'il était important de souligner, c'était que l'achat était définitif et qu'elle ne pourrait donc pas être remboursée. Elle a ajouté qu'une autre chose importante à savoir était qu'il y avait des systèmes de paiement qui évitaient d'avoir des problèmes et que, si elle voulait, elle lui enverrait les infos par mail. Elle l'a assurée que les escroqueries étaient rares.

14. 1. « Les boucles d'oreilles sont bien en or ? » – 2. « Est-ce que la statuette est ancienne ? De quand est-ce qu'elle date exactement ? Qu'est-ce qu'elle peut représenter ? Est-ce que je peux obtenir / Est-ce que vous pouvez me faire un rabais ? » – 3. « Combien de temps prendra la livraison ? Est-ce qu'il y aura une assurance en cas de perte ? »

15. 1. On m'a conseillé de ne pas acheter sur eBay. – 2. On m'a expliqué que le prix avait été contrôlé. – 3. On m'a prévenu qu'on ne me rembourserait pas. – 4. Il m'a promis qu'il allait m'aider. – 5. Il m'a affirmé que les escroqueries étaient fréquentes.

16. 2. « Le prix a été contrôlé. » – 3. « On ne te remboursera pas. » – 4. « Je vais t'aider. » – 5. « Les escroqueries sont fréquentes. »

17. Honorine lui a répondu que c'était mercredi aujourd'hui et qu'elle allait à Aix chez sa sœur Claudine par le train de onze heures. Elle a ajouté que, comme elle était un peu en avance, elle était passée par ici parce qu'elle avait quelque chose à lui dire. César lui a demandé de dire ce qu'elle avait à dire. Honorine, gênée, a répondu que ce n'était pas facile. César a voulu savoir pourquoi. Honorine a expliqué qu'elle venait lui parler de Fanny. De Fanny et de Marius, a-t-elle ajouté, mystérieuse. Honorine a dit à César que Panisse voulait la petite. Perplexe, César lui a demandé pour quoi faire. Honorine a expliqué qu'il la voulait pour l'épouser. César a voulu savoir ce que la petite disait. Honorine a répondu qu'elle dirait peut-être oui si elle ne pouvait pas avoir celui qu'elle voulait. César, avec finesse, lui a dit que celui qu'elle voulait, c'était Marius. Honorine, gênée, a répondu que oui, c'était tout juste.

 Paroles en scène

> Livre de l'élève p. 40

Sur tous les tons
⋯⟩ OBJECTIF DE L'ACTIVITÉ
⋮ **Écouter et imiter le ton d'un camelot.**

Avant de commencer l'activité, faire en grand groupe un tour d'horizon des métiers où le sens du commerce, le goût du négoce sont très importants (*camelot, vendeur de voitures, représentant de commerce, courtier en assurances, démarcheur, antiquaire, commissaire priseur, opérateur de marché (trader), homme/femme politique*...). Faire réfléchir les apprenants sur les qualités nécessaires à ces métiers (aisance à l'oral, audace, imagination, humour, psychologie...). Retenir, ou introduire, le mot « camelot », et mettre ce personnage haut en couleur en situation à l'aide de questions simples : Où travaille-t-il ? (Sur un marché.) Que vend-il ? (De « la camelote », c'est-à-dire des objets sans grande valeur, des vêtements bas de gamme, des gadgets de mauvaise qualité.) À qui ? (Généralement à des badauds assez crédules.) Puis procéder à l'écoute, livres fermés, et vérifier la compréhension globale : Qui sont les stars ? (Les clientes.) Qu'est-ce que le camelot vend ? (Des chemisiers.) À quel prix ? (20 euros les deux.) Faire réécouter avec la transcription p. 214 et demander ensuite aux apprenants d'imiter le camelot. Puis faire lire l'entrée
nuel p. 189-190 « Marchés » de l'**Abécédaire culturel**.

Phonie-graphie
⋯⟩ OBJECTIF DE L'ACTIVITÉ 1
⋮ **Choisir le bon accent.**

1 Revenir rapidement à l'oral sur la prononciation des sons [e] et [ɛ]. Le son [e] est plus fermé que le son [ɛ], mais il faut préciser que l'aperture du son varie grandement selon que les locuteurs sont du nord ou du sud de la France. Leur faire remarquer que le son [ɛ] peut s'écrire « è » ou « ê » alors que le son [e] s'écrit « é ». Faire écouter une première fois l'enregistrement et demander aux apprenants de travailler individuellement. Procéder à une seconde écoute, puis les inviter à comparer leurs résultats avec ceux de leur voisin. Enfin, confronter les réponses en grand groupe.

> **CORRIGÉ**
>
> la crèmerie – le médecin – la sècheresse – l'étiquette – la dépêche – j'appelle – le collège – le collégien – la fenêtre – fidèle – la fidélité – le règlement – examiner – le pied – le progrès – je jette – céder – je cède – le zèbre – professionnel

Pour aller plus loin : On pourra revenir sur *La Disparition* de Perec puisque c'est, entre autres, de la disparition de la lettre *e* dont il est question dans ce roman. Les apprenants pourront, par exemple, réécrire l'extrait proposé par l'enseignant dans l'exploitation de la double page Ouvertures, en remplaçant certains mots par des synonymes contenant cette lettre, à charge pour eux de placer correctement les accents. Puis leur demander de lire leur texte à voix haute en veillant à bien prononcer les sons [e] et [ɛ].

⋯⟩ OBJECTIF DES ACTIVITÉS 2 ET 3
⋮ **Discriminer les sons [ɑ̃], [ɔ̃], [ɛ̃].**

2 Avant de procéder à l'activité, inviter les apprenants à retrouver les différentes graphies associées aux sons [ɑ̃], [ɔ̃], [ɛ̃] (exemples : an, am, en, em / on, om / un, in, im, ym, ain, aim...). Faire faire l'exercice individuellement, puis demander aux apprenants de comparer leurs réponses avec celles de leur voisin. Passer une seconde fois l'enregistrement pour leur permettre de contrôler leurs réponses. Corriger en grand groupe.

> **CORRIGÉ**
>
> Pour me rendre à Dublin, je prends le train de onze heures trente. Dans mon sac, je mets un gant de crin pour me frotter les reins, cinq caleçons blancs, un imperméable marron, des collants en coton, des chaussons en laine de mouton, une ceinture pour mon pantalon en lin, des cintres pour suspendre mes fringues, un camembert pour mon correspondant irlandais.

3 Faire faire l'exercice en binômes. Lors de cette activité, il est important que l'enseignant passe dans les groupes afin de contrôler la bonne prononciation des apprenants.

CORRIGÉ POSSIBLE

manteau, blouson, jupon, patins, bonbons, parfum, etc.

Pour aller plus loin : Proposer aux apprenants une bataille de nasales. Écrire au tableau différents mots comprenant le son [ɑ̃], [ɔ̃] ou [ɛ̃]. Choisir des mots très proches tels que *sang*, *son*, *saint* ; *paon*, *pont*, *pain* ; *ment*, *mon*, *main* ; *vent*, *vont*, *vin*… Puis placer les apprenants en deux équipes. Un apprenant de chaque équipe reçoit un feutre. L'enseignant lit un des mots du tableau. Le premier apprenant à encercler le mot lu gagne un point pour son équipe. Puis les feutres passent à deux autres apprenants. Cette activité ludique permet de revenir à nouveau sur l'importance de la discrimination des nasales.

Mise en scène
⋯⋗ OBJECTIF DE L'ACTIVITÉ 1

⋮ Lire et jouer un sketch comique.

1 La vidéo ayant été vue à la fin de la page Outils pour, p. 35, en rappeler l'existence, puis préparer un exercice d'association du vocabulaire informatique et familier contenu dans le texte.
Par exemple :

1. Ramer (fam.)	a. Provoquer par accident le blocage d'un ordinateur
2. Planter (fam.)	b. Régler de nouveau les paramètres des logiciels
3. Obsolète	c. Refuser d'obéir, s'entêter
4. Reconfigurer	d. Sans prévenir
5. Une application	e. Programme informatique destiné à aider l'utilisateur
6. Inopinément	f. Élément d'un clavier sur lequel on appuie pour obtenir une fonction ou une lettre
7. P'tit con (*vulgaire*)	g. Avoir beaucoup de peine à faire quelque chose
8. Se braquer (*familier*)	h. Insulter, disputer durement
9. Une touche	i. Trop vieux, ayant du retard sur les avancées techniques
10. Engueuler (*vulgaire*)	j. Imbécile

Corrigé : 1 g – 2 a – 3 i – 4 b – 5 e – 6 d – 7 j – 8 c – 9 f – 10 h
Puis faire lire la scène en grand groupe. Prévoir trois lecteurs : un pour le rôle de la femme, un autre pour celui du vendeur, le troisième faisant la voix de l'ordinateur. Le faire jouer en demandant d'exagérer les traits des personnages : la femme doit être complètement paniquée, le vendeur hyper occupé et l'ordinateur doit parler comme un robot.

POINT Info

Anne Roumanoff est une humoriste française d'origine russe. Elle a joué sur quelques-unes des scènes parisiennes les plus prestigieuses : le Théâtre des Blancs-Manteaux, l'Olympia, Bobino… On peut l'entendre également sur Europe 1 et France Inter dans des chroniques. Elle est réputée pour sa vivacité et son franc-parler.

⋯⋗ OBJECTIF DE L'ACTIVITÉ 2

⋮ Réemployer les acquis en jouant une scène de marchandage.

2 Faire faire un « cadavre exquis » d'objets. Donner à chaque apprenant une feuille A4 pliée dans la largeur en trois parties égales. Demander aux apprenants de dessiner sur la partie du haut un élément d'un objet usuel (objectif d'un appareil photo, balai d'un aspirateur, capot de voiture, clavier d'ordinateur, etc.). Puis récupérer les feuilles, les redistribuer dans le désordre et demander aux apprenants de dessiner un élément d'un autre objet sur la partie médiane de la feuille, sans regarder le premier dessin mais en faisant en sorte que les deux se joignent par au moins un trait. Même opération pour le troisième tiers de la feuille. On obtient ainsi une collection d'objets impossibles (le capot d'une voiture sur un objectif qui aspire, etc.). Diviser la classe en clients et en vendeurs, attribuer un objet impossible à chaque vendeur, qui en déterminera le prix et les fonctions, et procéder à la scène de marchandage.

CD-ROM Pour conclure cette page, vous pouvez faire le jeu proposé sur le CD-ROM (Jeu du chewing-gum) qui fera réutiliser le lexique des traits de personnalité.

1 Réflexion préalable

⁞ Définir le projet.

Les activités de cette page permettent aux apprenants de réinvestir les savoirs et les savoir-faire acquis tout au long du dossier 2, par exemple le lexique de la consommation, de la mise en garde, les comparaisons, le discours rapporté. Les apprenants devront faire preuve de créativité et seront amenés à s'évaluer les uns les autres.

Faire lire le titre du projet (Proposer des astuces de consommation aux Français résidant dans votre pays) et leur demander sous forme de remue-méninges d'énumérer quelques-uns des problèmes économiques que peuvent rencontrer, d'après eux, les Français installés dans leur pays (par exemple : trouver un logement pas trop cher, avoir suffisamment d'argent pour rentrer régulièrement en France, disposer de soins de santé peu onéreux, etc.). Afin de confirmer ou d'infirmer leurs hypothèses et également d'enrichir la liste des problèmes rencontrés, on les incitera à se renseigner auprès d'interlocuteurs français de leur entourage et aussi à faire des recherches sur des blogs ou des forums d'expatriés. Par exemple : www.expatunited.com ; www.expat-blog.com/fr/ (ce site contient des blogs d'expatriés dans différents pays).

2 Préparation

⁞ Préparer le projet en s'informant et en trouvant des astuces.

Après avoir placé les apprenants en petits groupes de trois ou quatre, de profils différents si possible (âge, sexe, personnalité), faire lire en grand groupe les cinq items et vérifier leur compréhension (quelques mots difficiles : *arnaques* = escroqueries ; *éviter* = s'écarter de, ne pas tomber dans ; *répandu* = commun, populaire). Laisser environ 45 minutes aux différents groupes pour préparer leur projet. Ils pourront bien sûr solliciter l'aide de l'enseignant si nécessaire mais il est préférable que celui-ci reste en retrait afin de ne pas limiter leur créativité.

3 Présentation

⁞ Présenter ses découvertes et ses astuces pour consommer moins cher.

Dans un premier temps, définir en grand groupe des critères de jugement et un système de notation : une annotation pour l'originalité, la créativité, la pertinence des conseils donnés, l'aisance, le dynamisme, la correction linguistique ... Puis les groupes présentent leurs projets, chacun étant évalué par la classe, ce qui donnera lieu à une discussion sur la pertinence des conseils, les mises en garde, et les différents points proposés dans le « plan de présentation » du manuel.

EXEMPLE DE GRILLE DE CORRECTION

Originalité de la présentation (originalité des sources et de leur mise en valeur, originalité des techniques de prise de parole)	Assez bien	Bien	Très bien
Aisance et dynamisme du groupe (capacité à capter l'attention et à maintenir l'intérêt de la classe)	Assez bien	Bien	Très bien
Pertinence des conseils donnés	Assez bien	Bien	Très bien
Correction linguistique (précision et richesse du lexique, correction des formes grammaticales)	Assez bien	Bien	Très bien
Prononciation (clarté et fluidité)	Assez bien	Bien	Très bien

VERS LE DELF B1

Les activités de cette double page permettent de préparer les apprenants au DELF B1. Dans ce dossier, les apprenants seront amenés à travailler deux compétences : la compréhension des écrits et la production écrite. On peut donner ce bilan à faire à la maison sous forme de devoir ou bien le présenter sous forme d'examen écrit à faire en classe.

Compréhension des écrits

Pour l'évaluation, compter 0,5 point par bonne réponse et retirer 1 point si la réponse à la question « Quel club de sport choisissez-vous ? » n'est pas logique par rapport aux cases cochées.
Cette activité peut se faire en une quinzaine de minutes. Interdire l'usage du dictionnaire. À la fin de l'épreuve, inviter les apprenants à indiquer les difficultés qu'ils ont rencontrées.

CORRIGÉ

	1. Gym Dom		2. Espace sportif Pontoise		3. Club Med gym		4. Kikentaï	
	Convient	Ne convient pas	Convient	Ne convient pas	Convient	Ne convient pas	Convient	Ne convient pas
Musculation	X		X		X		X	
Cours collectifs		X	X		X		X	
Budget mensuel de 150 € maximum		X	X			X	X	
Mercredi et samedi	X		X		X		X	
À partir de 18 h	X		X		X			X

Le club de sport à choisir est l'Espace sportif Pontoise.

Production écrite

Faire travailler les apprenants individuellement. Leur faire lire la consigne et leur donner comme limite de temps 20 minutes et comme nombre de mots à respecter : 160 à 180 mots. Pour l'évaluation, voir la grille ci-après.

EXEMPLE DE PRODUCTION

Personnellement, je pratique le troc sur Internet depuis plusieurs mois. C'est une amie qui m'a parlé de ces sites sur lesquels elle surfe elle-même assidûment. Elle m'a bien sûr conseillé d'être vigilante, de ne pas faire confiance à n'importe qui. À l'époque, j'étais encore étudiante et je ne travaillais que quelques heures par semaine comme baby-sitter. Les fins de mois étaient difficiles, je devais en permanence me serrer la ceinture… Le troc m'a permis, entre autres, de renouveler régulièrement ma garde-robe, ce qui pour quelqu'un de soucieux de son apparence est une aubaine à ne pas négliger ! Contrairement à toi, Éric, pas une seule fois, je n'ai été déçue par la qualité des produits reçus. Par la suite, j'ai également pratiqué le troc de services : en échange d'un coup de main pour retaper mon appartement, je proposais quelques heures de cours d'anglais. Non seulement c'était beaucoup plus avantageux que de faire appel à des professionnels mais de plus cela m'a permis de rencontrer des gens très sympathiques. L'un d'entre eux est d'ailleurs le charmant jeune homme qui partage ma vie aujourd'hui ! ☺ Lucie

PRODUCTION ÉCRITE	25 points
Respect de la consigne	2
Capacité à présenter des faits	4
Capacité à exprimer sa pensée	4
Cohérence et cohésion	3
Compétence lexicale / orthographe lexicale	
Étendue du vocabulaire	2
Maîtrise du vocabulaire	2
Maîtrise de l'orthographe lexicale	2
Compétence grammaticale / orthographe grammaticale	
Degré d'élaboration des phrases	2
Choix des temps et des modes	2
Morphosyntaxe – orthographe grammaticale	2

J'apprends

> Livre de l'élève p. 46-63

Contenus socioculturels • Thématiques

Les façons d'apprendre
Les études
L'entrée dans la vie professionnelle
L'échange des savoirs

Objectifs sociolangagiers

Objectifs pragmatiques

Ouvertures	– comprendre un texte littéraire autobiographique – résumer une méthode d'apprentissage – parler de ses souvenirs d'école et de sa mémoire – parler des façons d'apprendre
La vie au quotidien	– comprendre des témoignages sur l'entrée dans la vie active – présenter son parcours lors d'un entretien de motivation – comprendre des informations sur l'inscription à l'université des étudiants étrangers – aider sur un forum des étudiants étrangers à s'inscrire en France
Outils pour...	– parler du passé – accorder les participes passés – exprimer la concession – exprimer l'opposition
Points de vue sur...	– comprendre une émission sur les jeunes et la lecture – échanger sur la lecture – réfléchir sur des systèmes d'échange des savoirs – comparer le système universitaire français avec un autre
Paroles en scène	– jouer une scène de théâtre : comment faire une description imagée en mettant en évidence les sentiments
Projet	– préparer puis donner un cours pour débutants sur un savoir ou un savoir-faire que vous maîtrisez

Objectifs linguistiques

Grammaticaux	– le passé composé, l'imparfait et le plus-que-parfait – l'accord du participe passé – la concession et l'opposition
Lexicaux	– la mémoire – les études – le vocabulaire du plaisir, de l'intérêt et du désir – la contradiction
Prosodiques	– l'articulation de quelques virelangues
Phonie-graphie	– les sons [e], [ɛ], [ə] – les sons [y], [u], [ɛ] et [j]

Vers le DELF B1	– compréhension de l'oral – production orale : exercice en interaction

> Lexique thématique → p. 180   > Abécédaire culturel → p. 190-191

3

Scénario du dossier

Dans la première double page, OUVERTURES, les apprenants seront amenés à évoquer des souvenirs d'école à partir d'un texte autobiographique d'Albert Camus. Ils résumeront une méthode d'apprentissage et échangeront en petits groupes sur leurs souvenirs d'école primaire. Enfin, ils définiront leur type de mémoire.

Dans LA VIE AU QUOTIDIEN, les apprenants écouteront des témoignages sur la naissance de vocations. Ils découvriront des expressions pour marquer leur intérêt et leurs désirs d'accomplissement afin de parler de leur propre parcours. Puis ils découvriront la procédure d'inscription pour des étudiants étrangers désireux de poursuivre leurs études en France et informeront des jeunes sur les démarches à effectuer.

Dans OUTILS POUR, ils apprendront à situer des actions dans le passé, toujours à travers le thème de l'enseignement. Ce sera l'occasion de revoir la formation et les emplois du passé composé, de l'imparfait et du plus-que-parfait et de travailler l'accord du participe passé dans les verbes non pronominaux et pronominaux.

Dans POINTS DE VUE SUR, les apprenants écouteront des jeunes parler de leur rapport à la lecture et échangeront en petits groupes sur ce thème. Puis ils découvriront des moyens et des lieux originaux pour échanger des savoirs : le troc des connaissances, un café-langues et une université populaire. Ils exprimeront leurs opinions sur ces initiatives et enfin compareront le système universitaire français avec celui d'autres pays.

Dans la deuxième double page OUTILS POUR, ils travailleront sur les expressions de la concession et de l'opposition. Des informations et des témoignages leur permettront de repérer et de réemployer ces expressions.

Dans PAROLES EN SCÈNE, les apprenants perfectionneront leur prononciation de certains sons vocaliques. Puis ils liront une célèbre scène du répertoire français et s'exerceront à devenir des « professeurs d'intonation » en modulant divers sentiments.

Dans le PROJET, ils prépareront un cours sur un savoir qu'ils maîtrisent et feront une leçon à la classe. Après quoi, ils se remettront en question en sollicitant un retour sur leur prestation auprès du groupe.

Dans VERS LE DELF B1, ils mobiliseront les acquis de ce dossier à travers deux activités de compréhension orale et une autre de production orale.

Pages de sommaire

> Livre de l'élève p. 46-47

Illustration : Faire rapidement décrire la photo (il s'agit d'un pion dans un labyrinthe) et demander aux apprenants ce que leur inspire le mot « labyrinthe » (le mythe du Minotaure, le fil d'Ariane, un film à suspense, un endroit où on peut se perdre). Mettre ensuite ce mot en relation avec le titre de la leçon (« J'apprends ») et faire déduire ce dont ce troisième dossier va parler (il va parler de la difficulté de trouver sa voie dans les études, de la complexité des systèmes éducatifs, du sentiment de soulagement et de réussite quand on arrive au bout du labyrinthe).

Citations : Faire ensuite confirmer cette interprétation en demandant aux apprenants d'expliquer les deux phrases : le proverbe signifie qu'on acquiert un savoir en le pratiquant ; la citation de Victor Hugo peut être une référence à la maïeutique de Socrate (méthode pour faire « accoucher » les élèves). Cela revient à dire que la connaissance est une nouvelle naissance : on devient une personne différente grâce aux études (c'est aussi une grande idée issue du siècle des Lumières). Le labyrinthe symbolise donc en effet la longue et difficile route qu'il faut parcourir pour entrer dans la vie active ou dans le monde de la connaissance.

Ouvertures

> Livre de l'élève p. 48-49

⋯⋰ OBJECTIF DE L'ACTIVITÉ 1

⋮ **Comprendre le sens général d'un texte autobiographique.**

1 Livres fermés, demander aux apprenants de dire quelques mots sur Albert Camus. Si personne ne le connaît, faire ouvrir les livres et le présenter très rapidement, puis faire observer la photo pour situer le thème et l'époque. Camus étant né en 1913, il était à l'école primaire et au collège dans les années 1920. Sur la photo, il n'y a que des garçons dans la classe, la coupe de leurs vêtements est très ancienne, les meubles n'existent plus sous cette forme à notre époque… Puis faire lire individuellement le texte et demander aux apprenants de répondre aux questions en binômes. Ils justifieront leurs réponses en citant les passages concernés. Vérifier les réponses en grand groupe. Ensuite faire lire la biographie, p. 48 du manuel, et demander quels éléments de la vie de Camus ils retrouvent dans le texte (réponses : école en Algérie, études et goût des études grâce à l'aide de son instituteur : discours de réception du prix Nobel dédié à cet instituteur = respect, reconnaissance et admiration).

CORRIGÉ

1. Monsieur Bernard et ses élèves. Ils vivent en Algérie. – 2. intimité (« il vivait avec eux [sa vie personnelle], leur racontant son enfance »), proximité (« il les accueillait avec simplicité dans sa vie personnelle ») et respect (« ils sentaient qu'ils existaient et qu'ils étaient l'objet de la plus haute considération »)

⋯⋗ OBJECTIF DE L'ACTIVITÉ 2

⦂ **Approfondir la compréhension du texte.**

2 Garder les binômes et de faire répondre aux questions. Confronter les réponses en grand groupe.

CORRIGÉ

1. Elle les libère des contraintes de la vie familiale (« une évasion à la vie de famille ») ; elle les guide et les forme (« elle nourrissait en eux une faim plus essentielle encore à l'enfant qu'à l'homme et qui est la faim de la découverte »)
2. – comportement : il aime son métier et rend ses cours intéressants (« cette classe était constamment intéressante pour la simple raison qu'il aimait passionnément son métier » […] « il savait toujours tirer au bon moment de son armoire aux trésors la collection de minéraux […] qui réveillaient l'intérêt fléchissant de ses élèves »), il respecte ses élèves et se soucie de leur avenir (« Dans la classe de monsieur Bernard, pour la première fois, ils sentaient qu'ils existaient et qu'ils étaient l'objet de la plus haute considération : on les jugeait digne de découvrir le monde. »), il est accueillant, confiant et amical (« il les accueillait avec simplicité dans sa vie personnelle, il la vivait avec eux, leur racontant son enfance et l'histoire d'enfants qu'il avait connus. »)
– méthode de travail : il entrecoupe ses cours de moments de détente (« il savait toujours tirer au bon moment de son armoire aux trésors la collection de minéraux […] qui réveillaient l'intérêt fléchissant de ses élèves »), il capte l'attention des enfants avec des objets extraordinaires (« il était le seul dans l'école à avoir obtenu une lanterne magique ») ou ordinaires, mais considérés d'une façon inhabituelle (« la collection de minéraux, l'herbier, les papillons et les insectes naturalisés, les cartes »), il développe l'appétit de savoir des enfants en les traitant en futurs adultes (« Dans la classe de monsieur Bernard, pour la première fois, ils sentaient qu'ils existaient et qu'ils étaient l'objet de la plus haute considération : on les jugeait digne de découvrir le monde. »), il n'enseigne pas mécaniquement mais personnalise son enseignement en partageant son expérience du monde (« Et même leur maître ne se vouait pas seulement à leur apprendre ce qu'il était payé pour leur enseigner, il les accueillait avec simplicité dans sa vie personnelle, il la vivait avec eux, leur racontant son enfance et l'histoire d'enfants qu'il avait connus. »)

⋯⋗ OBJECTIF DE L'ACTIVITÉ 3

⦂ **Commenter un texte sur des méthodes d'enseignement.**

3 Travailler en grand groupe. Faire lire les questions et confronter les réponses. Pour parler des sentiments des élèves, on pourra utiliser l'encadré « Les mots pour exprimer les sentiments d'amitié et d'amour », p. 21 du manuel.

CORRIGÉ

a) *Réponse possible :* ils l'apprécient (ses cours sont plus intéressants que ceux de ses confrères), ils ont pour lui de l'estime (il connaît beaucoup de choses et rend captivant tout ce qu'il enseigne), ils sont attachés à lui et se sentent très proches de lui (ils prennent le temps d'écouter ses histoires personnelles).
b) « gaver les oies » *(Faire reformuler cette expression et préciser en quoi la méthode pédagogique de l'instituteur est novatrice. Réponse possible : « Gaver les oies » évoque une méthode d'enseignement mécanique : les élèves ingurgitent des savoirs sans se poser de questions. En revanche, Monsieur Bernard réussit à provoquer la curiosité de ses élèves et à faire d'eux des êtres pensants, avides de nouvelles connaissances.)*

⋯⋗ OBJECTIF DE L'ACTIVITÉ 4

⦂ **Brosser le portrait de l'enseignant idéal.**

4 Cet exercice peut être fait en devoir à la maison ou en classe. En limiter la longueur à une centaine de mots (+/– 10 %) et la durée à une vingtaine de minutes. Recommander aux apprenants l'emploi du subjonctif présent (voir le Mémo, Point langue, dossier 1, p. 20) ou de l'infinitif, avec des expressions comme : « il faut que » ou « il doit ». Préférer l'instituteur ou le professeur de français à l'universitaire (le monde de l'enseignement supérieur sera vu dans la double page suivante).

L'ordinateur ayant remplacé la lanterne magique, je pense que ce qui émerveillait les enfants d'hier risque vite d'ennuyer ceux d'aujourd'hui. L'enseignant idéal doit cependant posséder quelques-unes des qualités de l'instituteur de Camus et du hussard noir de Péguy. Il faut qu'il sache responsabiliser ses élèves et qu'il soit dans l'exercice de ses fonctions un exemple de rigueur, d'intelligence et de respect humain. S'il enseigne le français à des étrangers, il faut qu'il varie les activités en proposant des chansons, des articles de journaux, des reportages, et qu'il montre comment vivent les gens non seulement en France, mais aussi dans les pays francophones.

POUR ALLER PLUS LOIN : On peut faire réfléchir sur la notion d'autorité. Un enseignant doit-il avoir de l'autorité ? Est-ce nécessaire, pourquoi ? Comment peut-il obtenir le respect ?

⋯⋰ OBJECTIF DE L'ACTIVITÉ 5

⋮ **Réemployer les acquis en échangeant sur le thème de l'apprentissage.**

5 Avant d'effectuer l'activité, faire expliquer le vocabulaire de l'encadré « Les mots pour parler des façons d'apprendre » en demandant aux apprenants de classer les expressions en trois catégories : le travail mécanique de la mémoire, les souvenirs marquants et les sensations (Travail mécanique de la mémoire : *mémoriser, connaître par cœur, retenir, apprendre, réviser.* Les souvenirs marquants : *se souvenir toujours de, ne jamais oublier, garder en mémoire.* Les sensations : *je voyais, j'entendais, je sentais, je ressentais, j'éprouvais, cela me touchait, ça ne me parlait pas, ça ne me disait rien, cela me bloquait*).
Ensuite, former des groupes de trois ou quatre personnes, de profils différents si possible (âge, sexe, personnalité...), faire lire la consigne, s'assurer de sa compréhension et proposer aux apprenants d'échanger sur le thème. Il faut qu'ils réemploient les idées précédemment exprimées ainsi que le vocabulaire des façons d'apprendre. L'enseignant pourra les aider en leur racontant un souvenir personnel (à la manière de Monsieur Bernard avec ses élèves). Il serait intéressant de partir de l'enseignement des langues étrangères (par exemple : Un jour, j'avais une quinzaine d'années, un camarade de classe est venu à l'école accompagné d'un ami anglais et à la demande de notre professeur, il nous a lu, dans le texte original, un passage du *Livre de la jungle* de Kipling. J'ai été émerveillé de pouvoir comprendre le sens général de ce texte sans l'aide d'un dictionnaire. Cela m'a donné le goût de la lecture en anglais, que j'ai conservé jusqu'à aujourd'hui). Prévoir un retour en grand groupe pour constater les points communs et les disparités.

POUR ALLER PLUS LOIN : On notera que le gérondif, présent dans l'encadré « Les mots pour parler des façons d'apprendre », ainsi que dans le proverbe de la page 47, sera approfondi dans le cinquième dossier. Mais, dès à présent, il ne serait pas inutile d'attirer l'attention des apprenants sur cette forme verbale, qu'ils connaissent déjà. Par exemple, solliciter son emploi en posant à la classe des devinettes sur les métiers. Comment devient-on savant ? C'est en étudiant qu'on devient savant. Comment devient-on peintre ? C'est en dessinant et en peignant qu'on devient peintre.

➏ EGO Test • Quel est votre type de mémoire ?

Ce test porte sur la mémoire sensorielle : auditive, visuelle, olfactive, gustative. Les apprenants vont déterminer le type de mémoire le plus développé chez eux. Faire lire les questions en grand groupe et s'assurer de leur compréhension. Mettre les apprenants en petits groupes de trois ou quatre et leur demander de répondre puis d'échanger en réutilisant le vocabulaire de l'encadré « Les mots pour parler des façons d'apprendre ». Comparer les réponses en grand groupe en demandant aux apprenants d'illustrer leurs réponses d'exemples (exemples : Quand je regarde un vidéoclip, je ne me souviens jamais de la mélodie. En revanche, les images me parlent beaucoup et je les garde longtemps en mémoire). Enfin, compter combien d'apprenants il y a par type de mémoire pour faire des statistiques dans la classe.

La vie au quotidien

> Livre de l'élève p. 50-51

⋯⋟ OBJECTIF DE L'ACTIVITÉ 1

⋮ **Comprendre des témoignages sur des parcours professionnels.**

① Écrire le titre de la leçon au tableau (« Des parcours de combattants... ») et faire découvrir aux apprenants son sens premier : Qu'est-ce qu'un combattant ? Qu'est-ce qu'un parcours ? (Le combattant est un soldat. Le parcours du combattant, c'est un terrain parsemé d'obstacles où les soldats s'entraînent.) Puis leur faire imaginer le sens métaphorique de l'expression en leur demandant de décrire la première photo, p. 50 (on voit un amphithéâtre rempli d'étudiants qui passent un examen ou qui prennent des notes pendant un cours. Le parcours du combattant, c'est la suite d'épreuves qu'il faut accomplir pour « devenir forgeron », c'est-à-dire pour acquérir un diplôme et/ou un métier). Enfin, faire lire la consigne et procéder à la première écoute. Laisser les apprenants travailler individuellement et faire un retour en grand groupe.

CORRIGÉ

	Profession	Origine du choix
1	Architecte	En feuilletant un livre de photos sur Le Corbusier
2	Pâtissier	Petit, il aimait aider sa mère au restaurant
3	Directrice d'une entreprise de tourisme	L'envie de voyager / Le hasard : son mari l'a emmenée vivre au Canada

⋯⋟ OBJECTIF DES ACTIVITÉS 2 ET 3

⋮ **Approfondir la compréhension orale.**

② et **③** Faire lire les consignes et procéder au nombre d'écoutes nécessaire. Pour l'activité 3, fractionner l'écoute pour laisser aux apprenants le temps de prendre des notes. Puis placer les apprenants en binômes et leur faire confronter leurs réponses. Un retour en grand groupe permettra de vérifier la compréhension.

CORRIGÉ 2

1. des études universitaires : l'architecte — 2. une formation courte : la directrice d'une entreprise de tourisme — 3. une école professionnelle : le pâtissier

CORRIGÉ 3

1. L'architecte : lit un livre sur Le Corbusier à 15 ans, puis étudie l'architecture, puis la peinture, la philo et la musique et enfin réalise son premier bâtiment, une école de musique. – Le pâtissier : aide sa mère en cuisine, fait un BEP de pâtisserie et entre dans une école de restauration. – La directrice d'une entreprise de voyage : travaille comme animatrice de jeunes, rencontre son futur mari dans un aéroport, s'installe au Canada, fait une formation d'un mois sur la création d'entreprise et fonde une entreprise de tourisme.
2. L'architecte a abandonné l'architecture pour étudier autre chose et est revenu à ses premières amours grâce à la musique. – Le pâtissier a dû lutter contre l'opinion de ses professeurs pour faire le métier qu'il aimait. – La directrice a découvert sa voie complètement par hasard, en rencontrant l'homme de sa vie dans un aéroport.
3. L'architecte : « j'ai été éblouie », « j'ai eu un vrai coup de foudre », « j'ai concrétisé un rêve » – Le pâtissier : « j'ai toujours su que je voulais », « c'était merveilleux », « c'est ma passion », « à un certain niveau ça peut devenir artistique », « j'arrive à réaliser des gâteaux incroyables » – La directrice : « une expérience unique ! », « le rêve, quoi ! »
4. Le pâtissier : « J'ai toujours su que je voulais être pâtissier », « un BEP de pâtisserie que j'ai suivi contre l'avis de mes professeurs » – La directrice : « j'ai envisagé de devenir professeur », « Je tenais absolument à voyager », « je voulais voir du pays ».

POUR ALLER PLUS LOIN : Revenir sur le titre de la leçon (« Des parcours de combattants... »), et demander en quoi les témoignages entendus illustrent cette expression (chacune de ces trois personnes a dû se battre pour trouver sa voie : l'architecte en touchant un peu à tout, le pâtissier en s'opposant à ses professeurs, la directrice en se lançant dans une carrière complètement différente de celle qu'elle avait d'abord envisagée. Puis placer les apprenants par groupes de trois et leur demander de jouer chacun une de ces trois personnes ; leur faire imaginer qu'elles se rencontrent, dans un aéroport, par exemple, et qu'elles échangent sur le thème. Cette activité les aidera à assimiler le vocabulaire.

⋯⋗ OBJECTIF DE L'ACTIVITÉ 4

⋮ **Échanger sur le thème des parcours scolaires et professionnels.**

4 Avant d'aborder cette activité, attirer l'attention des apprenants sur le lexique rassemblé dans « Stratégies pour présenter son parcours lors d'un entretien de motivation ». Vérifier la compréhension du vocabulaire et attirer l'attention des apprenants sur les constructions : les conjonctions et les modes, les prépositions (*J'ai découvert que* + imparfait ; *j'ai toujours voulu* + infinitif si le sujet est le même ; *j'ai fait la connaissance de* + nom...). Puis faire lire la consigne et procéder à l'échange en petits groupes, les apprenants se présentant à tour de rôle leur parcours. Afin de compléter le vocabulaire, demander ensuite aux apprenants de présenter de nouveau leurs études en devoir à la maison, en utilisant dans le **Lexique thématique** l'entrée « L'apprentissage ».

Manuel p. 180

⋯⋗ OBJECTIF DE L'ACTIVITÉ 5

⋮ **Comprendre un site Internet d'informations pour des étudiants étrangers.**

5 Avant de faire lire le site Internet, il est possible de faire échanger les apprenants en grand groupe sur leur expérience ou leur désir d'expérience, dans le domaine des études à l'étranger. La discussion peut prendre la forme d'un débat libre rapide (Quels sont les avantages des études à l'étranger ? En quoi une inscription dans une université étrangère peut devenir un « parcours du combattant » ?).
Demander ensuite aux apprenants de lire la procédure d'inscription à l'université. Les placer en binômes et les faire répondre aux questions de l'activité. Vérifier les réponses en grand groupe.

> **CORRIGÉ**
>
> 1. avant le 31 janvier ; avant le 21 janvier ; avant le 20 mars – 2. Quand on a ou qu'on va avoir un bac étranger : déposer une demande d'admission préalable auprès du service culturel de l'ambassade de France dans son pays, mais quand on réside dans un pays doté d'un Centre pour les Études en France, s'inscrire uniquement sur le site Campus France. Quand on a ou qu'on va avoir un bac français obtenu à l'étranger : déposer sa demande par Internet sur un site réservé à cet effet et quand on réside dans un pays doté d'un Centre pour les Études en France, s'inscrire en parallèle sur le site Campus France. – 3. Un passeport en cours de validité, un visa pour études d'une durée supérieure à 3 mois, un certificat de préinscription dans un établissement français, une attestation de condition de ressources.

⋯⋗ OBJECTIF DE L'ACTIVITÉ 6

⋮ **S'exprimer par écrit sur le thème des études en France des étudiants étrangers.**

6 Faire lire la consigne et s'assurer de sa compréhension en la faisant reformuler oralement. Rappeler qu'il existe deux types d'étudiants francophones vivant à l'étranger (les titulaires ou futurs titulaires d'un bac étranger/d'un bac français obtenu à l'étranger). Puis les placer en binômes et les faire répondre par écrit. Comme il s'agit d'un forum sur Internet, les réponses doivent être concises. Faire lire ensuite à voix haute quelques productions.

> **EXEMPLE DE PRODUCTIONS**
>
> *Réponse à Éva :* Posté par JAO le mer 9 mai – 03:11 / Sujet : Re : Inscription en fac
> J'imagine que tu as obtenu ou que tu vas obtenir un bac étranger. Il faut donc que tu ailles au Service culturel de l'Ambassade de France à Sofia, où on te remettra un formulaire de demande de préinscription. Remplis-le et dépose-le à l'ambassade avant le 31 janvier.
> *Réponse à Ali :* Posté par JAO le jeu 28 juin – 11:23 / Sujet : Re : Inscription en fac
> Tu dois déposer ta demande sur www.admission-postbac.fr avant le 20 mars. S'il y a au Caire un Centre pour les Études en France, tu dois également t'inscrire sur le site Campus France avant le 21 janvier.

Pour aller plus loin : Visionner le début du film de Cédric Klapisch *L'Auberge espagnole* (2002) où l'on voit le héros courir d'un bureau universitaire à l'autre pour rassembler les documents nécessaires à un stage Erasmus en Espagne. Voir dans l'**Abécédaire culturel**, l'entrée « Erasmus ». On pourra également inviter les apprenants à aller sur http://www.france.fr/tags-fr/etudier-en-france, pour compléter leurs informations.

Manuel p. 191

⋯⋗ OBJECTIF DE L'ACTIVITÉ 7

⋮ **Comprendre une conversation téléphonique sur le thème des études universitaires en France.**

7 Livres fermés, faire écouter la discussion. Demander aux apprenants qui parle et de quoi (c'est une conversation téléphonique entre deux femmes qui veulent aider une étudiante étrangère à poursuivre ses études universitaires en France). Puis, livres ouverts, faire lire les questions de l'activité, s'assurer de leur compréhension et procéder à une deuxième écoute. Les apprenants répondront individuellement puis confronteront leurs réponses en binômes. Vérifier la compréhension en grand groupe. Si besoin, procéder à une réécoute avec la transcription, p. 215. Pour plus de renseignements sur le séjour des étrangers en France, faire lire l'entrée « Carte de séjour » dans l'**Abécédaire culturel**.

Manuel p. 190

CORRIGÉ

1. vrai (« c'est une commission de la fac qui doit décider si les études correspondent ») – 2. faux (« on vérifiera son niveau de français ») – 3. vrai (« quand elle aura l'accord de la fac, elle demandera un visa long séjour au consulat ; il faudra aussi un justificatif de ressources ») – 4. faux (« vous prendrez un rendez-vous à la préfecture pour faire sa carte de séjour ») – 5. faux (« elle demandera un visa long séjour au consulat »)

⋯⋮ OBJECTIF DE L'ACTIVITÉ 8

⋮ **S'exprimer par écrit sur le thème des études en France des étudiants étrangers.**

8 Cette activité permet de réemployer à l'écrit les informations entendues dans l'activité précédente. Inviter si besoin les apprenants à s'aider de la transcription, p. 215 du manuel. Ils travailleront en binômes. Faire lire une ou deux productions à voix haute pour confronter les réponses.

EXEMPLE DE PRODUCTION

Posté par JAO le sam 7 juillet – 12:24 / Sujet : Re : Inscription en licence
Il va falloir que tu passes par une commission universitaire qui décidera si tes études correspondent. Donc choisis d'abord une université française puis demande-leur de t'envoyer un dossier de validation. Il faut aussi que tu aies un niveau de français suffisant. Vois avec la fac qui t'intéresse si tu as besoin d'un diplôme de langue ou si un entretien suffira. Enfin, puisque tu as fait tes études à Belgrade, j'imagine que tu es serbe et comme ton pays n'est pas encore dans l'Union européenne, il te faudra sans doute un visa et une carte de séjour pour résider en France plus de trois mois. Pour le visa, fais la demande auprès du consulat de France dans ton pays. Pour la carte de séjour, tu t'adresseras à la préfecture de la ville française où tu étudieras.

POUR ALLER PLUS LOIN : Faire comparer le système éducatif français avec celui des apprenants. Ce travail pourrait se faire sous forme d'exposé suivi d'un débat en grand groupe. Voir dans l'**Abécédaire culturel**, les entrées « Diplômes », « Grandes Écoles », « Système scolaire » et « Université ».

Manuel p. 190-191

Outils pour...

> Livre de l'élève p. 52-53

⟩ Parler du passé

⋯⋮ OBJECTIF DE L'ACTIVITÉ 1

⋮ **Rétablir la chronologie d'un parcours universitaire à partir d'un témoignage écrit afin de repérer des**
⋮ **temps du passé.**

1 Demander aux apprenants de repérer les sources du document (un magazine : *L'Étudiant* ; une rubrique : Le courrier des lecteurs ; une lectrice étudiante : Dilek S.). Une identification rapide de la photo d'Istanbul, en bas à droite de la page, permettra aux étudiants d'anticiper sur la nationalité de Dilek. Faire lire la lettre en grand groupe. Vérifier à l'aide de questions simples la compréhension globale (il sera sans doute nécessaire d'expliquer quelques mots : *sur le terrain* = sur les lieux où se trouve ce qu'on étudie ; *des fouilles* = des recherches dans le sol), puis inviter les apprenants à relire le texte individuellement et à remettre le parcours de l'étudiante dans l'ordre. Vérifier les réponses en grand groupe.

> **CORRIGÉ**
>
> c. visites fréquentes à Saraçhane (« j'étais enfant », « mon père m'emmenait » imparfait) / d. licence (« j'étais en licence », « je rêvais » imparfait) / b. fouilles sur le site d'Antalaya (« j'ai participé » passé composé) / a. obtention d'un master (« j'ai obtenu » passé composé) / e. demande d'entrée à l'université en France (« j'ai écrit et téléphoné » passé composé)

POINT Langue

Imparfait / Passé composé (révision)

a) Mettre les apprenants en binômes et leur demander de répondre à la première question. Leur rappeler que les cinq étapes sont celles données dans l'activité 1. Vérifier les réponses en grand groupe.

> **CORRIGÉ** visites fréquentes à Saraçhane : « Lorsque j'étais enfant, mon père m'emmenait […] et ça m'a toujours passionnée. » / licence : « Quand j'étais en licence, je rêvais de retourner sur le terrain » / fouilles sur le site d'Antalaya : « j'ai participé deux fois à des fouilles » / obtention d'un master : « En juin dernier, j'ai obtenu… » / demande d'entrée à l'université en France : « J'ai écrit et téléphoné plusieurs fois… »

b) Puis demander aux apprenants, toujours en binômes, de justifier l'emploi des temps passés dans ces phrases. Pendant la correction, pour mieux visualiser la différence entre ces deux temps, on pourra symboliser le passé composé par un ou deux traits verticaux et l'imparfait par une ligne horizontale.

> **CORRIGÉ** Lorsque j'étais enfant → imparfait → circonstance – m'emmenait → imparfait → expression des habitudes du passé – ça m'a toujours passionnée → passé composé → événement limité dans le temps – quand j'étais en licence → imparfait → circonstance – je rêvais → imparfait → action en train de se dérouler dans le passé – j'ai participé → passé composé → action ponctuelle répétée – j'ai obtenu → passé composé → événement ponctuel du passé – j'ai écrit et téléphoné plusieurs fois → passé composé → succession d'événements

Pour la phonologie, voir l'activité 1 de l'activité Phonie-graphie, p. 58 du manuel, et pour son exploitation, voir la page 67 de ce guide.

⋯⟩ OBJECTIF DE L'ACTIVITÉ 2

Comprendre un témoignage oral et repérer des verbes au plus-que-parfait.

2 Livres fermés, procéder à une première écoute et poser aux apprenants quelques questions de compréhension globale : Qui est l'interviewé et de quoi parle-t-il ? (C'est Sébastien, il est étudiant à Sciences Po et il raconte son expérience d'études à l'étranger.) Dans quel pays est-il allé ? (Au Canada). Faire lire la consigne et procéder à la deuxième écoute, laisser les apprenants travailler individuellement. Puis vérifier les réponses en grand groupe.

> **CORRIGÉ**
>
> 1. Parce que c'est prévu dans le cursus de Sciences Po et parce qu'il pensait que ce serait une expérience enrichissante.
> 2. Il avait toujours eu dans l'idée d'aller étudier au Canada : il était allé deux fois dans ce pays en vacances et avait beaucoup apprécié la gentillesse des Canadiens. Et il a choisi Toronto parce que c'est une grande ville dynamique et parce que le département de cinéma de cette université jouit d'une excellente réputation.

POINT Info

L'Institut d'études politiques dit « Sciences Po » est une université française spécialisée en sciences humaines et sociales. Elle est répartie sur sept campus en France. Pendant les deux premières années, on y enseigne des sciences sociales (relations internationales, économie…). La troisième année est consacrée à un stage à l'étranger. Il est également possible de faire un master, un doctorat ou bien de suivre une formation continue. Cet établissement jouit d'un grand prestige en France. Il prépare, entre autres, à des carrières dans la politique, la diplomatie, le journalisme…

POINT Langue

Le plus-que-parfait

Faire lire la consigne et procéder à la réécoute.

> **CORRIGÉ** « j'avais toujours eu dans l'idée d'aller étudier au Canada » / « j'avais toujours passé le réveillon en famille jusque là » / « j'avais déjà pu constater l'incroyable gentillesse des Canadiens lorsque je m'étais rendu dans ce pays... »

Vérifier les réponses en envoyant des apprenants au tableau pour écrire les phrases. Ils souligneront les verbes au plus-que-parfait et expliqueront l'emploi de ce temps. Les quatre verbes indiquent des situations antérieures au passé composé : « j'ai effectué ma troisième année de Sciences Po à l'étranger ». Ils en expliqueront également la formation : on utilise l'imparfait d'*avoir* (« j'avais ») ou d'*être* (« j'étais / je m'étais ») et on ajoute le participe passé du verbe (« eu », « passé », « pu », « rendu »). Leur demander de conjuguer quelques verbes « difficiles » au tableau (*recevoir, s'asseoir, parcourir, s'éteindre...*).
Pour fixer l'utilisation du plus-que-parfait, poser aux apprenants des questions simples sur leur journée, dans lesquelles le passé composé et le plus-que-parfait apparaîtront naturellement : À quelle heure tu t'es levé(e) ce matin ? (À sept heures.) À quelle heure tu t'étais couché(e) ? (À minuit.) À quelle heure tu as déjeuné ? (À 1 heure.) À quelle heure tu avais pris ton petit déjeuner ? (À 7 h 30)... Puis les placer en binômes et leur demander de s'interroger de la même façon.

⋯⋗ OBJECTIF DE L'ACTIVITÉ 3

⋮ **Comprendre un témoignage écrit sur des études à l'étranger afin de relever des formes verbales contenant**
⋮ **un participe passé.**

3 Demander aux apprenants de repérer les sources du document (un site Internet destiné aux étudiants français, la page « Partir étudier à l'étranger » – le témoignage d'Élodie) et leur demander d'en déduire de quoi il va être question dans le texte (Élodie, une étudiante, raconte un séjour d'études qu'elle a fait dans un pays étranger). Faire décrire la photographie (qui représente l'université d'Oslo). Ensuite, faire lire le texte individuellement et vérifier à l'aide de questions simples la compréhension globale : Dans quel pays a-t-elle étudié ? (En Norvège.) Dans quelle ville ? (À Oslo.) Combien de temps y est-elle restée ? (6 mois.) Puis placer les apprenants en binômes et leur demander de relever les éléments demandés.

> **CORRIGÉ**
>
> 1. « nous nous sommes démenées, entraidées, », « nous nous sommes creusé la cervelle » – 2. « L'université d'Oslo nous a très vite contactées », « nous nous étions imaginé que cela allait être long », « les interlocuteurs ont été super efficaces », « nous nous sommes téléphoné deux fois et c'était réglé » – 3. « L'intégration s'est faite facilement », « nous nous sommes très vite débrouillées », « nous nous sommes très vite senties à l'aise ».

POINT Langue

L'accord du participe passé

a) Placer les apprenants en binômes, faire lire la consigne et s'assurer de sa compréhension en donnant comme exemple le premier verbe du document 3 (« je suis partie »).

> **CORRIGÉ** a) je suis partie – expérience que j'ai partagée – nous avons choisi – nous nous sommes lancées – nous nous sommes démenées, entraidées – nous nous sommes creusé la cervelle – [elle] nous a très vite contactées – nous nous étions imaginé – [ils] ont été – nous nous sommes téléphoné – [elle] s'est faite – nous nous sommes très vite débrouillées – nous nous sommes vite senties à l'aise – nous ne nous étions absentées – nous sommes revenues

> > > >

>>>

b) À partir du premier exemple du document 3 (« nous nous sommes lancées »), rappeler ce que sont les verbes pronominaux (ce sont les verbes accompagnés d'un pronom reprenant le sujet) puis demander aux apprenants de classer tous les verbes du texte en deux catégories.

> **CORRIGÉ** Verbes non pronominaux : je suis partie, j'ai partagée, nous avons choisi, elle nous a contactées, ils ont été, nous sommes revenues – Verbes pronominaux : nous nous sommes lancées, nous nous sommes démenées, entraidées, nous nous sommes creusé, nous nous étions imaginé, nous nous sommes téléphoné, elle s'est faite, nous nous sommes débrouillées, nous nous sommes vite senties, nous nous étions absentées

c) Les apprenants illustreront la règle avec des exemples tirés du document 3.

> **CORRIGÉ** – le participe passé s'accorde en genre et en nombre avec le sujet quand le verbe se conjugue avec l'auxiliaire *être*. Exemple : « je suis partie » → *partie* est au féminin parce que *partir* se conjugue avec l'auxiliaire *être* et s'accorde en genre et en nombre avec le sujet *je* (= Élodie)
> – le participe passé s'accorde en genre et en nombre quand le verbe se conjugue avec l'auxiliaire *avoir* et que le COD est avant le verbe. Exemple : « j'ai partagée » → *partagée* est au féminin parce que *partager* se conjugue avec l'auxiliaire *avoir* et que le COD (*l'expérience*) est placé devant le verbe
> – le participe passé ne s'accorde pas quand le verbe se conjugue avec l'auxiliaire *avoir* et que le COD est après le verbe. Exemple : « nous avons choisi » → *choisi* reste au masculin singulier parce que le verbe se conjugue avec l'auxiliaire *avoir* et qu'il n'y a pas de COD placé devant

d) Il s'agit par ces explications que l'apprenant comprenne les règles d'accord des participes passés des verbes pronominaux.

> **CORRIGÉ** – L'accord se fait avec le sujet quand le verbe n'existe qu'à la forme pronominale (« nous nous sommes démenées, entraidées, nous nous étions absentées ») ou quand le pronom réfléchi n'a pas de fonction grammaticale précise (« nous nous sommes débrouillées »).
> – L'accord se fait avec le pronom COD (quand il est placé avant le verbe) pour les verbes pronominaux de sens réfléchi (« nous nous sommes lancées » = nous avons lancé nous, « nous nous sommes vite senties » = nous avons senti nous).
> – Dans la phrase « l'intégration s'est faite », le verbe pronominal est dit passif. Le pronom conjoint est inanalysable, dépourvu de fonction. Le participe passé s'accorde alors avec le sujet.
> – Il n'y a pas d'accord quand le COD est placé après le verbe (« nous nous sommes creusé la cervelle » → nous nous sommes creusé quoi ? la cervelle ; « nous nous étions imaginé que ça allait être long » → nous nous étions imaginé quoi ? que ça allait être long).
> – Il n'y a pas d'accord avec le COI (« nous nous sommes téléphoné » → nous avons téléphoné à qui ? à nous).

On complètera cette double page en faisant visionner aux apprenants la vidéo « Relater son parcours » (voir CD-ROM / Dossier 3). Vous trouverez la fiche pour son exploitation p. 201-202 de ce guide.

Corrigés S'exercer

1. 1. il a étudié → événement limité dans le temps – 2. on s'est rencontrés → événement ponctuel du passé / faisait → action en train de se dérouler dans le passé – 3. a passé, est entré, est resté, n'a rien fait → succession d'événements – 4. j'étais, j'avais → circonstance / a expliqué, j'ai tout compris → événements ponctuels du passé – 5. je n'étudiais jamais, je ne pouvais pas, j'avais → circonstances / je suis entré → événement ponctuel du passé / j'ai travaillé → événement limité dans le temps – 6. avait, affichait → description – 7. a habité, n'a jamais déménagé → événement limité dans le temps

2. est né – était – savait – s'est installée – a bénéficié – a obtenu – s'intéressait – a notamment été / était notamment – a cessé – a décidé – était – s'est alors engagé – a rencontré – souhaitait – entretenaient / ont entretenu – se sont envenimées

3. 1. avais raté, avais assez révisé – 2. s'y était prise longtemps à l'avance, avait déposé – 3. avait fait des révisions – 4. avais toujours rêvé – 5. avait tellement attendu

4. Dans ces phrases, le plus-que-parfait est employé car il correspond à un fait antérieur à un autre fait passé : 1. avais vécu – 2. avait oublié – 3. avions lue – 4. avait fini – 5. avait enfin trouvé – 6. était déjà parti

5. 1. étais – voulais / ai voulu – ai fait – ai travaillé – ai changé ; 2. n'assistais pas – intéressaient – fréquentais – retrouvais – prêtaient – avais manqués ; 3. a passé – a cessé – avait commencée ; 4. ai commencé – avais déjà fait ; 5. avons décidé – avions trouvé – travaillions

6. a obtenu – a intégré – avait déjà fait – avait été – est entré – a étudié – me suis très bien adapté – connaissais – étais déjà allé – savais – était

7. joué – vécu – avait eue – encouragés – choisi – amené – connue – préparés

8. 1. résolu – 2. eue, plu – 3. dépensée – 4. offert – 5. dû

9. 1. ne se sont jamais disputés – 2. s'est plainte – 3. se sont rassemblés, se sont organisés – 4. nous sommes aperçu(e)s, ne nous sommes pas parlé – 5. êtes posé, ne vous êtes pas trompé(e)s

10. rencontrés – échangé – aimés – séparés – écrit – retrouvés – reconnus – envoyé – effacées

Points de vue sur...

> Livre de l'élève p. 54-55

⋯⋗ OBJECTIF DE L'ACTIVITÉ 1

⋮ **Comprendre une émission radiophonique sur la lecture.**

1 Livres fermés, faire ressortir les « pour » de la lecture. Les apprenants réfléchissent en binômes puis vont noter leurs arguments au tableau, mais sans engager le débat, qui se fera plus loin. Ensuite, faire lire la consigne et procéder au nombre d'écoutes nécessaire. Les apprenants répondent individuellement. Fragmenter si besoin la deuxième écoute pour leur laisser le temps de répondre. Vérifier la compréhension en grand groupe. Donner l'équivalent de ces classes dans le pays des apprenants avec l'entrée « Système scolaire » de l'**Abécédaire culturel**.

Manuel p. 191

CORRIGÉ

a) thème de l'émission : le goût de la lecture chez les jeunes / nom et niveau scolaire des deux intervenants : Anissa, en seconde et Thomas, en quatrième ; b) 1. En lisant une histoire du *Roi Lion*, à 8 ans – 2. son frère – 3. c'est intéressant et on est transporté dans un autre monde ; c) 1. des histoires vraies, des témoignages de meufs (de femmes) – 2. parce qu'ils parlent de sujets intéressants et s'expriment bien

⋯⋗ OBJECTIF DE L'ACTIVITÉ 2

⋮ **Approfondir la compréhension orale afin de relever des expressions pour donner son point de vue.**

2 Faire lire la consigne, s'assurer de sa compréhension et procéder à la réécoute. Les apprenants répondent individuellement et confrontent leurs réponses.

CORRIGÉ

1. « certains aiment, d'autres sont beaucoup plus réticents » – 2. la lecture est pour lui comme une drogue – 3. « la lecture, c'est pas mon truc », « j'ai du mal à finir un bouquin » (ou encore : « je mets grave du temps à les lire »)

POUR ALLER PLUS LOIN : Après un aperçu du français familier dans « Les Mots pour mettre en garde » (Dossier 2, p. 39 du manuel), cet enregistrement aborde le langage des jeunes. Il est possible de faire retrouver aux apprenants les « codes » de ce langage. Il contient des omissions (« fallait pas lire », « c'était pas le cas », « y a des livres »...), des mots familiers ou argotiques (« un bouquin » = un livre, « mon truc » = ma passion, « barbant » = ennuyeux), des erreurs de construction (« franchement moi la lecture, c'est... »), du verlan (une meuf = une femme), des barbarismes (« je mets grave du temps » → grave du = beaucoup de). Il pourrait être amusant de présenter le verlan, en citant quelques-unes des expressions qui ont survécu aux modes (zarbi = bizarre, relou = lourd/ennuyeux, keuf = flic, teuf = fête...).

⋯⋗ OBJECTIF DE L'ACTIVITÉ 3

⋮ **Échanger en réemployant les acquis et donner son point de vue sur la lecture.**

3 Demander aux apprenants de résumer les opinions de Thomas et d'Anissa (pour Thomas, la lecture est une drogue : les livres le transportent dans un autre monde et il adore cela. Par contre, Anissa n'a pas beaucoup de goût pour la lecture, même si elle en comprend l'intérêt : elle aime les témoignages de filles de sa génération mais même de ces livres-là, elle a du mal à venir à bout). Pour la question 1, procéder à une enquête d'opinion sous forme de micro-trottoir, les apprenants circulant dans la classe et s'interrogeant deux par deux. Pour la question 2, suivre la consigne et prévoir un retour en grand groupe, pour constater les points communs et les disparités.

⋯⟶ OBJECTIF DE L'ACTIVITÉ 4

⋮ Observer et lire des documents sur l'échange des savoirs, puis s'interroger sur le thème.

4 Faire décrire les photos des documents 2, 3 et 4 : sur la première photo, on voit un homme d'une cinquantaine d'années jouer aux échecs avec une femme beaucoup plus jeune que lui. Sur la deuxième photo, un amphithéâtre est rempli d'étudiants d'un certain âge (certains ont un début de calvitie, d'autres les cheveux blancs). Sur la photo du document 4, on voit un globe terrestre composé de drapeaux nationaux. Faire déduire de quoi il va être question dans ces textes (des gens de tous les pays et de tous les âges apprennent toutes sortes de choses, car il n'y a pas d'âge pour apprendre). Puis faire lire la consigne et les questions et les faire reformuler pour s'assurer de leur compréhension. Les apprenants répondent en binômes. Vérifier les réponses en grand groupe.

CORRIGÉ

1. Les objectifs de ces lieux d'échange : découvrir et faire découvrir, troquer des savoirs, mélanger les classes et les catégories sociales, rompre l'isolement, construire une nouvelle façon de vivre, démocratiser la culture et dispenser gratuitement un savoir au plus grand nombre, échanger dans des langues variées. Ces échanges s'adressent à tous : enfants, retraités, ouvriers, immigrés ou cadres, étudiants jeunes ou vieux. Ils peuvent se faire partout : classe d'école, université, salle des fêtes, maison de quartier, café ou chez un particulier… Modalités : tout le monde sait quelque chose et tout le monde peut le transmettre. On enseigne ce qu'on sait et on apprend ce que d'autres savent. Mais un philosophe de renom peut également assurer ces cours.
2. Les réseaux d'échanges réciproques (doc. 2) ont été créés il y a vingt-cinq ans par une institutrice mais on pourrait faire remonter leur naissance aux universités populaires de la fin du 19ᵉ siècle. Ils apportent un décloisonnement social entre jeunes et vieux, riches et pauvres, ainsi qu'une démocratisation de la culture.

POUR ALLER PLUS LOIN : Les cours d'histoire de la philosophie, que délivre Michel Onfray à l'Université populaire de Caen, sont diffusés sur France Culture et accessibles en podcast sur le site de cette radio. Il y a également plusieurs vidéos de ses cours sur Internet. Sélectionner un thème et un passage correspondant au niveau de langue des apprenants et effectuer avec eux un travail d'écoute.

Par ailleurs, la discussion sur l'échange des savoirs pourra amener les apprenants à discuter d'une institution française : le bistrot du coin où l'on discute à bâtons rompus de tous les sujets possibles autour d'un verre. Lire dans

Manuel p. 190 l'**Abécédaire culturel**, l'entrée « Cafés ». Demander aux apprenants quel est l'équivalent du bistrot dans leur pays et si on peut y troquer ses savoirs. On soulignera la naissance de « cafés-philo » dans les grandes villes françaises depuis une dizaine d'années (voir le café psy du dossier 1).

POINT Info

Un **café philosophique** est une discussion philosophique organisée dans un café ou dans un autre lieu public. Les rencontres se produisent à des horaires précis (souvent une fois par semaine, toujours à la même heure et au même endroit) et sont animées par un spécialiste. Le sujet est souvent décidé en commun. Tout le monde peut y participer, ce qui a contribué à démystifier la philosophie et a encouragé des milliers de participants à approfondir leur réflexion, à renouer avec la lecture philosophique et à prendre la parole en public.
Michel Onfray est un philosophe français réputé pour son œuvre sur l'hédonisme et la contre-histoire de la philosophie, ainsi que pour son engagement dans la vie publique. En 2002, il crée l'Université populaire de Caen afin de promouvoir une éducation collective, libertaire et gratuite dans la lignée des Universités populaires de la fin du xixᵉ siècle, fondées par des ouvriers. Il est aussi l'auteur d'un ouvrage sur Albert Camus : *L'ordre libertaire. La vie philosophique d'Albert Camus* (Éditions Flammarion, 2011).

⋯⟶ OBJECTIF DE L'ACTIVITÉ 5

⋮ Échanger sur le thème de l'échange des savoirs.

5 Faire lire les questions et s'assurer de leur compréhension en demandant aux apprenants de les reformuler. Insister sur la recherche des lieux où l'on peut apprendre hors l'école dans le pays des apprenants. Pour la deuxième série de questions, l'échange permet de préparer en amont la réalisation du Projet (donner un cours…) ; insister sur ce qu'ils donneraient en échange ; guider un peu pour qu'apparaissent des idées réutilisables dans le Projet (aussi bien une recette de cuisine qu'une leçon de tango ou que le b-a ba de la physique quantique, jouer au poker, cultiver des tomates, apprendre à souder à l'arc, à tricoter…). Un premier échange aura lieu en petits groupes réunissant des personnes de profils différents si possible (âge, sexe, personnalité…). Un retour en grand groupe permettra de confronter les opinions.

RENDEZ-VOUS Alterculturel

Après une première écoute, livres fermés, poser à la classe quelques questions de compréhension globale : De quels pays est-il question ? (Du Japon et de la France.) De quelle profession ? (De l'enseignement universitaire.) Qui parle ? (Une Française et un Japonais.) Puis faire lire les questions sur Pascale et arrêter la deuxième écoute à la fin de son témoignage (« ...à s'exprimer dans une langue étrangère ») afin que les apprenants puissent répondre aux deux premières questions. Ensuite, terminer l'écoute et les laisser répondre à la dernière question. Vérifier les réponses en grand groupe. Cette écoute pourra être suivie d'une discussion sur ces deux témoignages. Il est en effet intéressant que chacun reproche à l'autre culture son académisme. Qu'est-ce que cela nous apprend sur l'interculturel ? (Par exemple, que la découverte d'une nouvelle culture peut mener à des stéréotypes et des malentendus et que le dialogue est donc essentiel.)

CORRIGÉ

Pascale : 1. Au Japon, les étudiants ne sont pas habitués à prendre la parole pendant les cours. 2. L'enseignement des langues suit la méthode grammaire-traduction, ce qui signifie que la grammaire est la base de l'apprentissage et que l'enseignant passe par la langue des étudiants pour expliquer le français. Les étudiants ne parlent pas en français.
Yoshio : Les frais de scolarité sont beaucoup plus élevés au Japon qu'en France. Au Japon, l'enseignement des professeurs est moins formel, moins académique qu'en France.

Outils pour...

> Livre de l'élève p. 56-57

> Exprimer la concession

···> OBJECTIF DE L'ACTIVITÉ 1

: **Repérer des avantages et des inconvénients afin de relever des concessions.**

1 Faire lire la consigne ainsi que le titre et l'introduction du document 1. Il s'agit que les apprenants comprennent bien qu'en France il y a une différence entre ces deux filières d'enseignement supérieur afin qu'ils appréhendent l'intérêt de l'activité. Placer les apprenants en binômes, leur faire lire le texte et leur demander de répondre
anuel p. 191 à la question, en s'aidant si nécessaire de l'**Abécédaire culturel**, entrées « Diplômes », « Grandes écoles » et « Université ». Pour comparer les réponses, demander à un groupe d'inscrire au tableau les avantages et à un autre groupe les inconvénients, sans engager le débat. Puis demander aux autres de confirmer ou non ce classement et d'ajouter si besoin des informations manquantes.

CORRIGÉ

	Avantages	Inconvénients
Grandes écoles	– On y dispense une meilleure formation qu'à l'université. – Grâce aux concours, les étudiants sont entraînés aux méthodes et au rythme de travail.	– Elles sont trop axées sur les maths et pas assez sur l'interdisciplinaire. – Les étudiants sont tous formatés sur le même modèle.
Universités	– On apprend à être autonome, à s'organiser. – On y trouve les meilleurs enseignants. – Les diplômes sont reconnus en Europe.	– Certains étudiants ont du mal à s'adapter au système. – Les enseignants ne sont pas très disponibles. – Encadrement, émulation et réseau de relations de moindre qualité.

POINT Langue

Exprimer la concession

Pour les deux questions, faire un exemple avec les apprenants pour s'assurer qu'ils ont compris, puis les faire répondre en binômes et vérifier les réponses en grand groupe, l'objectif étant de faire ressortir les mots de la concession et les constructions grammaticales qui les suivent.

> > >

>>>

a) Revenir sur le tableau de l'activité 1 et leur faire noter les termes qui introduisent les contradictions entre les deux colonnes.

CORRIGÉ a) de nombreux atouts → *malgré* leurs difficultés / entraînés aux méthodes et au rythme de travail → *mais* on est tous un peu formatés sur le même modèle / *même si* j'ai pu apprendre à être autonome → j'ai eu du mal à m'adapter / avec les meilleurs enseignants → *mais* pas toujours disponibles / *bien que* j'aie fait deux ans de prépa → j'ai raté le concours / J'aurai un diplôme reconnu en Europe → *mais* je regrette l'encadrement

b) S'arrêter sur les termes introduisant la contradiction et préciser les emplois.

CORRIGÉ cependant – quand même – avoir beau – avoir beau – en dépit de

Malgré est toujours suivi d'un nom, jamais d'un verbe ; *en dépit de* est plus soutenu. *Avoir beau* demande l'infinitif. Cette expression exprime une nuance d'effort, de difficulté (« Vous aurez beau dire, vous ne le convaincrez pas. ») ou d'insistance, de répétition (« Les étudiants avaient beau protester, ils n'obtenaient aucun avantage »). Donner des équivalences des deux phrases du manuel (« Le professeur a beau expliquer, je ne comprends rien. » = Bien que le professeur nous explique ou nous ait expliqué cela en détail, je ne comprends rien. ; « J'ai eu beau faire, on n'a pas accepté mon dossier. » = Bien que j'aie très bien préparé mon dossier, on ne l'a pas accepté). Donner un ou deux exemples avec *encore que* (« Je suis sûr qu'elle adore les maths encore qu'elle prétende le contraire. ») et avec *quoique* (« Pierre a d'excellentes notes quoiqu'il n'étudie pas beaucoup. »). *Quoique* est soutenu et ne s'emploie guère dans la langue parlée, sauf dans ce genre de phrases : « Jamais il n'acceptera de m'aider à faire ce devoir. Quoique, en insistant un peu… ».

On notera par ailleurs que la différence entre les adverbes n'est pas dans le sens, mais dans le niveau de langue : *pourtant* appartient au français standard, *cependant* est un peu plus soutenu, *néanmoins* et *toutefois* sont formels.

> Exprimer l'opposition

⋯⟡ OBJECTIF DE L'ACTIVITÉ 2

: **Comprendre l'essentiel d'un tract afin de relever des expressions de l'opposition.**

2 Demander aux apprenants de définir un tract : comme on peut le voir, c'est un court texte très engagé qui mobilise sur un problème et appelle à un rassemblement ou une manifestation. C'est un document assez court pour s'en tenir à l'essentiel en apportant quelques arguments ou explications. Puis placer les apprenants en binômes, les faire répondre puis vérifier les réponses en grand groupe. On peut dès maintenant attirer leur attention sur le vocabulaire pour exprimer l'opposition, comme *s'opposer à, protester contre*…

CORRIGÉ

Il s'oppose à la sélection par l'argent des étudiants, c'est-à-dire à une nouvelle augmentation des droits d'entrée à l'université, qui va empêcher les plus pauvres de faire des études supérieures. C'est un appel aux étudiants et à tous ceux qui ont à cœur la justice sociale et l'avenir du pays. Ses objectifs : protester contre l'augmentation des droits d'entrée à l'université, réclamer l'augmentation des bourses d'études, militer pour un plus grand soutien de l'État envers les jeunes, appeler à manifester.

⋯⟡ OBJECTIF DE L'ACTIVITÉ 3

: **Repérer l'expression de l'accord et de l'opposition dans un document oral.**

3 Procéder à l'écoute. Les apprenants répondent individuellement. Vérifier les réponses en grand groupe.

CORRIGÉ

La première personne est pour (les frais d'entrée ne sont pas élevés) ; la deuxième personne est contre (c'est injuste, on ferait mieux de supprimer tous les gaspillages) ; la troisième personne est contre (ça ne changera rien à la situation économique de l'université) ; la quatrième personne est contre (ça ne sert à rien, il faudrait plutôt sélectionner les étudiants en fonction de leurs compétences).

POINT Langue

Exprimer l'opposition

Les apprenants vont repérer les constructions de l'opposition. Comme pour le Point Langue précédent, donner un exemple en grand groupe, faire répondre en binômes puis vérifier les réponses en grand groupe.

CORRIGÉ a) Ce n'est pas la solution. → *Au contraire*, il faut les aider davantage / *Au lieu de* plomber leur avenir, il faut les rendre plus libre / Nous sommes contre l'augmentation ! → *En revanche*, nous militons pour un plus grand soutien...
b) je suis pour, *contrairement à* la plupart de mes copains / *au lieu de* faire payer les étudiants, on ferait mieux de supprimer tous les gaspillages / L'université sera toujours déficitaire, *contrairement à* ce qu'on nous raconte. / Ce n'est pas une solution. *Par contre*, faire une sélection au mérite, ça oui...

Attirer l'attention des apprenants sur les nuances de sens entre *alors que* et *tandis que*. « Le rectorat s'apprête à remplacer le cinéma par un nouveau parking alors que le campus est déjà envahi par les voitures ! » → L'une des deux situations est jugée anormale, il y a un conflit. « Elle aime les gâteaux tandis que je préfère les tartes. » → Les deux situations sont jugées normales, il n'y a pas de conflit.
Ces deux conjonctions peuvent aussi exprimer la simultanéité : « Il s'est mis à pleuvoir tandis que / alors que nous manifestions. » → au moment où.
En théorie, *par contre* est suivi d'une opposition négative, *en revanche* d'une opposition positive : « Il ne comprend rien aux maths, en revanche il brille en philosophie. » ; « Il brille en philosophie par contre il ne comprend rien aux maths. » En pratique, *par contre* est généralement préféré, étant jugé moins formel qu'*en revanche*.

⋯⋗ OBJECTIF DE L'ACTIVITÉ 4

⋮ **Exprimer son opposition dans un tract.**

4 Cette activité peut être faite en classe ou à la maison. Dans un remue-méninges préalable, passer en revue quelques sujets possibles, portant sur l'enseignement ou non, et laisser les apprenants libres de choisir celui qu'ils préfèrent. Ils devront concevoir un style et une mise en page ou pourront imiter ceux du document 2, p. 57. Ils devront en outre réutiliser les expressions de l'opposition. S'ils travaillent en classe, les placer en binômes. Imposer une longueur limite de 200 mots (+/− 10 %) et de temps (20-25 min).

EXEMPLE DE PRODUCTION

NON À LA SUPPRESSION DU CINÉCLUB !
Non au béton ! Encore une fois, c'est la culture qu'on assassine !
Le rectorat s'apprête à remplacer notre cinéma par un nouveau parking *alors que* le campus est déjà envahi par les voitures ! *Au lieu de* nous sensibiliser aux problèmes de pollution atmosphérique, nos propres professeurs nous incitent à contribuer à la destruction de la planète ! Ils prétendent que nous allons gagner du temps, *alors que* nous allons en perdre à travailler pour payer l'essence.
À qui va servir le parking ? À personne. *Par contre*, nous sommes tous attachés à notre cinéma. Pourquoi le détruire ?
Contrairement à ce que prétendent les cyniques, le grand écran est une fenêtre ouverte sur le monde. Toutes les facultés étrangères l'ont compris et *tandis que* nos camarades italiens ou hongrois vont continuer à se détendre entre deux cours, il ne nous restera plus qu'à tourner en rond sur un parking...
Nous refusons le bourrage de crâne permanent ! Nous étouffons ! Aidez-nous à défendre notre part de rêves ! Venez nombreux soutenir notre action jeudi soir à 19 h au café U.
LE COLLECTIF DES ÉTUDIANTS CINEPHILES

⋯⋗ OBJECTIF DES ACTIVITÉS 5 ET 6

⋮ **Comprendre un débat radiophonique pour relever des points de contradictions.**

5 Annoncer aux apprenants qu'ils vont entendre un débat politique très animé. Livres fermés, faire écouter le document sonore et interroger les apprenants en reprenant la consigne. Répondre en grand groupe. Faire ouvrir le livre, faire confirmer et enrichir le vocabulaire à l'aide de l'encadré « Les Mots pour contredire ». Afin de compléter le vocabulaire, demander ensuite aux apprenants de lire l'entrée « Les échanges et les relations »
nuel p. 180 du **Lexique thématique**.

CORRIGÉ

fonctions : un ancien ministre de l'Éducation et un chargé du projet éducatif dans l'opposition – thème : les savoirs fondamentaux à exiger des élèves.

6 Faire lire les consignes, s'assurer de leur compréhension en demandant aux apprenants de les reformuler et procéder à la deuxième écoute. Les apprenants répondent individuellement. Vérifier les réponses en grand groupe.

CORRIGÉ

a) 2. Revaloriser le statut et le salaire des professeurs / exiger des professeurs qu'ils travaillent davantage – 3. Suivre les élèves en difficulté / augmenter le nombre d'élèves par classe

b)

Noms et adjectifs	Verbes	Adverbes ou prépositions
– l'opposition systématique – des contre-vérités – la contradiction permanente – contreproductif – incompatible	– contredire – faire l'inverse – aller à l'encontre de	– paradoxalement – contre – contrairement à ce que (conjonction) – pas du tout

Corrigés S'exercer

11. 1. bien qu' / quoiqu' – 2. malgré / en dépit de – 3. bien que / quoique ; pourtant / néanmoins / cependant / toutefois – 4. beau ; beau ; malgré / en dépit du – 5. bien que / quoique

12. Contrairement à – au lieu de – alors que – Par contre – contrairement à ce que

13. *Plusieurs réponses possibles :* 1. Julie n'est pas allée à la manifestation samedi, pourtant / alors qu'elle en avait envie. – 2. Bien que / Même si le système de notation soit / est très discuté, certains le réclament pour situer leur niveau. / Le système de notation est très discuté, cependant / néanmoins / toutefois certains le réclament pour situer leur niveau. – 3. Bien que ses collègues de l'université se soient associés au mouvement, elle reste très partagée. / Contrairement à ses collègues de l'université qui se sont associés au mouvement, elle reste très partagée. / Ses collègues de l'université se sont associés au mouvement, cependant, elle reste très partagée. / Elle reste très partagée même si ses collègues de l'université se sont associés au mouvement. – 4. Contrairement aux syndicats, nous ne sommes pas en position de négocier. / Nous ne sommes pas en position de négocier, tandis que / en revanche les syndicats, eux, le sont. – 5. Bien qu'il ait fait cinq ans d'études, il n'a toujours pas de travail. / Malgré ses cinq ans d'études, il n'a toujours pas de travail. / Il a beau avoir fait cinq ans d'études, il n'a toujours pas de travail. – 6. Alors qu'en fac, les étudiants sont livrés à eux-mêmes, dans les grandes écoles ils sont très encadrés. / Dans les grandes écoles, les étudiants sont très encadrés, contrairement aux facs, où ils sont livrés à eux-mêmes. / Dans les grandes écoles, les étudiants sont très encadrés ; par contre, dans les facs, ils sont livrés à eux-mêmes. – 7. Même si un diplôme n'est pas une garantie pour obtenir un emploi, il y contribue fortement. / Un diplôme n'est pas une garantie pour obtenir un emploi, néanmoins / cependant / toutefois il y contribue fortement. – 8. Au lieu de supprimer les tutorats, il faudrait augmenter le soutien scolaire. / Ils suppriment des tutorats, alors qu'il faudrait augmenter le soutien scolaire.

14. à l'encontre – incompatibles / contradictoires / antinomiques – le contraire – contradiction – contredisez / présentez des objections

 *Paroles en scène*

> Livre de l'élève p. 58

Sur tous les tons
⋯⋗ OBJECTIF DE L'ACTIVITÉ 1

⋮ **Discriminer les sons [e] et [ɛ] pour différencier l'imparfait et le passé composé.**

1 Cette activité fait suite à celle de la page 40 du manuel. Avant de commencer, on pourra faire une dictée d'accents en lisant aux apprenants trois ou quatre phrases contenant plusieurs *é / è*. Faire ensuite lire ces phrases à voix haute. Pour le son [e], la bouche s'étire, lèvres à demi-fermées. Pour le son [ɛ], la bouche s'ouvre. Passer à l'écoute des phrases de l'activité. Les apprenants répondent individuellement. Vérifier les réponses en grand groupe avec une deuxième écoute si nécessaire et demander aux apprenants de lire les phrases en soignant leur prononciation.

CORRIGÉ

1. J'ai pratiqué l'aviron. Passé composé – 2. J'étais le plus fort de la classe. Imparfait – 3. Il s'est formé. Passé composé – 4. J'ai été surpris de réussir. Passé composé – 5. Elle a abandonné les études. Passé composé – 6. Tu te couchais tard. Imparfait – 7. Ce prof, je l'adorais. Imparfait – 8. Il se trompait de sujet. Imparfait – 9. Elle l'a aimé énormément. Passé composé

⋯⋟ OBJECTIF DE L'ACTIVITÉ 2

⋮ **Discriminer les sons [y] et [u], [ʒ] et [j].**

② Faire lire la consigne en grand groupe. Faire écouter l'enregistrement. Les apprenants répondent individuellement. Vérifier les réponses en grand groupe, avec une deuxième écoute si nécessaire.

CORRIGÉ

bouée – muette – bouille – nuée – bougie – huis – jeux – rouille – t'as tué – fige – fille

⋯⋟ OBJECTIF DE L'ACTIVITÉ 3

⋮ **Discriminer les sons [y] et [u].**

③ Même démarche que pour l'activité précédente.

CORRIGÉ

Édouard a voulu louer une voiture. Il remuait ciel et terre. Je lui ai dit tout de suite de prévenir Louis, qui lui en a loué une pour aujourd'hui, presque gratuitement.

Sur tous les tons
⋯⋟ OBJECTIF DE L'ACTIVITÉ

⋮ **Prononcer des virelangues.**

④ Les virelangues de l'activité portent sur les sons vus dans les activités de phonie-graphie. Leur lecture peut se faire sous forme de compétition ludique, chaque candidat étant chronométré et noté pour la correction de sa prononciation par la classe.

Mise en scène
⋯⋟ OBJECTIF DE L'ACTIVITÉ

⋮ **Lire et jouer une scène de théâtre en mettant en évidence les sentiments.**

⑤ Avant de lire la scène, demander aux apprenants de présenter en quelques mots le personnage de Cyrano s'ils le connaissent. Sinon, le présenter et ajouter une rapide présentation d'Edmond Rostand. On pourra également dire un mot de Gérard Depardieu (voir photo, p. 58 du manuel) qu'ils connaissent aussi sans doute. Puis, avant de faire lire la scène en grand groupe, faire préciser la situation : la phrase plate du vicomte pour critiquer le nez de Cyrano et la « leçon » donnée par Cyrano. On attend un éclat violent de sa part mais c'est une magistrale leçon de style donnée avec panache et humour qui ridiculise le marquis. Vérifier le vocabulaire ; prévoir l'usage du dictionnaire pour les mots difficiles (*un roc* = un rocher ; *un pic* = le sommet pointu d'une montagne ; *un cap* = une pointe de terre qui s'avance dans la mer ; *une péninsule* = une grande presqu'île). Faire également remarquer le subjonctif imparfait (« que je me l'amputasse »), forme archaïque qui sert l'intention humoristique de l'auteur. Enfin, faire relire la tirade de Cyrano avec l'intonation juste pour chacun des tons indiqués. Une gestuelle appropriée aidera les apprenants à placer leur voix. Ils essaieront ensuite d'interpréter la scène.

POINT Info

Edmond Rostand (1868-1918) est surtout connu pour *Cyrano de Bergerac* (1897), une pièce qui a tenu l'affiche vingt ans d'affilée au théâtre. C'est l'histoire de Cyrano, un homme intelligent et sensible mais affligé d'un physique vulgaire, qui sacrifie au profit d'un autre l'amour que lui inspire la belle Roxane. Cette œuvre est arrivée à point nommé pour démontrer à un public toujours traumatisé par la défaite contre la Prusse, en 1870, que le sens de l'humour et de l'honneur permettait de surmonter avec dignité les épreuves les plus difficiles. Deux autres pièces de Rostand, *L'Aiglon* (1900) et *Chantecler* (1910), ont connu en leur temps un immense succès. Edmond Rostand a été reçu à l'Académie française en 1904.
Savinien de Cyrano de Bergerac (1619-1655), auteur dramatique et philosophe, a laissé une œuvre imaginative et spirituelle, aujourd'hui ignorée du grand public. Cet homme a inspiré Edmond Rostand pour écrire sa pièce.

POUR ALLER PLUS LOIN : Présenter à la classe un extrait du film de Jean-Paul Rappeneau avec Gérard Depardieu. À défaut de ce film, on trouvera la tirade du nez, interprétée par Gérard Depardieu et différents autres acteurs, sur Internet.

Pour conclure cette page, vous pouvez faire le jeu proposé sur le CD-ROM (Jeu de l'énigme).

1 Préparation

: Cerner le projet et le planifier.

Cette activité va permettre d'échanger des savoirs, comme dans la page Points de vue sur, p. 54 et 55 et, cette fois, de façon concrète. Les apprenants vont également pouvoir utiliser les compétences étudiées tout le long du dossier 3 : lexicales (raconter un souvenir, parler de ses expériences), grammaticales (parler au passé) et communicatives (exprimer la concession). Ils pourront également revoir l'expression du conseil et de la suggestion vue dans le premier dossier, p. 20.

Dans un premier temps, revenir sur les principaux points des deux premières pages du dossier 3, en invitant chacun à nommer une ou deux compétences personnelles. Pour les plus timides, cette partie représentera un défi car ils se placent généralement en position d'élèves et ne reconnaissent pas toujours qu'ils sont eux aussi détenteurs d'un savoir. Veiller donc à ce que chacun puisse s'exprimer. Faire cette mise au point et ce remue-méninges en grand groupe, puis diviser la classe en petits groupes, par compétences communes (étape 1) et enfin demander aux apprenants de faire la liste du matériel nécessaire (étape 2). Si ce matériel n'est pas à disposition, il sera figuré par des objets symboliques, comme souvent au théâtre. Mais on pourra également faire ces deux premières étapes quelques jours avant la leçon proprement dite et demander aux apprenants d'apporter ces objets en classe s'ils ne sont pas trop encombrants. Par exemple :
– pour un cours de langue : des livres, des CD, un ordinateur...
– pour une leçon sur un jeu : un jeu de dames, un jeu d'échecs...
– pour un cours de musique : un instrument, des partitions...

La deuxième partie de la préparation va consister à organiser individuellement la leçon. Faire lire d'abord en grand groupe les cinq recommandations du manuel et s'assurer de leur compréhension en demandant aux apprenants de les reformuler. Ces recommandations sont importantes, car il ne va pas simplement s'agir, par exemple, d'apprendre à quelqu'un à jouer aux échecs, il va falloir rendre cet apprentissage intéressant et motivant. La première consigne du manuel est une mise au point réflexive : l'apprenant repense à ses propres réactions d'élève. Les quatre consignes suivantes sont méthodologiques : l'apprenant ne va pas enseigner au hasard, il va préparer un vrai cours.

La dernière partie de la préparation (travail en petits groupes) va permettre aux apprenants de s'auto-corriger ou de se corriger mutuellement en confrontant leurs préparations. Ils ne vont pas encore faire leur cours, mais simplement indiquer les principaux points de leur leçon afin de la corriger et de l'améliorer si nécessaire. Cette étape doit donner lieu à un débat, avec des réflexions comme : « Moi, je commencerais plutôt par ça, je passerais plus de temps sur ça... ».

2 Présentation

: Donner un cours sur un savoir ou un savoir-faire.

Le défi va être double : affronter un public et respecter la méthode et les règles fixées. Autoriser et même inciter les apprenants à consulter leurs notes pendant leur leçon, afin qu'ils ne perdent pas de vue leur méthode. L'idéal serait que ces leçons se déroulent dans un café ou un parc, mais la salle de classe sera parfaite elle aussi.

3 Échange

⋮ Évaluer les performances.

Nous déconseillons l'usage d'une grille d'évaluation. Les apprenants ont transmis quelque chose auquel ils tiennent et qui leur est très personnel. L'évaluation ne doit donc pas revêtir la forme d'un jugement, mais plutôt celle d'une conversation amicale. Par conséquent s'en tenir aux questions de l'échange.

VERS LE DELF B1

Les exercices de cette double page servent de récapitulation des acquis du dossier ainsi que d'initiation à l'épreuve du DELF B1. Ils ne sont pas au niveau des véritables épreuves mais permettront déjà aux apprenants de bien s'entraîner.

Compréhension de l'oral

Exercice 1

CORRIGÉ

1. a – 2. b – 3. c – 4. c – 5. Elle permet d'être tour à tour l'élève et le professeur / de voir les deux côtés. – 6. c

Exercice 2

CORRIGÉ

1. a – 2. 2 *Réponses attendues parmi :* la lecture / les mathématiques / les sciences – 3. c – 4. a – 5. b – 6. à l'éducation religieuse – 7. b – 8. organiser la semaine scolaire sur 4 jours et demi ou sur 5 jours / proposer des activités de détente quand l'attention est faible

Production orale

Exercice en interaction – sans préparation – 3 à 4 minutes

EXEMPLE DE PRODUCTION (À DEVELOPPER)

Candidat : Bonjour M. Martin. Je viens vous demander l'autorisation de suivre une formation pour apprendre à faire du montage vidéo.
Examinateur : Du montage vidéo ? Mais quel est le rapport avec votre activité de chargé des achats ?
Candidat : Justement, je pense que ce serait intéressant d'avoir des vidéos pour expliquer à nos partenaires nos besoins précis. Nous avons une caméra professionnelle dans l'entreprise, c'est dommage que personne ne l'utilise.
Examinateur : D'accord mais vous allez devoir vous absenter du bureau pour suivre cette formation ?
Proposition : La formation se fait en cours du soir deux fois par semaine mais il faudrait un peu aménager mon horaire de travail...
Examinateur : Ce n'est peut-être pas si facile.
Candidat : Le mercredi, je peux arriver un peu plus tôt... et le vendredi je finis normalement à 16 h 30, alors je peux finir plus tard. Ça ne vous posera pas de problème d'organisation.
Examinateur : Je vois que vous avez pensé à tout et que je ne peux pas refuser !
Candidat : Merci M. Martin. Je vous apporte les documents à signer cet après-midi.

Grille d'évaluation

Peut faire face sans préparation à des situations même un peu inhabituelles de la vie courante (respect de la situation et des codes sociolinguistiques).	0	0,5	1	
Peut adapter les actes de paroles à la situation.	0	0,5	1	1,5	2
Peut répondre aux sollicitations de l'interlocuteur (vérifier et confirmer des informations, commenter le point de vue d'autrui, etc.).	0	0,5	1	1,5	2

Contenus socioculturels • Thématiques

Les médias
Le traitement de l'information
Informations et rumeurs

Objectifs sociolangagiers

Objectifs pragmatiques

Ouvertures	– comprendre un extrait d'une nouvelle d'anticipation – parler des façons de s'informer
La vie au quotidien	– identifier des magazines et un lectorat – comprendre une lettre personnelle – écrire une lettre sur l'actualité de son pays
Outils pour...	– comprendre des titres d'actualité – relater un événement dans la presse – comprendre un article de presse – écrire un fait divers – évoquer un événement non confirmé
Points de vue sur...	– observer et commenter des « unes » de presse – comprendre le développement d'une information à la radio – échanger sur le droit de vote des étrangers – comparer la presse de différents pays
Paroles en scène	– jouer une scène de théâtre parlant de la presse
Projet	– composer la une d'un journal et préparer un bulletin radio

Objectifs linguistiques

Grammaticaux	– la phrase nominale – la forme passive – la cause et la conséquence – le conditionnel de l'hypothèse non confirmée
Lexicaux	– le vocabulaire des médias – la correspondance personnelle – les mots et les expressions de l'événement non confirmé
Prosodique	– l'articulation de quelques virelangues
Phonie-graphie	– les sons consonantiques – les liaisons obligatoires et facultatives

Vers le DELF B1	– compréhension des écrits – production écrite

> Lexique thématique → p. 181   > Abécédaire culturel → p. 192

Scénario du dossier

Dans la première double page, OUVERTURES, la lecture d'un extrait d'une nouvelle de Jules Verne, *La Journée d'un journaliste américain en 2890*, permettra aux apprenants d'évoquer les différents moyens d'information. Puis ils échangeront en grand groupe sur leur propre relation avec les médias.

>>>

>>>

Dans **LA VIE AU QUOTIDIEN,** ils se pencheront sur quelques magazines français. Ils apprendront, à l'oral et à l'écrit, à définir un lectorat, puis ils se classeront eux-mêmes dans une catégorie de lecteurs. Ensuite, ils liront une lettre personnelle faite d'informations d'ordre privé et d'informations nationales et devront rédiger eux-mêmes une lettre du même type.

La première double page d'OUTILS POUR permettra aux apprenants de comprendre la fabrication des titres d'actualité et la façon de relater des événements dans un article en étudiant deux tournures grammaticales très utilisées par les journalistes : la phrase nominale et la forme passive.

Dans **POINTS DE VUE SUR,** ils apprendront à analyser la une d'un journal et s'interrogeront sur le traitement de l'information. L'écoute d'une émission de radio les amènera à débattre du droit de vote des étrangers. Ils écouteront également l'opinion d'un Britannique sur la presse française et celle de son pays.

La deuxième double page d'OUTILS POUR, sera l'occasion de revoir la cause et la conséquence utilisées dans des articles informatifs et d'apprendre les différentes façons d'évoquer un événement non confirmé.

Dans **PAROLES EN SCÈNE,** les apprenants s'entraîneront à distinguer certains sons consonantiques et reviendront sur les liaisons obligatoires et facultatives. Ils interprèteront un extrait de la pièce *Rhinocéros* d'Eugène Ionesco.

Dans le **PROJET,** ils composeront la une d'un journal et prépareront un bulletin radio.

Dans **S'EXERCER,** ils systématiseront à l'aide d'exercices les points linguistiques vus dans le dossier.

Dans **VERS LE DELF B1,** les apprenants mobiliseront les acquis de ce dossier à travers une activité de compréhension des écrits et une activité de production écrite.

Pages de sommaire

> Livre de l'élève p.64-65

Illustration : Faire décrire rapidement la photo (on voit les pièces d'un puzzle dont certaines sont grossies à la loupe) et demander aux apprenants ce que leur inspire le mot « puzzle » (jeu, complexité, variété, image…). Mettre ce mot en relation avec le titre de la leçon (« Je m'informe ») et faire déduire de quoi il va être question dans le dossier (réponse possible : De la difficulté d'avoir une image nette de l'actualité étant donné le nombre élevé d'informations diverses que l'on reçoit tous les jours).

Citations : Puis faire lire la phrase « Trop d'info tue l'info » et demander aux apprenants d'expliquer le paradoxe qu'elle contient. Ne pas intervenir dans le débat à ce stade de la leçon (réponse possible : Un trop plein d'information, un rabâchage continuel de l'actualité provoquent un effet de saturation et finissent par entraîner un rejet ou une dilution de l'information). Ensuite, faire lire la deuxième phrase « La liberté d'informer est la première des libertés » et demander en quoi elle complète ou contredit la première. Là encore, laisser les hypothèses et les opinions se former sans intervenir (réponse possible : La liberté de la presse est l'un des piliers de la démocratie. Chacun a le droit de penser ce qu'il veut et de le faire savoir au plus grand nombre. Mais quand tout le monde parle, plus personne ne s'entend, et l'on peut malheureusement dire que le brouhaha médiatique est aussi l'une des caractéristiques de la démocratie).

Ouvertures

> Livre de l'élève p. 66-67

···⫶ **OBJECTIF DE L'ACTIVITÉ 1**

⫶ **Comprendre un extrait d'une nouvelle d'anticipation.**

1 Faire lire l'extrait silencieusement. Puis faire répondre en grand groupe aux questions de l'activité. Engager une rapide discussion sur l'auteur : Que savez-vous de lui ? Avez-vous lu certains de ses romans ? Les avez-vous aimés ? Lire ou faire lire sa notice biographique p. 66. Faire également observer la photo du kiosque à journaux p. 66 ainsi que la une du *Petit Journal*, p. 67.

CORRIGÉ

1. Auteur : Jules Verne / Titre : *La Journée d'un journaliste américain en 2890* / Année de parution : 1891 – 2. Genre littéraire : Anticipation – 3. Nom du journal : *Earth-Herald* / Spécificité du journal : traite l'information de façon « parlée » (lignes 1-2) – 4. Nom du personnage principal : Francis Bennett / Fonction du personnage principal : Directeur de journal – 5. Salles visitées : la salle de reportage, la salle de publicité / Fonction des salles visitées : garder un contact permanent avec les abonnés en leur donnant les nouvelles et projeter la publicité en images sur le ciel. Ce sont deux salles qui soulignent l'innovation et qui anticipent ce qu'est devenue la circulation des nouvelles aujourd'hui.

POINT Info

Le *Petit Journal* est un quotidien parisien républicain et conservateur, fondé par Moïse Millaud, qui a paru de 1863 à 1944. À la veille de la première guerre mondiale, c'est l'un des quatre plus grands quotidiens français avec *Le Petit Parisien*, *Le Matin* et *Le Journal*. Il attire de nombreux lecteurs car il est bon marché et propose un contenu distrayant (faits divers, feuilleton, horoscope, chroniques...). Il est le symbole d'une nouvelle forme de journalisme qui se développe, celle de la petite presse.

⋯⋙ OBJECTIF DES ACTIVITÉS 2 ET 3

⁚ **Approfondir la compréhension écrite du texte.**

2 et **3** Faire relire l'extrait, puis placer les apprenants en binômes et les inviter à répondre aux questions des deux activités en justifiant leurs réponses. Corriger en grand groupe.

CORRIGÉ 2

1. « ...c'est dans une rapide conversation avec un reporter, un homme politique ou un savant, que les abonnés apprennent ce qui peut les intéresser. Quant aux acheteurs au numéro, ils prennent connaissance de l'exemplaire du jour dans d'innombrables cabinets phonographiques. » – 2. « Les abonnés ont donc non seulement le récit, mais la vue des événements, obtenue par la photographie intensive. » – 3. « la salle de reportage. Ses quinze cent reporters, placés alors devant un égal nombre de téléphones » – 4. « les abonnés ont donc non seulement le récit, mais la vue des événements » – 5. « Grâce à un ingénieux système, une partie de cette publicité se propage sous une forme absolument nouvelle [...]. Ce sont d'immenses affiches, réfléchies par les nuages. De cette galerie, mille projecteurs étaient sans cesse occupés à envoyer aux nues, qui les reproduisaient en couleur, ces annonces démesurées. »

CORRIGÉ 3

1. « Oui, monsieur Bennett, et je publie dans la colonne des informations que c'est décidément une dilatation de l'estomac dont il souffre, et qu'il se livre aux lavages tubiques les plus consciencieux. » – 2. « Les plénipotentiaires de toutes les nations et nos ministres eux-mêmes se pressent à la porte de Francis Bennett, mendiant ses conseils, quêtant son approbation, implorant l'appui de son tout-puissant organe. » – Jules Verne était visionnaire sur ces points : le flot en continu de l'information et la disparition du support papier (« Chaque matin, au lieu d'être imprimé, comme dans les temps antiques, le *Earth-Herald* est "parlé" ») ; le pouvoir politique contestable des médias (« [Les] plénipotentiaires de toutes les nations et nos ministres eux-mêmes se pressent à [la] porte [de Francis Bennett], mendiant ses conseils, quêtant son approbation, implorant l'appui de son tout puissant organe ») ; la juxtaposition de l'image et du son (« Les abonnés ont donc non seulement le récit, mais la vue des événements, obtenue par la photographie intensive ») ; l'importance de la publicité dans les médias (« La salle adjacente, vaste galerie longue d'un demi kilomètre, était consacrée à la publicité ») ; les écrans géants publicitaires (« d'immenses affiches réfléchies par les nuages »)

⋯⋙ OBJECTIF DE L'ACTIVITÉ 4

⁚ **Rédiger la suite d'une nouvelle d'anticipation sur le thème de la presse.**

4 Cette activité peut être donnée à faire à la maison sous forme de devoir ou bien en classe par petits groupes de deux ou trois.

EXEMPLE DE PRODUCTION

Francis Bennett pénétra ensuite dans une petite salle étroite où était réunie l'équipe des astrologues. Devant chacun d'entre eux, des papiers couverts de chiffres, de symboles et au plafond une immense carte du ciel qui se modifiait toute seule. Francis Bennett s'adressa au plus âgé d'entre eux qui, penché sur sa table, semblait en proie à une grande perplexité : « Alors, Richard, où en êtes-vous ? L'horoscope de la semaine sera-t-il bientôt prêt ? Vous savez que nos abonnés attendent toujours ce rendez-vous hebdomadaire avec beaucoup d'impatience. » Richard Brooke lui répondit que l'horoscope serait prêt d'ici une heure, à temps pour le prochain bulletin.

POINT Info

La *Journée d'un journaliste américain en 2890* est officiellement une nouvelle de Jules Verne parue pour la première fois en langue anglaise en 1889, dans la revue américaine *The Forum*, mais il est probable que le rédacteur principal de ce texte ne soit pas Jules Verne mais son fils Michel.

5 EGO Questionnaire • **Vous et l'information**

Faire lire en grand groupe l'encadré « Les mots pour parler des façons de s'informer » et vérifier la compréhension du lexique en demandant aux apprenants de classer les expressions en quatre catégories : la télévision, la radio, la presse écrite, Internet, sachant que certaines phrases appartiennent à plusieurs catégories. Enrichir le

anuel p. 181 vocabulaire à l'aide de l'entrée « Informer et s'informer » du **Lexique thématique**. Enfin, former des groupes de trois ou quatre personnes, de profils différents si possible (âge, sexe, personnalité...) et leur proposer d'échanger sur le thème à l'aide des questions de l'Ego Questionnaire. Il est essentiel que les apprenants réemploient les idées précédemment exprimées ainsi que le vocabulaire de l'information. Prévoir un retour en grand groupe pour constater les points communs et les disparités. Étant donné que dans la suite du dossier les apprenants seront de nouveau amenés à échanger sur le thème, il est recommandé de ne pas passer trop de temps sur cette activité d'échange. Dans cette activité, on insistera sur leur façon à eux de s'informer et/ou de faire passer des informations et des opinions (blogs, forums, etc.) et non pas sur les moyens eux-mêmes.

La vie au quotidien

> Livre de l'élève p. 68-69

⋯⋮ OBJECTIF DE L'ACTIVITÉ 1

⋮ **Découvrir des magazines et déterminer leur lectorat.**

1 Faire faire des hypothèses sur le titre « À chacun son canard » (en français familier, le « canard » est un journal). Demander aux apprenants quels sont les principaux types de publications qu'on peut acheter dans les kiosques ; les définir et donner un exemple : un journal, c'est une publication généralement quotidienne informant les lecteurs de l'actualité politique, culturelle, économique... Exemple : *Le Monde*. Synonyme : un quotidien, une gazette en Belgique. Un hebdomadaire, c'est un périodique qui paraît chaque semaine. Exemple : *Elle*. Un magazine, c'est un périodique illustré et souvent hebdomadaire, qui traite de l'actualité générale. Exemple : *L'Express*. La revue quant à elle traite un domaine particulier. Exemple : *France Football*.

Puis placer les apprenants en binômes et leur demander de répondre aux questions. Confronter les réponses en grand groupe. Pour les questions b et c, demander aux apprenants de bien observer les indices qui apparaissent sur les magazines afin de donner des réponses plausibles.

CORRIGÉ

a) *Réponses possibles* : *L'Équipe* est un magazine consacré au sport. *Paris Match* est un magazine d'actualité qui s'intéresse particulièrement aux personnalités people. *Elle* parle de beauté féminine, de mode et de séduction. *Le Nouvel Observateur* est un magazine d'actualité destiné au grand public. *Slate* est un magazine d'actualité en ligne.

b) *Réponses possibles* : *L'Équipe* s'adresse aux passionnés de sport, des hommes en grande majorité, de 15 à 55 ans. Leur profession : de l'ouvrier au P.D.G. Mais ce magazine peut également intéresser des femmes en leur donnant pour exemple à suivre ou à admirer des sportives de haut niveau. *Paris Match* est destiné à des femmes de 30 ans et plus qui travaillent ou non, fascinées par la vie des grands de ce monde. *Elle* s'adresse à des femmes dans la trentaine qui s'efforcent de mener de front carrière professionnelle et vie sociale dynamique : elles ont beaucoup moins de temps que les femmes d'autrefois pour s'occuper de leur apparence et elles entendent l'exploiter au maximum ; elles cherchent à plaire et s'intéressent à la mode, mais aussi à l'art, à la politique, à la santé... *Le Nouvel Observateur* est destiné aux lecteurs et lectrices âgés de 40 à 80 ans, passionnés de politique, de finance, d'écologie. *Slate* s'adresse à des étudiants ou à de jeunes cadres dynamiques, hommes et femmes confondus, qui ont le sens de l'humour et un grand appétit de distraction ; ils s'intéressent à la politique sans la prendre très au sérieux (l'un des journalistes imagine ce qui se passerait si Jules Verne entrait au gouvernement et la manchette fait allusion à la célèbre phrase du *Petit Prince* : « S'il te plaît... dessine-moi un mouton », ce qui, transformé en « Dessine-moi un président de l'Assemblée nationale », donne une idée un peu comique du travail des députés) et leurs centres d'intérêt sont très variés : le sport, la littérature, la famille, les jeux, les études...

c) *Réponse libre.*

POUR ALLER PLUS LOIN : Apporter en classe des numéros de ces parutions, les distribuer et demander aux apprenants de chercher des articles qui confirment ou contredisent leurs hypothèses. Puis leur demander à quelles parutions cela correspondrait dans leur pays et s'ils voient des ressemblances et des différences entre les parutions dans leur pays et celles dans la presse française. Une telle discussion préparera au Rendez-vous alterculturel (p. 73), sur la France et la Grande-Bretagne.

⋯⋮ OBJECTIF DE L'ACTIVITÉ 2

⋮ **Écrire un commentaire sur un article en ligne.**

2 Demander aux apprenants placés en binômes d'aller sur le site du magazine *Slate.fr*, d'y choisir un article puis de rédiger un commentaire en une quinzaine de minutes. Une fois les commentaires corrigés, on pourra les poster sur le site. Cette activité peut également être donnée à faire individuellement à la maison sous forme de devoir.

POINT Info

Slate (« ardoise » en français) est un magazine en ligne américain lancé en 1996. Depuis février 2009, il existe également dans sa version française ; il est dirigé par l'ancien directeur du journal *Le Monde*, Jean-Marie Colombani. Il propose quotidiennement des articles sur la politique, l'économie, la culture et le sport ainsi que des blogs et des contributions d'utilisateurs. Ce site est en accès libre.

⋯⋮ OBJECTIF DE L'ACTIVITÉ 3

⋮ **Échanger oralement sur le thème de la presse.**

3 Faire lire la question de l'activité en grand groupe et s'assurer de sa compréhension. Former des groupes de trois ou quatre personnes, de profils différents si possible (âge, sexe, personnalité…) et leur demander d'échanger sur le thème. Prévoir un retour en grand groupe pour constater les points communs et les disparités d'opinions. Élargir la discussion en faisant lire le chapeau en haut de la page 68. Interroger les apprenants sur ce que révèlent ces chiffres (réponse possible : Soit les Français ont une vision plutôt négative des quotidiens, soit ils manquent de temps ou d'argent pour en lire. Quoi qu'il en soit, le résultat est le même : ils abandonnent peu à peu les journaux. En revanche, le succès des magazines montre qu'ils trouvent toujours du temps pour approfondir les sujets qui les intéressent et donc, peut-être, qu'ils ne sont pas très éclectiques dans leurs choix. Nouveauté : la presse en ligne est de plus en plus populaire, ce qui augmente un peu plus la dégradation de la situation de la presse papier). Demander aux apprenants si la situation est la même dans leur pays. À noter que les apprenants auront l'occasion de reparler de leur presse nationale dans l'activité 3, p. 72. Enrichir la discussion à l'aide de l'entrée « Presse » (Manuel p. 192) de l'**Abécédaire culturel**.

POUR ALLER PLUS LOIN : Présenter à la classe quelques radios ou chaînes de télévision, particulièrement celles tournées vers l'international comme RFI ou TV5Monde. Le site Internet de RFI est une mine pour les élèves de FLE. http://www.rfi.fr/lffr/statiques/accueil_apprendre.asp
Nous recommandons particulièrement le Journal en français facile, les Exercices d'écoute (avec des écoutes authentiques didactisées), les Mots de l'actualité… Possibilité également de passer à la classe des bulletins d'informations enregistrés ou podcastés sur des radios franco-françaises comme France Inter, RTL, Europe 1…

POINT Info

Presse : la baisse des ventes en kiosque s'accélère
La baisse des ventes des magasins de presse serait proche de 8 % sur les sept premiers mois de l'année. Si les quotidiens résistent mieux, certaines familles de presse, comme les journaux télé ou, surtout, les magazines people, souffrent tout particulièrement. (D'après *Les Échos* du 4 septembre 2012)

⋯⋮ OBJECTIF DE L'ACTIVITÉ 4

⋮ **Comprendre une lettre personnelle.**

4 Faire repérer en grand groupe les origines de la lettre, à l'aide de questions simples : Qui écrit ? (Valérie.) À qui ? (À Delphine.) D'où ? (De Honfleur.) Quand ? (Le 10 février.) Ensuite, demander aux apprenants de lire la lettre. Les faire répondre aux questions en binômes, en les invitant à citer les passages concernés. Confronter les réponses en grand groupe.

CORRIGÉ

1. Pour demander des nouvelles (« Et toi, quoi de neuf ? ») et pour parler de l'actualité en France (« Tu m'avais demandé de te tenir au courant de l'actualité ici »).
2. Informations d'ordre privé : la reprise du travail au lycée, l'arrivée du froid, le travail de Sylvain, les marques de tendresse et d'intérêt pour Delphine et sa famille / Informations nationales : la situation politique et économique, un mouvement de jeunes qui se durcit, les élections présidentielles qui se préparent.
3. Le traitement de l'information : « Les journalistes en font des tonnes, ils exagèrent toujours et on ne sait jamais ce qui se passe vraiment. » / Demander des nouvelles : « Et toi, quoi de neuf ? Penses-tu toujours arrêter de travailler pour t'occuper de Rafael ? Que se passe-t-il au Brésil ? »

⋯⋮ OBJECTIF DE L'ACTIVITÉ 5

⋮ **Rédiger une lettre personnelle pour donner des informations sur l'actualité.**

5 Faire lire l'encadré « Stratégies pour donner des informations par courrier » et vérifier la compréhension du vocabulaire en demandant aux apprenants de reformuler les phrases proposées (Par exemple : « Ça fait longtemps que je n'ai pas donné de nouvelles. » → « Je ne t'ai pas écrit depuis très longtemps », « j'ai été silencieux ces derniers temps... »). Puis faire lire en grand groupe la consigne de l'activité. Ensuite, passer en revue quelques événements nationaux qui pourraient figurer dans une lettre personnelle. Il ne s'agit pas d'imposer ces événements à la classe mais d'amorcer un intérêt. Puis placer les apprenants en binômes et les inviter à choisir un correspondant imaginaire (un(e) ami(e) de leur âge qu'ils ont rencontré(e) en vacances, une lointaine cousine, un frère ou une sœur qui fait un stage en entreprise à l'étranger...). Imposer une limite de 300 mots et de 20 à 25 minutes. Enfin, faire lire les lettres en grand groupe et inviter la classe à vérifier le réemploi du vocabulaire et des stratégies, ainsi que le contenu.

EXEMPLE DE PRODUCTION

Salut David,

Mon vieux, tu ne peux pas savoir ce qui vient de m'arriver. Tu as entendu parler du match Paris-Marseille qui a mal tourné ? Ben, j'y étais, j'ai même failli ne pas en revenir : 15 points de suture sur le crâne ! On nous avait annoncé une rencontre mouvementée. C'est vrai qu'elle a été mouvementée, la rencontre ! La partie était à peine commencée que je me suis retrouvé au milieu d'une émeute, ça hurlait dans tous les sens. Il y a eu un mouvement de panique et la police a chargé. Les journalistes ont parlé de hooliganisme. Ne va pas croire ça. On essayait juste de sauver notre peau. C'était de la survie.

Enfin, me revoilà sur pied. Quant aux deux équipes, elles sont interdites de match pour dix jours ! Lamentable, non ? Le foot, ça devrait être pour le plaisir mais il suffit de quelques imbéciles pour que ça tourne mal.

Autrement, figure-toi que la France va rencontrer le Brésil en match amical, la semaine prochaine ! On a beau se dire qu'on est prêts, c'est quand même une perspective angoissante vu le niveau des Brésiliens. Tu sais que j'ai des billets ? J'y vais avec Louis-André. Croisons les doigts !

Mais toi, mon vieux, qu'est-ce que tu deviens depuis tout ce temps ? À moins d'un bras cassé, je ne te pardonnerai pas ton silence ! Non, je plaisante, j'espère que toi et toute ta petite famille êtes en pleine forme. Donne de mes nouvelles à Nathalie et à Sophie. Dis-leur que je ressemble maintenant à Frankenstein, je suis sûr que ça leur donnera envie de m'appeler sur Skype...

Écris-moi vite. Vous avez de rudement bons joueurs en Tchéquie et j'aimerais bien que tu me dises comment se passent les matchs, là-bas.

Je vous embrasse tous les trois.

Jérôme

Outils pour...

> Livre de l'élève p. 70-71

› Comprendre des titres d'actualité

⋯⋮ OBJECTIF DES ACTIVITÉS 1, 2 ET 3

⋮ **Identifier les titres d'un flash d'information sur l'actualité francophone et repérer des phrases nominales.**

1 Dans un premier temps, demander aux apprenants d'associer chaque photo à un pays. Leur faire remarquer qu'il s'agit de quatre pays francophones.

CORRIGÉ

Le coq → La France / Le couteau → La Suisse / Les frites → La Belgique / La feuille d'érable → Le Canada

2 Faire lire la consigne et demander aux apprenants d'y répondre individuellement. Passer l'enregistrement et confronter les réponses en grand groupe.

CORRIGÉ

a) Il s'agit d'une émission de radio sur l'actualité francophone.
b) 1. Des emplois qualifiés sont délocalisés / Suisse – 2. Les étrangers et le droit de vote / France – 3. Un politicien fait scandale / Belgique – 4. Le Québec s'éloigne du pouvoir / Canada

3 Faire lire la consigne, s'assurer de sa compréhension puis repasser l'enregistrement. Demander aux apprenants de faire les associations individuellement. Confronter les réponses en grand groupe.

CORRIGÉ

Titre 1 : Information 3 (Belgique) – Titre 2 : Information 4 (Canada) – Titre 3 : Information 1 (Suisse) – Titre 4 : Information 2 (France)

POINT Langue

La phrase nominale

a) et b) Faire répondre individuellement. Lors de la correction en grand groupe, écrire les propositions des apprenants au tableau dans cinq colonnes, en fonction des terminaisons des noms.

CORRIGÉ a) b)	dérap*age* arros*age*	bouleverse*ment* rapproche*ment*	déclara*tion* créa*tion*	ferme*ture*	perte

Leur faire remarquer que les noms en *-age* (attention, plusieurs exceptions : *la plage, la marge, la rage, la barge...*) et en *-ment* sont masculins, que ceux en *-tion* et en *-ure* sont féminins, mais qu'il n'y a pas de règle pour les noms sans suffixe, il faut chercher dans le dictionnaire. Quant aux noms formés à partir d'adjectifs, ils sont féminins.

Leur demander quel est l'effet produit par la phrase nominale : l'information est plus concise et l'action ou son résultat est mis en valeur, ce qui explique sa fréquente utilisation par les journalistes.

····∴ **OBJECTIF DE L'ACTIVITÉ 4**

⋮ **Créer des titres pour un journal.**

4 L'enseignant pourra faire le Point Langue sur la phrase nominale d'abord et utiliser cette activité ensuite comme exercice de réemploi ; ou au contraire faire l'activité d'abord et le Point Langue ensuite, pour systématiser la règle. Faire lire la consigne en grand groupe. Demander aux apprenants de choisir un ou deux titres maximum par rubrique (Exemples de rubriques : économie, sport, faits divers, culture...). Puis former des groupes de trois ou quatre personnes, de profils différents si possible (âge, sexe, personnalité...). Prévoir une lecture en public de chaque flash d'information.

❯ Relater un événement dans un article narratif

····∴ **OBJECTIF DE L'ACTIVITÉ 5**

⋮ **Comprendre comment un événement est relaté dans un article narratif.**

5 Apporter un quotidien en classe et faire un rapide tour d'horizon du vocabulaire le plus courant pour décrire les différentes parties d'un journal (la une, une rubrique, le titre, les intertitres, le chapeau, les colonnes, le para-

Manuel p. 181 graphe...). Enrichir le vocabulaire à l'aide de l'entrée « La presse » du **Lexique thématique**. Demander ensuite aux apprenants de lire l'article et de répondre aux questions en binômes. Confronter les réponses en grand groupe.

CORRIGÉ

1. Les Champs-Élysées ont été transformés pour trois jours en un paysage de campagne grâce à des plantes et des animaux. – 2. On pouvait admirer plus d'une centaine d'espèces végétales, autant de variétés d'arbres ainsi que des animaux de la ferme.

POINT Info

L'AFP (Agence France-Presse) est l'une des plus grandes agences de presse mondiales. Elle est présente dans plus de 160 pays. Agence généraliste d'informations, elle est issue de la première agence de presse de l'histoire créée en 1835 par Charles-Louis Havas, homme d'affaires devenu traducteur de presse. Elle utilise un réseau de correspondants et de traducteurs et mobilise des moyens de transport d'informations en provenance du monde entier. C'est la plus ancienne des deux agences de presse mondiales et généralistes dotées d'un réseau mondial de recherche de l'information, l'autre étant l'américaine Associated Press, fondée en 1846.

POINT Langue

La forme passive

Comme la forme nominale du Point Langue précédent, la forme passive est une construction très utilisée par les journalistes. Elle permet de mettre l'accent sur l'information essentielle.

a) À partir de l'exemple (« les parcelles ont été installées par les agriculteurs » → passé composé), demander aux apprenants de retrouver la forme active (→ « les agriculteurs ont installé les parcelles »). Leur demander de faire le relevé en binôme.

> **CORRIGÉ** ont été littéralement pris d'assaut → passé composé / avaient été déposées → plus-que-parfait / sont peu connus → présent / seront remis → futur simple

Leur demander ensuite de quoi est constitué le passif (de l'auxiliaire *être* conjugué au temps du verbe de la forme active et du participe passé du verbe d'action).
– La personne ou la chose subissant l'action (les parcelles) devient sujet.
– La forme passive est plus employée pour parler de la victime, parce que la victime subit l'action : elle est par définition passive et c'est souvent le cas dans les infos et les faits divers (« un fourgon a été attaqué / une vieille dame a été renversée », etc.).
– À la forme passive, l'agent (celui qui fait l'action) est introduit par la préposition *par* (*par les agriculteurs*) ou par la préposition *de* pour certains verbes (par exemple : *être peu connu du public*). Il n'est pas toujours nécessaire de préciser l'agent.
– On peut également former le groupe verbe à l'aide du verbe pronominal *se faire* auquel on ajoute l'infinitif du verbe d'action (par exemple : *se faire admirer*).

b) Toujours en binômes, demander aux apprenants de transformer les phrases.

> **CORRIGÉ** 1. Les Champs-Élysées sont transformés. – 2. Les animaux sont admirés. – 3. Tout est mis en place.

 On complètera cette double page en faisant visionner aux apprenants la vidéo « Présenter des titres d'actualité » (voir CD-Rom / Dossier 4). On trouvera la fiche pour son exploitation p. 203-204 de ce guide.

Corrigés S'exercer

1. la fin – l'achat (m) – l'enlèvement (m) – la capture – l'agrandissement (m) – l'apparition (f) – le commencement – la démolition – la culture

2. 1. Coopération gouvernementale / du gouvernement avec les associations d'aide aux handicapés – 2. Fermeture définitive de l'usine Moulinex – 3. Retard dans la mise en service de l'Airbus A380 – 4. Mariage de la fille du maire avec l'adjoint de son père – 5. Gel des crédits pour les associations sportives – 6. Échec des premiers essais du satellite Jupiter

3. la fierté – la franchise – la violence – la précarité – l'importance (f) – la maladresse

4. 1. Le document de Mediatix a été authentifié avec certitude. – 2. Les emplois chez les jeunes sont de plus en plus précaires. – 3. Le Conseil économique et social est réticent au projet de Pôle Emploi. – 4. Les présidents ont débattu : diplomatie ou brutalité ? – 5. Les mesures anti-émeutes du 19 avril sont illégales. – 6. Les plus hauts responsables de l'État sont incompétents.

5. *Propositions* : Baisse spectaculaire du chômage. – Augmentation du salaire minimum. – Diminution de l'âge de la retraite.

6. 1. Les trois otages libérés sont attendus dans la soirée. – 2. Une allocution sera prononcée par le président mardi à 20 heures. – 3. Le nouveau président doit être respecté par tous les Français. – 4. Les bourses ont été pénalisées par la dette européenne. – 5. Lorsqu'on lui a remis l'illustre épée d'académicien, monsieur Roux était entouré par sa famille, ses amis et ses confrères.

7. 1. Désormais, les logements HLM pourront s'acheter. – 2. Cette technique s'utilisait déjà il y a dix ans. – 3. La langue arabe se lit de droite à gauche. – 4. Les places pour le match France-Italie peuvent se prendre à l'avance. – 5. À Paris, le poisson ne s'est jamais vendu aussi cher !

8. 1. Des cris de protestation se sont fait entendre dans l'assemblée des députés. – 2. Le gouvernement s'est fait reprocher d'être trop laxiste. – 3. Une cinquantaine d'immigrés clandestins s'est fait expulser. – 4. Le président s'est fait élire avec 51,62 % des voix. – 5. Un automobiliste s'est fait arrêter pour avoir grillé un feu rouge. – 6. Le nouvel académicien s'est fait longuement applaudir par ses confrères.

9. a été arrêté – conduisait – utilisait – s'est fait contrôler – a été attirée – a expliqué – pilotait – s'est fait retirer

10. *Propositions* : 1. Malheureusement oui ! La presse écrite se vend de plus en plus mal, elle est remplacée par la presse en ligne. – 2. Très bien ! Internet a été adopté par toutes les générations et se développe de plus en plus. – 3. Hélas non ! Je me le suis fait voler la semaine dernière.

11. *Proposition* : Transformation de la tour Eiffel : À l'occasion des fêtes de fin d'année, la tour Eiffel s'est transformée en un magnifique arbre de Noël ! Elle a été ornée de boules et de guirlandes multicolores. Elle se fera admirer pendant toute la semaine par les Parisiens et les nombreux touristes présents à cette période de l'année.

Points de vue sur...

> Livre de l'élève p. 72-73

⋯⋗ OBJECTIF DES ACTIVITÉS 1 ET 2

⋮ **Analyser des unes de journaux.**

1 Faire lire la consigne en grand groupe et s'assurer de la compréhension du vocabulaire. Puis placer les apprenants en binômes et les inviter à répondre aux questions. Confronter les réponses en grand groupe.

> **CORRIGÉ**
>
> a) *Le Figaro* / *Le Monde* / *L'Humanité* – Date de parution des trois quotidiens : lundi 7 mai 2012
> b) 1. La victoire de François Hollande aux élections présidentielles – 2. *Réponse possible :* Sur les trois photos, François Hollande apparaît souriant et détendu. Sur la une du *Monde*, il est avec sa compagne Valérie Trierweiler, il a le bras gauche levé en signe de victoire ou de remerciement et on voit plusieurs drapeaux près de lui (trois français et un européen). *Le Figaro* propose un plan plus rapproché du président, les deux bras levés, sur un fond neutre. Sur la une de *L'Humanité*, on peut voir François Hollande venant saluer son public mais également ses électeurs, ravis, célébrant la victoire de leur candidat. On peut aussi constater que *L'Humanité*, en deuxième partie, montre le succès populaire de cette élection et insiste sur le départ de l'ancien président de façon familière, sous forme de slogan « Sarkozy, c'est fini ! » À sa manière, *Le Monde* insiste aussi sur cet échec de façon humoristique (le dessin de Plantu) en soulignant l'éventuel retour de Nicolas Sarkozy : « Au revoir » (référence au départ dépité de Valéry Giscard d'Estaing en 1981, battu par François Mitterrand).

2 Demander aux apprenants toujours placés en binômes de répondre aux questions. Confronter les réponses en grand groupe.

> **CORRIGÉ**
>
> 1. Le titre le plus neutre est celui du *Figaro* : aucun commentaire, juste les faits (« François Hollande président »). *L'Humanité* est beaucoup plus engagé : l'utilisation de l'adjectif « large » (« Large victoire de Hollande ») montre la volonté des journalistes d'embellir la victoire. *Le Monde* est plus original : il reprend les paroles de François Hollande lui-même (« Merci, peuple de France »). – 2. Il n'y a pas de sous-titres sur la une du *Figaro* ni sur celle du *Monde*. Par contre, il y a un sous-titre sur la une de *L'Humanité* qui évoque le pourcentage de voix et la hausse de la participation. Les chiffres cités sur la une du *Monde* ne sont pas identiques à ceux de *L'Humanité* : *Le Monde* donne un chiffre précis (51,68 %), *L'Humanité* arrondit au chiffre supérieur (52 %). – 3. On peut en conclure que *Le Figaro* n'est pas très enthousiaste, *Le Monde* est assez impartial et *L'Humanité* plus engagé à gauche et très anti-Sarkozy.

⋯⋗ OBJECTIF DE L'ACTIVITÉ 3

⋮ **Échanger sur les unes de la presse écrite.**

3 Prévenir les apprenants, quelques jours à l'avance, de la tenue de cette activité et leur demander d'apporter des journaux de leur pays ou de rassembler des gros titres dans leur langue sur Internet. L'enseignant fournira des journaux français ou des titres de la presse française de la même période. Le groupe pourra ainsi confronter les différentes manières de traiter et d'illustrer l'actualité, d'un pays à l'autre. Échanger sur le thème en grand groupe en faisant ressortir quelle est la place de l'international et du national sur les unes, quels thèmes sont traités en priorité, quelles positions éventuelles prend le journal ou pourquoi il refuse de prendre position...

POUR ALLER PLUS LOIN : Il est possible de demander aux apprenants d'écrire une lettre à un journal français – par exemple en réaction à un événement de l'actualité (de leur pays si les journaux français en parlent ou de France) ou pour une réflexion générale sur la presse – dans l'espoir de voir cette lettre publiée dans la rubrique du courrier des lecteurs. Il est également possible de publier directement des commentaires sur les pages Internet des journaux français. Par exemple pour *Le Monde*, aller sur http://www.lemonde.fr/ puis cliquer sur « Les Blogs », choisir un sujet susceptible d'intéresser la classe, le lire puis faire écrire des réponses en petits groupes et les publier dans l'encadré « Laisser un commentaire ».

⋯⋗ OBJECTIF DE L'ACTIVITÉ 4

⁝ **Identifier à travers une émission de radio quelques-uns des pays concernés par la question du droit de** ⁝ **vote des étrangers et comprendre un des enjeux de cette question en France.**

4 Annoncer aux apprenants qu'ils vont devoir répondre à des questions sur une émission de radio. À ce stade de
Manuel p. 192 l'apprentissage, leur faire consulter l'entrée « Radio » de l'**Abécédaire culturel**. Livres fermés, leur passer l'amorce (de « En France, Marie-Christine Le Dû » à « des étrangers »). Puis leur poser la première partie de la question a) à l'oral (« Quelle est l'information présentée ? »). Leur demander également quand a lieu cette émission (entre les deux tours de l'élection présidentielle française de 2012). Leur faire remarquer qu'il s'agit du développement de l'un des titres présentés dans le document 1 p. 70. Faire lire ensuite les autres questions, passer l'enregistrement en entier et leur demander de répondre individuellement. Confronter les réponses en grand groupe.

> **CORRIGÉ**
>
> a) L'information présentée est le droit de vote des étrangers. Les pays cités sont la France, la Suisse, le Canada et la Belgique.
> b) 1. François Hollande a annoncé que le droit de vote des étrangers pour les élections municipales serait mis en place dans le quinquennat. – 2. Nicolas Sarkozy pense que séparer le droit de vote de la citoyenneté, de la nationalité, c'est porter atteinte à la République.

⋯⋗ OBJECTIF DE L'ACTIVITÉ 5

⁝ **Approfondir la compréhension orale de la problématique dans différents pays francophones.**

5 Faire lire les consignes, s'assurer de leur compréhension puis inviter les apprenants à répondre individuellement. Passer l'enregistrement autant de fois que nécessaire. Confronter les réponses en grand groupe.

> **CORRIGÉ**
>
> a) 1. Le Canada – 2. La Belgique – 3. La Suisse
> b) « À chaque élection, il y a quelques centaines de milliers de personnes qui sont sur les lignes de côté le jour du vote. » / « C'est donc la Belgique qui se montre la plus ouverte ? »
> c) Mise en situation du sujet – Explication détaillée – Comparaison avec d'autres pays

⋯⋗ OBJECTIF DE L'ACTIVITÉ 6

⁝ **Échanger sur le thème du droit de vote des étrangers.**

6 Former des groupes de trois ou quatre apprenants, de profils différents si possible (âge, sexe, personnalité, nationalité…). Prévoir une brève mise en commun pour constater les points communs et les disparités.

RENDEZ-VOUS Alterculturel

Cette activité peut venir compléter l'Ego Questionnaire de la page 67. Procéder à l'écoute autant de fois que nécessaire et demander aux apprenants de répondre individuellement. Confronter les réponses en grand groupe. Leur proposer ensuite de comparer leur presse nationale avec celle de la France ou de la Grande-Bretagne.

> **CORRIGÉ**
>
> 1. « la diffusion », « le sérieux », « l'opinion »
> 2. Différences : La presse de caniveau (presse de bas niveau) a beaucoup plus de succès en Grande-Bretagne qu'en France. Il y a trop d'opinions et pas assez de faits dans la presse sérieuse française. Les journaux en France se contentent de commenter, sans faire d'investigations de manière indépendante.
> Ressemblances : La presse de qualité des deux pays fait preuve du même sérieux.

Outils pour...

> Livre de l'élève p. 74-75

> Comprendre un article informatif

⋯⟩ OBJECTIF DES ACTIVITÉS 1 ET 2

⋮ Repérer dans des articles informatifs des termes introduisant la cause et la conséquence.

1 Faire lire les deux titres à la classe et demander aux apprenants de déduire à quelles rubriques de journaux ils appartiennent.

CORRIGÉ

1. Faits divers – 2. Santé

2 Composer des binômes et demander à chaque apprenant de choisir l'un des deux articles. Inviter chacun à lire son article, le deuxième étant caché. Circuler dans la classe pour vérifier la compréhension du vocabulaire. Enfin, chaque apprenant raconte à son voisin ce qu'il vient de lire, avec ses propres mots.

CORRIGÉ POSSIBLE

Document 1 : En défilant à allure réduite sur le périphérique parisien, le cortège d'un mariage a provoqué un embouteillage monstre. Les noceurs ont ensuite affirmé n'avoir eu aucune idée des sérieuses conséquences financières et pénales auxquelles cette conduite les exposait. Selon la préfecture de Paris, cet incident n'a rien d'exceptionnel. – Document 2 : L'usage intensif des téléphones « intelligents » met la santé des utilisateurs à rude épreuve, entraînant jusqu'à une incapacité d'utilisation des mains pendant des semaines. Ces troubles sont devenus la première cause de maladie professionnelle en France.

POINT Langue

Exprimer la cause et la conséquence

Dans un premier temps, demander aux apprenants en grand groupe de définir de manière simple la cause et la conséquence (la cause indique le motif du fait exprimé dans la proposition principale ; la conséquence exprime le résultat du fait exprimé dans la proposition principale). Leur demander quels termes (mots, conjonctions...) on utilise le plus souvent en français standard pour exprimer la cause et la conséquence (cause : *parce que* / conséquence : *donc*).

Puis demander aux apprenants de lire ou de relire individuellement les deux articles et de trouver les termes introduisant la cause et la conséquence. Lors de la correction en grand groupe, écrire les propositions des apprenants au tableau en les classant au fur et à mesure dans plusieurs colonnes.

CORRIGÉ

CAUSE		
Verbes	Conjonctions (+ proposition subordonnée)	Prépositions + nom
être provoqué par *être causé par*	*pour* + infinitif passé	*en raison de* *du fait de*

CONSÉQUENCE		
Verbes	Conjonctions (+ proposition subordonnée)	Mots de liaison
générer	*si... que* *au point de* + infinitif *tellement... que*	*résultat*

Puis faire compléter le tableau ainsi formé avec d'autres expressions connues des apprenants.

>>>

>>>>

CORRIGÉ

CAUSE		
Verbes	Conjonctions (+ proposition subordonnée)	Prépositions + nom
être dû à	*parce que* *comme* *étant donné que*	*à la suite de* *grâce à* *à cause de*

CONSÉQUENCE		
Verbes	Conjonctions (+ proposition subordonnée)	Mots de liaison
entraîner *permettre*	*si bien que* *c'est pourquoi*	*alors* *donc* *par conséquent* *d'où*

Insister sur la différence entre *à cause de* et *grâce à*. *À cause de* introduit une cause négative (par exemple : « Ils ont eu un accident à cause du verglas »). *Grâce à* introduit une cause positive (par exemple : « J'ai réussi grâce à son aide »). Finaliser l'explication en faisant lire le Mémo.

···꘏ **OBJECTIF DE L'ACTIVITÉ 3**

⦙ **Écrire un article informatif.**

3 Manuel p. 192 Dans un premier temps, faire lire l'entrée « Faits divers » de l'**Abécédaire culturel**. Puis faire lire la consigne et s'assurer de sa compréhension. Placer les apprenants en binômes et les inviter à écrire l'article en mettant l'accent sur les causes et les conséquences.

EXEMPLE DE PRODUCTION

Fugue d'un kangourou en Normandie : Lors du tournage du dernier épisode de la série culte *Kloxie*, le jeune kangourou interprète du rôle-titre s'est enfui suite à un conflit avec le réalisateur. De nombreuses forces de police ont été déployées afin de rattraper au plus vite le fugitif, ce qui a entraîné d'énormes embouteillages dans toute la région. C'est finalement grâce à un agriculteur d'un village voisin que le fugueur a été retrouvé. Son retour sur le plateau a provoqué d'immenses cris de joie de toute l'équipe de tournage.

❯ Évoquer un événement non confirmé
···꘏ **OBJECTIF DE L'ACTIVITÉ 4**

⦙ **Repérer dans un article de fait divers les différents moyens pour évoquer des événements incertains.**

4 Demander aux apprenants de nommer les deux personnes sur la photo. Puis leur lire le titre et les inciter à faire des hypothèses sur le contenu de l'article. Faire lire l'article individuellement puis placer les étudiants en binômes et leur demander de répondre aux questions. Corriger en grand groupe.

CORRIGÉ

a) L'article parle de l'insuccès du voyage de noces de Charlène et Albert de Monaco. b) 1. la lune de miel / un voyage de rêve – 2. la rumeur persistante / les ragots / la presse sud-africaine / la porte-parole de l'Oyster Box / *City Press*, un journal local / des sources proches de l'organisation du mariage à Monaco / l'avocat du prince – 3. tourner court / un « couac »

POINT Langue

Évoquer un événement non confirmé

a) et b) Il existe plusieurs façons de nuancer une information qui prête au doute, c'est le sujet de ce Point Langue. Faire relire le fait divers et demander aux apprenants de faire individuellement les deux parties de l'activité. Confronter les réponses en grand groupe.

>>>

>>> **CORRIGÉ** a) « La lune de miel aurait-elle tourné court ? », « Après la rumeur persistante selon laquelle la jeune femme aurait tenté de fuir… », « La suite présidentielle, […], aurait, selon la presse sud-africaine, été réservée … », « Selon la porte-parole […], Charlène, elle, serait restée… », « *City Press*, un journal local, rapporte que […] Albert et Charlène seraient arrivés… », « une conquête présumée », « la supposée tentative de fuite »
b) l'interrogation : « La lune de miel aurait-elle tourné court ? » – le conditionnel : « aurait tenté », « aurait été réservée », « serait restée », « seraient arrivés » – des témoignages indirects : « après la rumeur persistante selon laquelle », « selon la presse sud-africaine », « un journal local »

Lors de la correction en grand groupe, revenir sur la formation du conditionnel présent et passé. Pour le conditionnel présent, prendre le radical du futur et y ajouter les terminaisons de l'imparfait (*ais / ais / ait / ions / iez / aient*). Quant au conditionnel passé, il est formé de l'auxiliaire *avoir* ou *être* au conditionnel présent auquel on ajoute le verbe au participe passé. Comme son nom l'indique, c'est le mode de l'incertain, la réalisation de l'action étant soumise à condition.

⋯ OBJECTIF DE L'ACTIVITÉ 5

⋮ **Réemployer à l'oral les différents moyens pour évoquer des événements incertains.**

5 Faire lire la consigne, s'assurer de sa compréhension puis placer les apprenants en binômes et leur laisser quelques minutes pour choisir une rumeur (supposée ou complètement fictive) qu'ils devront ensuite relater en grand groupe.

POINT Info

La loi sur la liberté de la presse du 29 juillet 1881 votée sous la IIIᵉ République définit les libertés et les responsabilités de la presse française, imposant un cadre légal à toute publication, ainsi qu'à l'affichage public, au colportage et à la vente sur la voie publique.
Inspirée par l'article 11 de la Déclaration des droits de l'homme et du citoyen du 26 août 1789 pour affirmer le droit à la libre expression, elle est, dans le même temps, le texte qui en limite l'exercice et incrimine certains comportements appelés « délits de presse ». Ainsi la diffamation (informations calomnieuses), les fausses informations ou allégations sans fondements sont-elles punies par la loi. C'est pourquoi de nombreuses publications (en particulier dans la presse people) prennent de grandes précautions pour divulguer commentaires, racontars ou médisances qui nourrissent cependant l'essentiel de leurs colonnes.

Corrigés S'exercer

12. 1. cause – 2. cause – 3. conséquence – 4. conséquence – 5. cause – 6. conséquence – 7. cause

13. 1. On a arrêté le coupable grâce à son ADN. – 2. Le carambolage sur l'autoroute s'est produit à cause du verglas. / À cause du verglas, il y a eu un carambolage sur l'autoroute. – 3. Les automobilistes ont arrêté leur voiture sur le côté de la route en raison de pluies torrentielles.

14. *Propositions* : 1. Ses propos ont été jugés si graves qu'ils ont provoqué un tollé. – 2. Tout va tellement vite qu'on n'a pas le temps de réfléchir. – 3. Il y avait beaucoup de monde, c'est pourquoi on a dû refuser des entrées. – 4. Les gens mangent mal et bougent peu, à tel point que l'obésité les guette.

15. 1. parce que je n'en ai pas le temps. – 2. que les gens ne se plaignent pas de la disparition des journaux ! – 3. la grève du syndicat du livre. – 4. j'ai pris conscience du problème du réchauffement climatique. – 5. Ils ont décidé de changer de quartier – 6. Il s'était garé en stationnement interdit – 7. Il a téléphoné à sa femme – 8. Les syndicats n'ont pas respecté leurs engagements

16. 1. à cause de / du fait de / en raison de – 2. si bien que – 3. c'est pourquoi – 4. par conséquent / alors / donc – 5. donc / alors / par conséquent

17. 1. serait – 2. aurait voulu – 3. se seraient séparés – 4. aurait été pris / chercherait – 5. souhaiterait – 6. verrait – 7. aurait pris / aurait eu

18. *Proposition* : *Selon une rumeur persistante*, Lady Gaga *serait* sur la voie du célibat. En couple avec l'acteur Taylor Kinney, la star *voudrait* faire une pause. Alors qu'elle commence une tournée mondiale qui devrait durer jusqu'à l'an prochain, Lady Gaga *aurait jugé* qu'elle ne pouvait pas être en couple en même temps. Commentaires *à la une de la presse people* : « Taylor est égocentrique et ne comprend pas complètement Gaga ». Ou, au contraire, « Gaga n'a jamais vraiment pris cette liaison au sérieux ». Les 110 dates de concert prévues *seront-elles* donc l'occasion de se changer les idées et de faire de nouvelles rencontres ?

 *Paroles en scène*

Phonie-graphie

···⫶ OBJECTIF DES ACTIVITÉS 1 ET 2

⫶ **Discriminer les sons consonantiques [t]/[d] ; [s]/[z] ; [ʃ]/[ʒ] ; [f]/[v] ; [s]/[ʃ] ; [ʒ]/[z] ; [k]/[g].**

1 Passer l'enregistrement une première fois. Inviter les apprenants à travailler individuellement puis à comparer leurs réponses avec celles de leur voisin. Passer une seconde fois l'enregistrement pour leur permettre de contrôler leurs réponses. Corriger en grand groupe.

> **CORRIGÉ**
>
> doux – plomb – avis – gèle – aider – hausser – avalé – âgé – bière – vache – oncle – mouche – fendre – laissons – jute – marche – jaune – écu

2 Passer l'enregistrement une première fois. Marquer un temps de pause après chaque segment de phrase et faire répéter les apprenants. Passer l'enregistrement une deuxième fois et demander aux apprenants de compléter les phrases individuellement. Repasser l'enregistrement une dernière fois pour leur permettre de contrôler leurs réponses. Vérifier les réponses en grand groupe. Quelques apprenants liront les phrases et épelleront les mots complétés. Faire confirmer ou infirmer les propositions par le reste de la classe. Écrire les réponses au tableau.

> **CORRIGÉ**
>
> Pendant que ma cousine dort, mon cousin tord des bouts de fer et fait du zèle, ma grand-mère vend du sel de bain, mon oncle attrape les mouches ; mon grand-père fend le bois et moi, je vois une boîte sur la marche.

···⫶ OBJECTIF DE L'ACTIVITÉ 3

⫶ **Marquer les liaisons.**

3 Avant de procéder à l'activité, rappeler aux apprenants qu'en français certaines liaisons sont obligatoires (par exemple : entre *nous*, *vous*, *ils* et le verbe, entre *un*, *des*, *les* et le nom...) et d'autres facultatives (par exemple : « je suis allé(e) » / « je suis‿allé(e) » / « il est allé » / « il est‿allé »). Faire travailler les apprenants individuellement. Pour la vérification, procéder à une ou deux écoutes si nécessaire.
En règle générale, les liaisons sont obligatoires entre le pronom sujet ou complément et le verbe. « Elles ont adoré leurs robes et avec des rires excités les ont essayées sur le champ. » Les liaisons sont également obligatoires à l'intérieur des groupes nominaux sujets ou compléments, ainsi qu'à l'intérieur des temps composés. « Les jeunes Espagnoles ont adoré leurs robes et avec des rires excités les ont essayées sur le champ. » En revanche, elles sont généralement interdites entre les noms et les verbes. « Les jeunes Espagnoles ont adoré leurs robes. » La liaison est interdite avec la conjonction de coordination « et ». « Les jeunes Espagnoles ont adoré leurs robes et avec des rires excités les ont essayées sur le champ. » Faire observer qu'une absence de liaison vaut souvent mieux qu'une mauvaise liaison et que beaucoup de liaisons (par exemple à l'intérieur des temps composés) ont tendance à disparaître de la langue parlée.

> **CORRIGÉ**
>
> Liaison interdite – Liaison obligatoire – Liaison facultative
>
> On savait que les Japonais étaien‿t a‿moureux de Paris et des bons aliments français. Eh bien, ils‿aiment tellement le Beaujolais Nouveau qu'ils se baignent dedans ! En effet, dans‿u‿ne station thermale de Tokyo, un bassin appelé un « on‿sen » (bain de source volcanique en plein air) est‿em‿pli de vin de Beaujolais. Cette tradition a lieu depuis déjà trois ans. Cette année, les baigneurs ont trouvé le vin agréable, très odorant et fruité. Le Japon est le premier marché d'exportation de Beaujolais nouveau et chez eux aussi, l'arrivée de ce breuvage es‿t un‿ évènement à fêter. L'année dernière, la vente s'élevai‿t à 6,7 millions de bouteilles, soit une baisse de 18 %.

Sur tous les tons
···⫶ OBJECTIF DE L'ACTIVITÉ

⫶ **Prononcer des virelangues.**

Les virelangues de l'activité portent sur les sons consonantiques vus dans les activités de phonie-graphie. Leur lecture peut se faire sous forme de compétition ludique, chaque candidat étant chronométré et noté par la classe pour la correction de sa prononciation.

Mise en scène

⋯⟩ OBJECTIF DE L'ACTIVITÉ

⋮ **Jouer une scène de théâtre sur le thème de la presse.**

Faire lire la scène à haute voix d'un ton neutre pour en démêler le sens. Ensuite, diviser la classe en plusieurs groupes, chaque groupe devant comprendre quatre acteurs et un metteur en scène. Laisser un temps suffisant pour les répétitions et faire jouer la scène.

Cet extrait met en évidence deux positions contradictoires (et encore actuelles, à transposer avec la télévision) à l'égard de la presse : 1. c'est écrit, donc c'est vrai (Dudard) et 2. les journalistes sont tous des menteurs (Botard).

POINT Info

Eugène Ionesco, né en Roumanie en 1912 d'un père roumain et d'une mère française, est l'un des fondateurs du nouveau théâtre ou théâtre de l'absurde, qui se caractérise par l'absurdité des situations et la difficulté de communiquer afin de révéler l'absurdité de la vie. Dans la pièce *Rhinocéros*, écrite en 1958 en souvenir de la montée du nazisme dans les années 30, il dénonce la contagion des idéologies et la démission de la raison qui transforme les individus en robots. Ionesco s'est fixé définitivement en France en 1940.

CD-ROM Pour conclure cette page, vous pouvez faire le jeu proposé sur le CD-ROM (Jeu du flash d'informations insolites) qui fera réutiliser la thématique du dossier.

PROJET DOSSIER 4

1 Préparation de la une

⋮ **Composer la une d'un journal.**

L'objectif de cette activité est d'entraîner à la créativité, à la reformulation et à la synthèse. Elle permet une mise en œuvre de plusieurs compétences vues dans ce dossier : compétences civilisationnelles (les médias, le monde de l'information), grammaticales et lexicales (la nominalisation, p. 70 ; la forme passive, p. 71 ; la cause et la conséquence, p. 74 ; l'événement non confirmé, p. 75).

Faire lire les consignes de l'activité. Quelques jours à l'avance, demander aux apprenants d'apporter des photos de l'actualité découpées dans des journaux. Pour la une du journal, les autoriser à mélanger les faits divers imaginés tout du long de ce dossier à des faits récents réels. Placer les apprenants en petits groupes de quatre ou cinq personnes, de profils différents si possible (âge, sexe, personnalité…) et leur proposer d'imaginer un journal, en s'aidant des questions de la rubrique *Préparation de la une*. Leur production sera évaluée sur le contenu autant que sur la forme. Au cours suivant, après correction par l'enseignant, procéder à une exposition des différentes unes et inviter les apprenants à voter pour la meilleure avec interdiction de voter pour son propre groupe. Le groupe gagnant reçoit un prix.

2 Préparation du bulletin radio

⋮ **Préparer et enregistrer un bulletin radio.**

Pour cette activité, demander aux apprenants de s'aider des questions de la rubrique *Préparation du bulletin radio*, ainsi que du document audio des activités 4 et 5, p. 73. Pour la lecture publique de ces bulletins, leur demander d'imiter la voix neutre et l'articulation parfaite des journalistes, comme dans les enregistrements de ce dossier. Faire lire les bulletins en grand groupe et demander aux apprenants de noter et de critiquer de manière positive le travail de leurs camarades. Si l'enseignant dispose du matériel nécessaire, enregistrer les bulletins pour un rendu plus authentique. Enfin, travailler la phonétique en repassant les enregistrements ainsi obtenus et en invitant les apprenants à corriger leur prononciation.

VERS LE **DELF B1**

Les activités de cette double page permettent de préparer les apprenants au DELF B1. Dans ce dossier, les apprenants seront amenés à travailler deux compétences : la compréhension des écrits et la production écrite. On peut donner ce bilan à faire à la maison sous forme de devoir ou bien le présenter sous forme d'examen écrit à faire en classe.

Compréhension des écrits

Cette activité peut se faire en une quinzaine de minutes. Interdire l'usage du dictionnaire, il s'agit d'une compréhension globale. Demander aux apprenants de lire attentivement l'article et de répondre aux questions. À la fin de l'épreuve, revenir sur le texte et inviter les apprenants à signaler les difficultés rencontrées.

CORRIGÉ

1. b – 2. b – 3. a. Vrai : « … plus d'un Français sur deux (55 %) estime qu'un ou une journaliste en couple avec une personnalité politique doit quitter son poste dans les médias. » b. Faux : « La réponse est particulièrement tranchée pour les sympathisants de droite (77 % des sondés), contre 39 % pour les sympathisants de gauche. » – 4. *Exemples de réponse :* la question est urgente / la question est d'actualité / la question est importante – 5. c – 6. b – 7. a. Faux : « Reste que les réponses des patrons de presse peuvent être opposées et peuvent générer des déséquilibres dans le traitement des personnes concernées. » b. Faux : « … il avait été décidé que Nathalie Bensahel, aujourd'hui rédactrice en chef adjointe au service 'Notre Époque', s'occuperait exclusivement de la partie 'modes de vie' de la rubrique… » – 8. c – 9. *Exemples de réponse :* parce qu'il dit le contraire de ce qu'il voulait dire / parce qu'il se trompe et dit peut-être ce qu'il pense vraiment / parce qu'il fait un lapsus quand il parle de « déontologie irresponsable, pardon, responsable ».

Production écrite

Faire écrire les apprenants individuellement. Leur faire lire la consigne et leur donner comme limite de temps 20 minutes et comme nombre de mots à respecter : 160 à 180 mots. Pour l'évaluation, voir la grille ci-après.

EXEMPLE DE PRODUCTION

Je suis d'accord pour dire que le premier devoir de la presse est de donner des informations, mais ce n'est pas son seul travail. Je pense que la presse doit aussi nous donner des explications pour nous aider à comprendre le monde qui nous entoure. Par exemple, s'il y a une guerre, ce n'est pas intéressant de connaître le nombre de morts si on ne comprend pas les causes de cette guerre et si on ne peut pas imaginer des solutions pour l'arrêter. La radio sert aussi à donner des conseils en cas de catastrophe : quand il y a eu le tsunami au Japon en mars 2011, on écoutait tout le temps la radio pour savoir ce qu'il fallait faire et ne pas faire sur place. Enfin, à mon avis, c'est important que les journalistes disent ce qu'ils veulent sans avoir peur d'aller en prison. Si on met une limite à la liberté d'expression, on ne peut plus parler de liberté et ça devient le début de la dictature. Un journaliste doit pouvoir critiquer les différentes formes de pouvoir, avec humour. (180 mots)

PRODUCTION ÉCRITE	25 points
Respect de la consigne	2
Capacité à présenter des faits	4
Capacité à exprimer sa pensée	4
Cohérence et cohésion	3
Compétence lexicale / Orthographe lexicale	
Étendue du vocabulaire	2
Maîtrise du vocabulaire	2
Maîtrise de l'orthographe lexicale	2
Compétence grammaticale / Orthographe grammaticale	
Degré d'élaboration des phrases	2
Choix des temps et des modes	2
Morphosyntaxe – Orthographe grammaticale	2

Contenus socioculturels • Thématiques

Les mouvements sociaux en France
La solidarité et l'entraide
L'engagement politique
L'humanitaire

Objectifs sociolangagiers

Objectifs pragmatiques	
Ouvertures	– comprendre des documents littéraires sur des injustices sociales – s'engager sur de grandes questions de société
La vie au quotidien	– comprendre et reproduire la composition d'une pétition – demander des précisions sur un mouvement de protestation
Outils pour...	– aider et encourager – promouvoir une action de solidarité – exprimer des objectifs – exprimer la durée
Points de vue sur...	– identifier et présenter des manifestations populaires – produire des paroles d'encouragement – comprendre l'interview d'une grande figure de la résistance – prendre parti dans un débat
Paroles en scène	– scander des slogans – jouer une scène de théâtre sur l'engagement
Projet	– faire un programme pour la Journée de la gentillesse
Objectifs linguistiques	
Grammaticaux	– le participe présent – le gérondif – l'expression du but – les prépositions de temps
Lexicaux	– le vocabulaire du point de vue et de l'engagement – l'encouragement, l'entraide et la solidarité – les slogans – le vocabulaire des mouvements sociaux
Prosodies	– l'intonation dans l'expression de slogans
Phonie-graphie	– le *h* aspiré – les liaisons
Vers le DELF B1	– compréhension de l'oral – production orale : expression d'un point de vue

> Lexique thématique → p. 182   > Abécédaire culturel → p. 192-194

5 Scénario du dossier

Dans la première double page, OUVERTURES, les extraits d'un discours historique, d'une chanson et d'un poème permettront aux apprenants de réfléchir à des injustices sociales qui ont marqué l'histoire et à donner leur avis sur quelques-uns des débats de société qui agitent l'Europe aujourd'hui.

Dans LA VIE AU QUOTIDIEN, ils examineront une pétition pour la survie d'un théâtre et rédigeront un texte analogue pour la défense d'une institution culturelle nationale. Ils réagiront ensuite à une pétition en demandant des précisions sur son contenu avant de la signer.

La première double page d'OUTILS POUR entraînera les apprenants à aider et encourager les autres. Ils écouteront des documents sonores d'appel à la solidarité, ce qui les amènera à étudier deux points de grammaire : le participe présent et le gérondif.

Dans POINTS DE VUE SUR, les apprenants passeront en revue différentes façons de se battre tous ensemble pour une grande cause. Ils échangeront sur le thème puis examineront, à l'écrit et à l'oral, les témoignages de personnes engagées.

Dans la deuxième double page d'OUTILS POUR, ils examineront une manifestation sous un angle humoristique, ce qui sera l'occasion de voir l'expression du but. Ensuite, ils travailleront sur l'expression de la durée en lisant un texte de présentation et des témoignages sur une association humanitaire.

Dans PAROLES EN SCÈNE, les apprenants prononceront des slogans sur tous les tons. Puis ils joueront un extrait d'une pièce politique de Jean-Paul Sartre.

Dans le PROJET, ils proposeront un programme pour une Journée de la gentillesse. Ils compareront leurs travaux, se mettront d'accord sur la meilleure façon d'agir et passeront à l'action.

Dans S'EXERCER, ils systématiseront à l'aide d'exercices les points linguistiques vus dans le dossier.

Dans VERS LE DELF B1, les apprenants mobiliseront les acquis de ce dossier à travers deux exercices de compréhension orale et une activité de production orale.

Pages de sommaire

> Livre de l'élève p. 82-83

Illustration : Faire observer aux apprenants le titre du dossier (« J'agis ») et leur faire rapidement décrire la photo (des dominos basculent les uns contre les autres, s'entraînant tous dans leur chute). À partir de ces deux éléments, leur faire faire des hypothèses sur la thématique du dossier (on va sans doute parler des conséquences qu'un événement initial, petit ou grand, peut entraîner sur un tout, c'est-à-dire de l'importance que peuvent avoir les actions d'une personne sur l'ensemble de la société). Préciser cette thématique à l'aide de l'expression « effet domino » (réaction en chaîne qui peut se produire à la suite d'un changement mineur) qu'on peut associer au célèbre « effet papillon » (un simple battement d'aile d'un papillon peut-il déclencher une tornade à l'autre bout du monde ?).

Citations : Faire ensuite confirmer cette interprétation en demandant aux apprenants d'expliquer la phrase de Saint-Just (on n'a aucune chance de gagner les batailles auxquelles on ne participe pas : on ne gagne pas toujours quand on participe mais on est sûr de perdre si on laisse les autres agir à notre place). Saint-Just a-t-il raison ou tort ? Pour répondre à cette question, faire réfléchir les apprenants sur la deuxième citation (il s'agit cette fois d'un dicton populaire qui relativise les bénéfices de l'action à tout prix : il ne faut pas agir et se battre n'importe comment). Dans ce dossier, on va donc identifier quelques-uns des problèmes de la société et réfléchir aux façons d'agir pour les résoudre au niveau individuel et collectif.

POINT Info

Saint-Just (Louis-Antoine de Saint-Just, 1767-1794), est une figure importante de la Révolution française. Réputé pour sa bravoure – il contribue à la victoire des armées républicaines – et ses talents d'orateur, il participe en 1793 à la rédaction de la Constitution et à celle de la Déclaration des droits de l'homme et du citoyen. Il se distingue aussi par son intransigeance. Surnommé l'Archange de la Terreur, il tombe victime du système qu'il a contribué à mettre en place et meurt sur l'échafaud aux côtés de Robespierre.

Ouvertures

> Livre de l'élève p. 84-85

⋯⋗ OBJECTIF DES ACTIVITÉS 1, 2 ET 3

⋮ Comprendre des documents littéraires sur des injustices sociales.

❶, ❷ et ❸ Faire d'abord décrire la première illustration, en haut de la page 84 et demander ce qu'elle symbolise (voir Point Info ci-dessous). Demander ensuite aux apprenants de décrire les deux illustrations suivantes et d'en déduire ce dont vont parler les trois textes (la deuxième illustration montre des ouvriers travaillant sur une chaîne de montage dans les années 70 – la légende indique qu'il s'agit de l'usine Renault du Havre –, et la troisième, la Statue de la Liberté. Les trois textes vont parler de révolte sociale et de combat pour la liberté). Faire lire ensuite les trois textes individuellement, sans dictionnaire. L'important à ce stade est la compréhension globale du thème et le démarrage d'une réflexion. Corriger en grand groupe.

> **CORRIGÉ 1**
>
> Dans ce texte, Olympe de Gouges revendique une Assemblée nationale constituée par des femmes, pour défendre les droits des femmes.

> **CORRIGÉ 2**
>
> La chanson évoque les répercussions des crises économiques successives sur la condition ouvrière.

> **CORRIGÉ 3**
>
> 1. L'Afrique / le début de l'esclavage (« Le soleil brillait dans ma case », « Le rythme frénétique et lourd du tam-tam… », « Les fers de l'esclavage ont déchiré mon cœur ») – 2. Le bonheur : les sept premiers vers (« Le soleil […] la liberté ») / la souffrance : les six derniers vers (« Puis un jour […] mes pères »).

POINT Info

Le poing gauche levé est à l'origine associé aux combats politiques de l'extrême gauche du début du 20ᵉ siècle. Pendant la guerre d'Espagne, dans la deuxième moitié des années 1930, le poing droit levé est le signe de ralliement des Républicains espagnols contre le franquisme. Aujourd'hui, le poing levé, gauche ou droit, est une expression de révolte et de solidarité.

⋯⋗ OBJECTIF DES ACTIVITÉS 4 ET 5

⋮ Établir des relations de sens entre les trois textes et les associer à des événements historiques internationaux.

❹ et ❺ Pour chacune de ces activités, faire lire les consignes et s'assurer de leur compréhension en demandant aux apprenants de les reformuler. Puis placer les apprenants en binômes pour répondre aux questions et vérifier les réponses en grand groupe. Inviter les apprenants à lire les entrées « Esclavage » et « Féminisme » dans

Manuel p. 193 l'**Abécédaire culturel**.

> **CORRIGÉ 4**
>
> 1. la dénonciation d'une injustice – 2. *Réponses possibles* : Doc. 1 : droits et égalité ; Doc. 2 : dignité et révolte ; Doc. 3 : désenchantement et liberté

> **CORRIGÉ 5**
>
> a) commentaire 1 → doc. 1 ; commentaire 2 → doc. 3 ; commentaire 3 → doc. 2 – b) doc. 1 : 1791 ; doc. 2 : 2006 ; doc. 3 : 1956 (Pour les explications, voir le Point Info ci-après.)

POINT Info

Marie Gouze, dite Marie Olympe de Gouges (1748-1793), femme de lettres devenue femme politique, a laissé de nombreux écrits en faveur des droits des femmes et de l'abolition de l'esclavage. Elle est morte sur l'échafaud pour ses idées. Sa Déclaration des droits de la femme et de la citoyenne (1791) est une reprise critique de la Déclaration des droits de l'homme et du citoyen. « Les Représentants du Peuple Français, constitués en Assemblée Nationale, considérant que l'ignorance, l'oubli ou le mépris des droits de l'Homme sont les seules causes des malheurs publics et de la corruption des Gouvernements, ont résolu d'exposer, dans une Déclaration solennelle, les droits naturels, inaliénables et sacrés de l'Homme, afin que cette Déclaration, constamment présente à tous les Membres du corps social, leur rappelle sans cesse leurs droits et leurs devoirs… ».

Sanseverino est un chanteur français d'origine napolitaine, né en 1961. Son album *Exactement* date de 2006. Il s'est présenté sur la liste Europe Écologie à Paris aux élections régionales de 2010 et a toujours eu la réputation d'être « un artiste engagé ».

David Diop (1927-1960), poète né en France d'un père sénégalais et d'une mère camerounaise, a mis son talent au service de la lutte anticolonialiste et de la libération des peuples africains. Au cours de ses études, il a pour professeur Léopold Sédar Senghor (élu premier président de la République du Sénégal en 1960) qui inclut ses textes dans son *Anthologie de la poésie africaine* dès 1948. Après sa licence, il part pour le Sénégal où il enseigne. Ses premiers poèmes sont publiés dans la revue *Présence Africaine* en 1956, pendant le processus de décolonisation en Afrique francophone. Il meurt dans un accident d'avion en 1960, à la fin de ce processus.

❻ EGO Questionnaire • **Vous et l'engagement**

Dans un premier temps, faire lire en grand groupe l'encadré « Les mots pour donner son point de vue, s'opposer et s'engager » et vérifier la compréhension du lexique en demandant aux apprenants de le classer en quatre colonnes (1. annoncer son point de vue : *Ça me paraît – Il me semble – Je trouve – Pour moi – Selon moi – À mon avis* / 2. s'opposer : *Je suis contre… – Ça me paraît anormal, injuste, illégitime, nécessaire qu'on interdise… – C'est absurde, inutile, choquant, révoltant… – Il est hors de question de… – Je refuse catégoriquement de…* / 3. approuver : *Je suis pour… – Ça me paraît normal, juste, légitime, évident, indispensable…* / 4. s'engager : *Je suis prêt(e) à écrire… – Je suis capable de prendre la parole… – J'irais jusqu'à manifester…*). Vous pouvez renvoyer les apprenants au nuel p. 182 **Lexique thématique**, entrée « L'engagement », pour compléter le vocabulaire.

Ensuite, en grand groupe, demander aux apprenants de réutiliser ces expressions en réagissant rapidement sur les thèmes de l'esclavage, de l'égalité des sexes et de la condition ouvrière. Les meilleures phrases seront notées au tableau pour la suite de la discussion mais ne pas insister : il s'agit seulement d'un tour de table pour lancer l'activité proprement dite.

Enfin, former des groupes de trois ou quatre personnes, de profils différents si possible (âge, sexe, personnalité…) et leur proposer de donner leur point de vue, de s'opposer et s'engager sur des questions de société à l'aide de l'EGO pour / EGO contre. S'assurer de la compréhension en demandant aux apprenants d'en reformuler les différents points. Pour les aider à s'exprimer sur le premier thème (le droit de vote des étrangers) les inviter à consulter les nuel p. 193-194 entrées « Étranger » et « Vote » dans l'**Abécédaire culturel**. Pour les autres questions, les aider à l'aide du Point Info ci-dessous. Pour dynamiser la discussion, laisser les groupes circuler librement dans la classe et se mélanger. L'enseignant n'intervient pas dans les discussions, mais observe et répond aux demandes d'aide. Prévoir un retour en grand groupe pour constater les points communs et les disparités, sans entrer dans les détails de l'engagement social, qui sera abordé dans les pages suivantes.

POINT Info

L'interdiction totale de fumer dans les lieux publics a pris effet en France à partir du 1er février 2007. Cette mesure faisait suite à un rapport du 3 octobre de l'année précédente soulignant les méfaits du tabac (66 000 décès chaque année, dont 5 000 par tabagisme passif).

La part des femmes élues à l'Assemblée nationale française est de 18,9 % alors que la moyenne européenne est de 24,15 % ; pour comparaison, la Suède en a 47 %, les Pays-Bas 41,3 %, la Finlande 40 %, l'Espagne 36,6 %, l'Allemagne 32,8 %, l'Italie 21,3 %, le Royaume-Uni 19,4 %, la Lituanie 19,1 %, la Roumanie 11,4 %, la Hongrie 11,2 % et Malte 8,7 %.

>>>

>>>

La taxe Tobin, suggérée en 1972 par le lauréat du prix Nobel d'économie, James Tobin, mais encore jamais mise en place, consiste en une taxation des transactions monétaires internationales afin de limiter la volatilité du taux de change (fluctuation accélérée sur les marchés financiers, causé par des transferts massifs de fonds). De même, la **taxe sur les voyages aériens** pourrait servir, selon certaines associations, au financement des politiques de développement de la lutte contre le réchauffement climatique. Pour l'instant, cette taxe sert à financer UNITAID, une organisation internationale d'achats de médicaments. Adoptée par cinq pays (Brésil, Chili, France, Norvège, Royaume-Uni), elle varie de 1 à 40 euros par vol.

Le service civique est un engagement volontaire d'une durée de six à douze mois destiné à toutes les personnes âgées de 16 à 25 ans (Engagement de service civique) ou aux personnes âgées de plus de 25 ans (Volontariat de service civique) pour une durée de six à vingt-quatre mois. La loi lui a donné pour objectif de renforcer la cohésion nationale et la mixité sociale. Il offre l'opportunité à tous les jeunes de servir les valeurs de la République et de s'engager en faveur d'un projet d'intérêt général collectif en effectuant une mission auprès d'un organisme agréé, organisme à but non lucratif ou personne morale de droit public, en France ou à l'international.

Pour aller plus loin : Passer à la classe un extrait d'un film sur la Révolution française. Par exemple : *Danton*, d'Andrzej Wajda, avec Gérard Depardieu dans le rôle principal ; *La Nuit de Varennes*, d'Ettore Scola, avec Marcello Mastroianni ; *Les Mariés de l'an II*, de Jean-Paul Rappeneau, avec Jean-Paul Belmondo.

Pour la condition ouvrière, voir l'adaptation du *Germinal* de Zola par Claude Berri, dans laquelle joue notamment le chanteur Renaud, célèbre pour ses chansons engagées.

Sur la condition des Noirs, voir le roman d'Alexandre Dumas, *Georges* (1843), qui raconte la lutte d'un jeune Mauricien contre les préjugés racistes de son époque.

À noter également, le « drame indien » d'Olympes de Gouges, *Zamore et Mirza, ou l'heureux naufrage* (texte accessible sur Internet). Enfin, on trouvera un document biographique sur Olympe de Gouges, tiré de l'émission *C'est pas sorcier* (www.youtube.com/watch?v=Ma2h1S91gBk) à partir duquel les apprenants pourront faire un bref exposé sur la vie et l'œuvre d'Olympe de Gouges, une figure désormais emblématique.

La vie au quotidien

> Livre de l'élève p. 86-87

⋯⋮ OBJECTIF DE L'ACTIVITÉ 1

⋮ **Comprendre une pétition pour la défense d'un théâtre menacé de fermeture.**

1 Demander aux apprenants de décrire la photo de la page 87 (on y voit des comédiens portant des costumes de carnaval, ainsi que, au premier plan, un homme d'une cinquantaine d'années habillé d'une façon conventionnelle – voir Point Info ci-après). Puis faire lire en grand groupe l'introduction en haut de la page et demander aux apprenants de repérer et d'expliquer les verbes d'actions (*circuler* = passer, se répandre ; *défendre* = protéger, soutenir ; *sauvegarder* = préserver, conserver ; *protester* = se révolter, refuser). Faire ensuite expliquer le titre de la page : « C'est pour la bonne cause » (« cause » est un terme juridique qui désigne soit une affaire pour laquelle une action est intentée en justice – les causes célèbres – soit les intérêts d'un accusé – plaider une cause. Par extension, le mot s'applique à des principes d'intérêt général – la cause publique, la cause de la liberté – ou moral – pour la bonne cause = pour des motifs honorables, légitimes). Puis faire lire la pétition et demander aux apprenants de répondre aux questions en binômes. Vérifier les réponses en grand groupe.

CORRIGÉ

1. Des membres du Magic Land Théâtre. – 2. Pour avertir la société / les gens de la menace de fermeture qui pèse sur le théâtre et la troupe et appeler les gens à faire pression sur les autorités pour obtenir la survie du théâtre. – 3. Les pouvoirs publics. – 4. Il y a un jeu de mots sur « catastrophe culturelle » puisqu'on parle d'habitude de « catastrophe naturelle ». Il s'agit donc d'une exagération destinée à « taper dans l'œil » du lecteur. Mais c'est aussi un véritable appel à l'aide.

POINT Info

Le Magic Land Théâtre a été créé en 1975 par le comédien français Patrick Chaboud (c'est le quinquagénaire au premier plan de la photo, p. 87). Depuis 1978, la troupe est installée à Bruxelles, où elle se produit soit dans un café-théâtre, soit dans les rues de la ville. L'humour délirant est le maître-mot de ses spectacles. De nombreux extraits des spectacles de cette troupe sont accessibles sur Internet.
lapetition.be est un site belge qui permet de créer, d'administrer et de diffuser gratuitement des pétitions en ligne. Pour ouvrir un compte d'utilisateur, il suffit d'entrer ses coordonnées : nom, prénom et adresse mail.

⋯⋮ OBJECTIF DES ACTIVITÉS 2 ET 3

⋮ **Approfondir la compréhension de la pétition.**

2 et **3** Faire lire les consignes et expliquer le mot « longévité » (longue durée de vie). Les apprenants répondent en binômes. Vérifier les réponses en grand groupe.

CORRIGÉ 2

1. Schaerbeek (Bruxelles), rue d'Hoogvorst n° 14. – 2. Depuis trente-cinq ans. – 3. Il attire le public (« les salles sont pleines ») et il s'implique dans tous les événements culturels du pays.

CORRIGÉ 3

1. par manque d'argent et par négligence politique – 2. donner du poids au texte et manifester votre soutien.

⋯⋮ OBJECTIF DE L'ACTIVITÉ 4

⋮ **Observer la composition de la pétition et en identifier le style et les actes de paroles.**

4 Toujours en binômes, les apprenants répondent aux deux consignes. Vérifier les réponses en grand groupe. Pour repérer les manières de faire et de dire, il est important qu'ils justifient leurs réponses en citant les passages appropriés du texte et qu'ils remarquent ainsi : l'irréel du passé (« Nous aurions pu […], mais… ») et l'hypothèse (« Si vous pensez […] merci de signer »). À ce stade de l'apprentissage, on ne s'arrêtera pas sur leur aspect grammatical, on demandera simplement aux apprenants de les retenir pour les réemployer dans l'activité suivante. Pour la consigne b, il sera nécessaire d'expliquer certaines expressions (voir corrigé).

CORRIGÉ

a) d – b – c – e – a. Justifications→ d : « Le Magic Land Théâtre en état de catastrophe culturelle » ; b : « Depuis trente-cinq ans […] de cet état de fait. » ; c : « aujourd'hui, notre existence […] la fin du Magic Land théâtre. » ; e : « Nous avons besoin de votre aide… » ; a : « Si vous pensez […] merci de signer cette pétition. »
b) « [elle] survit contre vents et marées » (terme de marine signifiant malgré tous les obstacles), « l'incroyable énergie des comédiens et des permanents » (un permanent, par opposition à un intermittent, est un employé qui travaille à plein temps et à durée indéterminée), « une implication sans faille » (sans défaillance, sans période de vide)

⋯⋮ OBJECTIF DE L'ACTIVITÉ 5

⋮ **Choisir une cause et rédiger une pétition pour la défendre.**

5 Les apprenants vont réutiliser le lexique et les manières de dire découverts dans l'activité précédente. S'assurer de la compréhension de la consigne en la faisant reformuler. Inviter les apprenants à partir de préférence d'une institution réelle et de défendre une cause à laquelle ils croient. S'ils ne parviennent pas à trouver des arguments pour défendre l'une des deux causes proposées, les laisser libres d'imaginer une institution et d'inventer entièrement la cause qu'ils vont défendre. Pour le plan de la pétition, ils devront s'aider de celui trouvé dans l'activité 4, à savoir : 1. titre choc – 2. présentation du monument ou de l'institution – 3. exposition de la situation actuelle – 4. appel à l'aide – 5. incitation à signer. Imposer une longueur limite (environ 150 mots). Les apprenants rédigent leur texte en binômes, puis lisent leurs productions en grand groupe.

EXEMPLE DE PRODUCTION

Association pour la sauvegarde du restaurant Šlechta, 12 rue Komunardů, Prague 7
Šlechta brûle-t-il ?
Des fêtes magnifiques se sont déroulées dans ce superbe bâtiment baroque construit en 1692 par Léopold Ier, empereur d'Autriche. Transformé en restaurant deux siècles plus tard, il a continué d'attirer la meilleure société pragoise. Hélas, en l'espace de trente ans, deux incendies et une inondation l'ont à moitié détruit. Depuis le retour de la démocratie, en 1989, nous nous battons contre vents et marées pour le restaurer et nous aurions pu lui redonner son ancienne splendeur grâce à l'incroyable énergie de notre équipe de volontaires. Mais la mairie de Prague a décidé de le détruire pour des raisons de sécurité.
Pour sauver ce monument de l'apocalypse, nous avons besoin de votre aide.
Si vous pensez que la protection du patrimoine national est l'affaire de tous les citoyens,
Si vous pensez que la disparition du restaurant Šlechta serait une perte irréparable pour l'histoire de notre ville,
Merci de signer cette pétition.

⋯⋮ OBJECTIF DE L'ACTIVITÉ 6

⋮ **Comprendre les expressions pour demander des précisions par mail au sujet d'une pétition.**

6 Demander aux apprenants d'identifier l'expéditeur et le destinataire : Qui écrit ? Raphaël Vandenberghe. À qui ? Au Magic Land théâtre. Puis faire lire le mail en grand groupe en demandant aux apprenants sur quoi portent les questions de Raphaël. Faire ensuite repérer les expressions que Raphaël utilise pour demander ces précisions (« Je voudrais toutefois avoir quelques précisions », « quand vous dites que […] cela signifie-t-il que », « J'aimerais également savoir si », « De plus, je n'ai pas bien compris ce que vous entendez par »). Compléter ce vocabulaire à l'aide de l'encadré « Stratégies pour demander des précisions », en notant les différentes étapes de la demande de l'internaute : 1. Informer que vous avez bien lu (« J'ai lu la pétition ») – 2. Dire que vous êtes intéressé(e) (« Je suis très concerné ») – 3. Demander des précisions (« Je voudrais toutefois avoir quelques précisions ») – 4. Réserver son adhésion (« Je voudrais toutefois avoir quelques précisions avant de signer »).

CORRIGÉ

Il veut avoir des précisions sur les problèmes d'argent de la troupe et savoir si les subventions sont insuffisantes ou ont été supprimées ; il veut également savoir si elle a contacté les autorités compétentes ; il veut enfin connaître le contexte politique de ces problèmes.

⋯⋮ OBJECTIF DE L'ACTIVITÉ 7

⋮ **Écrire un mail pour demander des précisions.**

7 Faire lire la pétition en grand groupe et demander aux apprenants d'identifier le problème (la construction d'un projet immobilier en bord de mer), les principaux acteurs (la mairie de Fécamp, le promoteur, l'association de défense du site) et les points qui restent à préciser dans cette pétition (Pourquoi la mairie a-t-elle délivré le permis de construire ? Qui a lancé ce mouvement de protestation ? Ce mouvement est-il représentatif de l'opinion publique ?). Placer ensuite les apprenants en binômes et leur demander de réagir par mail en réutilisant le vocabulaire de l'encadré « Stratégies pour demander des précisions ». Imposer une longueur de 150 mots et une durée de 20 à 25 minutes. Lire les productions en grand groupe.

EXEMPLE DE PRODUCTION

De : Mme Jacqueline Auger – À : Association pour la défense du site de Fécamp
Objet : demande de précisions
Madame, Monsieur,
J'ai lu votre pétition avec attention et je me sens très concernée par le problème que vous soulevez. Depuis des dizaines d'années, des promoteurs sans scrupules bétonnent les côtes françaises. Il est temps que cela cesse.
Toutefois, certains points de votre pétition ne sont pas très clairs. Pourriez-vous me dire tout d'abord quelle est la composition de votre association et quel pourcentage de la population de Fécamp vous représentez ? Si on doit se battre, il faut connaître l'identité et le nombre des combattants, n'est-ce pas ? J'aimerais également savoir pour quelle raison la mairie de Fécamp a délivré un permis de construire. Est-ce illégal ? Y a-t-il eu corruption ? Sinon, de quelle façon comptez-vous attaquer ce projet ?
Je vous assure que votre cause est la mienne mais je ne pourrai signer votre pétition que lorsque je serai en possession de ces informations.
Merci de votre réponse et bon courage.

Outils pour...

> Livre de l'élève p. 88-89

› Aider et encourager

···‡ OBJECTIF DE L'ACTIVITÉ 1

⋮ **Repérer dans des messages le vocabulaire de l'encouragement.**

1 Faire décrire la photo en grand groupe pour cadrer la situation (Des supporters encouragent un coureur cycliste à l'arrivée d'une course). Attention au substantif « supporter » (personne soutenant un sportif, une équipe, prononciation : [sypɔʀtœʀ]), anglicisme qui a tendance à « polluer » le sens du verbe « supporter » (résister, tolérer, assumer, prononciation : [sypɔʀte]). Les supporters ne supportent pas leur équipe : ils la soutiennent, la défendent, l'encouragent. Renforcer la compréhension du verbe « encourager » en demandant une définition et des synonymes (donner du courage à quelqu'un, soutenir, aider moralement, applaudir...). Placer ensuite les apprenants en binômes et leur faire lire la consigne en grand groupe. Vérifier les réponses en grand groupe.

> **CORRIGÉ**
>
> 1 b c'est une pancarte pour un sportif lors d'une compétition – 2 f les gens qui soutiennent le collectif de sans-papiers ont des papiers donc ils sont solidaires mais ce n'est pas « leur » combat – 3 c c'est écrit sur un papier scolaire pour un examen difficile – 4 e c'est un message personnel – 5 d ça montre la communauté d'intérêts entre étudiants et lycéens – 6 a c'est un texto envoyé à des victimes d'un accident

···‡ OBJECTIF DES ACTIVITÉS 2 ET 3

⋮ **Repérer dans des dialogues des situations d'encouragement et le vocabulaire qui les caractérise.**

2 Faire lire la consigne et s'assurer de sa compréhension en expliquant aux apprenants que les situations dans lesquelles ont été prononcés les dialogues sont identiques aux situations de l'activité 1, mais que le vocabulaire est différent. Pour qu'ils se concentrent sur les situations, leur demander de noter les mots-clés qui les caractérisent : Dialogue 1 : trou de mémoire, représentation ; dialogue 2 : blessé ; dialogue 3 : l'écrit, l'oral ; dialogue 4 : manifester, fac ; dialogue 5 : camper devant la mairie, des sans-papiers ; dialogue 6 : compétition, médaille. Après l'écoute, corriger en grand groupe.

> **CORRIGÉ**
>
> dialogue 1 = situation 4 – dialogue 2 = situation 6 – dialogue 3 = situation 3 – dialogue 4 = situation 5 – dialogue 5 = situation 2 – dialogue 6 = situation 1

3 Puis procéder à une deuxième écoute en demandant aux apprenants de noter cette fois les expressions de l'encouragement et corriger en grand groupe. Confirmer ce vocabulaire à l'aide de l'encadré « Les mots pour encourager ».

> **CORRIGÉ**
>
> Dialogue 1 : T'inquiète pas ! – Dialogue 2 : Gardez le moral ! – Dialogue 3 : Courage, ça va bien se passer ! – Dialogue 4 : On vous soutient ! – Dialogue 5 : On est avec vous ! – Dialogue 6 : T'es la meilleure ! Tu nous rapporteras une belle médaille !

···‡ OBJECTIF DE L'ACTIVITÉ 4

⋮ **Évoquer des situations difficiles dans un échange afin de réemployer le vocabulaire de l'encouragement.**

4 En exercice de remue-méninges, demander à la classe des situations de la vie quotidienne dans lesquelles on pourrait avoir besoin d'encouragements, en plus de celles vues dans les activités précédentes (un déménagement, un divorce, un voyage en bateau, un licenciement, la naissance d'un cinquième enfant, une maladie, une tâche scolaire qu'on n'arrive pas à réaliser...). Puis placer les apprenants en binômes et leur demander de jouer ces situations. (– *J'emménage samedi au cinquième étage d'un immeuble et l'ascenseur est en panne...* – *T'inquiète pas, tous les médecins te diront que la musculation est excellente pour la santé !*).

❯ **Promouvoir une action de solidarité**

⋯❖ OBJECTIF DE L'ACTIVITÉ 5

⋮ **Repérer dans une publicité radiophonique le vocabulaire de l'entraide.**

5 Faire lire la consigne et procéder à la première écoute. Les apprenants répondent individuellement aux deux premières questions (compréhension globale). Vérifier les réponses en grand groupe. Pour la troisième question, les faire répondre en grand groupe en les invitant à utiliser l'encadré « Les mots pour parler de l'entraide » (p. 88 du manuel).

Manuel p. 182 Vous pouvez renvoyer vos apprenants au **Lexique thématique**, entrée « La solidarité » pour compléter le vocabulaire.

> **CORRIGÉ**
>
> 1. Par l'association humanitaire Enfance malade. 2. Récolter des dons pour des enfants malades et notamment une petite Cambodgienne qui souffre d'une grave malformation cardiaque. 3. *Réponse possible :* Moi, je connais une organisation tchèque, Personne dans le besoin, qui **offre son aide** aux SDF. Elle leur **porte assistance** les nuits de grand froid, elle leur **soutient le moral** pendant les moments de déprime. Il m'arrive de temps en temps de leur **donner un coup de main**…

⋯❖ OBJECTIF DE L'ACTIVITÉ 6

⋮ **Repérer dans une publicité radiophonique des participes présents et des gérondifs.**

6 Faire lire la consigne et procéder au nombre d'écoutes nécessaire. Corriger en grand groupe en envoyant quatre apprenants au tableau pour écrire chacun un item et la phrase correspondante dans l'enregistrement. Cela sera nécessaire pour l'activité Point Langue ci-dessous.

> **CORRIGÉ**
>
> 1. « Lien, souffrant d'une grave malformation ». – 2. « en participant ». – 3. « en donnant quelques euros ». – 4. « L'association, faisant partie de la Charte […], nous vous rendrons compte directement […] ».

POINT Langue

Le participe présent

À partir du premier item de l'activité 6 et de la phrase équivalente dans l'enregistrement (« Lien, qui souffre d'une grave malformation » ; « Lien, souffrant d'une malformation »), demander aux apprenants ce qui n'a pas changé (le sens de la proposition) et ce qui a changé (la forme du verbe : « qui souffre » est devenu « souffrant » : pronom relatif + verbe à l'indicatif → participe présent). Puis demander aux apprenants de trouver le participe présent du deuxième verbe *faire*. Comme il est dans le document audio de l'activité 6, il sera facile à trouver. Ensuite, faire réfléchir les apprenants à la formation du participe présent à partir des deux premiers verbes. On prend le radical du verbe à la première personne du pluriel de l'indicatif présent (« nous souffrons », « nous faisons ») et on remplace le suffixe *–ons* par *–ant*. Systématiser avec les deux autres verbes.

> **CORRIGÉ** faire → nous fais<u>ons</u> → fais**ant** – finir → nous finiss<u>ons</u> → finiss**ant** – manger → nous mang<u>ons</u> → mange**ant**

Il existe trois exceptions : *avoir* → *nous avons*, mais on dit **ayant** (Exemple : « Lien, ayant un problème, ne peut pas jouer comme les autres enfants. ») ; *être* → *nous sommes*, mais on dit **étant** (Exemple : « Lien, étant malade, ne peut pas jouer comme les autres enfants. ») ; *savoir* → *nous savons*, mais on dit **sachant** (Exemple : « Lien, sachant qu'elle est malade, ne peut pas jouer avec les autres. »). Pour la valeur du participe présent, citer les exemples de l'activité 6 du manuel et demander aux apprenants leur fonction. Dans le premier exemple, le participe présent remplace une proposition relative et sert à alléger la phrase : « Lien, souffrant d'une grave malformation » se lit plus facilement que « Lien, qui souffre d'une grave malformation ». Dans le quatrième exemple, il sert à exprimer la cause (« Comme elle fait partie… » = faisant partie). Signaler enfin que l'emploi du participe présent appartient au français soutenu et qu'il est très fréquent à l'écrit, en littérature, dans les actes officiels, etc.

POINT Langue

Le gérondif

À partir des exemples, montrer que, pour la formation du gérondif, on prend le participe présent (« participant », « donnant ») et on ajoute *en* → *en participant*, *en donnant*. Systématiser avec les verbes du Point langue précédent (*souffrir* → *souffrant* → *en souffrant* ; *faire* → *faisant* → *en faisant* ; *finir* → *finissant* → *en finissant* ; *manger* → *mangeant* → *en mangeant*). Demander aux apprenants de retrouver la question à laquelle répondent les gérondifs des phrases du Point Langue : **Comment** pouvez-vous les aider ? → « **en participant** [...] » – **Comment** lui sauverez-vous la vie ? → « **en donnant** quelques euros ». Ces deux gérondifs expriment la manière ou le moyen (question *comment*).

CORRIGÉ Les gérondifs expriment la manière.

Mais on peut avoir aussi des gérondifs :
– de simultanéité : « Il écoute la radio en conduisant. » → question : « **Pendant quel autre moment** ? » ;
– de temps : « N'oubliez pas de fermer à clé en sortant. » → question « **Quand** ? » ;
– de cause : « Il a pris froid en dormant dehors. » → question « **Pourquoi** ? » ;
– de condition : « En pensant aux autres, on oublierait ses problèmes. » → question « **À quelle condition** ? ».
Attirer l'attention des apprenants sur le fait que, contrairement au participe présent, le gérondif a toujours le même sujet que le verbe de la proposition principale. De plus, il est très fréquent, aussi bien dans la langue parlée qu'écrite.

POUR ALLER PLUS LOIN : Placer les apprenants en binômes, l'un jouant un journaliste, l'autre un personnage stéréotypé (un riche philanthrope, un exclu, un volontaire dans une association caritative…). Le journaliste interroge le personnage sur sa vie professionnelle, sa vie familiale, ses réalisations, ses projets, en lui posant des questions introduites par *comment, quand, pourquoi, à quelle condition* et le personnage répond en utilisant des gérondifs. *– Comment avez-vous gagné cette fortune ? – En travaillant jour et nuit. – Quand avez-vous décidé d'aider les autres ? – En rencontrant un camarade d'enfance tombé dans la misère. – Pourquoi était-il tombé dans la misère ? – Il avait cessé de travailler en se mettant à boire. – À quelle condition accepteriez-vous de donner toute votre fortune aux pauvres ? – En diminuant mes impôts de moitié, le gouvernement m'inciterait à envisager ce geste.*
On peut aussi faire imaginer des situations insolites ou des réponses comiques : *– Comment avez-vous rencontré votre mari/femme ? – En me trompant d'appartement. / En faisant la queue au cinéma. / En renversant mon café sur sa chemise neuve… – Quelles sont les deux choses que vous êtes incapable de faire en même temps ? etc.*

 On complètera cette double page en faisant visionner aux apprenants la vidéo « Promouvoir une œuvre caritative » (voir CD Rom / Dossier 5). On trouvera la fiche pour son exploitation p. 205-206 de ce guide.

Corrigés S'exercer

1. 1 d – 2 c – 3 e – 4 a – 5 b
2. *Réponses possibles :* 1. Allez-y, nous sommes tous avec vous ! – 2. Je pense beaucoup à toi. Courage ! – 3. Tu vas voir, je suis sûr que l'opération va réussir. – 4. Ton combat est aussi le mien, je vais t'accompagner par la pensée ! – 5. Vous êtes des gens formidables, continuez !
3. 1. Nous avons recruté deux bénévoles sachant s'occuper d'enfants difficiles. – 2. Un médecin ayant déjà l'expérience des ONG s'est présenté spontanément. – 3. L'assurance prendra en charge les frais des malades exigeant un rapatriement. – 4. Bruno est un idéaliste plaçant ses convictions avant tout. – 5. Le meneur de la manifestation, étant aphone, n'a pas pu prendre la parole. – 6. L'ambulance, surgissant à toute vitesse, a failli renverser un journaliste.
4. 1. en feuilletant – 2. en travaillant – 3. en me parlant – 4. en restant – 5. en baissant les bras, en unissant – 6. en leur faisant croire
5. 1. tout en participant (gérondif) → la simultanéité – 2. en venant (gérondif) → la manière – 3. travaillant (participe présent) → la cause – 4. en votant (gérondif) → la condition – 5. en travaillant (gérondif) → la manière – 6. donnant (participe présent) → une proposition relative
6. 1. en donnant – 2. désirant – 3. en échangeant – 4. ne pouvant pas – 5. Sachant

Points de vue sur...

> Livre de l'élève p. 90-91

OBJECTIF DE L'ACTIVITÉ 1

Découvrir différentes formes de mobilisation.

1 Livres fermés, demander aux apprenants de nommer les grands mouvements de société qui ont dernièrement attiré leur attention (la lutte contre les OGM, contre la corruption de certaines institutions financières, contre l'exclusion sociale des enfants de parents pauvres...). Noter ces mouvements en réserve au tableau. Faire ouvrir les livres, faire lire les consignes et demander aux apprenants de les reformuler pour s'assurer de leur compréhension. Les apprenants répondent en binômes. Vérifier les réponses en grand groupe. Toujours en grand groupe, faire commenter les photos en les décrivant et dire quelques mots de ces mouvements de mobilisation. Pour en savoir plus sur le phénomène des manifestations en France, voir l'entrée « Manifestation » dans l'**Abécédaire culturel**.

Manuel p. 193

CORRIGÉ

a) Document 1 : slogan b – Document 2 : slogan a / Document 3 : slogan d / Document 4 : slogan c
b) *Réponses possibles :* Image 1 : la solidarité et la colère (parce qu'en raison de la crise économique actuelle, n'importe qui peut perdre son travail... sauf les responsables de la crise). *On soulignera le poing levé, référence à la page d'Ouvertures.* – Image 2 : l'inquiétude et le désarroi (parce que le monde a besoin d'énergie pour exister mais je doute qu'il existe des énergies propres à 100 %) – Image 3 : l'admiration et la solidarité (j'ai envie d'aider les gens qui consacrent leur talent et leur énergie pour une grande cause) – Image 4 : la sympathie (nous avons besoin des journalistes pour connaître la vérité)
c) Les deux premières images montrent des manifestations de rue : les gens protestent pour faire entendre aux autorités publiques leur colère, leur désaccord, leur indignation. La troisième image montre une émission de variété faisant appel à la générosité publique en faveur d'une association caritative. La quatrième image présente une pétition : elle dresse un bilan et appelle le public à soutenir moralement le travail d'information des journalistes auprès des autorités.

POINT Info

Le mouvement des indignés (*Los indignados* en espagnol) doit son nom au manifeste *Indignez-vous !* de Stéphane Hessel. Ce mouvement non violent est né le 15 mai 2011, à Madrid, en protestation contre des scandales financiers à répétition et leurs conséquences sur les citoyens ordinaires. Il dénonce le manque de représentativité des partis politiques et appelle à la désobéissance civile. Le mouvement a gagné de nombreux pays et a culminé avec les Indignés de Wall Street.
L'accident de la centrale nucléaire de Fukushima (11 mars 2011) est le plus grand désastre nucléaire depuis Tchernobyl, en 1986. Il a entraîné une vague de manifestations anti-nucléaires à travers le monde et a amené de nombreux dirigeants politiques à revoir la politique énergétique de leurs pays : suppression de toutes les centrales nucléaires, conversions aux énergies renouvelables et fossiles, projets d'investissements massifs dans la recherche pour des sources énergétiques non polluantes.
Le Téléthon (contraction de *télévision* et *marathon*) est un programme télévisuel visant à recueillir de l'argent pour une œuvre caritative. Le concept est né aux États-Unis dans les années 1950. Des artistes participent à l'émission et un compteur affiche en temps réel le montant des dons. Voir p. 220 de ce guide pour un Point info complet.
Reporters sans frontières (RSF) est une organisation non gouvernementale internationale fondée par des journalistes français en 1985. Elle « défend les journalistes emprisonnés et la liberté de la presse dans le monde, c'est-à-dire le droit d'informer et d'être informé, conformément à l'article 19 de la Déclaration universelle des droits de l'homme ».

OBJECTIF DES ACTIVITÉS 2 ET 3

Échanger sur le thème de l'engagement social en petits groupes.

2 et 3 Former des groupes de trois ou quatre personnes, de profils différents si possible (âge, sexe, personnalité...) et demander à chaque groupe de choisir, parmi les événements cités dans la consigne, celui qui leur semble prioritaire ; ils devront justifier leur réponse (« Je choisis la défense de l'environnement parce qu'elle conditionne tout le reste : quand la planète est en danger, plus rien d'autre n'a d'importance... »). Puis leur demander comment ils comptent faire entendre leur voix : manifestations de rue, affiches, émissions de télé, spectacles… Enfin, placer la discussion dans un contexte national en les faisant répondre à la question de l'activité 3. Prévoir une mise en commun pour constater les points communs et les disparités.

⋯⋛ OBJECTIF DE L'ACTIVITÉ 4

⋮ **Écrire des slogans en vue de soutenir une mobilisation sociale.**

4 Il est préférable de faire cette activité écrite en classe plutôt qu'en devoir à la maison, l'écriture de slogans se prêtant mieux à un travail en équipe. Dans un premier temps, faire réfléchir les apprenants à ce qui rend intéressant les slogans du manuel. Ces quatre slogans créent un effet de surprise : « Informer tue » est un rappel du célèbre « Fumer tue » – sauf qu'ici, c'est le fait d'informer, une chose à priori positive, qui provoque la mort. « Le nucléaire sûr n'existe pas » est la négation de ce que répètent certains gouvernements depuis des dizaines d'années. « Monde indigne ? Indignez-vous ! » joue sur le sens de l'adjectif « indigne » = immoral, honteux et « s'indigner » = protester, se révolter. « La voix des muets » est un paradoxe puisque, par définition, les muets n'ont pas de voix. Cette activité doit reprendre ce qui a été dit dans La vie au quotidien, p. 87, sur les titres chocs des pétitions. Comparer les productions en grand groupe.

> **EXEMPLE DE PRODUCTIONS**
>
> (avant les élections présidentielles) Ne pas voter, c'est ne pas exister ! Allez tous aux urnes ! – (après un crime raciste) Nous sommes tous des tziganes slovaques !

⋯⋛ OBJECTIF DES ACTIVITÉS 5 ET 6

⋮ **Comprendre l'interview d'un écrivain engagé.**

5 et **6** Placer les apprenants en binômes, leur faire lire le texte et répondre aux questions. Corriger en grand groupe.

> **CORRIGÉ 5**
>
> 1. De Stéphane Hessel et de son livre *Indignez-vous !* – 2. Parce qu'il a inspiré des mouvements d'indignés dans le monde entier et que son livre a rencontré un succès international.

> **CORRIGÉ 6**
>
> 1. Aux Français. – 2. Que ce livre sert uniquement à stimuler la réflexion, qu'il en a écrit deux autres proposant des modes d'action. – 3. Le troisième, *Le Chemin de l'espérance*, qui montre comment « sortir de l'indignation et aller vers la construction ». – 4. La Déclaration universelle des droits de l'homme.

POINT Info

Stéphane Hessel est né à Berlin en 1917 et mort à Paris en février 2013 à 95 ans. Il a été diplomate, ambassadeur, résistant, écrivain. Il est arrivé en France à l'âge de 8 ans et a été naturalisé français en 1937. Pendant la guerre, il est arrêté et déporté pour ses actes de résistant mais il parvient à s'évader. Il a suivi une carrière diplomatique aux Nations Unies où il a vu l'élaboration de la Déclaration universelle des droits de l'homme. Il a passé sa vie à prendre des positions en faveur des droits de l'homme, de l'Europe, des sans-papiers, etc.

⋯⋛ OBJECTIF DES ACTIVITÉS 7 ET 8

⋮ **Comprendre un micro-trottoir sur des engagements individuels.**

7 et **8** Annoncer aux apprenants qu'ils vont entendre six témoignages sur la mobilisation. Faire lire les deux consignes et procéder au nombre d'écoutes nécessaires, si besoin en fragmentant l'enregistrement. Les apprenants répondent individuellement. Corriger en grand groupe et noter les réponses au tableau en vue de la discussion suivante. Puis confirmer le vocabulaire à l'aide de l'encadré « Les mots pour parler d'engagement ».

> **CORRIGÉ 7**
>
> 1 c – 2 e – 3 b – 4 f – 5 a – 6 d

CORRIGÉ 8

1re personne : l'égalité des sexe / en votant toujours pour une femme – 2e personne : la lutte contre la faim / en donnant une partie de son argent de poche à la banque alimentaire – 3e personne : la mixité sociale / en militant dans une association qu'elle a créé – 4e personne : l'aide aux enfants du tiers-monde / elle réfléchit au parrainage d'un enfant – 5e personne : la lutte contre le racisme / en participant à des forums et en envisageant une manifestation au Parlement européen – 6e personne : la lutte contre le capitalisme / en adhérant au NPA

⋯⟶ OBJECTIF DE L'ACTIVITÉ 9

Échanger sur le thème en soutenant ou non les engagements entendus.

9 Lancer la discussion en grand groupe à partir d'un des témoignages de l'enregistrement. Puis former des groupes de trois ou quatre personnes, de profils différents si possible (âge, sexe, personnalité…) et demander à chaque groupe de débattre sur les autres témoignages, en notant les pour et les contre. Comparer les réactions en grand groupe, sous forme de table ronde.

Outils pour...

> Livre de l'élève p. 92-93

❯ Exprimer des objectifs

⋯⟶ OBJECTIF DE L'ACTIVITÉ 1

Repérer le but d'une manifestation et un type de littérature humoristique.

1 Écrire au tableau le mot « glacière » et demander aux apprenants s'ils connaissent des mots de la même famille (*glace, glacer, glacier, glaçon*…). Leur faire déduire le sens de *glacière* (garde-manger refroidi avec de la glace ou lieu très froid). Puis leur faire décrire le document 1 (une banderole invitant à une manifestation contre le froid surmonte la photo de la station de métro Glacière, à Paris). Ensuite, faire lire les consignes en grand groupe, les faire reformuler pour s'assurer de leur compréhension, placer les apprenants en binômes et leur demander de répondre aux questions. Vérifier les réponses en grand groupe.

CORRIGÉ

a) 1. lutter contre le froid ; 2. *Réponse libre qui va certainement faire apparaître la surprise des apprenants sur le fait de manifester contre un événement naturel comme le froid.* – b) De la littérature humoristique et loufoque. – c) *Réponse possible :* Tout ce qu'on risque d'obtenir en manifestant contre le froid, c'est un bon rhume. Il s'agit donc en réalité de caricaturer gentiment les protestations des perpétuels mécontents et ce genre d'humour absurde est tout à fait dans l'esprit de cette Académie.

POINT Info

La manifestation contre le froid fut organisée en 1983 par le Groupe d'Intervention Culturelle Jalons. Les manifestants demandaient la démission du chef de l'État de l'époque aux cris de « Verglas assassin, Mitterrand complice ! ». Voici quelques-uns des pseudonymes derrière lesquels se dissimulaient les membres de Jalons : Roger de Sizif (Rocher de Sisyphe), Brice de Thet (Prise de tête), Jean-Loup Pazin (J'en loupe pas un), Jo Liqueur (Joli cœur), Yvan Dressamer (Il vendrait sa mère), Eva D'Anlemure (Elle va dans le mur)… Ils ont également manifesté en 2012 en maillots de bain et en shorts par un froid glacial (photos disponibles sur Internet).

La station de métro Glacière doit son nom aux nombreuses mares et étangs qui, autrefois, se trouvaient dans cette partie de la capitale et dont les glaces étaient récupérées et stockées en hiver pour conserver la nourriture.

Alphonse Allais (1854-1905) est un écrivain réputé pour son humour absurde. Plusieurs de ses calembours sont passés dans la langue : « On étouffe ici, permettez que j'ouvre une parenthèse. » L'un de ses romans, *L'Affaire Blaireau*, a inspiré au réalisateur Yves Robert le film *Ni vu ni connu* (1958). L'Association des Authentiques Amis d'Alphonse Allais (AAAAA) a son siège au Petit musée d'Alphonse, à Honfleur, dans le Calvados.

⋯⋮ OBJECTIF DE L'ACTIVITÉ 2

⋮ **Comprendre le but de manifestants dans un micro-trottoir.**

2 Faire lire la consigne et procéder à l'écoute. Les apprenants répondent individuellement. Corriger en grand groupe.

CORRIGÉ

1. Des représentants de l'Association des Amis d'Alphonse Allais – 2. Contre l'hiver, contre le froid. (« On en a marre du froid, on n'en veut plus ! » ; « Contre l'hiver, contre le froid... Pour qu'on l'enterre ! ») – 3. Parce qu'elle se nomme Glacière et que d'après eux, l'hiver « est une manœuvre en vue des élections. On cherche à frigorifier les citoyens ». En luttant contre le froid, ils veulent inciter leurs concitoyens à réfléchir. – 4. *Réponses possibles :* déterminés, sarcastiques, euphoriques, farceurs...

POINT Langue

Exprimer le but

a) et b) Après la réécoute du document 3, placer les apprenants en binômes et leur demander d'associer les mots de la colonne de gauche à ceux de la colonne de droite. Quelques apprenants vont ensuite écrire ces propositions au tableau en entourant les connecteurs de but (conjonctions, prépositions ou verbes) et en disant si ces mots sont suivis du subjonctif, de l'infinitif ou d'un nom.

CORRIGÉ a) **pour** le maintien de l'anticyclone – **pour** manifester – **pour qu'**on l'enterre – **pour que** l'hiver soit déclaré illégal – **pour qu'**on en finisse – **on cherche à** frigorifier les citoyens – **on vise** ainsi **à** les empêcher de penser – **afin que** le gouvernement puisse faire la pluie et le beau temps – **en vue des** élections – **de façon à** faire pression
b) le subjonctif → *pour que, afin que* – l'infinitif → *pour, on cherche à, on vise à, de façon à* – un nom → *pour, en vue de*

Au sujet de la construction « en vue des élections », leur faire remarquer que la préposition *de* et l'article défini *les* sont contractés (« des élections » = *de les élections*). Leur faire remarquer également que, dans cet exemple, cette préposition est suivie d'un nom, mais qu'elle peut être également suivie d'un verbe à l'infinitif : « en vue de remporter les élections ». Même chose avec la préposition *pour* (*pour* + infinitif : « ils se battent pour gagner » / *pour* + nom : « ils se battent pour la victoire »). Leur dire enfin que *afin que* / *afin de* sont un peu plus soutenus que *pour que* / *pour*. *Afin que* et *afin de* s'emploient surtout à l'écrit.

⋯⋮ OBJECTIF DE L'ACTIVITÉ 3

⋮ **Réutiliser des expressions du but en écrivant les objectifs d'une manifestation fantaisiste.**

3 Faire lire la consigne en grand groupe et s'assurer de sa compréhension en demandant aux apprenants de la reformuler. Pour les aider, leur donner si besoin des noms de stations du métro parisien prêtant à plaisanterie, par exemple : manifestation contre les couches-culottes à Porte Maillot, contre le 1er avril à Poissonnière, contre la Mère Michel au Père Lachaise, contre la pétanque à la station Rue des Boulets, contre les alpinistes à Duroc, contre la viande de cheval à Parmentier, contre les beaux gosses à Bel-Air... Puis placer les apprenants en petits groupes de deux ou trois, de profils différents si possible (âge, sexe, personnalité). Après qu'ils ont écrit leurs objectifs, leur demander d'entourer, comme dans l'exercice précédent, les mots exprimant le but et de souligner les noms, les subjonctifs, les infinitifs qu'ils commandent afin de vérifier leurs productions. Corriger à l'écrit puis faire lire les productions en grand groupe.

EXEMPLE DE PRODUCTION

Venez tous manifester à la station Pyramides avec l'association **pour** le retour des hauts-de-forme. Notre manifestation **a pour but de** promouvoir le retour du haut-de-forme en France. Nous voulons que toutes les Françaises et tous les Français se promènent le dimanche en haut-de-forme **afin que** les politiques rougissent de la petitesse de leurs ambitions. **Pour** inspirer de grandes idées, rien ne vaut ce roi des chapeaux.

❯ Exprimer la durée

⋯⋮ OBJECTIF DE L'ACTIVITÉ 4

⋮ **Repérer dans des présentations écrites les formes qui expriment la durée.**

4 En grand groupe, faire décrire le logo, en haut du document 4 (une colombe de la paix portant un rameau d'olivier est entourée du nom de l'association Médecins du monde. L'oiseau a la forme d'une croix, évoquant l'emblème de la Croix rouge). Puis faire lire le slogan de l'association en bas du même document et demander aux apprenants de l'expliquer en s'aidant de la photo (Médecins du monde est une organisation humanitaire qui soigne des personnes démunies à travers le monde). Puis placer les apprenants en binômes, leur faire lire le texte et répondre aux questions. Vérifier les réponses

Manuel p. 182
Manuel p. 193

en grand groupe. Vous pouvez renvoyer vos apprenants au **Lexique thématique**, entrée « Les causes humanitaires » pour compléter le vocabulaire et à l'entrée « O.N.G. » de l'**Abécédaire culturel**.

CORRIGÉ

a) 1. Présenter l'organisation humanitaire Médecins du monde (son origine, ses objectifs). – 2. Aider les populations menacées en les soignant, les opérant, les vaccinant. – 3. 1980. – b) David et Élisa se sentent professionnellement enrichis par les années qu'ils ont passées à travailler pour cette organisation et ils désirent communiquer à d'autres l'envie de travailler pour elle.

POINT Langue

Exprimer la durée

Faire relire en grand groupe la première phrase du document 4 et attirer l'attention des apprenants sur l'expression du temps (« **en** 1978 »). Puis placer les apprenants en binômes et leur demander de lire les phrases du Point Langue issues du document 4. Ensuite, dessiner au tableau une échelle du temps comme ci-dessous et demander aux apprenants de la légender en justifiant leurs réponses à l'aide des exemples qu'ils viennent de lire.

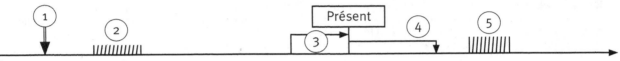

① = *il y a* (indique un moment dans le passé)

② et ⑤ = *pendant* (indique une durée limitée dans le passé ou le futur), *en* (indique une durée limitée dans le passé ou le futur avec une nuance de nécessité) ; vous pouvez ajouter *pour* (indique une durée prévue dans le passé ou le futur) qui n'est pas dans la liste du Point Langue mais se trouve dans le document : « je pensais seulement m'engager pour un an »

③ = *depuis que / depuis / il y a... que* (indiquent l'origine d'une situation qui continue dans le présent)

④ = vous pouvez ajouter *dans* (indique un moment futur par rapport au présent) qui n'est pas dans la liste du Point Langue mais se trouve dans le document : « vous en reviendrez grandis dans quelques mois »

CORRIGÉ

– **depuis** et **il y a** : toutes deux sont suivies d'un adjectif numéral et d'un nom, mais *depuis* introduit une action ou une situation qui a commencé dans le passé et continue dans le présent (« J'habite en Somalie depuis six mois. » = j'y suis arrivé il y a six mois et j'y habite toujours) alors que *il y a* indique simplement un point dans le passé (« Je suis arrivé en Somalie il y a six mois »).
– **depuis que** et **il y a... que** : ces deux prépositions commandent un verbe et signalent une action ou une situation commencée dans le passé et continuant dans le présent. *Il y a... que* est synonyme de *depuis*, ces deux prépositions introduisent des actions ou des situations qui ont commencé dans le passé et continuent dans le présent (« J'habite en Somalie depuis six mois. » = « Il y a six mois que j'habite en Somalie. ») ; alors que *depuis que* introduit une durée suivie d'un résultat ou d'une conséquence dans le présent (« Depuis que je travaille en Somalie, je suis un nouvel homme. »).
– **pendant** et **en** : ces deux prépositions introduisent une durée limitée dans le passé ou le futur (« Il a vécu en Somalie pendant cinq ans. ») mais *en* ajoute une idée de nécessité (« Il est devenu un spécialiste de l'aide humanitaire en Somalie en deux ans. » = il a eu besoin de deux ans pour devenir un spécialiste de l'aide humanitaire en Somalie).

POUR ALLER PLUS LOIN : Donner aux apprenants quelques dates concernant une personnalité de l'humanitaire et leur demander d'écrire une courte biographie. Par exemple, Bernard Kouchner : 1939 : naissance – 1971 : participe à la création de Médecins sans frontières – 1980 : il rompt avec MSF pour fonder Médecins du monde – 2007-2010 : ministre des Affaires étrangères – futur proche : vaccination en Afghanistan... → *Bernard Kouchner est né **en 1939**. **En 1971**, il participe à la création de MSF, organisation pour laquelle il travaillera **pendant neuf ans**. **En 1980**, il fonde Médecins du monde. Il est ministre des Affaires étrangères **de 2007 à 2010**. **Dans quelques mois**, il va participer à une opération de vaccination en Afghanistan. **En quarante ans** de carrière, il s'est fait connaître comme l'un des « french doctors » les plus engagés dans la défense des démunis.*

Ou bien il est possible de leur chercher quelques dates-clés concernant une personnalité engagée de leur pays et de leur faire faire une rapide biographie en utilisant un maximum d'expressions de la durée.

Corrigés S'exercer

7. *Réponses possibles :* 1. en vue d'un séjour à Pékin – 2. pour nourrir une colonie de vacances – 3. afin de contribuer à la protection de la nature – 4. afin que les agriculteurs des pays en voie de développement vivent dans la dignité – 5. en vue d'accomplir votre devoir de citoyen – 6. en vue d'une compétition – 7. de façon à parler correctement – 8. pour que la vérité éclate.

8. 1. en vue d' (afin d' / pour) ; but – 2. afin que (pour que / de manière que / de façon que / de sorte que) – 3. pour ambition (pour but) ; afin de (pour / en vue de / de manière à) – 4. afin d' (pour / en vue d' / de manière à) – 5. afin que (pour que / de manière que / de façon que / de sorte que)

9. 1. Notre association apporte le soutien nécessaire pour que les enfants réussissent leur parcours scolaire. – 2. Il faudrait marcher moins vite de manière que les manifestants nous suivent de près. – 3. Trouvez une solution pour obtenir d'autres financements que ceux de l'Union européenne. – 4. Les formulaires seront préparés d'avance de sorte que les demandeurs d'asile n'aient plus qu'à les signer. – 5. C'était ma ferme intention de rejoindre une association qui défend les mal-logés.

10. 1. cherchez à. – 2. ambitionnait d' – 3. cherchait à / avait l'intention de – 4. cherche – 5. vise à

11. 1 b – 2 a – 3 b – 4 a – 5 b – 6 a

12. pour trois mois – en quelques jours – pendant ces trois mois – pour six mois de plus – en neuf mois – pendant trois mois – pour la vie – pendant trop longtemps

13. il y a déjà sept ans – pendant deux ans – en 2009 – Pendant / En quatre ans – depuis des années – dans deux ans – pour six ans

14. Il y a 25 ans que / Ça fait 25 ans que – En 1987 – En / Pendant / Depuis 25 ans – depuis que le Téléthon – dans quelques années

15. m'engage – investie (engagée / impliquée) – engage (investis / implique) – lancer (entreprendre / mener / participer à) – adhéré – membre – vous engager (vous impliquer / vous investir / participer)

 *Paroles en scène*

> Livre de l'élève p. 94

Sur tous les tons
⋯⫶ OBJECTIF DE L'ACTIVITÉ

: **Scander des slogans.**

Faire lire les slogans en grand groupe et s'assurer de leur compréhension en demandant aux apprenants dans quel contexte ils se situent : 1. politique ou social, par exemple une manifestation anti-patronale ; 2. et 4. social, par exemple les employés d'une usine menacée de fermeture ; 3. sportif, par exemple une équipe de foot qui vient de gagner un match important. Demander ensuite aux apprenants ce qui fait, d'un point de vue linguistique, que ce sont des slogans (les rimes : « droit »/« loi », « rue »/« continue » et la répétition des mots « tous », « on est », « champions »). Enfin, demander aux apprenants de lire ces slogans en insistant sur ces mots et en les renforçant avec la gestuelle appropriée, par exemple le poing levé vu dans la double page Ouvertures.

Phonie-graphie
⋯⫶ OBJECTIF DE L'ACTIVITÉ 1

: **Repérer à l'oral des *h* aspirés et des élisions.**

➊ a) Pour s'assurer de la compréhension de l'exercice, fragmenter l'écoute en deux parties : d'abord les trois premiers mots, puis le reste. Après les trois premiers mots, demander aux apprenants ce qu'ils ont écrit. Écrire les trois mots au tableau en soulignant les trois articles et, à partir de ces exemples, s'assurer que tout le monde a saisi le phénomène de l'élision (la voyelle de l'article défini tombe devant *homme*, mais pas devant *harpe* et *hibou*). Continuer l'écoute. Les apprenants répondent individuellement. Attendre la deuxième partie de l'exercice pour corriger.

b) Placer les apprenants en binômes et leur demander de souligner les *h* qui ne commandent pas d'élision, comme dans les deux exemples écrits précédemment au tableau (*la harpe, le hibou*). Corriger en grand groupe et faire lire cette liste de mots à voix haute en expliquant que le *h* aspiré n'est pas une bizarrerie phonologique aléatoire. L'absence d'élision signifie également l'absence de liaison et donc un *h* aspiré oublié peut parfois nous faire dire une chose très différente de ce à quoi on pensait. Par exemple : *les héros/les zéros – en haut/en eau – la haine/l'aine…* Insister encore sur le fait que le son [h] n'existe pas en français et que les Français sont presque incapables de le prononcer, ce qui est un problème en anglais ou d'autres langues. Signaler enfin aux apprenants que, dans la plupart des dictionnaires, les mots commençant par un *h* aspiré sont précédés d'un astérisque.

> **CORRIGÉ**
>
> a) la **h**arpe – le **h**ibou – l'homme – l'histoire – le **h**éros – l'héroïne – l'hélice – la **h**aie – l'hôtel – l'hésitation – l'habitant – la **h**alle – le **h**aut – l'héritage – le **h**uit – l'huître – la **h**aine – le **h**amburger – le **h**ors-d'œuvre – l'huile

⋯⋮➤ OBJECTIF DE L'ACTIVITÉ 2

⋮ **Prononcer des virelangues contenant des *h* aspirés.**

2 Avant de faire prononcer ces virelangues, inviter les apprenants à s'aider de la liste de l'exercice précédent. Individuellement, les apprenants entourent les *h* aspirés. Ensuite, en grand groupe, demander à deux ou trois apprenants de prononcer la première phrase. Demander au reste de la classe si la prononciation est correcte. Puis confirmer la réponse avec l'écoute. Procéder de la même façon pour les phrases suivantes.

> **CORRIGÉ**
>
> 1. Les **H**ollandais adorent les **h**amburgers en **h**ors-d'œuvre. – 2. Les habitants ont voté les **h**uit résolutions sans hésitation. – 3. Les **h**alles sont plus belles que les hôtels de la place. – 4. J'adore le cri des **h**iboux et le son de la **h**arpe mais je déteste la couleur des huîtres et le bruit des hélices. – 5. Il va falloir deux hommes pour couper toutes ces **h**aies. – 6. J'aime les histoires qui racontent les héritages des **h**auts personnages de ce monde. – 7. Les **h**éros et les héroïnes de ce film figurent dans ce magazine.

Mise en scène
⋯⋮➤ OBJECTIF DE L'ACTIVITÉ

⋮ **Lire et jouer une scène de théâtre sur l'engagement politique.**

Avant de lire la scène, demander aux apprenants ce qu'ils savent de Jean-Paul Sartre et, si nécessaire, compléter leur présentation en quelques mots (voir Point info ci-dessous). Faire repérer la date de parution de la pièce (1948), annoncer qu'il s'agit d'un drame politique qui se déroule en Illyrie (petit royaume des Balkans qui figure un certain type de régime politique). Ensuite, à partir du titre (*Les Mains sales*), demander aux apprenants d'imaginer de quoi il va être question dans cette pièce (cette pièce souligne que, lorsqu'on est « aux affaires », on ne peut pas garder les mains propres et conserver son pur idéal… Elle pose aussi la question de l'engagement et de ce qu'il implique.) Lire la scène en grand groupe d'une façon linéaire, pour s'assurer de la compréhension du lexique.

Demander aux apprenants quels sont les sentiments des deux personnages, à partir de ce qu'ils viennent de lire : Jessica : la perplexité (« Alors, qui a raison ? »), la patience (« Nous avons la nuit »), l'inquiétude (« Qu'est-ce qu'il y a ? Qu'est-ce que j'ai dit ? »), l'amertume (« À qui la faute ? Pourquoi ne m'a-t-on rien appris ? »), le désenchantement (« Je ne comprends rien à vos histoires, et je m'en lave les mains. »). Hugo : l'arrogance (c'est lui qui a raison : « Moi »), la condescendance (« Ce serait trop long à t'expliquer. »), le mépris (« c'était une folie de te demander de l'aide. Tes conseils viennent d'un autre monde »).

Enfin, placer les apprenants en binômes et leur demander de relire le texte en interprétant ces sentiments.

> **POINT** Info
>
> Jean-Paul Sartre (1905-1980) est un philosophe et écrivain français, dont l'œuvre a marqué le XXe siècle. Intellectuel engagé, il est l'un des créateurs de l'existentialisme en philosophie. En 1964, il a refusé le prix Nobel de littérature. Il a notamment écrit *La Nausée* (1938) et *Les Mouches* (1943). Ses pièces de théâtre *Huis clos* (1944) et *Les Mains sales* (1948) posent la question de la responsabilité des actes que l'on commet.

🔵 **CD-ROM** Pour conclure cette page, vous pouvez faire le jeu proposé sur le CD-ROM (Jeu du ganslo) qui fera réutiliser la thématique des slogans.

PROJET
DOSSIER
5

1 Réflexion préalable

: **Définir le projet.**

Les activités de cette page vont permettre aux apprenants de réinvestir les savoirs et les savoir-faire acquis tout au long du dossier 5, par exemple les mots pour donner son point de vue, le vocabulaire de l'entraide, de l'encouragement, de l'engagement, de la contribution à un effort collectif et, d'un point de vue grammatical, l'expression du but et de la durée. Ils devront faire preuve de créativité pour la réalisation du projet et seront amenés à s'investir hors de la classe.

Lire le titre du projet (« Faire un programme pour la Journée de la gentillesse ») et procéder à la réflexion préalable en lisant les questions en grand groupe. Les apprenants donneront leur point de vue à l'aide de l'encadré « Les mots pour donner son point de vue, s'opposer et s'engager », p. 85. Pour le déroulement de l'activité, on peut imaginer une table ronde dirigée par un ou deux animateurs qui poseront les questions énoncées dans le manuel et inviteront les apprenants à préciser leurs pensées (voir « Stratégies pour demander des précisions », p. 87).

POUR ALLER PLUS LOIN : La Journée de la gentillesse a été lancée en 2009 en France par le magazine *Psychologies*. On trouvera sur Youtube une vidéo où des journalistes présentent les objectifs de cette journée : https://www.youtube.com/watch?v=uKcX_uKGKU4 ou sur Dailymotion : http://www.dailymotion.com/video/xmyah4_succes-pour-la-journee-de-la-gentillesse-2011_webcam?search_algo=2#.UR9WHPKBBog

2 Préparation

: **Imaginer et réaliser des activités pour la Journée de la gentillesse à l'intérieur et à l'extérieur de la classe.**

Faire lire la consigne 1 en grand groupe et la faire reformuler afin de s'assurer de sa compréhension. Les exemples ne sont bien sûr là qu'à titre indicatif, ces actions dépendant du caractère de chacun. Placer ensuite les apprenants en petits groupes de trois ou quatre personnes, de profils différents si possible (âge, sexe, personnalité) et les faire travailler sur les consignes 2 et 3. Pour la consigne 3, leur rappeler ce qui a été dit sur la création de slogans, dans La vie au quotidien, p. 86-87, Points de vue sur, p. 90-91 et dans Sur tous les tons, p. 94. Slogans possibles : « Soyez gentils, nous sommes tous amis. » ; « Non au fric qui pique, oui aux sentiments. » Laisser environ 30 minutes aux différents groupes pour réaliser leur projet. Ils pourront solliciter l'aide de l'enseignant si nécessaire mais il est préférable que celui-ci reste en retrait afin de ne pas limiter leur créativité. Son travail consistera surtout à maintenir les résultats de cette créativité dans le domaine du possible. Leur poser des questions comme : « Auriez-vous envie d'accomplir ces actions, d'adopter ces attitudes ? Mettront-elles les autres de bonne humeur ? Ne risquent-elles pas de les mettre mal à l'aise ?... ».

Puis revenir en grand groupe et faire lire les consignes 4 à 7 du manuel en les faisant reformuler pour s'assurer de leur compréhension. Lors de la présentation des différents projets (consigne 4), on demandera aux groupes de s'évaluer de manière positive, toujours en mettant l'accent sur la faisabilité du projet, puisqu'ils vont devoir le réaliser. Enfin, après la réalisation, les apprenants décriront la façon dont ont réagi les personnes qu'ils auront approchées. Ces personnes ont-elles souri ? Ont-elles été touchées par cette action, cette attitude ? Quelles opinions ont-elles formulées ? Les récompenses pourront être un sourire, une poignée de main, des félicitations, des applaudissements...

VERS LE **DELF B1**

Les activités de cette double page permettent de préparer les apprenants au DELF B1. Dans ce dossier, les apprenants seront amenés à travailler deux compétences : la compréhension de l'oral et la production orale. On peut donner ce bilan à faire à la maison sous forme de devoir ou bien le présenter sous forme d'examen écrit à faire en classe.

Compréhension de l'oral

Exercice 1

> **CORRIGÉ**

1. b – 2. (Parce que ce samedi) c'est la Journée mondiale contre le cancer. – 3. *Réponses possibles* : Parce qu'il n'aime pas courir / faire la course / les courses de relais. Parce qu'il a peur de devoir courir. – 4. a – 5. c – 6. b

Exercice 2

> **CORRIGÉ**

1. b – 2. c – 3. *Deux réponses parmi* : l'environnement / la santé / les activités de sécurité au sein de la police ou la gendarmerie. – 4. De 6 à 24 mois / Entre 6 et 24 mois. – 5. b – 6. c – 7. Parce qu'il n'y a pas assez de budget et de personnel dans les campagnes (pour mettre en application cette loi). – 8. a

Production orale

Expression d'un point de vue
PRÉPARATION : 10 minutes – DURÉE DE L'ÉPREUVE : 2 à 3 minutes

> **EXEMPLE DE PRODUCTION**

Ce texte parle des raisons qui poussent certaines personnes à devenir bénévoles, c'est-à-dire à donner de leur temps pour travailler gratuitement dans des associations. On pourrait croire que la première raison, c'est l'envie d'aider les autres, mais en fait, d'après l'enquête citée dans le texte, la première raison c'est le besoin de donner du sens à sa vie. C'est ce que disent la grande majorité des travailleurs et des retraités, qui se posent sans doute plus la question du sens de la vie que les étudiants qui sont encore en train de construire leur vie. Le texte dit aussi l'importance du plaisir dans l'activité des bénévoles. Je cite : « il est à la fois la condition et la conséquence de l'action ». Cela veut dire qu'il n'est pas possible de vouloir devenir bénévole si ce n'est pas un plaisir et cela veut dire aussi que le bénévole a du plaisir à faire le bien autour de lui.
Par exemple, moi, de temps en temps, j'aide les enfants de ma voisine à faire leurs devoirs. Ma voisine n'a pas les moyens de payer des cours particuliers à ses enfants alors elle est contente que je sois là. Moi, quand j'explique certaines leçons aux enfants de la voisine, ça m'aide à revoir ce que j'ai appris et à mieux comprendre parfois. Donc ça ne m'embête pas et, quand je vois que la voisine est contente et que les enfants me disent merci, ça me fait encore plus plaisir. Je me sens utile et ça me fait du bien.
Alors, être bénévole, je trouve que ça fait du bien aux autres et que ça fait aussi beaucoup de bien à soi-même. Donc je suis assez d'accord avec ce texte : ce n'est pas seulement pour aider les autres qu'on devient bénévole, c'est peut-être d'abord pour s'aider soi-même !

Grille de correction

Peut présenter clairement son point de vue et le préciser en cas de demande	0	0,5	1	1,5	2
Peut relier entre elles les informations apportées de manière simple et claire	0	0,5	1	1,5	2
Lexique (étendue et maîtrise) Peut utiliser un répertoire limité mais adéquat pour soutenir une réflexion	0	0,5	1	1,5	2
Morphosyntaxe Peut utiliser des structures et des formes grammaticales simples. Le sens général reste clair malgré la présence ponctuelle d'erreurs élémentaires	0	0,5	1	1,5	2
Maîtrise du système phonologique Peut s'exprimer de façon suffisamment claire. L'interlocuteur devra parfois faire répéter	0	0,5	1	1,5	2

Je me cultive

> Livre de l'élève p. 100-117

Contenus socioculturels • Thématiques

Les activités culturelles
L'art et les artistes
Les commentaires sur la peinture
Les spectacles et critiques de spectacles

Objectifs sociolangagiers

Objectifs pragmatiques

Ouvertures	– décrire un tableau – comprendre une critique d'art à l'oral – parler de ses préférences culturelles – identifier quelques grands artistes français et une œuvre majeure de chaque artiste
La vie au quotidien	– lire des affiches de spectacles – comprendre à l'oral des annonces culturelles – comprendre un programme de sorties culturelles – proposer par écrit des activités culturelles à des amis
Outils pour...	– faire une interview – poser des questions de différentes manières – donner ses impressions
Points de vue sur...	– comprendre à l'écrit et à l'oral des critiques d'événements culturels – écrire une critique de spectacles – participer à un débat critique sur un événement culturel
Paroles en scène	– jouer une scène de théâtre sur le thème de l'art – transformer l'interrogation en étonnement – jouer un débat autour d'une œuvre d'art
Projet	– réaliser pour un magazine un supplément sur un(e) artiste

Objectifs linguistiques

Grammaticaux	– les trois manières de construire une phrase interrogative – les adverbes de manière – le subjonctif dans les relatives
Lexicaux	– les goûts et les sorties culturelles – le vocabulaire de l'art et des artistes – le vocabulaire de la critique – les stratégies pour participer à un débat
Prosodiques	– l'interrogation et l'étonnement
Phonie-graphie	– le -*t*- dans la question avec inversion – « g », « gu » ou « ge » ?

Vers le DELF B1	– compréhension des écrits – production écrite

> Lexique thématique   →   p. 183   > Abécédaire culturel   →   p. 194-196

Scénario du dossier

Dans la première double page, OUVERTURES, les apprenants seront invités à décrire des toiles de maîtres et à discuter de l'art et de son histoire. Ils parleront de leurs goûts culturels, puis testeront leurs connaissances sur quelques artistes français des 19ᵉ et 20ᵉ siècles.

Dans LA VIE AU QUOTIDIEN, ils déchiffreront des affiches et écouteront les annonces de différents spectacles, ce qui leur donnera un aperçu des pratiques culturelles dans la France d'aujourd'hui. Puis ils liront un mail dans lequel ils découvriront plusieurs façons de proposer un programme de sortie à des amis et écriront eux-mêmes un mail sur ce modèle.

Dans la première double page d'OUTILS POUR, la lecture de l'interview d'un acteur permettra aux apprenants de revenir sur l'interrogation et les trois manières de construire une phrase interrogative. Ils auront ensuite l'occasion, grâce à un quiz, de tester leur culture générale.

Dans POINTS DE VUE SUR, les apprenants découvriront à l'écrit et à l'oral des critiques de spectacles. Ils apprendront à donner leur avis sur un événement culturel, à manier l'art subtil de la critique. Puis ils participeront à un débat où les opinions seront très partagées.

Dans la deuxième double page d'OUTILS POUR, ils examineront la construction des adverbes de manière. Puis ils écouteront une conversation sur des sorties culturelles et découvriront à cette occasion le subjonctif dans les relatives.

Dans PAROLES EN SCÈNE, ils interprèteront un extrait de la pièce *Art* de Yasmina Reza, puis ils essaieront de se vendre des œuvres d'art – mais est-ce que ce sera de l'art ou de l'arnaque ?

Dans le PROJET, ils réaliseront un supplément pour un magazine culturel : biographie, interview et commentaire critique d'un(e) artiste. Puis ils s'exerceront à la critique en évaluant leurs productions.

Dans S'EXERCER, ils systématiseront à l'aide d'exercices les points linguistiques vus dans le dossier.

Dans VERS LE DELF B1, les apprenants mobiliseront les acquis de ce dossier à travers une activité de compréhension des écrits et une activité de production écrite.

Pages de sommaire

> Livre de l'élève p. 100-101

Illustration : Faire rapidement décrire la photo (deux fleurs en pot à des stades différents de croissance) et leur faire faire des hypothèses sur la thématique du dossier à partir de cette photo et du titre de la leçon (De quoi va-t-on parler ? De la culture qui s'entretient comme s'entretiennent les plantes que l'on cultive. De ce qu'elle nous apporte au quotidien, de son importance dans notre société).

Citations : Faire ensuite confirmer cette interprétation en demandant aux apprenants d'expliquer les deux phrases : la citation d'André Malraux nous montre que, pour être cultivé, il faut s'en donner les moyens. On se cultive jour après jour, c'est un travail de tous les instants. On peut aussi en débattre, demander rapidement une définition de « la culture » puisque la « culture cultivée » est très souvent un acquis familial, des habitudes données dès l'enfance qui constituent le « capital culturel » des couches sociales plus favorisées. Quant à la phrase de Robert Bresson, elle nous montre que l'art est essentiel à notre vie.

> ## POINT Info
>
> **André Malraux** (1901-1976) est un écrivain, homme politique et intellectuel français. Il est devenu célèbre avec la parution en 1933 de *La Condition humaine*, un roman d'aventures et d'engagement qui s'inspire des soubresauts révolutionnaires de la Chine. Ce roman a obtenu le Prix Goncourt. André Malraux a été ministre de la Culture de 1959 à 1969.
>
> **Robert Bresson** (1901-1999) est un cinéaste français qui a reçu de nombreux prix dont le Prix de la mise en scène au festival de Cannes en 1957 pour *Un Condamné à mort s'est échappé*.

Ouvertures

> Livre de l'élève p. 102-103

⋯⋮ OBJECTIF DE L'ACTIVITÉ 1

⋮ **Décrire oralement un tableau.**

1 Faire lire la consigne de l'activité, placer les apprenants en binômes, puis laisser quelques minutes à chacun pour décrire le tableau qu'il/elle a choisi. Enfin, en grand groupe, deux apprenants choisis au hasard diront à nouveau leur description, que leurs camarades complèteront si besoin. Demander à la classe de prendre des notes. Les apprenants pourront ensuite comparer ce qu'ils ont écrit aux commentaires du journaliste sur ces mêmes tableaux, dans l'activité 3.

CORRIGÉ POSSIBLE

– Le tableau de Bonnard représente trois femmes dans un jardin ou sur une terrasse, occupées à des activités diverses. Il y a des arbres, un banc et une table avec une nappe blanche. On aperçoit également trois autres personnes à gauche, en arrière-plan, devant une maison. Les couleurs sont très vives, il y a du orange, du vert, du bleu, du mauve. La scène se déroule probablement à midi en plein été sous un climat très lumineux.
– Dans le tableau de Matisse, on observe une jeune femme richement vêtue qui se tient de profil et qui tourne la tête vers le spectateur. Son visage est dessiné à grands traits simples : une tache rouge sang pour les lèvres, des parenthèses pour les sourcils, un long nez pointu. Une profonde tristesse se dégage de son regard. Le chapeau, en forme de compotier ou de bouquet de plumes et la robe aux couleurs éclatantes évoquent l'existence luxueuse des personnages de la Belle Époque. Mais son luxueux chapeau semble peser trop lourd sur sa tête. Il y a un mélange de couleurs : bleu, vert, mauve, rose, rouge... Même le visage de la jeune femme est vert au lieu d'être de la couleur de la peau.

POINT Info

Pierre Bonnard (1867-1947) : peintre, graveur, dessinateur et illustrateur français. Cet artiste postimpressionniste faisait partie du groupe des Nabis qui prône la simplicité des formes et l'intensité des couleurs. Il a cependant développé un style indépendant et inclassable ; il est connu pour son grand talent de coloriste. L'exubérance de ses couleurs l'a rapidement distingué. Ce qui lui tenait le plus à cœur était de représenter par la couleur toutes les impressions sensorielles d'un lieu. Il a montré toutes les possibilités d'utiliser la lumière.
Henri Matisse (1869-1954) : peintre, sculpteur et graveur français. Un critique d'art mécontent de *La Femme au chapeau* (Louis Vauxcelles) utilisa le terme de « fauve » pour insulter l'artiste, expression aussitôt adoptée par Matisse et son entourage comme un défi. Matisse a voyagé et exposé ses toiles dans le monde entier. Il est également célèbre pour ses gravures, ses sculptures, ses collages, ses décors, ses vitraux.

⋯⋮ OBJECTIF DE L'ACTIVITÉ 2

⋮ **Réfléchir au travail des peintres.**

2 En grand groupe, faire lire les deux phrases des artistes placées à côté des tableaux, les faire commenter, puis demander aux apprenants de répondre à la question.

CORRIGÉ

Ils ont tous deux utilisé la couleur pour exprimer des émotions.

⋯⋮ OBJECTIF DE L'ACTIVITÉ 3

⋮ **Comprendre des commentaires culturels à l'oral.**

3 Avant de procéder à l'activité, faire lire l'entrée « Peinture, les grands mouvements » dans l'**Abécédaire culturel**. nuel p. 195-196 Puis faire lire les questions a et b, passer l'enregistrement et faire répondre en grand groupe. Ensuite faire lire la question c, faire réécouter et faire répondre là encore en grand groupe.

CORRIGÉ

a) Le premier commentaire concerne le tableau de Matisse, le deuxième celui de Bonnard.

b) 1. Oui, ils se connaissaient. Ils « n'avaient que deux années de différence et étaient d'ailleurs liés par une amicale complicité ». – 2. Le tableau de Matisse date de 1905, le peintre appartient au fauvisme. Le tableau de Bonnard date de 1920, le peintre appartient au mouvement des Nabis.

c) 1. Le tableau de Matisse a fait scandale au Salon d'automne de 1905, notamment à cause des couleurs fortes employées par l'artiste pour peindre le visage de sa femme. – 2. Le journaliste du *Matin* a écrit : « On a jeté un pot de couleur à la face du public ». – 3. « Tout baigne dans une lumière intensément chaleureuse et prend des allures de paradis terrestre. » ; « Ce tableau, qui date de 1920, a pourtant été peint en Normandie. » ; « La perspective qu'il rend dans ce tableau est impossible. »

···→ **OBJECTIF DE L'ACTIVITÉ 4**

⋮ **Échanger oralement sur le thème.**

4 Inviter les apprenants à définir les émotions qu'ils éprouvent en regardant ces tableaux et à essayer de les expliquer aux autres.

···→ **OBJECTIF DE L'ACTIVITÉ 5**

⋮ **Parler de ses goûts culturels.**

5 Avant d'effectuer l'activité, faire expliquer le vocabulaire de l'encadré « Les mots pour parler de ses goûts culturels » en demandant aux apprenants de retrouver les appréciations négatives (« je ne suis pas sensible à l'art abstrait, figuratif… », « j'ai horreur des comédies de… », « les soirées de conte m'ennuient », « j'ai horreur de l'art lyrique ! ») et les appréciations très positives (« je suis captivé(e) par la peinture de… », « je suis fan de comédies musicales, d'opéra », « je raffole des films d'animation », « les soirées de conte me fascinent », « j'adore les one man shows », « je suis passionné(e) de poésie », « je dévore les bandes dessinées (BD), les mangas »). Faire lire `Manuel p. 194-195` les entrées « Genres littéraires », « Lecture » et « Liseuses » de l'**Abécédaire culturel**.

Ensuite, former des groupes de trois ou quatre personnes, de profils différents si possible (âge, sexe, personnalité…), faire lire la consigne, s'assurer de sa compréhension et proposer aux apprenants d'échanger sur le thème. Prévoir un retour en grand groupe pour constater les points communs et les disparités. Enrichir la discussion à l'aide des `Manuel p. 194` entrées « Chanson » et « Cinéma » de l'**Abécédaire culturel** et des entrées « Arts et spectacles » et « La `Manuel p. 183` lecture » du **Lexique thématique**.

6 EGO Quiz • **Vous et les artistes français**

Faire lire la consigne et demander aux apprenants de faire les associations individuellement. Puis corriger en grand groupe.

CORRIGÉ

1. Serge Gainsbourg / Chanteur / *La Javanaise* / La chanson à texte – 2. Jean Nouvel / Architecte / L'Institut du monde arabe / L'architecture moderne – 3. Georges Bizet / Compositeur / *Carmen* / Le romantisme – 4. Jean-Luc Godard / Cinéaste / *À bout de souffle* / La nouvelle vague – 5. Marguerite Duras / Écrivain / *L'Amant* / Le nouveau roman – 6. Claude Monet / Peintre / *Les Nymphéas* / L'impressionnisme – 7. César Baldaccini / Sculpteur / Le trophée des Césars du cinéma / Le nouveau réalisme

POUR ALLER PLUS LOIN : L'œuvre de plusieurs de ces artistes peut donner lieu à une exploitation particulière. Si la classe dispose d'une télévision ou d'un TBI, il serait intéressant de passer un extrait d'*À bout de souffle* (1960), de l'adaptation cinématographique de *L'Amant* (par Jean-Jacques Annaud, en 1992) ou bien du film *Gainsbourg (Vie héroïque)* (réalisé par Joann Sfar en 2010). Il est aussi possible de passer la chanson *La Javanaise* de Serge Gainsbourg. On peut également proposer aux apprenants d'élaborer un quiz sur les artistes de leur propre pays.

Corrigés S'exercer

1. Mots relatifs au portrait : Première partie de la description : « Au premier plan → le centre de la composition. » – Mots relatifs au paysage : Deuxième partie de la description : « Derrière la femme → couleurs fortes. » – Il s'agit de *La Joconde* de Léonard de Vinci.

2. Ce tableau est une scène de plage avec, au premier plan, deux femmes assises sur des chaises. La femme à gauche porte une robe blanche qui contraste avec son visage ombragé par son chapeau et son ombrelle. À droite, une femme tout en noir, est plongée dans la lecture d'un livre. Entre elles, il y a une chaise vide. À l'arrière-plan, on devine d'autres chaises vides, un bâtiment sur la gauche et une personne qui marche sur le sable sur la droite.

La vie au quotidien

> Livre de l'élève p. 104-105

⋯⋗ OBJECTIF DE L'ACTIVITÉ 1

⋮ **Comprendre un agenda culturel.**

1 Lire le titre de la page, « Demandez le programme ! », et inviter les apprenants à imaginer qui peut prononcer cette phrase (les ouvreuses dans les salles de spectacle). Puis placer les apprenants en binômes et les inviter à répondre à la question de la consigne. Vérifier les réponses en grand groupe. Faire compléter en renvoyant à anuel p. 194 l'**Abécédaire culturel**, entrée « Festival ».

CORRIGÉ

Types d'événements : Concerts de flamenco / Estivales / Exposition de photographies / Festival de musique / Exposition Caravage et le Caravagisme européen – Département : Hérault – Époque de l'année : Été

POINT Info

Les Estivales est une manifestation annuelle fondée au début des années 2000 par la municipalité de Montpellier. Entre juin et septembre, elle présente une cinquantaine de stands d'artisans d'art et des stands festifs et culturels (restauration, produits du terroir, dégustation de vins, bouquinistes...). Des concerts sont donnés en nocturne.

Michelangelo Merisi, dit « il Caravaggio » ou « le Caravage » en français est un peintre italien (1571-1610) dont l'œuvre puissante et novatrice révolutionna la peinture du XVIIe siècle par son caractère naturaliste, son réalisme parfois brutal, son érotisme troublant et l'emploi appuyé de la technique du clair-obscur allant jusqu'au ténébrisme. Il connut un véritable succès de son vivant, et influença nombre de grands peintres après lui, comme en témoigne l'apparition du courant du caravagisme.

Le Festival de musique de Radio-France est organisé à Montpellier tous les ans en juillet. Il propose environ 200 manifestations musicales dont 90 % sont gratuites. Elles ont accueilli 123 000 spectateurs en 2012. Les concerts sont retransmis sur la radio France Musique et ont réuni en 2012 plus de 7 millions d'auditeurs (voir le site Radio France, festival Montpellier Languedoc-Roussillon).

⋯⋗ OBJECTIF DE L'ACTIVITÉ 2

⋮ **Comprendre des annonces culturelles à l'oral.**

2 Faire lire les consignes et procéder au nombre d'écoutes nécessaires. Les apprenants répondent individuellement. Un retour en grand groupe permettra de vérifier la compréhension.

CORRIGÉ

a) La première publicité se réfère à l'exposition consacrée au Caravagisme européen (illustration 5), la deuxième au festival de musique (illustration 4), la troisième aux Estivales (illustration 2), la quatrième à l'exposition de photographies contemporaines (illustration 3) et la dernière aux concerts de flamenco (illustration 1).

b)

	Type d'événement	Lieu	Période
1	Exposition sur le Caravagisme européen	Musée Fabre	De juin à octobre
2	Festival de musique	Palais des congrès Le Corum, Domaine d'Ô et place Dionysos	Les trois dernières semaines de juillet
3	Les Estivales	En plein centre de Montpellier	Tous les vendredis de l'été
4	Exposition de photographies contemporaines	Pavillon populaire	Pendant tout l'été et jusqu'à la fin octobre
5	Concerts de flamenco	La Chapelle Gély, 170 rue Joachim du Bellay	Tous les jeudis à 19h30 de la mi-juin à la mi-septembre

⋯⟶ OBJECTIF DE L'ACTIVITÉ 3

⋮ Échanger oralement sur le thème.

❸ Placer les apprenants en binômes et les inviter à échanger oralement sur le thème en justifiant leurs réponses. Cette activité fera intervenir le vocabulaire du goût : *j'aime, je déteste, j'adore, j'ai horreur de, ça m'ennuie, ça me passionne, ça me laisse indifférent, je préfère, ce qui me plaît, c'est...* Comparer les opinions en grand groupe en procédant à un sondage d'opinion (*On sort ce soir, où voulez-vous aller ?*). Puis inviter les apprenants à échanger sur la situation culturelle dans leur pays : *Chez vous, quels sont les lieux de culture les plus fréquentés ? Quels festivals existent dans votre pays ? Quels sont les musées les plus connus ?...*

POUR ALLER PLUS LOIN : Inviter les apprenants à présenter à la classe un spectacle auquel ils ont assisté récemment. Leur faire faire simplement une présentation promotionnelle pour ne pas faire double emploi avec l'activité 4 de la page « Points de vue sur... ». Informer les apprenants de cette activité quelques jours à l'avance afin de leur laisser le temps de rassembler les informations et la documentation nécessaires.

⋯⟶ OBJECTIF DES ACTIVITÉS 4 ET 5

⋮ Comprendre un mail amical proposant un programme culturel.

❹ Faire lire le mail en grand groupe et demander aux apprenants quel en est l'objet et quels événements ont été sélectionnés par Cécile et Martin.

CORRIGÉ

1. Les activités possibles pour une semaine culturelle à Montpellier – 2. Ils ont sélectionné les Estivales, le festival de musique, l'exposition Caravage et les concerts de flamenco.

❺ Puis placer les apprenants en binômes et les inviter à répondre aux questions de l'activité 5. Corriger les réponses en grand groupe.

Enfin, prolonger cette activité à l'aide du vocabulaire contenu dans l'encadré « Stratégies pour proposer un programme à des amis dans un mail ». Attirer l'attention des apprenants sur les modes à employer après les verbes introducteurs : *Je suis ravi(e) que* + subjonctif ; *je vous propose de* + infinitif ; *je suis sûr(e) que* + indicatif ; *j'ai hâte de* + infinitif...

CORRIGÉ

1. « Je vous propose d'y faire un tour, si ça vous dit... » ; « On avait prévu aussi de... » ; « On pourrait aussi aller... » ; « Je réserverai des places pour... » – 2. « c'est parfait... » ; « ça tombe bien... » ; « De quoi se régaler. » ; « on ne va pas rater ça ! » ; « c'est top ! » – 3. « Je vous conseille d'aller sur le site ... » – 4. « On est ravis que vous veniez passer une petite semaine culturelle à Montpellier » ; « On vous attend avec impatience. À dans deux semaines ! »

⋯⟶ OBJECTIF DE L'ACTIVITÉ 6

⋮ S'exprimer par écrit sur le thème.

❻ Faire lire la consigne en grand groupe et s'assurer de sa compréhension en demandant aux apprenants de la reformuler. Puis les placer en binômes et les inviter à écrire le mail en réutilisant le vocabulaire vu dans les deux activités précédentes. Imposer un temps limite de 30 minutes et une longueur de 400 mots. Ce mail peut être aussi donné à faire en devoir à la maison.

EXEMPLE DE PRODUCTION

De : Lukas et Éva / À : Philippe et Vanessa / Objet : Votre séjour à Prague
Salut à tous les deux,
C'est super que vous veniez, on vous attend avec impatience ! Voici le programme qu'on vous a concocté. Le premier soir, on se balade tous les quatre dans la ville, une bonne occasion pour Philippe de faire des photos de Prague de nuit – le pont Charles, la Vieille Ville, sans oublier le Château dont les portes sont ouvertes jusqu'à minuit. Vous verrez, c'est fantastique, il n'y a personne dans les ruelles à part quelques soldats en grand uniforme qui vont rejoindre leur poste. Du pittoresque assuré ! Le lendemain vendredi, nouvelle balade dans la ville mais cette fois Éva emmène Vanessa aux studios Barrandov (où ont été tournées quelques-unes des plus grosses productions internationales de ces dernières années : *Amadeus, James Bond, Mission Impossible*, etc., sans oublier *La Môme* avec Marion Cotillard)

tandis que Philippe et moi, on se fait un petit reportage photo sur les trams de Prague. Mon vieux, je t'ai organisé un voyage d'enfer avec une amie conductrice, un truc qu'aucun touriste ne fait jamais ! Mais si tu préfères l'éternelle Prague de Kafka, avec un arrêt dans chacune des maisons que l'illustre écrivain a honoré de sa présence, tu n'hésites pas ! Le soir, on se retrouve au Théâtre national pour *La Fiancée vendue de Smetana*. Prévoyez costume et robe du soir : l'opéra en Tchéquie, ça ne plaisante pas ! Le troisième jour, si ça vous tente, on pourrait aller au musée d'Art moderne (avec l'impressionnante collection de Kahnweiler des plus grands peintres français de la fin du xixe et du début du xxe) et ensuite (s'il nous reste des forces !) à la galerie nationale. Le lendemain, qu'est-ce que vous diriez de prendre la voiture pour aller photographier Karlštejn et ses environs, à une trentaine de kilomètres de Prague ? Forêts ténébreuses, tours fantomatiques émergeant du brouillard, vous ne regretterez pas le détour ! Et pour le soir, j'ai réservé quatre places pour un match de hockey sur glace, le sport national ! C'est génial, non ? Philippe, tu vas adorer !!! Toi aussi, Vanessa, j'espère ! ☺

Si jamais ce programme ne vous convient pas, vous nous le dites et on peut toujours en changer.

On a hâte de vous voir. À dans un mois.

Lukas et Éva

Outils pour...

> Livre de l'élève p. 106-107

> Faire une interview

⋯> OBJECTIF DES ACTIVITÉS 1 ET 2

⋮ **Comprendre les thèmes essentiels d'une interview écrite.**

1 Faire répondre aux questions en grand groupe. Pour la deuxième question, le film *Intouchables* ayant eu beaucoup de succès un peu partout dans le monde, les apprenants connaîtront sans doute déjà son interprète principal Omar Sy.

CORRIGÉ

1. Il s'agit du site de *L'Express*, de la rubrique Cinéma. – 2. Éléments : Omar Sy est né en 1978 à Trappes. C'est un comédien et humoriste français qui s'est fait connaître grâce à ses sketchs en duo avec Fred Testot : Omar et Fred.

2 Puis faire lire l'article silencieusement. Vérifier la compréhension globale et demander aux apprenants de répondre aux questions en grand groupe.

CORRIGÉ

1. Omar Sy est un acteur français très populaire depuis le succès du film *Intouchables*. Il a commencé comme humoriste à la radio à l'âge de 17 ans. Il est aujourd'hui une des personnalités préférées des Français. – 2. Il est interviewé suite à l'énorme succès d'*Intouchables*. – 3. Il n'est pas impressionné par son succès car il sait que ça peut changer. Sa devise : « Vivre le bonheur plutôt que le crier sur tous les toits ! »

⋯> OBJECTIF DE L'ACTIVITÉ 3

⋮ **Repérer dans une interview écrite les différentes manières de poser des questions.**

3 Faire lire la consigne, s'assurer de sa compréhension, puis demander aux apprenants de travailler en binômes. Confronter les réponses en grand groupe.

CORRIGÉ

1. un fait précis, un événement : « Vous avez donc tiré un trait sur le bac ? » ; « Et vos parents, comment ont-ils réagi ? N'étaient-ils pas inquiets ? » – 2. une explication, une opinion : « Imaginiez-vous un instant qu'une chose pareille vous arriverait ? » ; « Pourquoi est-ce que vous avez opté pour le second choix ? » ; « En quoi est-ce que votre succès a changé votre quotidien ? » ; « Comment c'est possible de garder la tête froide quand on se retrouve troisième personnalité préférée des Français après Yannick Noah et Zinedine Zidane ? » – 3. une émotion : « Que pensez-vous de votre succès ? » ; « Ressentez-vous une pression pour la sortie de votre prochain film, dont les entrées seront forcément comparées à celles d'*Intouchables* ? »

POINT Langue

L'interrogation (1)

Ce Point Langue revient sur les trois manières de construire une phrase interrogative.

a) Écrire au tableau dans trois colonnes trois des questions relevées dans l'activité 3.

1	2	3
Vous avez donc tiré un trait sur le bac ?	Pourquoi est-ce que vous avez opté pour le second choix ?	Que pensez-vous de votre succès ?

Dans un premier temps, faire observer la différence entre la question 1 et les questions 2 et 3 : la première question est une question fermée (réponse oui ou non) et les deux autres sont des questions ouvertes (avec un mot interrogatif).

Ensuite, faire remarquer que la première question repose uniquement sur l'intonation : sujet + verbe (pour une question ouverte, on aura : sujet + verbe + mot interrogatif). L'intonation est montante. La deuxième question est une question avec *est-ce que* : mot interrogatif + *est-ce que* + sujet + verbe. Quant à la troisième, elle repose sur l'inversion : mot interrogatif + verbe + – + sujet.

Amener les apprenants à comprendre que chacune de ces trois constructions correspond à un niveau de langue. Question reposant uniquement sur l'intonation : français familier. Question avec *est-ce que* : français standard. Question avec l'inversion du sujet : français soutenu.

Pour s'assurer de la compréhension, demander aux apprenants de donner les deux variantes de chaque question :
« Vous avez donc tiré un trait sur le bac ? » → « Est-ce que vous avez tiré un trait sur le bac ? », « Avez-vous donc tiré un trait sur le bac ? »

« Pourquoi est-ce que vous avez opté pour le second choix ? » → « Pourquoi vous avez opté pour le second choix ? », « Pourquoi avez-vous opté pour le second choix ? »

« Que pensez-vous de votre succès ? » → « Qu'est-ce que vous pensez de votre succès ? », « Vous pensez quoi de votre succès ? »

Faire remarquer que le mot interrogatif *que* se transforme en *quoi* quand il est placé après le verbe et que *pourquoi* est toujours placé en première position dans la question.

b) Enfin, faire relever dans l'interview une question négative et faire retrouver ses deux variantes : « N'étaient-ils pas inquiets ? » → « Est-ce qu'ils n'étaient pas inquiets ? », « Ils n'étaient pas inquiets ? ».

⋯⁘ OBJECTIF DE L'ACTIVITÉ 4

⁝ **Répondre à un quiz de culture générale.**

4 Placer les apprenants en binômes et les inviter à se poser les questions à l'oral. Il est important en effet qu'ils ne se contentent pas de lire les questions et d'y répondre : il s'agit aussi d'un exercice de prononciation et d'intonation des phrases interrogatives accompagnant les deux Points Langue de la double page.

POINT Langue

L'interrogation (2)

a) Faire relire les questions du test et demander aux apprenants de quel type de question il s'agit.

CORRIGÉ Il s'agit de la question avec inversion (Tous les sujets se trouvent après les verbes).

b) Dans la question « Quel événement le 14 juillet célèbre-t-il en France ? », le sujet est « le 14 juillet ». On fait la question en répétant le nom par un pronom sujet dans l'inversion. Quand le verbe se termine par une voyelle, on utilise un « t » dit « euphonique » pour éviter le hiatus ; ça facilite la prononciation de la question.

⋯⋮ OBJECTIF DE L'ACTIVITÉ 5

⋮ **Réemployer la question avec inversion en créant un quiz culturel.**

5 Avant de procéder à l'activité, faire lire l'encadré « Les mots pour parler de l'art et des artistes ». Proposer aux apprenants d'enrichir chaque catégorie de l'encadré en procédant brièvement en grand groupe à des remue-méninges (Cinéma : *écran*, *sous-titres*, *genre*… ; Théâtre : *rideau*, *rang*, *première*…). Puis placer les apprenants en petits groupes de trois ou quatre personnes, de profils différents si possible (âge, sexe, personnalité…) et leur proposer d'imaginer cinq questions de culture générale, par groupes, en utilisant l'inversion. Les questions devront toucher des domaines susceptibles d'être connus de tous. Imposer un temps limite d'une dizaine de minutes pour la création des questions. Puis faire lire les petits quiz en grand groupe en procédant comme dans un jeu télévisé, avec l'enseignant ou un apprenant dans le rôle du présentateur. Le groupe qui a posé les questions les plus diffi-ciles (ou celui qui a répondu au plus grand nombre de questions) a gagné. L'objectif est d'entraîner à la créativité, à la reformulation et à la synthèse.

Corrigés S'exercer

3. 1. Pourquoi avez-vous choisi un fait divers comme point de départ de votre roman ? – 2. Comment vous êtes-vous documenté ? – 3. Est-ce facile de donner vie à des personnages si différents de soi ? – 4. Êtes-vous ému par vos personnages ? – 5. N'avez-vous pas l'impression de voler aux vrais protagonistes de l'affaire une partie de leur vie ? – 6. À quel personnage êtes-vous le plus attaché ? – 7. À quel moment exactement avez-vous commencé ce roman ? – 8. Pourquoi avez-vous utilisé une langue aussi familière ? – 9. N'avez-vous jamais eu la tentation d'abandonner l'écriture de ce livre ? – 10. Ne vous êtes-vous pas senti découragé devant la complexité de votre intrigue et le nombre des personnages ?

4. *Réponses possibles :* 1. À quelle heure vous levez-vous les jours de concert ? (fait précis) – 2. Est-il vrai que le vin améliore la voix ? (explication) – 3. Pourquoi refusez-vous toujours de manger avec le reste de la troupe ? (explication) – 4. Quel est votre secret pour conserver cette brillance vocale ? (fait précis) – 5. Que ressent-on quand le rideau tombe ? (émotion) – 6. Est-il vrai que vous aimez particulièrement chanter à Vienne ? (opinion) – 7. Et votre rêve ? (fait précis)

5. Par qui le roman *Notre-Dame de Paris* a-t-il été écrit ? – 2. Dans quel pays le basket-ball a-t-il été inventé ? – 3. Combien d'étoiles y a-t-il sur le drapeau européen ? – 4. L'Île de la Réunion est-elle un département français ? – 5. Dans quel pays le Rhône prend-il sa source ? – 6. Quelle proportion du territoire la forêt occupe-t-elle en France ? – 7. Comment l'actrice principale du film *Coco Chanel* s'appelle-t-elle ? – 8. Par qui la Pyramide du Louvre a-t-elle été dessinée ?

6. 1. la pièce était nulle ; les comédiens jouaient – 2. le jeu des acteurs était très convaincant – 3. ce court métrage de 33 minutes ; c'est le scénario – 4. les dialogues – 5. La nouvelle mise en scène – 6. l'œuvre ; un meilleur éclairage – 7. une chorégraphie – 8. un décor – 9. L'interprétation ; de ce morceau – 10. La lumière

Points de vue sur...

> Livre de l'élève p. 108-109

⋯⋮ OBJECTIF DE L'ACTIVITÉ 1

⋮ **Faire des hypothèses sur des événements culturels.**

1 En grand groupe demander aux apprenants d'observer les trois photos et de faire des hypothèses à l'oral sur les événements culturels dont il va être question.

⋯⋮ OBJECTIF DE L'ACTIVITÉ 2

⋮ **Lire et commenter des critiques culturelles.**

2 Faire lire les trois critiques en grand groupe et s'assurer de la compréhension du vocabulaire. Confirmer ou infirmer les hypothèses faites précédemment. Puis placer les apprenants en binômes et leur demander d'échanger (question 2).

CORRIGÉ

1. Critique 1 / Photo c : *Calacas* (spectacle équestre du metteur en scène et scénographe Bartabas) – Critique 2 / Photo a : Exposition *Murakami Versailles* – Critique 3 / Photo b : Benjamin Biolay en concert – 2. *Réponse libre*

⋯⋗ OBJECTIF DE L'ACTIVITÉ 3

⦂ **Repérer le vocabulaire de la critique.**

3 Placer les apprenants en binômes et leur demander de relire les trois critiques en complétant le tableau. Réunir les réponses en grand groupe. Enfin, enrichir ce vocabulaire à l'aide de l'encadré « Les mots pour donner son avis sur un événement culturel », mots que les apprenants classeront également en critiques positives et négatives.

CORRIGÉ

Calacas : + il est particulièrement réussi ; la scénographie astucieuse ; brillants interprètes ; un quatuor très rythmé ; Bartabas donne son meilleur ; Calacas diffuse une énergie joyeuse / – aucun commentaire négatif
Murakami Versailles : + c'est mignon ; les enfants d'Hello Kitty et les ados élevés au manga vont adorer / – il n'y a pas de quoi crier au génie ; l'ennui, c'est que Kaikai et Kiki n'ont pas grand-chose à dire à Vénus ; nous sommes dans la juxtaposition de créations sans grand intérêt et plutôt décevantes ; la rencontre n'a pas vraiment eu lieu
Benjamin Biolay : + bien secondé par son impeccable orchestre ; jouant très bien du piano ou de la trompette ; le très doué Benjamin Biolay magnifie ses chansons avec de classieux arrangements ; la qualité de la prestation des musiciens et de leur leader ; descendant direct des plus marquants artistes français ; vous aurez la délicieuse sensation d'être aux premières loges ; le concert de Benjamin Biolay est à voir sans faute ; le plaisir suscité par l'album ; ce sixième album [...] est magnifique et traversé par une ambition artistique et un souffle si rares dans la chanson d'aujourd'hui qu'on ne peut que s'incliner / – sa manière de remercier à tout bout de champ la main sur le cœur ou de sortir de gentilles banalités pour faire plaisir aux fans irrite légèrement ; ce sixième album, même s'il paraît un peu long

POINT Info

Bartabas, né Clément Marty en 1957, est un écuyer, pédagogue et metteur en scène français. Il est le fondateur du Théâtre équestre Zingaro. Il est responsable de l'Académie du spectacle équestre de Versailles.
Takashi Murakami, né en 1962 à Tokyo, est un artiste plasticien japonais dont les œuvres sont directement inspirées de l'imagerie manga japonaise.
Benjamin Biolay est un auteur-compositeur-interprète et chanteur français né en 1973. En 2000, il se fait remarquer par le grand public en co-composant un album pour Henri Salvador. L'année 2010 a été pour lui l'année de tous les succès : il a été doublement récompensé aux Victoires de la musique et son album *La Superbe* a été un triomphe.

⋯⋗ OBJECTIF DE L'ACTIVITÉ 4

⦂ **Écrire des critiques culturelles.**

4 Faire lire la consigne et s'assurer de sa compréhension, puis placer les apprenants en binômes et leur demander d'écrire une critique d'environ 120 mots en réemployant le vocabulaire vu précédemment et en imitant le style d'une des trois critiques. Imposer un temps limite de 30 minutes. Faire lire quelques productions en grand groupe.

EXEMPLE DE PRODUCTIONS

– La galerie du Nouveau Monde rend hommage à Egon Schiele (1890-1918), poète maudit de l'expressionnisme autrichien. Magistrale, grandiose, superbe ! La critique est unanime : il faut courir voir la rétrospective Schiele à la galerie du Nouveau Monde ! La sélection des œuvres de jeunesse souligne habilement l'influence décisive de Gustav Klimt et de l'Art Nouveau sur le peintre. De brèves notices aident à identifier les modèles et à comprendre les enjeux de l'époque, sans rien de pompeux ni d'ennuyeux. Les toiles de la maturité sont exposées avec une intelligence parfaite de l'œuvre et pourtant quel défi cela a dû être de juxtaposer ces explosions de couleurs, cette violence de formes et de sentiments. Un grand bravo au Nouveau Monde !
– Un chef d'œuvre à voir absolument : *Lincoln*, le dernier Spielberg. C'est un film magnifique interprété magistralement par Daniel Day-Lewis qui mérite amplement son Oscar ! Le film a beau durer plus de 2 heures, on ne s'ennuie pas un seul instant. On ne peut que s'incliner devant le talent de Monsieur Spielberg.

⋯⋗ OBJECTIF DE L'ACTIVITÉ 5

⦂ **Comprendre une émission culturelle.**

5 Faire lire la consigne et inviter les apprenants à répondre individuellement. Passer l'enregistrement une fois. Corriger en grand groupe.

CORRIGÉ

Réalisé par : Éric Toledano et Olivier Nackache – Avec : François Cluzet et Omar Sy – Genre : Comédie – Nationalité : Française

⋯⋗ OBJECTIF DE L'ACTIVITÉ 6

: **Approfondir la compréhension d'une émission culturelle.**

6 Faire lire la consigne et inviter les apprenants à travailler individuellement. Repasser l'enregistrement autant de fois que nécessaire, au besoin en le fragmentant. Corriger en grand groupe.

CORRIGÉ

Les avis sont partagés : Vincent a un avis positif sur le film (« C'est très réussi et pas complaisant du tout. »), Quentin un avis négatif (« C'est... à la limite du supportable ! ») et Adeline un avis mitigé (« J'ai bien aimé » ; « c'est un peu caricatural »). Par contre, tous les trois sont d'accord pour dire que l'interprétation est magistrale. Quant à la presse, elle est presque unanime pour saluer le film.

⋯⋗ OBJECTIF DE L'ACTIVITÉ 7

: **Participer à un débat critique.**

7 Avant de procéder à l'activité, faire lire l'encadré « Stratégies pour animer et participer à un débat ». Puis faire lire la consigne en grand groupe et s'assurer de sa compréhension en demandant aux apprenants de la reformuler. Puis diviser la classe en groupes de trois personnes, de profils différents si possible (âge, sexe, personnalité...) et leur proposer d'échanger oralement sur le thème. Dans un premier temps, inviter les apprenants à choisir un spectacle qu'ils ont tous vu (film, pièce de théâtre, exposition, concert...) puis les amener à choisir un rôle dans le débat (animateur, critique pour, critique contre). Il vaut mieux qu'ils défendent leur opinion véritable mais on peut très bien imaginer aussi qu'ils choisissent arbitrairement d'être pour ou contre. L'objectif est de réemployer à l'oral les stratégies pour animer et participer à un débat. Imposer un temps limite de trois ou quatre minutes : c'est une émission de radio, cela doit être très dynamique. Une disposition des chaises en triangle facilitera l'échange. Enfin, en grand groupe, récapituler en demandant aux apprenants de formuler les difficultés qu'ils ont rencontrées pour faire entendre leur avis.

Corrigés S'exercer

7. décevant – sentimental – parfaite – magistral – intelligent – impossible – raté – savoureux – insipide

8. *Réponse possible :* Mauvais signe : rien qu'en voyant le nom du héros, on n'a aucune envie d'ouvrir le livre. L'intrigue est décevante et insipide, et l'auteur ennuie son lecteur d'un bout à l'autre du roman : personnages creux, rythme poussif. C'est raté, sans aucun intérêt.

9. allons parler – allons commencer par – passerons – c'est à vous – je voudrais ajouter quelque chose – venons-en – j'aimerais avoir votre avis – qu'en pensez-vous – pas du tout – ne partage pas cet avis

POUR ALLER PLUS LOIN : L'enseignant peut apporter les programmes de la télévision en classe et proposer au groupe de regarder un film ou une émission pour en faire un débat critique dans la classe au début du cours suivant.

Outils pour...

> Livre de l'élève p. 110-111

⟩ Donner ses impressions

⋯⋗ OBJECTIF DE L'ACTIVITÉ 1

: **Lire des critiques et repérer des adverbes de manière.**

1 Dans un premier temps, faire décrire en grand groupe la photo du Centre Pompidou Metz (Comment trouvez-vous ce bâtiment ? À quoi vous fait-il penser ?...). L'enseignant pourra apporter en classe une photo du Centre Pompidou de Paris et faire comparer les deux bâtiments aux apprenants, ce qui permettra de revenir sur les structures de la comparaison vues dans le dossier 2. Faire compléter la présentation en lisant l'entrée « Musée » de l'**Abécédaire culturel**. Faire lire la consigne, puis placer les apprenants en binômes et les inviter à répondre aux questions. Corriger en grand groupe.

1. Avis positifs : Sophie 21, Artisto, Laura, Morin_f ; Avis mitigés : Michel, Titou ; Avis négatifs : Ben, Boris, Cathy532 –
2. Éléments sujets à critique : l'architecture, les expositions, le bâtiment, les parois vitrées, la baie donnant sur la cathédrale, le personnel, l'espace, les œuvres, la cuisine du restaurant

POINT Langue

Les adverbes de manière

a) Demander aux apprenants de relire les critiques et d'y relever les adverbes en grand groupe.

CORRIGÉ adverbes en *-ment* : absolument – forcément – énormément – spécialement – particulièrement – largement – extrêmement – relativement – également – vraiment ; adverbes en *-emment* : évidemment – fréquemment ; adverbes en *-amment* : insuffisamment

b) Toujours en grand groupe, demander aux apprenants de trouver les adjectifs correspondant aux adverbes.

CORRIGÉ Adjectifs associés : absolu – forcé – énorme – spéciale – particulière – large – extrême – relative – égale – vrai – évident – fréquent – insuffisant

Faire observer que, pour les adverbes en *-ment*, l'adverbe se forme sur le féminin de l'adjectif. Par exemple : *particulier* → *particulière* → *particulièrement* ; *spécial* → *spéciale* → *spécialement*. Quand l'adjectif se termine en *-é*, en *-i* ou en *-u*, l'adverbe se forme sur le masculin de l'adjectif. Par exemple : *forcé* → *forcément* ; *vrai* → *vraiment* ; *absolu* → *absolument*. Les adverbes en *-emment* se forment sur les adjectifs qui se terminent par *-ent*. On remplace le suffixe de l'adjectif par *-emment*. Par exemple : *évident* → *évidemment*. Quant aux adverbes en *-amment*, ils se forment sur les adjectifs qui se terminent par *-ant*. On remplace le suffixe de l'adjectif par *-amment*. Par exemple : *insuffisant* → *insuffisamment*.

c) Toujours en grand groupe, demander aux apprenants de lire les trois phrases que vous aurez notées au tableau et de dire où se trouvent les adverbes selon les temps des verbes.

CORRIGÉ L'adverbe est placé après le verbe conjugué à un temps simple. Il est entre l'auxiliaire et le participe passé à un temps composé.

⋯⋮ OBJECTIF DES ACTIVITÉS 2 ET 3

⋮ **Repérer dans un échange oral sur des spectacles des propositions relatives au subjonctif.**

2 Passer l'enregistrement une première fois et demander au groupe d'identifier la situation. Puis faire réécouter autant de fois que nécessaire et faire répondre individuellement. Corriger les réponses en grand groupe.

CORRIGÉ
a) Une jeune fille, Marine, attend la visite d'une amie, Caroline. Elle téléphone à un ami, Sébastien, pour lui demander de lui conseiller un spectacle qui conviendrait à son amie.

b)

Titre	Conseillé ?	Arguments
Adèle Blanc-Sec	Non	C'est le film le plus mou que je connaisse et les comédiens sont très mauvais.
Les Femmes du 6ᵉ étage	Oui	C'est un des films les plus drôles que j'aie vu ces derniers temps. Ça m'a beaucoup plu.
Les Misérables	Oui	C'est très pêchu *[avoir la pêche : être en grande forme]* avec une belle mise en scène classique. C'est un des rares spectacles qui soit au profit d'une œuvre de bienfaisance.
Dis à ma fille que je pars en voyage	Oui	J'en suis sorti complètement bouleversé.

Marine choisit *Les Femmes du 6ᵉ étage*.

3 Repasser le document autant de fois que nécessaire. Faire relever les expressions individuellement et corriger en grand groupe.

CORRIGÉ

Expressions utilisées par Marine pour montrer son intérêt : « Ah oui, super idée, il paraît que c'est bien. » ; « On ira plutôt voir *Les Femmes du 6ᵉ étage*. » – Expressions utilisées par Marine pour montrer son désintérêt : « Bof, ça ne me dit rien. Le thème ne me tente pas trop. »

POINT Langue

Le subjonctif dans les relatives

a) Faire lire les exemples tirés du dialogue du document 2 et faire répondre aux questions en grand groupe.

CORRIGÉ 1ʳᵉ phrase : subjonctif (« soit » / « fasse ») ; 2ᵉ phrase : conditionnel (« serait ») ; 3ᵉ phrase : subjonctif (« plaise »).

Faire remarquer que, quand la relative contient une nuance de souhait ou de doute, on emploie le subjonctif (« Je cherche quelque chose qui ne **soit...** » et « Il faudrait un spectacle qui nous **plaise...** »). Quand on veut insister sur la réalité de l'affirmation, on emploie l'indicatif ou un autre mode (ici, le conditionnel : « Tu connais un film ou une pièce de théâtre qui serait bien ? »).

b) Écrire au tableau ces trois phrases de l'activité 2b : « C'est le film le plus mou que je connaisse... » ; « C'est un des films les plus drôles que j'aie vu ces derniers temps. » ; « C'est un des rares spectacles qui soit au profit d'une œuvre de bienfaisance. »
Faire observer qu'on emploie le subjonctif dans les relatives qui suivent un superlatif (« le plus mou que... » ; « les plus drôles que... ») ou une expression de l'exception ou de la restriction (« C'est un des rares qui... »). Ajouter que le subjonctif se trouve aussi après une tournure négative ; donner les exemples du Mémo pour cette partie. La formation du subjonctif présent et passé a été vue dans le dossier 1, il est possible d'en faire un rappel si besoin.

⋯⋗ OBJECTIF DE L'ACTIVITÉ 4

⋮ **Faire réemployer le subjonctif dans les relatives, dans les superlatives et dans les expressions de l'exception.**

4 Placer les apprenants en binômes et leur demander de faire des phrases sur les exemples de la consigne ou sur d'autres exemples de leur choix s'ils ne connaissent pas les spectacles, films ou séries proposés. Faire lire l'entrée
nuel p. 196   « Séries télévisées » de l'**Abécédaire culturel**. Corriger les productions en grand groupe.

EXEMPLE DE PRODUCTIONS

Titanic est le film le plus cher qui ait été produit par Hollywood. *Avatar* est le plus beau film que j'aie jamais vu. *Harry Potter et les reliques de la mort* est l'un des films les plus ennuyeux que je connaisse. *Spider-Man* est le film le plus mou que j'aie vu ces derniers temps. *La Môme* est un des rares films français qui ait eu du succès aux États-unis. *Mad Men* est le moins bon film que j'aie vu cette année. *The Artist* est le seul film muet qui ait attiré autant de spectateurs. *Desperate Housewives* est la série la plus drôle que j'aie eu l'occasion de voir.

On complètera cette double page en faisant visionner aux apprenants la vidéo « Décrire une œuvre d'art » (voir CD-Rom / Dossier 6). On trouvera la fiche pour son exploitation p. 207-208 de ce guide.

Corrigés S'exercer

10. cruelle – difficile – attentive – précédent – constant – passionné – plaisant – joli – malencontreuse – gentil

11. 1. Ce film évoque très finement... – 2. On attend impatiemment... – 3.   les acteurs ont élégamment monté ... –
4. Le réalisateur [...] parlait couramment... – 5. L'acteur a fièrement regardé – 6. Le comédien s'est résolument mis –
7. Cet acteur aime aveuglément – 8. conformément à leur contrat.

12. 1. Je suis totalement choqué par les critiques. – 2. Les films de Luc Besson ? Je les ai pratiquement tous vus. – 3. *Le Grand Bleu* est vraiment le film que je préfère. – 4. C'est le seul acteur qui soit parfaitement en accord avec son personnage. – 5. Ce comédien a brillamment tenu son rôle. – 6. Seul le rôle principal est talentueusement interprété. – 7. Le metteur en scène a intelligemment dirigé ses acteurs. – 8. Le chef d'orchestre a gentiment rappelé à l'ordre ses musiciens. – 9. J'avais l'impression que la pièce se prolongeait indéfiniment.

13. 1. corresponde – 2. puisse – 3. ait eu – 4. soient admis – 5. puisse – 6. m'ait fait pleurer – 7. ait dit

14. 1. aie entendu – 2. ne me sois pas endormi – 3. ait exposées – 4. ait apporté – 5. ayons assisté – 6. vaille

Paroles en scène

> Livre de l'élève p. 112

Sur tous les tons
⋯⟩ OBJECTIF DES ACTIVITÉS 1 ET 2

⋮ **Discriminer à l'oral l'interrogation et l'étonnement.**

❶ et ❷ Passer l'enregistrement autant de fois que nécessaire, en le fractionnant si besoin, et demander aux apprenants de discriminer l'interrogation et l'étonnement, puis de répéter les phrases avec l'autre intonation. Pour l'interrogation, la voix monte sur le(s) mot(s) interrogatif(s) placé(s) en début (« <u>À quel âge…</u> ») ou en milieu de phrase (« Vous mettez <u>combien de temps…</u> ») et, plus légèrement, sur la finale (« … à <u>peindre</u> ? »). Quand il n'y a pas de mot interrogatif, la voix monte régulièrement jusqu'à la finale, avec une insistance marquée sur la dernière syllabe (« Vous peignez pour vous <u>détendre</u> ? »). Pour l'étonnement, la voix met en relief le mot le plus important de la phrase (« Vous <u>peignez</u> pour vous détendre ? ») et monte fortement sur la finale. Pour l'activité 2, l'enseignant fera remarquer que tous les exemples de l'enregistrement peuvent être lus indifféremment comme des interrogations ou des étonnements. Faire faire cet exercice en grand groupe ou en binômes.

CORRIGÉ

1. interrogation – 2. étonnement – 3. étonnement – 4. interrogation – 5. étonnement – 6. interrogation – 7. étonnement

Phonie-graphie
⋯⟩ OBJECTIF DE L'ACTIVITÉ 1

⋮ **Repérer le -*t*- euphonique.**

❶ Avant de procéder à l'activité, rappeler aux apprenants que, dans la question avec inversion, on écrit « t » uniquement après une voyelle.
Passer l'enregistrement une première fois. Inviter les apprenants à travailler individuellement puis à comparer leurs réponses avec celles de leur voisin. Passer une seconde fois l'enregistrement pour leur permettre de contrôler leurs réponses. Corriger en grand groupe.

CORRIGÉ

1. Ce tableau, que représente-t-il exactement ? Qu'y a-t-il en arrière-plan et que voit-on à droite ? – 2. Depuis quel âge ta sœur écoute-t-elle Brel et apprend-elle ses chansons ? – 3. La musique est-elle quelque chose dont tu pourrais te passer ? – 4. A-t-on attribué une récompense à ton film ? Saura-t-on bientôt quand il passera sur les écrans ?

⋯⟩ OBJECTIF DES ACTIVITÉS 2 ET 3

⋮ **Discriminer les sons [g] et [ʒ].**

❷ Avant de procéder à ces activités, rappeler aux apprenants que le g se prononce [g] quand il est placé devant *a*, *o*, *u* et [ʒ] devant *e*, *i* et *y*.

Passer l'enregistrement une première fois. Inviter les apprenants à travailler individuellement puis à comparer leurs réponses avec celles de leur voisin. Passer une seconde fois l'enregistrement pour leur permettre de contrôler leurs réponses. Corriger en grand groupe.

CORRIGÉ

figue – collège – gai – lange – bègue – mangue – guerre – longe

3 Même démarche que pour l'activité 2.

CORRIGÉ

Gargantua – La Guerre de Troie n'aura pas lieu – Germinal – La Duchesse de Langeais – Le Père Goriot – En attendant Godot – Le Genou de Claire – Le Guépard – La Gifle – Géant

Mise en scène
⋯⟶ OBJECTIF DE L'ACTIVITÉ 1

⋮ **Jouer une scène de théâtre sur le thème de l'art.**

1 Dans un premier temps, présenter Yasmina Reza à l'aide du Point Info ci-dessous. Puis faire lire la scène d'un ton neutre par deux apprenants, pour une première compréhension globale. Ensuite, faire repérer en grand groupe les répliques qui peuvent prêter à des lectures différentes, entre l'interrogation et l'étonnement. (« Tu plaisantes ? », « Une pensée ! »). Puis diviser la classe en plusieurs groupes, chaque groupe devant comprendre deux acteurs et un metteur en scène. Laisser un temps suffisant pour les répétitions et faire jouer la scène.

> **POINT** Info
>
> **Yasmina Reza**, née en 1959 à Paris, est une femme de lettres française à la production très variée (théâtre, romans, scénarios). Sa pièce *Art* (1994) est une réussite internationale qui l'a fait connaître du grand public.

⋯⟶ OBJECTIF DE L'ACTIVITÉ 2

⋮ **Improviser un jeu de rôle autour de l'achat d'un objet d'art.**

2 Faire lire la consigne en grand groupe et s'assurer de sa compréhension. Puis diviser la classe en groupes de trois et demander aux apprenants de jouer la scène en réutilisant les expressions de l'encadré « Les mots pour donner son point de vue, s'opposer et s'engager » de la page 85 du dossier 5 ainsi que « Les Mots pour parler de ses goûts culturels (la peinture) » de la page 103 de ce dossier.

⟩CD-ROM Pour conclure cette page, vous pouvez faire le jeu proposé sur le CD-ROM (Jeu du copiste) qui fera réutiliser la description d'un tableau.

PROJET DOSSIER 6

1 Préparation

⋮ **Préparer un supplément pour un magazine culturel.**

Prévenir les apprenants quelques jours à l'avance de la tenue de cette activité pour qu'ils apportent en classe le matériel nécessaire et les renseignements biographiques précis sur l'artiste dont ils souhaiteraient parler. Comme il va s'agir de créer le supplément d'un magazine culturel, l'aspect esthétique devra être particulièrement soigné.

Puis placer les apprenants en petits groupes de trois ou quatre personnes, de profils différents si possible (âge, sexe, personnalité...) et leur proposer d'échanger sur le thème oralement puis par écrit. Chaque apprenant pourra proposer un artiste ; le groupe se mettra ensuite d'accord sur un nom. Il existe l'autre solution d'une « Foire aux artistes » en grand groupe, ce qui permettrait aux apprenants de se réunir par affinités. Par exemple : Qui veut parler avec moi de X ? J'ai des photos de lui et des renseignements passionnants sur sa vie et sur son œuvre ! Faire lire ensuite les consignes et s'assurer de leur compréhension en demandant aux apprenants de les reformuler.

L'interview imaginaire peut se faire sur le modèle de l'interview d'Omar Sy p. 106. Dans cette interview, les apprenants devront réutiliser les trois manières de construire une phrase interrogative (Points Langue p. 106 et 107), ils devront également employer différents types de questions (questions pour obtenir un fait précis, un événement, pour demander une explication, une opinion, une émotion).

Pour le commentaire critique, ils devront réemployer le vocabulaire de l'encadré « Les mots pour donner son avis sur un événement culturel » de la page 109 ainsi que les adverbes de manière et le subjonctif dans les relatives (Points Langue p. 110 et 111).

Pour le quiz, ils devront réutiliser la question avec inversion, avec la reprise du pronom quand le sujet est un nom. L'objectif est d'entraîner à la créativité, à la reformulation et à la synthèse. Imposer un temps limite de rédaction (une heure devrait suffire, si les apprenants disposent du matériel nécessaire).

2 Présentation

⋮ Répondre à des quiz sur des artistes et élire les meilleurs suppléments.

Après correction par l'enseignant, donner aux apprenants les suppléments des autres groupes à lire à la maison. Le jour suivant, faire faire en classe les différents quiz afin de vérifier si les suppléments ont bien été lus. Puis procéder à une exposition des différents suppléments et inviter les apprenants à voter pour le meilleur (interdiction de voter pour son propre groupe). Le groupe gagnant reçoit un prix.

POINT Info

Vanessa Paradis, née en 1972, est une chanteuse et actrice française devenue célèbre dès l'âge de 14 ans avec son premier disque *Joe le taxi*.

VERS LE DELF B1

Les activités de cette double page permettent de préparer les apprenants au DELF B1. Dans ce dossier, les apprenants seront amenés à travailler deux compétences : la compréhension des écrits et la production écrite. On peut donner ce bilan à faire à la maison sous forme de devoir ou bien le présenter sous forme d'examen écrit à faire en classe.

Compréhension des écrits

Pour l'évaluation, compter 0,5 point par bonne réponse et retirer 1 point si la réponse à la question « Quel livre choisissez-vous ? » n'est pas logique par rapport aux cases cochées.

Cette activité peut se faire en une quinzaine de minutes. Interdire l'usage du dictionnaire. À la fin de l'épreuve, inviter les apprenants à indiquer les difficultés qu'ils ont rencontrées.

>>>

CORRIGÉ

	1 *La Carte et le Territoire*		2 *Les Bienveillantes*		3 *HHhH*		4 *Texaco*	
	Convient	Ne convient pas	Convient	Ne convient pas	Convient	Ne convient pas	Convient	Ne convient pas
Roman historique		✗	✗		✗		✗	
Récompense littéraire	✗		✗		✗		✗	
Nombre de pages	✗			✗	✗			✗
Date de publication	✗		✗		✗			✗
Prix		✗	✗		✗		✗	

Le livre à choisir est *HHhH* de Laurent Binet.

Production écrite

Faire travailler les apprenants individuellement. Leur faire lire la consigne et leur donner comme limite de temps 20 minutes et comme nombre de mots à respecter : 160 à 180 mots.
Pour l'évaluation, voir la grille ci-après.

EXEMPLE DE PRODUCTION

Chers collègues,
En vacances à Avignon l'été dernier, j'ai eu la chance de voir quelques pièces du festival de théâtre. Il y a un spectacle que j'ai beaucoup aimé : *Ma Marseillaise*, le monologue de Darina Al Joundi, comédienne et auteur libanaise, qui joue sur scène le rôle de Noun, une comédienne libanaise qui vit à Paris et qui demande la nationalité française.
Noun, c'est évidemment Darina, mais c'est aussi toutes les femmes qui se battent pour leur liberté. Darina Al Joundi est une grande comédienne, son personnage est très émouvant et sympathique. Et je dois vous dire, chers collègues, que j'ai aussi vécu certaines situations que son personnage rencontre, en particulier dans ses rapports compliqués avec l'administration française ! Ce spectacle montre la difficulté de vivre dans un pays étranger, même quand on veut juste être comme tout le monde et qu'on a du talent comme Darina Al Joundi. En conclusion, je vous conseille vraiment d'aller voir ce spectacle qui passe maintenant dans notre ville. Et si notre comité peut obtenir des réductions sur le prix des places, c'est encore mieux bien sûr !

PRODUCTION ÉCRITE	25 points
Respect de la consigne	2
Capacité à présenter des faits	4
Capacité à exprimer sa pensée	4
Cohérence et cohésion	3
Compétence lexicale / Orthographe lexicale	
Étendue du vocabulaire	2
Maîtrise du vocabulaire	2
Maîtrise de l'orthographe lexicale	2
Compétence grammaticale / Orthographe grammaticale	
Degré d'élaboration des phrases	2
Choix des temps et des modes	2
Morphosyntaxe – Orthographe grammaticale	2

Je sauvegarde

> Livre de l'élève p. 118-135

Contenus socioculturels • Thématiques

L'écologie dans la vie quotidienne
La ville d'aujourd'hui et de demain
Engagements écologiques individuels et politiques

Objectifs sociolangagiers

Objectifs pragmatiques	
Ouvertures	– comprendre une chanson sur l'écologie – écrire un couplet pour une chanson engagée – parler de l'écologie
La vie au quotidien	– comprendre une annonce radiophonique sur le développement durable – comprendre une discussion sur un stage – faire un compte-rendu de stage
Outils pour...	– parler de l'avenir – faire des hypothèses – interdire et préserver – substituer avec les pronoms *y* et *en*
Points de vue sur...	– parler de la culture potagère en ville – comprendre un système pour vendre et acheter des quotas d'émission de gaz à effet de serre – parler de la durée de vie des déchets dans la nature – comprendre un texte audio sur un pays « vert »
Paroles en scène	– comprendre un extrait de film – jouer une dispute à propos d'un engagement écologique
Projet	– concevoir une campagne en faveur de la consommation de produits de saison
Objectifs linguistiques	
Grammaticaux	– le futur simple (rappel) – le futur antérieur – le conditionnel présent et passé – les différents moyens pour exprimer l'hypothèse – les pronoms *y* et *en*
Lexicaux	– le vocabulaire de l'écologie – les stratégies et le lexique pour faire un compte-rendu de stage – le lexique du jardinage – les mots pour interdire et pour préserver
Prosodiques	– le ton de l'injonction
Phonie-graphie	– distinguer les homophones [kila] – les sons [kɑ̃], [kɔ̃], [kɛ̃] ou [kœ̃]
Vers le DELF B1	– compréhension de l'oral – production orale

> Lexique thématique   →   p. 184   > Abécédaire culturel   →   p. 196 et 197

7 Scénario du dossier

Dans la première double page, OUVERTURES, une chanson d'un groupe engagé permettra aux apprenants de réfléchir à l'avenir écologique qui nous attend ; ils ajouteront un couplet à la chanson et réutiliseront le vocabulaire de l'écologie en réfléchissant à ce qu'ils font de leur côté pour l'environnement.

Dans LA VIE AU QUOTIDIEN, ils écouteront une annonce radiophonique sur la Semaine du développement durable. Puis la lecture du témoignage d'un étudiant qui a participé à cette Semaine les aidera à construire et à rédiger un compte-rendu de stage.

La première double page d'OUTILS POUR entraînera les apprenants à parler de l'avenir de la planète. Ils reviendront sur le futur simple et le conditionnel présent, découvriront deux nouveaux temps : le futur antérieur et le conditionnel passé, et apprendront à les utiliser pour marquer l'antériorité et faire des hypothèses.

Dans POINTS DE VUE SUR, les apprenants découvriront différents témoignages sur la culture potagère en milieu urbain. Ils parleront du jardinage puis découvriront un métier d'avenir : opérateur de marché en CO_2, ils se pencheront sur la durée de vie des déchets dans la nature et écouteront un témoignage sur les mesures écologiques d'un pays « vert » européen.

Dans la deuxième double page d'OUTILS POUR, ils apprendront des mots pour interdire et préserver, grâce à des mesures prises par le gouvernement français en faveur de l'environnement. Puis une enquête sur le programme des Verts leur permettra de revenir sur l'utilisation des pronoms *y* et *en*.

Dans PAROLES EN SCÈNE, les apprenants s'entraîneront à démêler certaines ambiguïtés phonologiques du français familier. Puis ils joueront une scène de film sur les problèmes que pose l'engagement dans un mouvement écologique...

Dans le PROJET, ils concevront une campagne en faveur de la consommation de produits de saison. Ils composeront une affiche, réaliseront des recettes et compareront leurs talents culinaires respectifs.

Dans S'EXERCER, ils systématiseront à l'aide d'exercices les points linguistiques vus dans le dossier.

Dans VERS LE DELF B1, ils mobiliseront les acquis de ce dossier à travers deux activités de compréhension de l'oral et une activité de production orale.

Pages de sommaire

> Livre de l'élève p. 118-119

Illustration : Demander aux apprenants ce que représente la photographie (c'est une ampoule basse consommation) et ce qu'elle peut symboliser (les économies d'énergie ou la lumière qui se fait dans un esprit : « eurêka ! »). Leur faire faire des hypothèses sur la thématique du dossier à partir de cette photo et du titre (De quoi va-t-on parler dans ce dossier ? De l'écologie, non seulement à travers des découvertes scientifiques, mais aussi des gestes simples qui permettent à chacun de sauvegarder la planète : par exemple, l'utilisation d'ampoules basse consommation).

Citations : Puis faire lire la phrase de Gao Xingjian et en faire expliquer ou en expliquer les mots difficiles (*piller* = voler en grandes quantités ; *se venger* = réparer un dommage subi par une punition). Attirer l'attention des apprenants sur le fait que, dans cette phrase, l'article « le » dans « l'homme » est un déterminant de la généralité et que le mot désigne l'être humain, sans considération de sexe. Puis en demander le sens (nous abusons des ressources naturelles de la planète, mais tôt ou tard nous allons devoir ou nous devons déjà payer les conséquences de nos actes). Demander d'illustrer rapidement cette citation à l'aide d'exemples : « Nous abusons des engrais chimiques pour augmenter le rendement de la terre mais les engrais polluent l'atmosphère, tuent les abeilles et au final punit l'homme en le menaçant de famine... » Faire ensuite interpréter le dicton « La nature fait bien les choses » (première interprétation : dans la nature, toute chose doit être comme elle est et, par conséquent, on ne doit pas briser les cycles naturels, sous peine de provoquer des catastrophes irréversibles. Deuxième interprétation : la nature a raison de se venger des entreprises dangereuses de l'homme, l'homme n'a que ce qu'il mérite). On peut aussi faire discuter le dicton parce que la nature, c'est aussi la sélection naturelle, l'élimination des faibles, la loi du plus fort, etc. On pourra compléter cette introduction en faisant lire l'entrée « Écologie », dans

ﾠuel p. 196 l'**Abécédaire culturel.**

Ouvertures

> Livre de l'élève p. 120-121

⋯⟩ OBJECTIF DE L'ACTIVITÉ 1

⋮ **Comprendre une chanson engagée sur le thème de l'écologie.**

1 **a)** Dans un premier temps, livres fermés, placer les apprenants en binômes et leur demander de lister rapidement des problèmes écologiques et d'en désigner les causes. Problèmes écologiques possibles : la pollution, la destruction de la couche d'ozone, le réchauffement de l'atmosphère, les perturbations climatiques, l'épuisement des ressources naturelles, la déforestation… Causes : l'industrie, la surpopulation, le manque de gouvernance, les besoins en énergie toujours grandissants de l'humanité… Demander à la classe de définir l'expression « groupe musical engagé » (le mot « engagé » a été vu dans le dossier 5. Ce sont des musiciens qui chantent des textes dénonçant des injustices, des abus, des scandales…). Toujours livres fermés, passer la chanson en demandant aux apprenants de noter tous les mots importants qu'ils comprennent. Ce travail d'écriture les aidera à se concentrer sur les paroles sans se laisser distraire par la musique. Puis placer les apprenants en binômes et leur demander de répondre aux questions. Corriger après la deuxième écoute de la consigne b.
b) Toujours en binômes, procéder à une deuxième écoute. Vérifier les réponses en grand groupe en demandant de les justifier. Alimenter la discussion avec les mots du premier paragraphe de l'entrée « L'écologie et l'environ-

Manuel p. 184   nement » du **Lexique thématique**.

> **CORRIGÉ**

a) 1. Au début de la chanson, le chanteur s'adresse à un enfant (« Approche-toi petit ») et lui dit qu'il va lui raconter une histoire et, pendant toute la chanson, il continue de lui parler à la deuxième personne, par exemple dans le refrain : « il faut que tu respires […] Tu vas pas mourir de rire… ») – 2. Le chanteur dénonce la responsabilité de l'homme dans la destruction de la planète (« au début c'était bien […] Puis l'homme a débarqué avec ses gros souliers »), responsabilité à laquelle personne n'échappe, pas même l'enfant (« Ils te diront comment t'as pu laisser faire ça ») – 3. C'est « l'histoire de l'être humain » et des désastres qu'il a causés, racontée d'une façon accusatrice.
b) Première strophe : résumé 3 – Deuxième strophe : résumé 1 – Troisième strophe : résumé 2

⋯⟩ OBJECTIF DE L'ACTIVITÉ 2

⋮ **Approfondir la compréhension de la chanson en classant les thèmes évoqués.**

2 Ouvrir les livres, s'assurer de la compréhension de la consigne en la faisant reformuler et demander aux apprenants placés en binômes d'y répondre en expliquant les expressions imagées de la chanson. Corriger en grand groupe.

> **CORRIGÉ**

1. – Les actions de l'homme sur la nature : première strophe → « Des coups de pied dans la gueule pour se faire respecter / Des routes à sens unique il s'est mis à tracer / Les flèches dans la plaine se sont multipliées / Et tous les éléments se sont vus maîtrisés », « On a même commencé à polluer les déserts » ; troisième strophe → « T'es pas né dans un chou, mais plutôt dans un trou / Qu'on remplit tous les jours comme une fosse à purin »
– les calamités qui nous attendent : deuxième strophe → « D'ici quelques années on aura bouffé la feuille / Et tes petits-enfants ils n'auront plus qu'un œil »
– un paradis perdu : première strophe → « Au début y'avait rien, au début c'était bien / La nature avançait, y'avait pas de chemin » ; deuxième strophe → « Tu leur raconteras l'époque où tu pouvais / Manger des fruits dans l'herbe allongé dans les prés / Y'avait des animaux partout dans la forêt / Au début du printemps les oiseaux revenaient »
2. « l'homme a débarqué avec ses gros souliers » → il n'a aucun respect pour les autres – « Des coups de pieds dans la gueule pour se faire respecter » → l'homme s'approprie tout par la violence – « on est des esclaves » → l'homme est victime de ses propres passions – « Quelque part assassins » → il commet des crimes – « incapables de regarder les arbres sans se sentir coupables » → il est malgré tout capable de reconnaître sa responsabilité dans les crimes commis contre la nature – « À moitié défroqués, cent pour cent misérables » → il a perdu son innocence et il en souffre.

⋯⟩ OBJECTIF DE L'ACTIVITÉ 3

⋮ **Définir le sentiment dominant de la chanson.**

3 Poser la question en grand groupe. Demander aux apprenants de justifier leurs réponses et favoriser les divergences d'opinion, qui seront utiles pour l'activité suivante. On pourra noter au fur et à mesure les arguments au tableau.

CORRIGÉ POSSIBLE

Le sentiment qui domine, c'est le désespoir et la nostalgie d'un monde perdu à jamais : nous sommes condamnés à finir dans « une fosse à purin ». – C'est vrai, mais le sentiment de culpabilité aussi est important. Donc il y a peut-être une lueur d'espoir au fond du tunnel... – Je ne suis pas d'accord, je trouve que le chanteur idéalise le passé, qui n'a jamais été aussi rose qu'il le prétend...

⋯⟩ OBJECTIF DE L'ACTIVITÉ 4

: **Ajouter une strophe à la chanson.**

4 Faire lire la consigne en grand groupe et demander aux apprenants quels pourraient être les arguments contradictoires de l'enfant. Les noter au tableau. Pour lancer les idées et faire dire par exemple : « Nous avons aujourd'hui une conscience écologique plus développée qu'autrefois », partir de la photo des poubelles de tri sélectif, p. 121 du

anuel p. 184 manuel ; pour le vocabulaire, s'aider de l'entrée « Actions et moyens écologistes » du **Lexique thématique**. Ensuite, faire remarquer le niveau de langue de la chanson : c'est du français familier : élision des consonnes et omission du *ne* explétif (« y'avait pas de chemin »), expressions populaires (« en deux temps trois mouvements », « c'est pas demain la veille »). Demander aux apprenants de conserver ce style mais les laisser libre d'écrire le nombre de vers qu'ils voudront. Les placer en binômes et leur imposer un temps limite d'une vingtaine de minutes. Lire les compositions en grand groupe.

EXEMPLE DE PRODUCTION

J'crois pas à ton karma, je veux pas de ton monde / Retourne dans ton trou, t'es qu'un pauv' type immonde / C'est pas pour les jeunes que le tonnerre gronde / Avec des panneaux solaires et des poubelles de tri / Le recyclage des déchets et des transports dernier cri / Nous sauverons la Terre que vous laissiez périr / Regard' les fleurs pousser et les enfants sourire / Révolution verte, nous refusons d'mourir

❺ **EGO** Questionnaire • **Vous et l'écologie**

Avant ce questionnaire, on pourra rappeler ce qui a été dit sur l'engagement politique, aux pages 90 et 91 du manuel, et amener les apprenants à dire que l'écologie n'est pas seulement le problème des gouvernements, c'est aussi l'affaire de tous. Puis faire classer le vocabulaire de l'encadré « Les mots pour parler de l'écologie » en 4 catégories (en sachant que certaines solutions au niveau collectif sont bien sûr également valables au niveau individuel) : 1. les solutions au niveau collectif : *la sauvegarde de l'environnement, préserver la nature, le développement durable, l'isolation des bâtiments, l'amélioration de la qualité de l'air, les véhicules hybrides* – 2. les solutions au niveau individuel : *j'évite le gaspillage en..., je fais des économies d'énergie en..., je pratique le..., je privilégie les..., j'ai diminué...* – 3. la sensibilité aux questions écologiques et la volonté d'agir : *j'ai été interpellé(e), marqué(e), profondément choqué(e) par..., je suis pour..., il faut développer..., je suis partisan(e) de...* – 4. le manque de volonté ou de conviction écologique : *les gestes écologiques sont trop contraignants, je n'ai pas le réflexe de..., je ne fais pas du tout attention à..., les énergies vertes ne pourront jamais satisfaire tous nos besoins.*
Puis faire lire en grand groupe les questions de l'EGO Questionnaire, s'assurer de leur compréhension en les faisant reformuler et inviter les apprenants à se déplacer dans la classe pour s'interroger. Chacun pourra noter les réponses des autres sur une échelle de 1 à 5, du moins écologique au plus écologique. Confronter les réponses en grand groupe et évaluer à l'aide d'une moyenne générale la sensibilité de la classe aux questions écologiques.

POINT Info

La tempête Xynthia qui a frappé plusieurs pays européens entre le 26 février et le 1er mars 2010, a causé la mort de 59 personnes et des dégâts matériels estimés à près de deux milliards d'euros en France.
Le séisme en Haïti (12/01/2010) d'une magnitude de 7,0 à 7,3 sur l'échelle de Richter, a eu pour bilan 300 000 morts, 300 000 blessés et 1,2 million de sans-abris. De très nombreux bâtiments ont été détruits, dont le palais national et la cathédrale Notre-Dame de Port-au-Prince.

Corrigés S'exercer

1. 1. des ampoules longue durée – 2. le gaspillage – 3. l'environnement / la nature / la qualité de l'air ; ma consommation de viande – 4. à vélo ; covoiturage – 5. empreinte écologique ; recyclage – 6. éoliennes
2. sauvegarde – énergétique – renouvelables – biodiversité – prévention – urbanisme – rénovation

La vie au quotidien

> Livre de l'élève p. 122-123

⋯⋮ OBJECTIF DE L'ACTIVITÉ 1

⋮ **Commenter deux affiches promouvant l'écologie urbaine.**

1 Faire lire la consigne en grand groupe et faire répondre les apprenants en binômes. Corriger en grand groupe, chaque binôme donnant un élément de réponse. Un apprenant note les réponses correctes au tableau. L'enseignant souligne les mots qui vont être réutilisés pour la suite de cette double page. Après la correction, faire décrire les photos des deux affiches ou les expliquer si besoin. Sur la première affiche, on voit une sorte de soucoupe volante composée de plantes et d'une armature en métal (cf. Point Info ci-dessous). Sur la deuxième photo, on voit un éléphant mécanique, avec un fauteuil en papier recyclé posé sur l'une de ses défenses.

CORRIGÉ

1. Nantes <u>Métropole</u> a été désignée <u>Capitale verte de l'Europe</u> pour l'année 2013 par un jury international (l'un des logos est en anglais). – 2. Promouvoir <u>la Semaine du développement durable</u> et inciter les gens à contribuer au recyclage des déchets en les collectant. Dans ce but, la <u>collecte des déchets</u> est présentée non plus comme une corvée nécessaire mais comme une culture, un mode de vie moderne.

POINT Info

Le Prix de la Capitale verte de l'Europe est décerné chaque année depuis 2010 par la Commission européenne à une ville qui montre sa capacité à atteindre des objectifs environnementaux élevés, s'engage dans des objectifs permanents et ambitieux pour améliorer l'environnement et le développement durable et peut agir comme un modèle pour inspirer d'autres villes et promouvoir les meilleures pratiques environnementales. Stockholm (2010), Hambourg (2011), Vitoria-Gasteiz (2012), Nantes (2013), Copenhague (2014).

Aéroflorale II (doc. 1) est une « machine florale » construit par la compagnie La Machine et devenue l'emblème de Nantes Capitale verte européenne 2013. Les juges du Prix européen ont souligné son caractère original et dynamique. Le navire voyagera en Europe pour exporter les idées écologiques nantaises.

Le Grand Éléphant (doc. 2), créé par la même compagnie, peut transporter 52 personnes sur une distance de 250 mètres en 45 minutes. Il est composé d'un squelette métallique recouvert de feuilles de bois et poussé par un moteur de 450 chevaux. Cette attraction remporte un grand succès dans la métropole nantaise notamment grâce à l'eau que l'éléphant crache par la trompe lors des beaux jours.

La Machine et Royal de luxe sont deux grandes compagnies de théâtre de rue basées à Nantes. Quelques-unes de leurs productions spectaculaires sont visibles sur Internet.

⋯⋮ OBJECTIF DE L'ACTIVITÉ 2

⋮ **Comprendre une annonce radiophonique pour le lancement de la Semaine du développement durable.**

2 Faire lire la consigne en grand groupe. Passer le document sonore le nombre de fois nécessaire. Les apprenants répondent individuellement. Corriger en grand groupe. Puis préparer à l'activité suivante en demandant aux apprenants leur opinion sur cette Semaine : Peut-elle servir à quelque chose ? Les thèmes sont-ils bien choisis ? Seriez-vous disposés à y participer ? Pourquoi ?

CORRIGÉ

1. Avertir les habitants que la mairie de Nantes leur propose de participer à la Semaine du développement durable et leur expliquer en quoi consistera cette Semaine. – 2. Participants : les Nantais, les associations, les représentants de comités consultatifs, les acteurs économiques (= les industriels de la région nantaise, les autorités régionales) – Thèmes abordés : la transformation urbaine, la qualité de l'environnement, la tranquillité publique (= le développement durable ne touche pas seulement des enjeux économiques et écologiques, il vise également une réduction des injustices et une meilleure harmonie sociale).

⋯⋮ OBJECTIF DE L'ACTIVITÉ 3

⋮ **Comprendre une conversation entre un étudiant et un professeur puis compléter un compte rendu de stage.**

3 Faire lire les consignes en grand groupe et les faire reformuler pour s'assurer de leur compréhension. Puis placer les apprenants en binômes, procéder aux trois écoutes et laisser aux apprenants le temps nécessaire pour confronter leurs réponses en petits groupes. Corriger en grand groupe.

CORRIGÉ

a) Aurélien, un étudiant, explique à un professeur ce qu'il a fait à la mairie de Nantes, pendant un stage de quatre jours.
b) – thème préféré : Nantes et les enjeux urbains de demain
– ce qui l'a étonné : l'atelier intitulé « La place de la nature et de la biodiversité à Nantes » a remis en cause les certitudes qu'il avait sur cette question. / La salle était pleine. Il y avait beaucoup plus de monde qu'il se l'était imaginé.
– ce qu'il a trouvé positif : la décision de sensibiliser régulièrement les habitants aux grandes questions environnementales concernant la ville. Les élus se sont engagés à organiser des visites d'écoquartiers et à créer un journal ainsi qu'un forum pour inviter les habitants à échanger et à partager des idées. / L'idée de faire une carte de l'ensemble des bruits du territoire pour offrir un environnement sonore de qualité à tout le monde. / Les participants étaient passionnés par les sujets. Ils ont montré beaucoup d'exigence et de créativité. Les élus étaient à l'écoute. / Il est revenu sur ses idées préconçues et il s'est rendu compte que les problèmes humains comptaient au moins autant que les problèmes techniques.
– ce qu'il a regretté : ce sont surtout les adhérents des différentes associations écologiques qui participent. Ce sont toujours les mêmes personnes qui parlent. Il n'a pas écouté assez de témoignages concrets et vécus. / Le stage était trop court. Il a duré seulement quatre jours.
c) Lieu et date du stage : Mairie de Nantes, du 1er au 15 avril – Objectifs du stage : mise en place des différents ateliers de la Semaine du développement durable – Compte rendu de stage : Pendant ces quatre jours, j'ai assisté aux ateliers sur le développement durable de la ville de Nantes, organisés à l'occasion de la Semaine du développement durable. – Trois ateliers ont été organisés, chacun autour d'un grand thème : La place de la nature et de la biodiversité à Nantes – Nantes, capitale verte européenne. – 5. sensibiliser régulièrement les habitants aux grandes questions environnementales concernant la ville en créant un journal et un forum pour partager les idées et en organisant des visites d'écoquartiers ; 6. réaliser une carte de l'ensemble des bruits du territoire pour offrir un environnement sonore de qualité aux habitants – [...] les intervenants ont fait preuve de beaucoup d'exigence et de créativité pour trouver les solutions et les élus étaient à l'écoute. Ils étaient d'autant plus motivés que leur ville venait de recevoir le Prix « Capitale verte européenne ». Il est toutefois regrettable que la plupart des participants soient des adhérents des différentes associations écologistes et qu'on entende peu de gens venus à titre individuel. [...] J'ai pu me rendre compte à quel point les problèmes humains et relationnels comptent autant que les problèmes d'ordre technique. J'ai été entouré de personnes qui ont su me guider, mais je pense que ces quatre jours ont été insuffisants. Je regrette en effet de ne pas avoir eu le temps de m'intégrer, de développer des relations et d'approfondir mes recherches.

⋯⟶ OBJECTIF DES ACTIVITÉS 4 ET 5

⦂ **Approfondir la compréhension du compte rendu de stage.**

4 **et** **5** Toujours en binômes, les apprenants répondent aux deux questions. Corriger en grand groupe.

CORRIGÉ 4

1. Son nom, sa date de naissance, son adresse mail, son numéro de téléphone, son école, son année d'études.
2. Paragraphe 1 : Présentation du stage – Paragraphe 2 : Thèmes abordés et constats – Paragraphe 3 : Engagements de la ville – Paragraphe 4 : Opinions du stagiaire sur ces journées et mise en perspective – Paragraphe 5 : Conclusion

CORRIGÉ 5

pollution sonore – qualité locale de l'air ambiant – lutte contre le changement climatique – information et formation des citoyens – consommation d'eau – espaces verts urbains

⋯⟶ OBJECTIF DE L'ACTIVITÉ 6

⦂ **Réutiliser les acquis pour écrire un rapport de stage.**

6 Annoncer aux apprenants qu'ils vont réutiliser le plan de l'activité 4 en l'adaptant à un nouveau témoignage. Faire lire la consigne en grand groupe et procéder au nombre d'écoutes nécessaires pour permettre aux apprenants de prendre des notes. Leur conseiller pour la première écoute de noter exclusivement les faits concrets : noms propres, nombre, quantités, durée, objets... Pendant la deuxième écoute, ils notent les idées et les sentiments. Puis les placer en binômes pour la rédaction. Leur donner un temps limite de 30 à 45 minutes et une limite d'environ 350 mots. Lire quelques productions en grand groupe.

EXEMPLE DE PRODUCTION

COMPTE RENDU DE STAGE
Pendant ce stage d'un mois, j'ai travaillé avec l'association Compostri, une association nantaise qui s'occupe du compostage collectif. Ma mission était d'observer et d'étudier les pratiques et le mode d'organisation des volontaires qui assuraient les permanences.
Pendant cette mission d'observation, j'ai pu noter que :
– Compostri dispose de 12 composteurs, sorte de petits chalets de bois répartis dans la ville, dans lesquels les habitants vont déposer leurs déchets.

– L'association, qui a démarré il y a seulement neuf mois, compte déjà deux salariés et plus de 50 familles adhérentes.
– Plus de 4 000 tonnes de déchets ont été collectées pendant cette durée.
– Le travail des volontaires consiste à surveiller la bonne qualité des déchets. Dans ce but, ils répondent aux questions des habitants et les conseillent sur ce qu'on peut ou non mettre dans les composteurs. Ils leur apprennent notamment qu'on n'y jette que les déchets organiques (épluchures, marc de café, coquilles d'œufs, restes de repas…) et les déchets verts (tonte de pelouse, feuilles, branches…).
– Ces déchets sont loin d'être négligeables en terme de quantité puisqu'ils représentent le tiers du volume de nos poubelles, soit environ 125 kilos par an et par foyer.
Par ailleurs, j'ai appris en quoi consistaient les fonctions d'un maître composteur. Il ne se contente pas de conseiller, il apporte un vrai soutien aux gens qui désirent installer un composteur en bas de leur immeuble, par exemple en les aidant à obtenir l'autorisation préalable de la mairie ou une subvention de la collectivité, en organisant des réunions pour sensibiliser et impliquer les voisins à gérer le compost.
J'ai trouvé ce stage très enrichissant tant sur le plan professionnel que d'un point de vue humain. Cette association permet aux gens non seulement de se rendre utile à la société mais aussi de renforcer les liens de la communauté. Ils apprennent à se connaître et à s'apprécier en échangeant des idées. Et puis cela leur permet de modifier leur conception de l'écologie : ils sont dans le concret, ils ne craignent plus ni les odeurs ni les moucherons… Et je trouve ça formidable.

Outils pour...

> Livre de l'élève p. 124-125

› **Parler de l'avenir**

⋯⋮ OBJECTIF DE L'ACTIVITÉ 1

⋮ **Identifier le contenu d'émissions de télévision afin de voir ou de revoir des expressions du futur.**

1 En grand groupe, identifier rapidement le document 1. Puis faire lire la consigne. Les apprenants travaillent en binômes en justifiant leurs réponses. Corriger en grand groupe.

CORRIGÉ

Commentaire 1 : « Comment faciliter les déplacements en ville » (« on saura à n'importe quel moment quel est le moyen de transport le plus proche pour aller d'un endroit à un autre ») – Commentaire 2 : « Les carburants de troisième génération » (« une micro-algue qui devrait produire […] un biocarburant ») – Commentaire 3 : « Recyclage des déchets, quelle valorisation » (« la France produirait bientôt 37 kg de déchets par habitant », « de nouvelles filières de recyclage »)

Manuel p. 196 **POUR ALLER PLUS LOIN :** Lire en grand groupe l'entrée Transports en commun dans l'**Abécédaire culturel** et demander aux apprenants de comparer avec la situation de leur pays dans ce domaine. Prévoir un temps de recherches sur Internet dans la classe ou en dehors.

POINT Langue

Futur simple et futur antérieur

a) Placer les apprenants en binômes. Rappeler que le futur simple exprime un événement éloigné du présent, jugé comme possible mais pas encore certain.

CORRIGÉ on saura – on pourra

On forme le futur sur l'infinitif en ajoutant comme terminaisons : *-ai, -as, -a, -ons, -ez, -ont*. (Moyens mnémotechniques : ces terminaisons sont aussi celles du verbe *avoir* au présent de l'indicatif.) **Pour certains verbes dits irréguliers**, le radical du futur est différent de l'infinitif : *aller → j'irai, avoir → j'aurai, envoyer → j'enverrai, être → je serai, faire → je ferai, falloir → il faudra, pouvoir → je pourrai, savoir → je saurai, tenir → je tiendrai, venir → je viendrai, voir → je verrai, vouloir → je voudrai*.

D'autres verbes sont semi-réguliers. Plusieurs possibilités :
– on double une consonne : *appeler → j'appellerai, courir → je courrai, jeter → je jetterai, mourir → je mourrai…*
– on supprime le e final : *croire → je croirai, dire → je dirai, prendre → je prendrai…*

> > >

> > >

– on ajoute un accent ou on en change : *geler* → *je gèlerai*, *céder* → *je cèderai...*
– on transforme le *y* en *i* : *appuyer* → *j'appuierai*, *nettoyer* → *je nettoierai*, *payer* → *je paierai...*

b) Demander aux apprenants d'observer la deuxième phrase du premier commentaire et de dire quelle est l'**action antérieure à une action future** (« Ce système aura été mis en place » est antérieur à « on saura » et « on pourra »). Faire déduire la notion d'antériorité et confirmer l'explication à l'aide d'autres exemples : « Quand j'aurai mangé, je retournerai au travail. » Faire expliquer la formation du futur antérieur : c'est un temps composé de l'auxiliaire *être* ou *avoir* au futur simple et du participe passé (*prendre : j'aurai pris*). Envoyer quelques apprenants au tableau pour conjuguer des verbes à ce temps.
Demander ensuite aux apprenants d'observer la dernière phrase du document et de dire la différence d'emploi de ce temps par rapport à la phrase précédente. Ici, le futur antérieur « on aura réussi » n'exprime pas l'antériorité puisqu'il n'y a pas de futur simple dans la phrase. Il exprime un fait anticipé ou accompli dans le futur : la situation est considérée non pas dans son déroulement, mais dans sa finitude. Donner des exemples en complétant le commentaire : « D'ici quelques années, on sera débarrassé d'une partie des problèmes de pollution, on aura gagné une grande victoire... ».

⋯⋄ OBJECTIF DE L'ACTIVITÉ 2

⋮ **Comprendre des interventions utilisant le conditionnel.**

2 Faire lire la consigne, avertir les apprenants qu'il y a huit phrases pour sept nuances et donc que deux des phrases couvrent une nuance. Puis passer l'enregistrement une première fois et faire répondre individuellement. Corriger en grand groupe en repassant l'enregistrement.

CORRIGÉ

phrase 1 : une information non confirmée – phrase 2 : un regret – phrase 3 : une suggestion atténuée – phrase 4 : un regret – phrase 5 : un reproche – phrase 6 : un désir – phrase 7 : des prédictions – phrase 8 : une demande polie

POINT Langue

Le conditionnel

Faire faire une lecture en grand groupe du deuxième commentaire du document 1 pour en revoir les arguments puis placer les apprenants en binômes et leur demander de faire l'exercice d'association. Corriger en grand groupe en demandant à un ou deux apprenants d'écrire ses propositions au tableau.

CORRIGÉ Une micro-algue qui **devrait** → information non confirmée – Qui **pourrait** → demande polie – J'ai appris que certains centres-villes **connaîtraient** → paroles rapportées – Ce **serait** → situation imaginaire – Il **serait** temps → conseil – Les autorités **auraient pu** → reproche – On **aurait pu** éviter → regret

Souligner les verbes intéressants pour la leçon et demander aux apprenants à quel mode et à quel temps sont les cinq premiers (au conditionnel présent). Leur demander d'en expliquer la formation, qu'ils connaissent déjà. Puis confirmer les différentes valeurs de ce temps en ajoutant des exemples à ceux de l'exercice d'association :
– information non confirmée : « Certaines algues **seraient** mangeables. »
– demande polie : « **Auriez**-vous la gentillesse de fermer la fenêtre ? »
– paroles rapportées : « On m'a dit qu'elle **viendrait** à la réunion. »
– situation imaginaire : « Je rêve de vivre sur cette île. Je me **nourrirais** uniquement de fruits de mer... »
À noter qu'au discours indirect, introduit par un verbe au passé, le conditionnel présent remplace le futur simple. « Ils *prétendent* que nous ne **réussirons** pas. → Ils *prétendaient* que nous ne **réussirions** pas. »
Faire ensuite observer les verbes des deux dernières phrases de l'exercice d'association (« elles auraient pu » / « on aurait pu »). Demander quel est l'auxiliaire (*avoir*) et à quel temps il est (au conditionnel présent). Expliquer qu'il s'agit d'un temps composé et que c'est le conditionnel passé. Pour la formation, on prend *être* ou *avoir* au conditionnel présent et on ajoute le participe passé. Par exemple : « j'aurais passé », « tu serais parti », « ils se seraient parlé »... Envoyer quelques apprenants au tableau pour conjuguer des verbes à ce mode et à ce temps.

> > > >

>>>

Puis en expliquer les valeurs à l'aide de nouveaux exemples :
– le reproche : « Je ne vous aurais jamais cru capable d'un tel gaspillage. »
– le regret : « J'aurais dû écouter mes grands-parents. »
– une affirmation non confirmée → « Les clients de l'hôtel auraient tous été transportés à l'hôpital. »
Le conditionnel passé sert également dans le discours rapporté à remplacer un futur antérieur quand le verbe introducteur est au passé : « Je *vous promets* qu'il **aura terminé** sa conférence avant 18 heures. → Vous m'*aviez promis* qu'il **aurait terminé** sa conférence avant 18 heures et il est déjà 19 heures ! »

> Faire des hypothèses

⋯⋗ OBJECTIF DE L'ACTIVITÉ 3

⋮ **Comprendre une conversation sur des problèmes écologiques en identifiant des hypothèses.**

3 Faire lire la consigne, puis passer l'enregistrement. Les apprenants répondent individuellement. Corriger en grand groupe.

CORRIGÉ

1. La disparition d'espèces et la diminution des ressources naturelles. – 2. *Réponse possible :* Léo est très raisonneur et apparemment très optimiste : il essaie systématiquement de voir le bon côté des choses, à moins qu'il ne cherche simplement à contredire Amandine pour le plaisir. Selon lui, la disparition d'espèces animales peut faciliter le développement et la variété des autres espèces, comme l'a fait la disparition des dinosaures il y a des millions d'années. Il considère également que la crise du pétrole favorise la recherche d'énergies vertes et propres.

POINT Langue

Faire des hypothèses

Demander aux apprenants de compléter individuellement le texte à trous et passer l'enregistrement. Corriger en grand groupe en demandant à un ou plusieurs apprenants d'écrire les phrases au tableau.

CORRIGÉ 1. aura – 2. consommions – 3. n'avaient pas disparu – 4. lis – 5. avait économisé

• Faire observer la première phrase, demander quelle en est l'hypothèse et si elle est possible ou non. **L'hypothèse est considérée comme possible.** Faire remarquer qu'en français, le verbe de l'hypothèse introduite par *si* n'est jamais au futur.
• Faire observer la deuxième phrase, en souligner les verbes et en demander les modes et les temps (« consommions » → indicatif imparfait, « conserverions » → conditionnel présent). Expliquer que, dans ce cas, **l'hypothèse est considérée comme irréelle.** Leur demander de faire d'autres phrases sur le même modèle : « Si tu vivais au Congo, tu constaterais les ravages de la déforestation. » Faire remarquer qu'ici, la conséquence est au présent, mais qu'on peut envisager une conséquence au passé : « Si tu vivais au Congo, tu aurais représenté ce pays à la dernière conférence sur la déforestation. » Dans ce cas : **irréel du présent = *si* + indicatif imparfait → conditionnel passé.**
• Faire observer la troisième phrase, en souligner les deux premiers verbes et en demander les modes et les temps (« avaient disparu » → indicatif plus-que-parfait, « se seraient développés » → conditionnel passé). Demander où elle se situe dans le temps. Au passé : si les dinosaures n'avaient pas disparu il y a 65 millions d'années, les mammifères ne se seraient pas développés pendant les millions d'années qui ont suivi. Demander à quel mode et à quel temps est le troisième verbe (« seraient » → conditionnel présent) et pourquoi (parce que la conséquence finale est envisagée dans le présent : les espèces ne seraient pas aussi variées aujourd'hui). Revenir aux deux premiers verbes et demander si la non-disparition des dinosaures est possible ou impossible (elle est impossible, c'est une hypothèse purement rhétorique). Écrire à côté de la troisième phrase : **irréel du passé = *si* + indicatif plus-que-parfait → conditionnel passé.** Demander aux apprenants de faire d'autres phrases sur le même modèle : « Si tu étais né au Congo, tu aurais grandi près d'une forêt vierge et tu aurais appris à aimer les grands singes. » Faire observer qu'ici, la conséquence est au passé, mais qu'on peut envisager une conséquence au présent : « Si tu étais né au Congo, tu parlerais le kituba ou le lingala en plus du français. » Ou comme dans la cinquième phrase : « Si on avait économisé le pétrole, on n'en serait pas là. » Dans ce cas : **irréel du passé = *si* + indicatif plus-que-parfait → conditionnel présent.**

>>>

>>>

• Faire observer la quatrième phrase, en souligner les verbes et en demander les modes et les temps (« crois » → indicatif présent, « lis » → impératif présent). Demander quelle est l'hypothèse (« si tu ne me crois pas ») et si elle est considérée comme réelle ou irréelle (elle est considérée comme réelle). Écrire à côté de la quatrième phrase : **hypothèse dans le présent = *si* + présent de l'indicatif → impératif présent**. Demander aux apprenants de faire d'autres phrases sur le même modèle : « Si tu vas au Congo, téléphone à Pierre et demande-lui de t'emmener dans la forêt. » Faire observer qu'on trouve également la forme : **hypothèse dans le présent = *si* + présent de l'indicatif → présent de l'indicatif**. « Si les Congolais sont aussi cyniques que toi, il n'y a plus d'espoir. »

• Mettre en garde les apprenants contre la confusion entre le *si* de l'hypothèse, jamais suivi du futur ni du conditionnel et le *si* du discours indirect, qui lui peut l'être : « Ils ne m'ont toujours pas dit s'ils assisteraient / assisteront à la conférence. » ; « Je ne sais pas si tu les convaincras. »

On complètera cette double page en faisant visionner aux apprenants la vidéo « La ville du futur » (voir CD Rom / Dossier 7). Vous trouverez la fiche pour son exploitation p. 209-210 de ce guide.

Corrigés S'exercer

3. 1. verra – 2. seront – 3. aura ; surviendront – 4. faudra – 5. fera ; créera – 6. enverra – 7. pourront

4. 1. auront compris ; utiliseront ; retrouveront – 2. seront ; auront pris conscience – 3. auront mesuré ; feront ; gaspilleront ; sera – 4. auront découvert ; deviendra – 5. ira ; aura résolu

5. 1. Quand / Dès que / Une fois que / Aussitôt que les appartements seront équipés / auront été équipés de doubles vitrages, on fera des économies d'énergie. – 2. Quand / Dès que / Une fois que / Aussitôt que les véhicules polluants seront interdits / auront été interdits, les habitants seront en meilleure santé. – 3. Quand / Dès que / Une fois que / Aussitôt que les pesticides seront interdits / auront été interdits, on mangera plus sainement. – 4. Quand / Dès que / Une fois que / Aussitôt que le prix des véhicules électriques baissera / aura baissé, les villes seront plus silencieuses. *(Faire observer aux apprenants que les conjonctions* quand, dès que, une fois que, aussitôt que *ont à peu près le même sens, mais que la première (« quand ») marque seulement le temps, alors que les trois autres (« dès que », « une fois que », « aussitôt que ») soulignent l'achèvement de la situation ou de l'action.)*

6. 1. devriez – 2. soutiendrait ; doublerait – 3. investiraient / auraient investi ; réduiraient / auraient réduit – 4. Auriez – 5. achèterait ; diminueraient ; auraient – 6. vaudrait

7. 1. auraient dû – 2. aurait plutôt dû – 3. aurait fallu – 4. auriez pu – 5. aurais dû

8. 1. on n'avait pas autant tardé ; serait – 2. avait fait ; auraient voté – 3. voulais ; ferais – 4. preniez ; pollueriez – 5. avait su ; n'aurait pas gaspiller – 6. ne vous étiez pas battu ; n'aurions pas obtenu – 7. aviez rendu ; aurions pu – 8. utilisiez ; pousseraient ; pollueriez

9. *Réponses possibles :* Si nous ne réagissons pas tout de suite, il sera trop tard demain pour faire quoi que ce soit. Si tu dormais avec des chaussettes, tu n'aurais pas besoin de chauffer ta chambre la nuit. Si nous avions continué de nous chauffer au bois, il n'y aurait plus de forêts en Europe. Si je n'étais pas allé(e) dans la forêt amazonienne, je n'aurais jamais réalisé l'ampleur du problème.

Points de vue sur...

> Livre de l'élève p. 126-127

···⟡ OBJECTIF DES ACTIVITÉS 1 ET 2

⋮ Lire et résumer à l'oral deux présentations d'initiatives écologiques.

1 et **2** Demander aux apprenants ce que représente la photo en haut de la page (une serre, c'est-à-dire une construction en verre ou en plastique, utilisée pour abriter les plantes délicates du froid) et comment on appelle ce genre de culture (la culture maraîchère). Lire les consignes puis placer les apprenants en binômes. Pour la correction en grand groupe, faire lire des résumés et demander à la classe si l'essentiel a été dit.

CORRIGÉ POSSIBLE 1

Les Fermes Lufa est une association montréalaise qui vend des produits frais cultivés sur les toits de la ville. Elle distribue ses paniers de légumes à près d'un millier d'abonnés déjà, ce qui non seulement répond à une demande gastronomique, mais est une façon de compenser l'extension des villes et l'épuisement des bonnes terres agricoles.

CORRIGÉ POSSIBLE 2

a) L'association Potager en'vie rassemble une quarantaine de volontaires qui cultivent ou apprennent à cultiver toutes sortes de fruits et de légumes sur un terrain alloué par la mairie de Munster. Cette association existe depuis une dizaine d'années et son concept novateur est le partage des jardins. Une seule condition pour s'inscrire : aimer le jardinage.
b) « Ils sèment éperdument » se prononce de la même façon que « ils s'aiment éperdument ». Cela signifie que les volontaires de cette association « s'aiment » les uns les autres en « semant » des plantes et des légumes et également qu'ils aiment éperdument cultiver leur jardin.
Expliquer également les expressions imagées du document 2 : « Potager en'vie » : l'association développe chez les volontaires l'envie de jardinage et de nourriture saine et fraîche, et s'emploie à créer des potagers en vie, des endroits qui évoluent, qui ont une raison d'être dans le monde moderne – « faire germer des vocations » : faire naître (normalement, ce sont les graines qui germent ; ici ce sont les vocations de jardiniers) – « avoir la main verte » : avoir le don de faire pousser les plantes – « un bouillonnement de cultures » : un bouillon de culture : c'est un milieu favorable à la culture bactériologique ; un bouillonnement désigne l'agitation d'un liquide qui bout ; « un bouillonnement de cultures » évoque donc la croissance agitée d'une grande quantité de plantes dans un espace étroit – « un jardinier en herbe » : sans expérience (on dit de la même façon un écrivain en herbe, un politicien en herbe...).

⋯⫶ OBJECTIF DE L'ACTIVITÉ 3

⫶ **Commenter en petits groupes le projet des deux associations.**

③ Placer les apprenants en groupes de trois ou quatre personnes, de profils différents si possible (âge, sexe, personnalité...). Pour la question 1, leur demander de dresser une liste des plus et des moins de ces deux formes de jardinage, à partir des informations contenues dans les deux documents et de leur propre imagination (favoriser la fantaisie). Pendant l'élaboration de cette liste, ils confronteront leurs opinions sur ces deux formes de jardinage afin de déterminer celle dont ils se sentent le plus proches. Par exemple : Les Fermes Lufa : plus → cela met les légumes frais à la disposition immédiate des citadins (le circuit de vente est plus court) ; ça répond aux besoins de nombreuses personnes ; ça compense la disparition des bonnes terres agricoles ; c'est joli... – moins → l'air dans les villes étant pollué, les produits de ces jardins le sont sans doute aussi ; ça coûte cher en maintenance des bâtiments car, avec les arrosages, il y a forcément des infiltrations dans les murs ; ça représente des quantités dérisoires de produits frais et ces fermes ne servent à rien de plus qu'à un effet d'annonce...
Pour les deux autres questions, les apprenants devront réutiliser le vocabulaire vu dans les deux documents mais pas encore celui de l'encadré « Les mots pour cultiver son jardin », qui sera étudié dans l'activité suivante. Prévoir une brève mise en commun pour constater les points communs et les disparités.

⋯⫶ OBJECTIF DE L'ACTIVITÉ 4

⫶ **Parler de son expérience du jardinage.**

④ Le lexique de l'encadré « Les mots pour cultiver son jardin » peut être entièrement expliqué par des mimes. Procéder à cette activité sous forme de jeu : diviser la classe en deux groupes, choisir un représentant pour chaque groupe. Le représentant mime à son groupe les mots que l'enseignant lui a au préalable expliqués en français. Pour chaque mot trouvé, en français ou dans la langue maternelle des apprenants, le groupe reçoit un point. Ce

Manuel p. 184 vocabulaire pourra être enrichi avec l'entrée « Jardiner » du **Lexique thématique**. Puis placer les apprenants en petits groupes et les inviter à répondre à la consigne. Pour le cas où ils n'auraient jamais jardiné, leur dire d'imaginer ce qu'ils aimeraient cultiver si jamais ils jardinaient et pourquoi. Confronter les réponses en grand groupe et voir s'il existe dans la ville des apprenants des initiatives similaires à celles des Fermes Lufa ou de Potager en'vie.

⋯⫶ OBJECTIF DE L'ACTIVITÉ 5

⫶ **Définir et analyser un nouveau métier en rapport avec l'écologie.**

⑤ Faire lire la consigne en grand groupe, la faire reformuler pour s'assurer de sa compréhension. Les apprenants répondent individuellement. Confronter les réponses en grand groupe.

CORRIGÉ

1. L'opérateur de marché en CO_2 (« opérateur de marché » est l'équivalent français de « trader » – écrit aussi « tradeur ») vend et achète des quotas d'émissions de gaz à effet de serre. L'UE imposant aux industriels un quota d'émissions de gaz à effet de serre en vue de réduire ses émissions de 20 % d'ici 2020, les industriels qui n'utilisent pas la totalité de ce quota vendent leurs parts à ceux qui le dépassent. – 2. *Réponse libre.*

⋯⫶ OBJECTIF DE L'ACTIVITÉ 6

⫶ **Réfléchir à la durée de vie des déchets.**

⑥ Placer les apprenants en binômes et leur demander de répondre aux questions à l'oral, en les invitant à parler de l'avenir et donc à réutiliser le futur simple et le futur antérieur vus dans la double page précédente. Puis confronter les réponses en grand groupe.

CORRIGÉ POSSIBLE

Si on continue de jeter nos déchets dans la nature, ils envahiront un jour la planète, empoisonneront la terre et pollueront complètement l'atmosphère. Quand nous aurons tout détruit, quel avenir restera-t-il à l'humanité ? Il faut agir avant qu'il ne soit trop tard, en sensibilisant les enfants dès leur plus jeune âge, en imposant de fortes amendes aux contrevenants, en régulant au niveau national, continental, mondial... – 2. objet de verre : 4 000 ans ; pile au mercure : 200 ans ; chewing-gum : 5 ans

RENDEZ-VOUS Alterculturel

Faire lire les questions en grand groupe et les faire reformuler pour s'assurer de leur compréhension. Puis procéder à l'écoute. Les apprenants répondent individuellement. Corriger en grand groupe.

CORRIGÉ

1. L'énergie solaire et l'énergie éolienne. – 2. L'État contribue à l'achat de panneaux solaires par les particuliers à raison de 100 euros par mètre carré et achète les surplus d'énergie produits à raison d'environ 8 centimes par kilowatt. – 3. On y voit partout des éoliennes et des pistes cyclables, et il y a une taxe écologique de 15 % sur le prix de l'essence pour faire baisser l'utilisation de la voiture. En Allemagne, tout le monde a son vélo.

Corrigés S'exercer

10. cultiver / planter / semer – a semé – annuelles – arroser – compost – traiter – planté – cueillir – tailler

Outils pour...

> Livre de l'élève p. 128-129

> Interdire et préserver

⋯⋗ OBJECTIF DE L'ACTIVITÉ 1

Associer des interdictions à des objectifs de préservation de l'environnement et de protection de la santé publique.

1 Faire lire la consigne en expliquant rapidement ce qu'est le Grenelle de l'environnement (lire l'explication du manuel et compléter si besoin avec le Point Info ci-dessous) et demander aux apprenants, placés en binômes, de répondre. Corriger en grand groupe.

CORRIGÉ

1 c – 2 g – 3 e – 4 b – 5 a – 6 d – 7 f

POINT Info

Le Grenelle de l'environnement a été nommé ainsi du fait que le ministère du Travail, où ont eu lieu les rencontres, se trouve rue de Grenelle, dans le 7ᵉ arrondissement de Paris. Il était dirigé par le président Sarkozy et patronné par Wangari Maathaï et Al Gore, tous deux prix Nobel de la Paix, ainsi que par José Barroso, président de la Commission européenne. Les trois priorités choisies étaient la lutte contre le réchauffement climatique, la préservation de la biodiversité et la réduction des pollutions.
Pour plus de renseignements, consulter http://www.legrenelle-environnement.fr/

nuel p. 196 **POUR ALLER PLUS LOIN :** Lire en grand groupe l'entrée « Énergie » dans l'**Abécédaire culturel** et l'entrée
nuel p. 184 « Les problèmes environnementaux » dans le **Lexique thématique** et demander aux apprenants de comparer avec la situation de leur pays dans les mêmes domaines. Prévoir un temps de recherches sur Internet, dans la classe ou en dehors.

⋯⋮> OBJECTIF DE L'ACTIVITÉ 2

⋮ **Hiérarchiser et comparer des interdictions.**

2 Faire reformuler la consigne afin de s'assurer de sa compréhension. Les apprenants répondent en binômes. Confronter les réponses en grand groupe en favorisant les divergences d'opinion, une certaine subjectivité étant de règle dans le domaine de l'écologie. Si les apprenants ne sont pas informés des mesures prises dans leur pays, leur demander de faire une recherche sur Internet en dehors de la classe et de présenter leurs découvertes au cours suivant.

⋯⋮> OBJECTIF DE L'ACTIVITÉ 3

⋮ **Repérer le vocabulaire pour interdire et préserver dans le compte rendu du Grenelle de l'environnement.**

3 Faire lire la consigne en grand groupe et s'assurer de sa compréhension en la faisant reformuler. Les apprenants devront noter les prépositions qui vont avec ce vocabulaire. Ils répondent en binômes. Corriger en grand groupe. On confirmera et complètera le vocabulaire avec les encadrés « Les mots pour interdire », « Les mots pour préserver ».

> **CORRIGÉ**
>
> a) interdire ou défendre → interdiction de + nom (« interdiction des phosphates ») ; être interdit à quelqu'un (« sera interdite » ; « l'usage du téléphone est interdit aux élèves ») ; défense de + infinitif (« défense de brûler ») ; interdire + nom (« interdire la vente d'ampoules ») ; être défendu (« l'usage du pesticide est défendu ») ; ne pas pouvoir / ne pas être autorisé (« ne pourront pas semer » ; « [les graines de maïs transgénique] ne sont pas autorisées »).
> Sur la construction de ces expressions, faire remarquer :
> – la contraction de l'article défini dans « interdiction des phosphates » (*des = de + les*), « être interdit aux élèves », « ne pas nuire aux abeilles » (*aux = à + les*).
> – l'usage de l'infinitif après les formes impersonnelles, quand on parle en général : « il est défendu d'utiliser ce pesticide », « il est interdit de téléphoner à l'école », « il ne faut pas gaspiller l'énergie ».
> – l'emploi systématique de l'infinitif après le verbe *devoir. Devoir* peut avoir un sujet indéfini (« on doit économiser l'énergie » = les gens en général doivent économiser l'énergie) ou personnel (« tu dois économiser l'énergie »).
> b) la sauvegarde de l'environnement → épargner ; éviter ; empêcher ; ne pas nuire à + nom ; protéger quelque chose ; ne pas contaminer quelque chose.

⋯⋮> OBJECTIF DE L'ACTIVITÉ 4

⋮ **Écrire des interdictions en relation avec l'écologie.**

4 Faire lire la consigne en grand groupe, la faire reformuler pour s'assurer de sa compréhension et demander aux apprenants d'y répondre en réutilisant le vocabulaire et les constructions grammaticales vues dans les trois activités précédents. Ils pourront également revenir à l'encadré « Exprimer le but » du Dossier 5, p. 92 du manuel. Ils rédigent leurs interdictions et objectifs en binômes. Comparer et corriger les réponses en grand groupe.

> **EXEMPLE DE PRODUCTION**
>
> Je voudrais que mon gouvernement interdise l'usage des engrais azotés afin d'arrêter la pollution par les nitrates, qu'il n'autorise pas la construction d'élevages de cochons dans ma région afin que je continue de respirer l'air pur de nos forêts et qu'il défende de cultiver du maïs transgénique dans notre pays de façon à préserver l'environnement pour les générations futures.

⋯⋮> OBJECTIF DE L'ACTIVITÉ 5

⋮ **Proposer des mesures pour protéger un site historique français.**

5 Présenter rapidement le mont Saint-Michel et les menaces qui pèsent sur lui (voir Point Info ci-dessous). Faire lire la consigne en grand groupe et s'assurer de sa compréhension en demandant aux apprenants de la reformuler. Les apprenants travaillent en binômes. Ils pourront utiliser soit l'expression du but comme dans l'activité précédente, soit le gérondif (vu dans le dossier 5, à la page 89 du manuel). Corriger en grand groupe.

> **EXEMPLE DE PRODUCTION**
>
> On devrait limiter les risques d'ensablement en supprimant la digue et en construisant une passerelle à la place. Par mesure de précaution, on devrait embaucher de nouveaux guides pour empêcher les touristes de disparaître dans les sables mouvants. Pour ne pas nuire à l'environnement, on devrait interdire la pêche à pied dans la baie.

POINT Info

Le mont Saint-Michel est un îlot rocheux situé dans une baie de Basse-Normandie, de 900 mètres de circonférence et de près de 80 mètres de haut. L'abbaye qui le couvre en grande partie y a été construite du 10e au 19e siècle. Avec près de 2,5 millions de visiteurs par an, c'est l'un des monuments les plus visités de France. On y accède par une digue qui a accéléré l'ensablement de ses eaux et qui en menace l'insularité. Il est question aujourd'hui de démolir cette digue et de la remplacer par une passerelle. À marée basse, on peut accéder au mont par la grève mais la présence de sables mouvants rend obligatoire la présence d'un guide. Le problème de l'ensablement est accru par l'assèchement des marais qui longeaient la côte, devant l'abbaye. Un projet qui devrait aboutir au début des années 2020 prévoit la suppression des terrains exploitables qui ont remplacé ces marais et leur retour à l'état naturel.

› Substituer avec les pronoms *y* et *en*

⋯⋮ OBJECTIF DE L'ACTIVITÉ 6

⋮ **Revoir les pronoms *y* et *en* en répondant à un test sur le programme des Verts.**

6 Livres fermés et en grand groupe, procéder, sous forme de devinettes, à un rapide exercice d'association du vocabulaire spécialisé contenu dans le test. À ce stade de l'apprentissage, ne pas attirer l'attention de la classe sur les pronoms *y* et *en*. Il s'agit d'un premier échauffement. Par exemple :

1. un atelier
2. du carburant
3. des OGM
4. du gaz de schiste
5. adhérer
6. inéluctable

a. On en met dans les voitures, pas dans les vélos.
b. Les généticiens en créent dans leurs laboratoires.
c. Une catastrophe va le devenir si ça continue.
d. On y réfléchit, on y échange, on y crée.
e. On doit casser des roches pour en obtenir.
f. On le fait en s'engageant dans un mouvement.

Corrigé : 1 d – 2 a – 3 b – 4 e – 5 f – 6 c

Ensuite, livres ouverts, faire lire la consigne. Demander aux apprenants de répondre individuellement, puis de comparer leurs réponses par deux en les justifiant rapidement, quand c'est possible. Pour le retour en grand groupe, voir le Point Langue.

POINT Langue

Les pronoms *y* et *en*

a) Demander aux apprenants de relire le test. Puis, leur demander de chercher à deux ce que remplacent *y* et *en* dans chaque réponse.

CORRIGÉ 1. en = des ateliers (complément de lieu) / y = aux ateliers (complément de lieu) – 2. y = à la possibilité de produire 40 %... (le pronom remplace une idée) / en = de produire 40 %... (complément d'adjectif introduit par *de*) – 3. y = à ce projet (le pronom remplace une idée) / en = de ce projet (le pronom remplace une idée) – 4. y = à cet objectif (le pronom remplace une idée) / en = de la réalisation de cet objectif (le pronom remplace une idée) – 5. en = de ce trafic (complément de verbe introduit par la préposition *de*) / y = à ce trafic (complément de verbe introduit par la préposition *à*) – 6. en = de l'inéluctabilité de cette sortie (le pronom remplace une idée) / y = à cette sortie (complément d'adjectif introduit par *à*) – 7. en = de la viande (le pronom remplace un COD précédé par un article partitif) / y = à cette interdiction (le pronom remplace une idée)

• Dans la septième question du test, *en* remplace un COD précédé par un partitif. C'est sans doute l'usage du pronom *en* que les apprenants connaissent le mieux, mais s'en assurer en revenant rapidement sur ce point à l'aide de questions simples : « Tu as bu du café ce matin ? Oui, j'en ai bu. » ; « Tu écoutes de la musique en mangeant ? Non, je n'en écoute pas. »

• Faire remarquer que le pronom *en* peut remplacer des personnes quand elles ne sont pas définies : « Tu as vu des amis ? Oui, j'en ai vu. » ; « Elle a des enfants ? Oui, elle en a trois. » mais qu'il faut toujours utiliser un pronom COD lorsque les personnes sont définies : « Tu as vu les amis de Pierre ? Oui, je **les** ai vus. » ; « Elle a les enfants, ce week-end ? Oui, elle les a. »

>>>

>>>

• Lorsque le COI introduit par la préposition *à* est une personne, on le remplace par un pronom COI : « Vous avez parlé au ministre ? Oui, nous **lui** avons parlé. » ; « Vous avez téléphoné aux représentants des Verts ? Non, nous ne **leur** avons pas téléphoné. » Mais avec quelques verbes, il y a exception, on doit utiliser les pronoms toniques : « Vous avez pensé à ce candidat, à ces délégués ? Oui, nous avons pensé **à lui, à eux**. » Donner une liste des exceptions (ce sont les verbes du processus intellectuel) : *penser à, songer à, réfléchir à, faire attention à, prendre garde à, rêver à...*
• Lorsque le COI introduit par la préposition *de* est une personne, on le remplace par un pronom tonique : « Vous avez parlé du ministre ? Oui, nous avons parlé de lui. » Donner une liste de verbes avec la préposition *de* + une personne : *dire de, parler de, rêver de, se souvenir de, avoir besoin de, avoir envie de, avoir honte de, avoir peur de, se moquer de, douter de, rire de...*

b) Demander aux apprenants de répondre à la question en relisant le test.

> **CORRIGÉ** penser de (quelqu'un ou quelque chose), venir de (un lieu ou un infinitif), aller à (un lieu), croire à (quelqu'un ou quelque chose), être capable de (quelque chose), se mettre à (+ infinitif = commencer à), douter de (quelqu'un ou quelque chose), adhérer à (quelque chose), souffrir de (quelque chose), parler de (quelqu'un ou quelque chose), s'intéresser à (quelqu'un ou quelque chose), être persuadé de (quelque chose), s'opposer à (quelqu'un ou quelque chose), venir à (une idée ou un infinitif)

À noter que le changement de préposition entraîne parfois un changement de sens.
– « Je pense souvent à toi. » = tu occupes mes pensées. / « Je pense du bien d'elle. » = j'ai une bonne opinion d'elle.
– « Je parle à Pierre. » = je communique avec lui par la parole. / « Je parle de Pierre. » = je dis quelque chose sur lui en son absence.
– « Il vient de partir. » (passé récent) = il est parti il y a une minute. / « Il en est venu à crier. » = il est arrivé à cette extrémité.

Corrigés S'exercer

11. 1. Interdit aux deux-roues motorisés – 2. Interdit aux rollers – 3. Interdit de nager / de se baigner / à la baignade – 4. Défense d'allumer des feux – 5. Défense de fumer

12. 1. prévention ; limiter les risques ; éliminer ; protéger – 2. conservation ; menacées – 3. nuire à ; la détérioration du ; préserver – 4. conserver ; éviter la prolifération de ; nuisibles

13. être conscient de – parvenir à – être un exemple de – penser à – témoigner de – s'opposer à – faire allusion à – se préparer à – être une preuve de – refuser de – se refuser à – se rendre compte de – être sensible à

14. 1. y montent ; en descendent ; en ont horreur – 2. y avons fait allusion ; en parlerons – 3. en témoignent ; en sont la preuve – 4. y parviendront-ils – 5. en sont conscients – 6. S'y est toujours refusé – 7. en a refusé – 8. en parle ; s'y opposent – 9. en consommons

15. 1. j'en ai dit beaucoup de bien – 2. j'y suis favorable – 3. je n'en ai jamais entendu parler – 4. je m'en suis occupée – 5. J'y ai passé trois heures – 6. je ne m'en souviens pas – 7. j'y reviendrai avec plaisir

 *Paroles en scène*

> Livre de l'élève p. 130

Sur tous les tons
⋯⋗ OBJECTIF DE L'ACTIVITÉ

⋮ Déduire et jouer des situations à partir de phrases injonctives.

En grand groupe, passer la première phrase et demander aux apprenants ce qu'ils ont entendu (« Y a qu'à le dire, faut pas avoir peur »), sur quel ton cela a été dit (sur un ton revendicatif et légèrement agressif). Demander ensuite aux apprenants, toujours en grand groupe, d'imaginer un contexte : Qui parle ? À qui ? Où ? De quoi ? Quand ?... Il doit ressortir de cet échange que la phrase de l'enregistrement (et les suivantes) apparaît dans un dialogue où on fait des reproches. Les apprenants procèdent de la même façon en binômes pour les phrases suivantes. Comparer les productions en grand groupe.

EXEMPLE DE PRODUCTION

le début d'une scène de ménage → – Tu veux pas qu'on aille dîner chez ma mère, c'est ça ? – Mais non, pourquoi tu dis ça ? – Parce que je vois bien que ça te dit rien. – J'ai mal à la tête, c'est tout. – Si elle t'ennuie, on est pas obligés d'y aller. Y a qu'à le dire, faut pas avoir peur.

Phonie-graphie
···⟩ OBJECTIF DE L'ACTIVITÉ 1

: **Distinguer des homophones.**

1 Faire lire la consigne, puis passer l'enregistrement en grand groupe. Les apprenants répondent individuellement. Pour la correction, envoyer un apprenant au tableau. Puis faire lire le texte en mettant l'accent sur la prononciation des homophones.

CORRIGÉ

qu'il a – qu'il la – qui la – qu'il a

···⟩ OBJECTIF DE L'ACTIVITÉ 2

: **Discriminer les sons [kɑ̃], [kɔ̃], [kɛ̃], [kœ̃].**

2 Avant de procéder à l'activité, on pourra revenir sur la deuxième activité de phonie-graphie de la p. 40 du manuel (discrimination des sons [ɑ̃], [ɔ̃], [ɛ̃]) et expliquer aux apprenants que le son [ɛ̃] a tendance à remplacer, dans beaucoup de régions françaises, le son [œ̃]. Si les apprenants ne parviennent pas à discriminer ces deux sons, cela n'a donc pas une grande importance. Puis faire lire la consigne et passer l'enregistrement une ou deux fois. Les apprenants répondent individuellement. Corriger en grand groupe en envoyant un apprenant au tableau.

CORRIGÉ

quand – qu'un – qu'on – qu'en – qu'en – qu'on – quand – qu'on – qu'en – quant – qu'on

Mise en scène
···⟩ OBJECTIF DE L'ACTIVITÉ

: **Jouer une scène de film qui parle d'écologie.**

Présenter le film en quelques mots (voir Point Info ci-après, et la bande-annonce est accessible sur Internet) puis demander à deux apprenants de lire la scène sur un ton neutre pour une première compréhension globale. Après la lecture, interroger la classe : Qui parle ? (Un couple.) Sur quel ton ? (L'homme est ironique, sarcastique, furieux. La femme est d'abord enthousiaste et même légèrement exaltée, puis elle se met en colère à cause des marques d'ironie de l'homme. L'un et l'autre utilisent un registre de langue familier.) Quelle est leur relation ? (Ils sont devenus amis après être sortis ensemble dans l'*Auberge espagnole* ; c'est pour ça que Xavier accepte de garder le fils de Martine et ils se disputent.) Pourquoi se disputent-ils ? (Parce que, d'après Xavier, Martine a oublié les réalités de sa vie de mère en allant défendre à l'autre bout du monde des projets écologiques fumeux. Mais la femme refuse le cynisme de l'homme, elle est prête à tout sacrifier pour sauver la planète.) Former des binômes et demander à chacun de relire le texte en soulignant les lettres ou les mots qui peuvent disparaître, en plus de ceux qui ont déjà disparu (« Tu te rends compte qu'il y avait 216 pays représentés, le Tibet, le Chili, le Montenegro… ? »). Pour faciliter l'interprétation, l'enseignant invitera les apprenants à placer les personnages dans un environnement familier : par exemple, Martine sort de la chambre de l'enfant, Xavier fait la vaisselle, c'est le soir… Enfin, faire jouer les binômes.

POINT Info

Les Poupées russes (2005) raconte l'histoire de Xavier et de ses copains, cinq ans après *L'Auberge espagnole*. Les personnages ont un peu mûri mais ils ont toujours du mal à entrer dans l'âge adulte et ils sont à la recherche d'un idéal amoureux qui leur complique l'existence.

CD-ROM Pour conclure cette page, vous pouvez faire le jeu proposé sur le CD-ROM (Jeu de la chasse au gaspillage) qui fera réutiliser le vocabulaire du dossier.

1 Réflexion préalable

: Définir le projet : lister des pratiques à ne plus avoir concernant l'alimentation.

1. Les activités de cette page permettent aux apprenants de réinvestir les savoirs et les savoir-faire acquis tout au long du dossier 7, par exemple le lexique de l'écologie, du jardin, de la préservation, l'utilisation des pronoms *en* et *y*, et l'expression de l'hypothèse. Les apprenants devront faire preuve de créativité et seront amenés à s'évaluer les uns les autres.

Faire lire le titre du projet (« Concevoir une campagne en faveur de la consommation de produits de saison ») et faire décrire les deux affiches : Par qui sont-elles signées ? (La Maison de l'écologie) Dans quel pays ? (La Belgique → adresse du site : www.maisonecologie.be) Que représentent les dessins ? (Des animaux et des fleurs des champs.) Faire lire la consigne en grand groupe et la faire reformuler pour s'assurer de sa compréhension. Les apprenants répondent aux questions en binômes. Confronter les réponses en grand groupe.

2. Inviter les apprenants à faire des hypothèses négatives et positives : « Si j'appliquais ces recommandations, je soutiendrais l'agriculture de ma région, je dépenserais moins au supermarché, je ne mangerais plus rien d'exotique… ». Comparer les réponses en grand groupe.

CORRIGÉ

1. Affiche 1 → message : « Pour leur diversité et leurs avantages environnementaux, privilégions les produits locaux » – argument : « Les oignons importés de Tasmanie parcourent 17 000 km, ce qui nécessite la combustion de 5 litres de pétrole par kilo » – slogan : « Mangeons local ! »
Affiche 2 → message : « Pour l'environnement et les saveurs, cuisinons avec les saisons ! » – argument : « Produire un kilo de tomates en hiver (serre chauffée) nécessite 6 fois plus d'énergie qu'en été. » – slogan : « Mangeons de saison ! »

2 Réalisation

: Réaliser un calendrier de fruits et légumes de saison et composer un menu.

En grand groupe, lire les étapes du projet. Il y a une partie de découverte (question 1), de reproduction (question 2) et de création (question 3). Pour leurs recherches, les apprenants s'appuieront sur leurs propres connaissances ou pourront se documenter.

Placer les apprenants en groupes de trois ou quatre personnes, de profils différents si possible (âge, sexe, personnalité…). Comparer les réalisations et trouvailles en grand groupe. Évidemment, les fruits et légumes de saison et de proximité dépendent du pays où se trouve l'apprenant.

Pour la partie cuisine, qui ne pourra pas être réalisée en classe, inviter les apprenants, s'ils disposent d'une caméra amateur ou d'un appareil photo, à faire un reportage sur les différentes étapes de réalisation d'une recette : les courses au marché, la répartition des tâches, le travail en cuisine, le résultat final. Le film ou les photos pourront être accompagnés de commentaires oraux ou écrits. Présenter ce reportage pendant la dégustation. De même, pendant cette dégustation, favoriser les commentaires, qui amèneront le réemploi des pronoms *y* et *en*. Par exemple : – Vous avez goûté aux aubergines ? Elles sont succulentes. – Non, je n'en ai pas encore mangé, mais je vais y goûter tout de suite… – Vous avez acheté ces radis au supermarché ? – Non, je n'y vais jamais pour les légumes frais. Je m'approvisionne chez un épicier de mon quartier. – Vous y allez souvent ? – Une fois par semaine.

VERS LE **DELF B1**

Les activités de cette double page permettent de préparer les apprenants au DELF B1. Dans ce dossier, les apprenants seront amenés à travailler deux compétences : la compréhension de l'oral et la production orale. On peut donner ce bilan à faire à la maison sous forme de devoir ou bien le présenter sous forme d'examen écrit à faire en classe.

> > >

Compréhension de l'oral

Exercice 1

CORRIGÉ

1. b – 2. a – 3. b – 4. b – 5. *Deux réponses parmi* : remplacer les gobelets en plastique jetables par des tasses individuelles, limiter le nombre d'impressions de documents, organiser des visioconférences plutôt que prendre l'avion pour se rencontrer, préférer le ventilateur à la climatisation en été, éteindre les appareils et la lumière quand on part le soir.

Exercice 2

CORRIGÉ

1. a – 2. *Deux réponses parmi* : réduire la quantité des déchets de chaque famille, produire de bons œufs, jouer un rôle pédagogique auprès des enfants, favoriser la convivialité entre voisins – 3. *Deux réponses parmi* : conserver les poules au moins deux ans, bien traiter les poules, nourrir les poules, offrir aux poules un abri contre les renards et les chiens errants la nuit – 4. b – 5. c – 6. (À) un bifteck / un steak – 7. a – 8. a

Production orale

Exercice en interaction, sans préparation

Durée de l'épreuve : 3 à 4 minutes

EXEMPLE DE PRODUCTION

Candidat : Je t'assure que tu devrais t'inscrire dans mon association !
Examinateur : Je ne crois pas. D'abord, le tri sélectif, on sait que ça ne sert à rien.
Candidat : Comment peux-tu dire cela ? Grâce au tri sélectif, on recycle le verre, le papier, le plastique en grande quantité et on réussit à fabriquer de nouveaux objets, comme des bouteilles, des cartons et des vêtements en laine polaire.
Examinateur : D'accord mais les économies d'énergie ? Regarde l'heure d'été, c'est impossible de savoir si ça a réellement permis de faire des économies et les biologistes pensent que c'est mauvais pour la santé de changer d'heure.
Candidat : La France n'est pas le seul pays qui passe à l'heure d'été, donc il faut croire que c'est utile ! Et puis, en hiver, tu es content de pouvoir dormir une heure de plus !
Examinateur : Et les énergies renouvelables ? Elles coûtent cher à produire.
Candidat : Ça dépend comment on voit les choses. L'énergie nucléaire coûte cher aussi car bientôt il n'y aura plus d'uranium et on ne sait pas comment se débarrasser des déchets nucléaires. Je pense qu'il vaut mieux investir maintenant dans les énergies renouvelables qui coûteront de moins en moins cher à produire. Et puis, est-ce qu'on a vraiment le choix ?
Examinateur : Pas vraiment, c'est sûr ! Bon, d'accord, je t'accompagne la prochaine fois que tu vas à l'association.

Grille de correction

Peut faire face même sans préparation à des situations un peu inhabituelles de la vie courante (respect de la situation et des codes socio-linguistiques)	0	0,5	1		
Peut adapter des actes de paroles à la situation	0	0,5	1	1,5	2
Peut répondre aux sollicitations de l'interlocuteur (défendre son point de vue, commenter le point de vue d'autrui, etc.)	0	0,5	1	1,5	2

Lexique (étendue et maîtrise) Peut utiliser un répertoire limité mais adéquat pour soutenir une réflexion	0	0,5	1	1,5	2	2,5	3	3,5	4	
Morphosyntaxe Peut utiliser des structures et des formes grammaticales simples. Le sens général reste clair malgré la présence ponctuelle d'erreurs élémentaires	0	0,5	1	1,5	2	2,5	3	3,5	4	4,5	5
Maîtrise du système phonologique Peut s'exprimer de façon suffisamment claire. L'interlocuteur devra parfois faire répéter	0	0,5	1	1,5	2	2,5	3			

Contenus socioculturels • Thématiques

La justice au quotidien
Faits divers et grands procès
La littérature policière

Objectifs sociolangagiers

Objectifs pragmatiques

Ouvertures	– comprendre un extrait de roman policier – rédiger le portrait d'un enquêteur célèbre
La vie au quotidien	– comprendre des faits de justice ordinaire – écrire une lettre administrative de contestation
Outils pour...	– exprimer des doutes et des certitudes – utiliser des outils de substitution – situer des événements dans un récit au passé – faire une démonstration
Points de vue sur...	– comprendre le témoignage d'une jurée – prendre parti dans un procès célèbre
Paroles en scène	– exprimer différents sentiments lors d'un interrogatoire – lire et jouer une scène de film policier
Projet	– faire une chronique pour présenter un roman policier

Objectifs linguistiques

Grammaticaux	– l'expression de l'opinion : la certitude et le doute – la double pronominalisation et les pronoms neutres – les marqueurs de temps – les articulateurs du discours
Lexicaux	– le vocabulaire de la justice – le lexique du polar
Prosodiques	– l'intonation dans l'expression de sentiments
Phonie-graphie	– « ch », « qu » ou « c » ?
Vers le DELF B1	– compréhension des écrits – production écrite

> Lexique thématique → p. 185   > Abécédaire culturel → p. 197-198

8 Scénario du dossier

Dans la première double page, OUVERTURES, les apprenants liront un extrait d'un roman policier de Fred Vargas. Puis ils rédigeront le portrait d'un enquêteur célèbre. Enfin, ils devront se transformer en juges pour décider des peines à apporter dans des cas réels de délits.

Dans LA VIE AU QUOTIDIEN, ils seront amenés à lire des faits de justice rapportés par les médias et découvriront le vocabulaire spécifique à la compréhension de ces faits. Puis ils écouteront un échange entre un policier et un automobiliste, liront une lettre de contestation et s'exerceront à en écrire une eux-mêmes.

> > >

Dans la première double page d'OUTILS POUR, les apprenants liront la question d'un forum avant d'échanger sur des programmes de télévision qui évoquent des affaires criminelles. Ils auront alors l'occasion de revenir sur l'expression de l'opinion et sur l'utilisation du subjonctif ou de l'indicatif dans les subordonnées. Ils travailleront également sur la place et l'usage des doubles pronoms.

Dans POINTS DE VUE SUR, ils écouteront une jurée parler de son expérience puis échangeront sur le thème. Ensuite, ils évoqueront le procès d'une accusée célèbre, Marie-Antoinette, et écouteront un témoignage sur les différences culturelles qui régissent la justice d'un pays à l'autre.

Dans la deuxième double page d'OUTILS POUR, ils liront les notes d'un journaliste puis l'écouteront parler de l'accusée célèbre de la page précédente. Ce sera l'occasion de découvrir des marqueurs de temps utilisés pour situer des événements dans un récit au passé. Ils analyseront également un extrait de roman policier et rencontreront alors plusieurs articulateurs employés pour faire une démonstration. Ils seront aussi amenés à continuer leur découverte du lexique du polar.

Dans PAROLES EN SCÈNE, les apprenants devront apprendre à mettre le ton juste dans l'expression de sentiments et en jouant une scène de confrontation entre un policier et un accusé tirée d'un film policier de Claude Miller.

Dans le PROJET, ils feront une chronique pour présenter un roman policier. Puis ils s'exerceront à la critique en évaluant leurs productions.

Dans S'EXERCER, ils systématiseront à l'aide d'exercices les points linguistiques vus dans le dossier.

Dans VERS LE DELF B1, les apprenants mobiliseront les acquis de ce dossier à travers une activité de compréhension des écrits et une activité de production écrite.

Pages de sommaire

> Livre de l'élève p. 136-137

Illustration : Faire rapidement décrire la photo (on y voit une balance à un plateau) et faire faire des hypothèses à partir de cette photo et du titre de la leçon (« Je juge ») sur la thématique du dossier (De quoi va-t-on parler ? De la justice.). Au cas où les apprenants partiraient sur de fausses pistes (la cuisine, la diététique…), les guider vers le thème réel. Leur parler de la balance qui est un des symboles de la justice. Elle évoque l'objectif de la justice (la conciliation et l'apaisement des conflits) et le moyen d'y parvenir (départager chacun en pesant le pour et contre). Elle symbolise aussi l'impartialité nécessaire au fonctionnement de la justice, qui ne doit pencher en faveur d'aucune des parties. Normalement, la balance qui représente la justice est plus classique, elle a deux plateaux équilibrés.

Citations : Faire ensuite confirmer cette interprétation en demandant aux apprenants d'expliquer la phrase de La Rochefoucauld : celle-ci signifie que l'amour de la justice n'est pas désintéressé mais au contraire motivé par des intérêts égoïstes. Quant à la deuxième phrase, elle nous montre que nous sommes tous théoriquement égaux devant la justice, que chacun est égal devant le droit, qu'il n'y a pas de loi du plus fort ou du plus riche. Cela permet d'établir un équilibre entre les forts et les faibles. C'est une affirmation qui peut se discuter. Puis faire lire nuel p. 197 l'entrée « Droit » de l'**Abécédaire culturel.**

POINT Info

François de la Rochefoucauld (1613-1680) est un écrivain moraliste français qui eut une vie ponctuée de disgrâces notamment à cause de sa participation à des complots contre Richelieu et à divers combats liés à la guerre civile auxquels il participa. Il fut plusieurs fois arrêté et contraint à l'exil. Il publia ses *Mémoires* qui firent scandale dans les salons qu'il fréquentait puis publia ses *Réflexions ou Sentences et Maximes morales* (1665) dans lesquelles il dénonçait les motivations égoïstes des relations sociales dans tous les domaines. Ses *Maximes* sont de courtes sentences fondées sur l'observation du monde. La forme de la maxime enferme en quelques mots, bien pesés, des assertions qui doivent susciter l'étonnement ou la réflexion du lecteur. Elle se caractérise également par sa « pointe », c'est-à-dire sa chute. L'effet de surprise qu'elle génère doit piquer l'intérêt du lecteur et l'inciter à méditer les raisons de cette surprise, ou à en rire, selon les cas.

Ouvertures

> Livre de l'élève p. 138-139

⋯⟡ OBJECTIF DE L'ACTIVITÉ 1

: **Comprendre un extrait de roman policier.**

1 Avant d'effectuer l'activité, présenter Fred Vargas à l'aide de la notice biographique du livre de l'élève p. 138. Lire ou faire lire cette notice par un apprenant, puis engager ensuite une conversation rapide sur l'auteur : Connaissez-vous cet écrivain ? Ses livres sont-ils traduits dans votre langue ? En avez-vous lu un ou plusieurs ? Si oui, avez-vous aimé ?
Demander ensuite aux apprenants de lire individuellement l'extrait proposé et les inviter à répondre en binômes aux questions de l'activité. Confronter les réponses en grand groupe.

> **CORRIGÉ**
>
> 1. À Paris, dans un commissariat. – 2. Les trois protagonistes sont le commissaire Adamsberg, le juge d'instruction Ardet et Damas Viguier, un homme suspecté des meurtres de cinq personnes. – 3. Il veut faire avouer le suspect et le faire mettre en examen par le juge. – 4. *Réponse libre.*

⋯⟡ OBJECTIF DE L'ACTIVITÉ 2

: **Approfondir la compréhension écrite d'un extrait de roman policier.**

2 Faire relire le texte, puis faire répondre, toujours en binômes, aux questions de l'activité. Leur préciser de noter le vocabulaire du texte sans l'introduction. Corriger en grand groupe. Enrichir le vocabulaire policier et judiciaire à
Manuel p. 198   l'aide de l'encadré « Les mots pour parler de la justice » p. 139 et de l'entrée « Police » de l'**Abécédaire culturel**. Faire remarquer que le vocabulaire de l'encadré est classé selon les « acteurs » de la justice : la victime/le plaignant ; les témoins ; le contrevenant/le prévenu.

> **CORRIGÉ**
>
> 1. commissaire – substitut – mandat de perquisition – accusé – meurtre – tuer – victime – garde à vue – étranglé – juge d'instruction – perquisition – mise en examen – élément de preuve – libérer – relâcher – preuves – aveux
> 2. 1. perquisition (lignes 1-3) – 2. arrivée du suspect au commissariat (lignes 4-12) – 3. garde à vue (ligne 13) – 4. interrogatoire (lignes 14-20) – 5. demande de mise en examen du suspect au juge (lignes 22-40)

⋯⟡ OBJECTIF DE L'ACTIVITÉ 3

: **Échanger oralement sur l'extrait de roman policier.**

3 En grand groupe, demander aux apprenants de s'exprimer à l'oral sur l'attitude des trois protagonistes. Leur faire relever en quoi leur attitude est conforme ou non aux représentations habituelles dans ce genre de roman. Les aider avec des questions telles que : Que pensez-vous de la façon de procéder du commissaire ? Vous semble-t-elle efficace ? Est-il agressif avec le suspect ? Celui-ci vous paraît-il nerveux ? Et le juge, quelle impression dégage-t-il ? Comment se comporte-t-il avec le commissaire ?...

> **CORRIGÉ POSSIBLE**
>
> Le suspect a une attitude très surprenante : il reste très calme, très flegmatique comme si toute cette histoire ne le concernait pas ; le fait de se trouver dans un commissariat ne semble pas du tout l'inquiéter. Le commissaire est lui aussi atypique : il ne brusque pas le suspect, il prend son temps, il se fie à ses intuitions. Quant au juge, il est sensible et prudent mais il sait être ferme avec le commissaire.
> Ce qui est conforme : éléments des romans policiers : meurtres, suspect, commissaire, arrestation, juge... – Ce qui est différent : attitude des personnages : suspect qui se comporte comme si le commissaire lui parlait d'autre chose que de meurtres ; commissaire qui se fie à ses « intuitions confuses » ; dialogue entre le juge et le commissaire qui semble irréel...

⋯⟡ OBJECTIF DE L'ACTIVITÉ 4

: **Faire le portrait à l'écrit d'un enquêteur de fiction célèbre.**

4 Placer les apprenants par groupes de trois ou quatre et leur laisser quelques minutes de réflexion pour choisir un enquêteur de fiction célèbre dans leur pays (par exemple : Sherlock Holmes, Hercule Poirot, le commissaire

Maigret, l'inspecteur Derrick...). Puis leur demander de rédiger le portrait de cet enquêteur et de décrire également ses méthodes de travail. Prévoir quinze minutes de préparation. Faire lire les productions en grand groupe. Les autres apprenants devront trouver de quel enquêteur il s'agit.

❺ **EGO** Test • **Vous et la loi : seriez-vous un bon juge ?**

Proposer à présent aux apprenants de siéger à la table des juges. Les placer en groupes de trois ou quatre, de profils différents si possible (âge, sexe, personnalité...). Leur annoncer qu'ils devront décider de la peine à appliquer dans deux cas réels de délits.

En premier lieu, faire lire en grand groupe les deux situations, ainsi que les quatre types de condamnations proposés et s'assurer que le lexique est compris de tous. Puis laisser quelques minutes aux apprenants pour décider collectivement des peines à appliquer. Enfin, prévoir un retour en grand groupe pour connaître les différents jugements et faire lire et commenter les décisions prises par le vrai tribunal.

POUR ALLER PLUS LOIN : Continuer le jeu du jugement : fournir quelques exemples de cas possibles, imaginaires ou tirés des chroniques judiciaires de la presse locale, puis demander aux apprenants de décider de la condamnation.

La vie au quotidien

> Livre de l'élève p. 140-141

⋯⋮ OBJECTIF DE L'ACTIVITÉ 1

⋮ **Comprendre des faits de justice dans des titres de presse.**

❶ Dans un premier temps, demander aux apprenants la différence entre un crime et un délit, ou la leur expliquer s'ils ne la connaissent pas en reprenant les exemples de l'EGO Test de la page précédente puisque ce sont des délits et en vous aidant du Point Info ci-dessous. Faire lire les entrées « Les contrevenants et les délits » et « Les victimes » du **Lexique thématique**. Leur demander ensuite de classer les six titres de presse en deux catégories. Corriger en grand groupe.

anuel p. 185

CORRIGÉ

Crime : 2, 4, 6 – Délit : 1, 3, 5

POINT Info

Un crime est une infraction punie d'une peine de réclusion ou de détention criminelle pour une durée limitée ou à perpétuité. Il s'agit en général de graves atteintes aux personnes : des actes comme le meurtre, le viol, le trafic de drogues sont considérés comme des crimes en France.
Un délit est une infraction à la loi pour laquelle l'auteur est passible de peines correctionnelles (emprisonnement court, amendes).

⋯⋮ OBJECTIF DE L'ACTIVITÉ 2

⋮ **Approfondir la compréhension du lexique des faits de justice dans des titres de presse.**

❷ Placer les apprenants en binômes, leur faire relire les titres de presse et leur faire faire l'exercice d'association. Vérifier les réponses en grand groupe. Enrichir ce vocabulaire grâce à l'encadré « Les mots pour comprendre les faits de justice » et grâce aux entrées « Les procédures policières » et « Les procédures judiciaires » du nuel p. 185 **Lexique thématique**.

CORRIGÉ

être incarcéré = être mis en prison – être condamné = être jugé coupable – être interpellé = être arrêté par la police – être acquitté = être jugé innocent – être verbalisé = être sanctionné pour une infraction – être écroué = être mis en prison

⋯⋗ OBJECTIF DE L'ACTIVITÉ 3

⋮ **Écrire des titres de presse.**

3 Faire lire la consigne, s'assurer de sa compréhension, puis placer les apprenants en binômes et leur laisser une dizaine de minutes pour préparer cette activité. Veiller à ce qu'ils réutilisent le lexique de la justice ainsi que la forme passive vue dans le dossier 4. Il est aussi possible d'étudier rapidement la manière dont sont écrits les titres pour les aider : emploi du passif, absence de verbes conjugués, utilisation des deux-points, premier mot évoquant le délinquant ou le criminel… Faire lire les propositions en grand groupe et engager une brève discussion sur les faits divers criminels évoqués : Comment avez-vous entendu parler de ces faits divers ? Que s'est-il passé précisément ? Ces affaires ont-elles été très médiatisées dans votre pays ou à l'étranger ?...

⋯⋗ OBJECTIF DE L'ACTIVITÉ 4

⋮ **Comprendre un échange entre un policier et un automobiliste.**

4 Faire écouter une première fois l'enregistrement et demander aux apprenants d'identifier la situation, puis procéder à une deuxième écoute et faire relever les quatre documents nécessaires pour pouvoir conduire une voiture en France. On fera remarquer la différence dans le dialogue entre les « papiers du véhicule » et la simple demande « Vos papiers ! » lorsque le policier se fâche : cette deuxième expression désigne les papiers d'identité du conducteur (il faut présenter passeport ou carte d'identité).

CORRIGÉ

a) Il s'agit d'un échange entre un agent de police et un automobiliste, lors d'un contrôle routier. – b) Les quatre documents nécessaires sont : l'assurance (la carte qui prouve que la voiture est assurée), la carte grise (elle prouve que le véhicule vous appartient), le permis de conduire et le certificat d'assurance (il est sur le pare-brise et indique la date de validité de l'assurance).

⋯⋗ OBJECTIF DE L'ACTIVITÉ 5

⋮ **Échanger oralement sur le thème.**

5 Proposer aux apprenants de discuter en grand groupe à propos de l'attitude de l'automobiliste dans le dialogue : Cette attitude vous surprend-elle ? Vous semble-t-elle correcte ? Dans votre pays, comment réagirait un policier face à un tel comportement ? Puis leur demander quels papiers sont nécessaires dans leur pays pour conduire un véhicule.

Pour aller plus loin : Inviter les apprenants à rejouer la scène du document 2 en binômes en attribuant à chacun des automobilistes une personnalité différente (par exemple : un grand timide, une séductrice, un jeune garçon sans permis, un acteur célèbre…). Leur laisser quelques minutes de préparation puis procéder au jeu de rôle en imposant un temps limite (une minute devrait suffire) et en insistant sur l'importance de l'intonation ainsi que des gestes.

⋯⋗ OBJECTIF DE L'ACTIVITÉ 6

⋮ **Comprendre une lettre administrative de contestation.**

6 Demander aux apprenants de lire la lettre et de répondre aux questions en binômes. Puis vérifier les réponses en grand groupe.

CORRIGÉ

1. Expéditeur : Xavier Préval ; Destinataire : Commissaire de police, chef de la circonscription d'Amiens ; Motif de la lettre : L'expéditeur demande la révision d'un procès-verbal. – 2. Il explique son cas : « En effet → le fonctionnaire de police ». Il fait un commentaire personnel : « Je conteste formellement cette contravention ». Il présente l'objet de sa lettre : « Je me permets → le certificat de l'assurance ». Il formule sa demande : « Je m'en remets donc à votre bienveillance pour prendre en considération ma demande et y répondre favorablement. »

⋯⋗ OBJECTIF DE L'ACTIVITÉ 7

⋮ **Rédiger une lettre de contestation.**

7 Avant de procéder à l'activité, faire lire l'encadré « Stratégies pour écrire une lettre administrative de contestation ». Vérifier sa compréhension en faisant repérer les différents éléments dans la lettre du document 3. Ensuite, faire lire l'énoncé de la situation et faire travailler les apprenants en binômes. Imposer un nombre de mots à respecter (environ 150 mots). Insister sur la sobriété du courrier : s'en tenir aux faits et ne pas rentrer dans de longues explications. Faire lire quelques productions en grand groupe.

EXEMPLE DE PRODUCTION

David Duchosal
19 rue Voltaire
13000 Marseille

Objet : contestation de frais de dossier

Direction de la SNCF
6 rue Jules Ferry
75006 Paris

Marseille, le 9 mars 2013

Madame, Monsieur,

Je me permets de faire appel à vous afin de solliciter votre aide. Je viens de recevoir une injonction à payer 55 euros à la SNCF.

En effet, lors d'un voyage dans le TGV Paris-Marseille, le 15 février dernier, j'ai été contrôlé par un agent, et ayant oublié de composter mon billet, il m'a été demandé de régler une amende de 25 euros. Étant donné que ce jour-là je n'avais pas d'espèces et que ma carte bancaire ne passait pas, j'ai reçu cette amende par courrier et j'ai constaté alors avec stupéfaction que je devais payer 30 euros de « frais de dossier ».

N'ayant pas été informé par le contrôleur de ces frais supplémentaires, je refuse formellement de payer cette somme. Je m'en remets à vous pour répondre favorablement à ma demande.

Recevez, Madame, Monsieur, mes salutations distinguées.

David Duchosal

Corrigés S'exercer

1. 1. en garde à vue – 2. un non-lieu – 3. à la barre. – 4. une plaidoirie – 5. Le réquisitoire – 6. de réclusion criminelle / de prison ferme

2. interpellés – interpellations – appréhendés – garde à vue – interrogés – enquête

Outils pour...

> Livre de l'élève p. 142-143

> Exprimer des doutes et des certitudes

⋯⋙ OBJECTIF DE L'ACTIVITÉ 1

⋮ **Comprendre le sujet d'un débat sur un forum.**

❶ Faire observer la page de forum, puis lire ou faire lire la présentation du sujet (bandeaux blanc et bleu). Faire répondre aux questions de l'activité en grand groupe.

CORRIGÉ

1. Le CSA a demandé à France Télévisions de prendre davantage de précautions pour protéger les personnes condamnées évoquées dans l'émission de France 2 « Faites entrer l'accusé ». – 2. Le sujet du débat est : « Faut-il évoquer à la télévision des affaires criminelles déjà jugées ? »

⋯⋙ OBJECTIF DES ACTIVITÉS 2 ET 3

⋮ **Repérer dans un forum l'expression des doutes et des certitudes.**

❷ Placer les apprenants en binômes, puis leur demander de lire rapidement les quatre opinions et de les classer en deux groupes : les « plutôt pour » la diffusion et les « plutôt contre ». Confronter les réponses en grand groupe.

CORRIGÉ

Plutôt pour : Valérie, Alain – Plutôt contre : François, Jean-Louis

❸ Toujours en binômes, demander aux apprenants de relever dans le forum les phrases qui expriment une opinion certaine, puis celles exprimant le doute et l'incertitude. Corriger en grand groupe.

CORRIGÉ

Formules qui expriment une opinion certaine : « Je trouve que c'est très choquant. » – « C'est évident que ça doit être difficile pour eux. » – « Il me semble que c'est un peu malsain. » – « Je pense que c'est très bien. » – « Il est probable que, pour les émissions déjà diffusées, les personnes concernées avaient donné leur accord, non ? » – « Vous croyez qu'on leur a donné de l'argent ? »
Formules qui expriment le doute, l'incertitude : « Je doute que ça puisse les aider à se reconstruire... » – « Je ne suis pas certaine que ça fasse plaisir à tout le monde. » – « Croyez-vous vraiment que ça puisse apporter quelque chose ? » – « C'est peu vraisemblable que la chaîne n'ait pas demandé leur autorisation... »

POINT Langue

Exprimer l'opinion : la certitude et le doute

Ce Point Langue permet de revenir sur l'expression de l'opinion et sur l'utilisation du subjonctif ou de l'indicatif dans les subordonnées.

Lors de la correction de l'activité 3, écrire les propositions des apprenants au tableau en deux colonnes : d'un côté, les formules exprimant une opinion certaine, de l'autre, celles exprimant le doute, l'incertitude.

Leur faire déduire la règle d'utilisation des deux modes dans l'expression de l'opinion en leur faisant souligner les verbes dans les subordonnées. **On emploie l'indicatif** après certains verbes et certaines tournures impersonnelles exprimant l'opinion ou la certitude. Par exemple : *je trouve que…, je pense que…, il me semble que…, je suis sûr(e) que…* Quant aux verbes et expressions impersonnelles exprimant le doute, **ils sont suivis du subjonctif**. Par exemple : *je doute que…, je ne suis pas certain(e) que…, c'est peu vraisemblable que…, il est peu probable que…*

Leur faire observer les deux questions : « Vous croyez qu'on leur a donné de l'argent ? » et « Croyez-vous vraiment que ça puisse apporter quelque chose ? ». On remarque qu'après une expression de l'opinion à la forme interrogative avec inversion du sujet, **on utilise le subjonctif**, mais quand l'interrogation se forme avec l'intonation ou avec *est-ce que*, **on emploie l'indicatif**.

Leur préciser également que les expressions de l'opinion à la forme négative **se construisent en général avec le subjonctif mais** que, dans le cas où le locuteur exprime plus une certitude qu'un doute, **on peut trouver l'indicatif**. Par exemple : « Je ne pense pas qu'il vienne. » (doute) ; « Je ne pense pas qu'il viendra. » (quasi-certitude)

Enfin, leur faire remarquer la différence entre *douter* et *se douter* : contrairement à *douter* qui se construit avec le subjonctif, le verbe *se douter* exprime une quasi-certitude et est donc suivi de l'indicatif. Il est possible de lire les deux exemples à la fin du Mémo et de les expliquer aux apprenants afin de rendre l'explication plus claire.

···⟫ **OBJECTIF DE L'ACTIVITÉ 4**

⋮ **Réutiliser les expressions de l'opinion et du doute en échangeant sur le thème.**

Manuel p. 197   **4** Dans un premier temps, faire lire l'entrée « CSA » de l'**Abécédaire culturel**. Puis placer les apprenants en petits groupes de trois ou quatre personnes et leur demander d'échanger sur le thème. Il est essentiel que les apprenants réemploient les expressions de l'opinion et du doute. Prévoir un retour en grand groupe pour constater les points communs et les disparités ainsi que le bon usage de l'indicatif et du subjonctif dans les subordonnées.

⟫ Utiliser des outils de substitution

···⟫ **OBJECTIF DE L'ACTIVITÉ 5**

⋮ **Repérer des doubles pronoms dans des échanges entre des avocats et leurs clients.**

5 Faire lire la consigne puis procéder à une première écoute de l'enregistrement et faire associer les problèmes aux quatre échanges. Confronter les réponses en grand groupe.

CORRIGÉ

1. Divorce : n° 2 – 2. Irresponsabilité du fils : n° 4 – 3. Pension alimentaire : n° 1 – 4. Indemnités de licenciement : n° 3

POINT Langue

La double pronominalisation et les pronoms neutres

a) et b) Procéder à une deuxième écoute de l'enregistrement du document 2 et faire retrouver, pour chaque phrase du Point Langue, à quoi se réfèrent les pronoms utilisés. Écrire les propositions des apprenants au tableau.

« Je **les lui** laisse. » → Je laisse les chats à ma femme.

« Il doit **me les** payer. » → Il doit me payer mes indemnités de licenciement.

« Je **le lui** avais bien dit. » → J'avais dit à mon fils que ça finirait mal.

> > >

>>>

Erratum : une erreur s'est glissée dans l'édition 01 du manuel, la phrase 5 ne doit pas être prise en compte.
Leur demander de rappeler quelle est la position des pronoms dans la phrase par rapport au verbe :
– devant le verbe à un temps simple : « Je les lui laisse. »
– devant l'auxiliaire à un temps composé : « Je le lui avais bien dit. »
– devant le verbe à l'infinitif : « Il doit me les payer. »
Puis, à l'aide des exemples, demander aux apprenants de retrouver l'ordre des pronoms dans la phrase. Leur faire remarquer que :
– à la troisième personne, le pronom COD se place avant le pronom COI : « Je **les** lui laisse. »
– le pronom *me* se place en première position : « Il doit **me** les payer. »
Puis faire lire le Mémo afin de donner toutes les combinaisons possibles. Leur faire remarquer que les pronoms des colonnes 1 et 3 ne peuvent jamais être employés ensemble et qu'à l'impératif affirmatif, la combinaison 1-2 change : « Tu me le donnes. » → « Donne-le-moi ! »
Enfin, faire réécouter l'enregistrement et demander aux apprenants de relever les phrases où le pronom remplace une proposition ou un infinitif. Les écrire au tableau :
– Je **le** lui avais bien dit. → J'avais dit à mon fils <u>que ça finirait mal</u>.
– Il disait qu'il **y** réfléchissait. → Il disait qu'il réfléchissait <u>à se faire soigner</u>.
Et en faire déduire que les pronoms utilisés dans ces cas-là sont *le* ou *y* (également *l'* ou *en*), ce sont des « pronoms neutres ».

Corrigés S'exercer

3. 1. est – 2. serve – 3. doit – 4. puisse – 5. n'est / ne sera ; puisse – 6. éclatera – 7. sache – 8. prend
4. *Réponses possibles :* 1. Je trouve que les délais pour rendre la justice sont beaucoup trop longs. – 2. Je ne pense pas qu'un jury populaire soit réellement compétent. – 3. Je ne suis pas sûr(e) que les professionnels de la justice fassent toujours correctement leur travail. – 4. Je doute que le traitement des affaires judiciaires par les médias plaise aux proches des criminels ou même aux victimes. – 5. Est-ce qu'on est sûr que, dans un procès, l'accusé sera bien défendu ? – 6. Personnellement, je pense que les peines prononcées sont beaucoup trop légères. – 7. Je me doute bien que ce procès finira par un acquittement.
5. 1. Je le préviens des dégâts occasionnés. – 2. Je l'ai informée des dégâts occasionnés. – 3. Vous l'avez renvoyée ? – 4. Vous lui avez renvoyé la déclaration ? – 5. Il ne les a pas prévenus de l'accident. – 6. Il ne leur a pas dit qu'il avait eu un accident. – 7. Vous nous l'avez cachée depuis le début ! – 8. Avouez ! Vous y avez pénétré. – 9. Je n'en ai aucun souvenir.
6. les – les – lui – lui – la – nous – nous – en – les – lui – le
7. Non, je l'y avais laissée et je les avais donnés au garagiste. – Vous les lui aviez donnés. Alors, qui les a perdus ? – C'est le garagiste ! Je les lui avais confiés et maintenant il dit qu'il ne les trouve plus ! – D'accord, je vais la faire tout de suite. – Vous pouvez en être sûr !
8. 1. Non, il ne me l'a pas montré. – 2. Non, nous ne vous l'avons pas réclamé. – 3. Non, je ne les lui ai pas portées. – 4. Non, je ne te l'ai pas envoyée.
9. 1. Oui, apporte-la-lui ! – 2. Oui, dis-la-moi ! – 3. Oui, envoyez-le-moi ! – 4. Oui, faites-m'en une ! – 5. Oui, prépare-la-moi !
10. 1. Non, ne la lui apporte pas ! – 2. Non, ne me la dis pas ! – 3. Non, ne me l'envoyez pas ! – 4. Non, ne m'en faites pas une ! – 5. Non, ne me la prépare pas !

Points de vue sur...

> Livre de l'élève p. 144-145

⋯⟶ OBJECTIF DE L'ACTIVITÉ 1

⋮ **Identifier un type de tribunal sur une photo.**

1 Inviter les apprenants à observer la photo, puis lire ou faire lire le Point Info sur les tribunaux en France. Faire faire des hypothèses sur les personnes présentes et leur place dans le tribunal. Faire également lire **uel p. 197-198** les entrées « Justice » et « Tribunal » dans l'**Abécédaire culturel** et les entrées « Les acteurs de la justice » **uel p. 185** et « Les faits et les lieux de justice » du **Lexique thématique**. Faire répondre aux deux questions de l'activité en grand groupe.

CORRIGÉ

Il s'agit d'une cour d'assises. / *Réponse libre.*

POINT Info

Disposition de la cour d'assises : au fond, les magistrats et les jurés ; devant eux, la barre où viennent s'exprimer les experts, les avocats et les témoins ; à droite dans la « cage » en verre, l'accusé avec ses avocats devant lui pendant les débats : c'est « le box des accusés » ; à gauche, les parties civiles (les personnes représentant la victime) et de dos dans la salle : le public.

⋯⋗ OBJECTIF DE L'ACTIVITÉ 2

: **Comprendre le témoignage d'une jurée.**

2 **a)** Faire écouter la première partie de l'enregistrement et demander aux apprenants placés en binômes de répondre aux questions de l'activité. Procéder à autant d'écoutes que nécessaire. Confronter les réponses en grand groupe et faire corriger les phrases fausses.
b) Faire écouter la deuxième partie de l'enregistrement et laisser quelques minutes aux apprenants toujours placés en binômes pour répondre aux trois questions. Procéder à autant d'écoutes que nécessaire. Confronter les réponses en grand groupe.

CORRIGÉ

a) 1. Elle a été jurée d'assises dans l'un des plus grands procès criminels en France au moment où le gouvernement s'apprête à réformer les jurés d'assises. – 2. a. Faux (elle a fait partie d'un jury populaire) – b. Vrai – c. Faux (elle a ressenti une grande appréhension) – d. Vrai
b) 1. Il s'intéresse aux relations entre les jurés et les magistrats professionnels. – 2. D'après elle, les magistrats professionnels ont tout d'abord un rôle pédagogique. Ils sont là également pour soutenir moralement les jurés populaires. – 3. « Attendez, dans 15 jours vous entendrez autre chose et votre avis sera différent. »

⋯⋗ OBJECTIF DE L'ACTIVITÉ 3

: **Échanger oralement sur les jurés populaires.**

3 Former des groupes de trois ou quatre personnes, de profils différents si possible (âge, sexe, personnalité…) et leur demander d'échanger sur le thème, en s'aidant des questions du manuel et en réutilisant les expressions de l'opinion, du doute et de la certitude. Prévoir un retour en grand groupe pour constater les points communs et
Manuel p. 197 les disparités. Enrichir cette discussion à l'aide de l'entrée « Jurés » de l'**Abécédaire culturel.**

POUR ALLER PLUS LOIN : Inviter les apprenants à aller chercher sur Internet des informations sur des procès célèbres en France ou dans d'autres pays. Leur demander de présenter à la classe, au cours suivant, sous forme d'exposé, un cas célèbre, sans porter de jugement sur le crime commis.

⋯⋗ OBJECTIF DE L'ACTIVITÉ 4

: **Lire et comprendre une biographie à charge et à décharge.**

4 Avant de faire lire la biographie, demander aux apprenants ce qu'ils savent de Marie-Antoinette : Est-elle très connue dans votre pays ? Étudie-t-on sa vie à l'école ? Que savez-vous de ses origines, de ses amours, de sa mort ? La voyez-vous comme une femme forte ou comme une victime ? Puis leur faire observer la photo extraite du film *Les Adieux à la reine* de Benoît Jacquot ainsi que le portrait de Marie-Antoinette réalisé par Jean-Baptiste Gautier-Dagoty : Avez-vous vu ce film ? Ou le film *Marie-Antoinette* de Sofia Coppola sorti en 2005 ? Connaissez-vous d'autres films traitant de cette période de l'histoire ? Comment trouvez-vous ce portrait ? Ensuite, placer les apprenants en binômes, leur faire lire la biographie et classer les points de vue exprimés en deux groupes : d'un côté ceux de l'accusation et de l'autre ceux de la défense. Confronter les réponses en grand groupe en demandant
Manuel p. 185 aux apprenants de justifier leurs choix. Puis faire lire l'entrée « Les peines » dans le **Lexique thématique.**

CORRIGÉ

2. a. défense ; b. accusation – 3. a. accusation ; b. défense – 4. a. défense ; b. accusation – 5. a. défense ; b. accusation – 6. a. accusation ; b. défense – 7. a. défense ; b. accusation – 8. a. accusation ; b. défense
L'accusation présente Marie-Antoinette comme une femme de pouvoir, dure, égoïste, prête à tout pour arriver à ses fins. La défense, elle, la décrit comme quelqu'un de fragile, de sensible, en proie à la peur, toujours soucieuse de protéger sa famille.

···⟩ OBJECTIF DE L'ACTIVITÉ 5

⁝ **Négocier le degré de culpabilité d'une accusée célèbre.**

5 Inviter les apprenants à évaluer individuellement par une note de 0 à 10 le degré de culpabilité de Marie-Antoinette d'après ce qu'ils ont lu dans la biographie. Puis les placer en petits groupes de trois ou quatre et leur demander de négocier une note commune. Enfin, décider en grand groupe d'une note définitive et la faire justifier.

POUR ALLER PLUS LOIN : À partir des données de la biographie, on peut imaginer de faire reconstruire sommairement aux apprenants la plaidoirie de la défense et le réquisitoire de l'accusation, puis de le mettre en scène dans la classe.

POINT Info

Benoît Jacquot, réalisateur français né à Paris en 1947, a tourné de nombreux courts et longs métrages dont une très belle adaptation de l'opéra *Tosca* en 2001 et du roman *Villa Amalia* en 2009. Il a obtenu en 2012 le prix Louis-Delluc pour *Les Adieux à la reine*, adaptation du roman homonyme de Chantal Thomas.
Diane Kruger est un mannequin et une actrice allemande née en 1976. Elle a joué dans de grosses productions hollywoodiennes telles que *Troie* (2004) ou *Inglorious basterds* (2009) mais également dans des films français tels que *Mon idole* (2001) ou *Michel Vaillant* (2003).
Jean-Baptiste Gautier-Dagoty (1740-1786) est un peintre français, spécialisé dans l'art du portrait. Il a été le protégé de Marie-Antoinette. La majorité de ses œuvres sont aujourd'hui conservées au musée national du Château de Versailles.

RENDEZ-VOUS Alterculturel

Lire la consigne principale, faire écouter une première fois l'enregistrement, puis faire lire les trois questions avant de procéder à une deuxième écoute. Faire répondre en grand groupe.

CORRIGÉ

1. La présomption d'innocence, concept essentiel du droit anglais, permet à une personne d'être considérée comme innocente en attendant que sa culpabilité soit établie ou non. – 2. Des preuves irréfutables. – 3. En 1993, lors d'un procès criminel, la télévision ayant suggéré la culpabilité de l'accusé, la Cour d'appel de Londres a annulé ce procès.

Outils pour...

> Livre de l'élève p. 146-147

⟩ Situer des événements dans un récit au passé

···⟩ OBJECTIF DE L'ACTIVITÉ 1

⁝ **Identifier un événement historique d'après les notes d'un journaliste.**

1 Faire rapidement lire les notes du journaliste de l'émission « Le Miroir de l'Histoire » puis demander en grand groupe aux apprenants de quel événement il va être question.

CORRIGÉ

Des derniers jours de Marie-Antoinette.

⋯⟶ OBJECTIF DE L'ACTIVITÉ 2

⋮ **Repérer dans une émission historique les marqueurs de temps utilisés pour situer des événements dans un récit au passé.**

2 **a)** Faire écouter une première fois aux apprenants l'enregistrement de l'émission et leur demander de noter les dates qui manquent dans les notes du journaliste. Confronter les réponses en grand groupe.
b) Puis procéder à une deuxième écoute et demander aux apprenants de relever les expressions de temps qui correspondent à celles de la liste du manuel. Corriger en grand groupe.

CORRIGÉ

a) 13 octobre 1793 – 14 octobre 1793 – 14 et 15 octobre 1793 – 16 octobre 1793 – 19 octobre 1793 – 1794
b) hier → la veille – aujourd'hui → ce jour-là – demain → le lendemain – dans trois jours → trois jours plus tard – l'année prochaine → l'année suivante

POINT Info

Axel de Fersen (1755-1810), comte suédois, termine ses études en Europe pour parfaire son éducation. Officier des dragons de la garde suédoise, il est présenté le 1er septembre 1774 à Versailles où il rencontre Marie-Antoinette. Après un séjour en Suède, il revient en France en août 1778. Grâce à Marie-Antoinette, il est nommé colonel au régiment Royal-Deux-Ponts. En 1780, il part pour l'Amérique qui est en pleine guerre d'Indépendance. Il y séjournera environ trois ans et contribuera à soutenir l'indépendance américaine. À son retour, il prend le commandement du régiment Royal-Suédois. Dès octobre 1789, Alex de Fersen va essayer d'aider au mieux Marie-Antoinette. Il est resté célèbre pour son profond amour pour la reine.

⋯⟶ OBJECTIF DE L'ACTIVITÉ 3

⋮ **Raconter oralement des événements en les situant dans un récit au passé.**

3 Placer les apprenants par groupes de trois ou quatre et leur demander de choisir une personnalité de leur pays au destin dramatique. Leur laisser quelques minutes pour se concerter et noter quelques dates importantes. Puis chaque groupe racontera à la classe, à la manière d'une émission historique, les derniers moments de la personnalité choisie, en taisant son nom, et les autres apprenants devront retrouver de qui il est question. Veillez à faire réutiliser dans le récit les marqueurs de temps vus précédemment et à faire parler tous les apprenants de chaque groupe (un apprenant commence, un deuxième continue…). S'ils ne se souviennent pas des dates exactes, leur préciser que ce n'est pas important car le but de l'activité est de vérifier l'utilisation des marqueurs temporels au passé.

❯ Faire une démonstration

⋯⟶ OBJECTIF DES ACTIVITÉS 4 ET 5

⋮ **Repérer dans un extrait de roman policier les mots utilisés pour faire une démonstration.**

4 Demander aux apprenants de lire individuellement l'extrait de roman policier et de retrouver à quel moment du récit se situe ce passage. Corriger en grand groupe en faisant justifier la réponse.

CORRIGÉ

C'est le dénouement car, dans l'extrait, le commissaire explique à ses collaborateurs comment il a procédé pour résoudre cette affaire. Il reprend les faits dans l'ordre et conclut son raisonnement par la phrase : « C'est ainsi que j'ai compris ce qui s'était passé ! »

5 Puis inviter les apprenants à relire le texte et à relever les mots utilisés pour présenter des faits dans l'ordre, pour ajouter une information et pour conclure la démonstration, ce qui va leur permettre de comprendre comment la démonstration a été mise en place par le commissaire. Vérifier les réponses en grand groupe puis faire lire l'encadré « Les mots pour faire une démonstration » afin de découvrir d'autres articulateurs de la démonstration.

CORRIGÉ

1. Présenter des faits dans l'ordre : « en premier lieu », « finalement », « alors », « d'abord », « ensuite », « enfin », « en fin de compte » – 2. Ajouter une information : « par ailleurs », « d'ailleurs », « d'autre part » – 3. Conclure la démonstration : « donc », « c'est ainsi que »

⋯⋟ OBJECTIF DE L'ACTIVITÉ 6

⠆ **Faire une démonstration à l'écrit pour défendre un(e) accusé(e).**

6 Faire lire la consigne et en vérifier la compréhension. Puis placer les apprenants en groupes de deux ou trois et les inviter à préparer leur défense par écrit en structurant leur raisonnement et en réutilisant les mots pour faire une démonstration. Faire lire les productions en grand groupe et demander aux apprenants de voter pour la meilleure plaidoirie.

EXEMPLE DE PRODUCTION

Tout d'abord, laissez-moi vous présenter mon client en quelques chiffres : il est l'auteur de plus de trente romans qui ont tous été vendus à des millions d'exemplaires ; ses romans ont été traduits dans une vingtaine de langues ; six ont été adaptés pour le grand écran et deux d'entre eux ont reçu le prix Polar. Bref, pour lui, le succès est au rendez-vous depuis de nombreuses années. Alors, qu'aurait-il à gagner à plagier un roman d'une de ses illustres consœurs ? Rien, bien sûr ! Bien au contraire ! De plus, son style si personnel est reconnaissable entre mille : il suffit de lire quelques pages de ce livre pour savoir que c'est bien mon client qui en est l'auteur. Voilà pourquoi il n'y a absolument aucun doute à avoir : ce roman a bien été écrit par mon client, n'en déplaise à Fred Vargas ou à ses admirateurs !

⋯⋟ OBJECTIF DE L'ACTIVITÉ 7

⠆ **Identifier un genre littéraire grâce à la couverture d'un livre.**

7 En grand groupe, demander aux apprenants d'observer la couverture du livre et de la décrire (on voit un homme de dos, marchant courbé. Il tient un attaché-case dans la main droite. C'est la nuit, il pleut, semble-t-il. Les couleurs sont sombres et l'homme n'est qu'une silhouette). Puis lire ou faire lire la présentation. Demander aux apprenants de faire des suppositions à l'oral sur le genre littéraire dont il s'agit en justifiant leurs propositions (la couverture est très sombre, de plus, dans la présentation, on relève les mots « balle entre les deux yeux », « enquêter », « tué », « mobile », « assassin », « suspense », « polar », c'est sans aucun doute un roman policier). La série de questions de la fin de la quatrième de couverture pose tous les éléments du mystère à résoudre (qui a tué, quel mobile, pourquoi en pleine rue ?). Faire lire l'entrée « Roman policier » dans l'**Abécédaire culturel**.

anuel p. 198

CORRIGÉ

Il s'agit d'un roman policier, d'un polar.

POINT Info

Philippe Huet est un journaliste et écrivain français né en 1945 au Havre. Il a reçu le Grand Prix de littérature policière en 1995 pour son roman *La Main morte*. Il explore dans ses romans les terroirs de la Normandie profonde autant que l'univers industriel et portuaire de la région du Havre. Il écrit aussi des romans sociaux. Avec *Les Quais de la colère* en 2008, il retrace l'affaire de l'injuste condamnation à mort d'un syndicaliste en 1910.

POUR ALLER PLUS LOIN : Apporter en classe un Cluedo (jeu de société où le but est de retrouver, à l'aide d'indices, le coupable, le lieu et l'arme d'un crime). Faire une ou plusieurs parties avec les apprenants en veillant à faire réutiliser le lexique du polar. Par exemple : « Je pense que Mademoiselle Rose est coupable de ce crime. Je l'accuse d'avoir tué le Docteur Lenoir dans la salle de bains, avec le chandelier. Je ne connais pas son mobile, mais je suis sûr que son acte était prémédité. »

 On complètera cette double page en faisant visionner aux apprenants la vidéo « Convaincre » (voir CD-Rom / Dossier 8). On trouvera la fiche pour son exploitation p. 211-213 de ce guide.

Corrigés S'exercer

11. 1. La lettre anonyme postée hier n'est pas parvenue à son destinataire. – 2. Aujourd'hui, il sort armé en prévision de son crime. – 3. Le dispositif policier est mis en place pour fonctionner dès demain. – 4. La bombe va exploser dans deux heures. – 5. Le procès ne doit avoir lieu que l'année prochaine. – 6. L'année dernière, un crime similaire a été commis dans les environs.

12. la veille au soir – deux jours plus tôt – ce jour-là – le lendemain – deux jours plus tard – les cinq jours suivants – cette semaine-là – le mois suivant – huit mois plus tard

13. d'abord – en second lieu – finalement – premièrement – ensuite – de plus – alors – finalement

14. 1 f – 2 e – 3 b – 4 g – 5 a – 6 c – 7 d

15. suspect / coupable – empreintes – arme du crime – mobile – alibi – coupable – indices – empreintes – crime – prémédité – enquête

Paroles en scène

> Livre de l'élève p. 148

Sur tous les tons
⋯⟩ OBJECTIF DE L'ACTIVITÉ

: **Distinguer à l'oral différentes intonations dans la gradation des sentiments.**

Avant de procéder à l'écoute, faire produire en grand groupe une phrase d'exemple pour chacun des sentiments de l'activité. Par exemple : Curiosité : « Mais qu'est-ce qui s'est passé ? Raconte-moi tout ! » – Énervement : « Non, mais c'est pas possible ! Ça va pas recommencer ! » – Surprise : « Sans blague ! Il a enfin eu son permis ? » – Satisfaction : « Je suis vraiment contente pour toi ! » – Colère : « Arrête de me parler sur ce ton ! » – Désespoir : « J'en peux plus... C'est trop dur ! » – Indifférence : « Ah bon ! » – Inquiétude : « Il est toujours pas rentré ? Mais où est-ce qu'il est passé ? » Faire écouter l'interrogatoire et demander aux apprenants à quel sentiment correspond chacune des répliques. Procéder à autant d'écoutes que nécessaire pour bien faire sentir les nuances. L'idée dans cet extrait est de montrer le côté implacable de l'interrogateur et les réponses qui passent de la relative tranquillité à l'énervement, puis à l'inquiétude, puis au désespoir. Placer les apprenants en binômes et les inviter à s'entraîner à répéter les répliques de l'interrogatoire avec l'intonation correcte. On pourra ensuite leur demander de jouer la scène devant la classe, comme dans un cours de théâtre, les auditeurs étant les examinateurs. Ce travail préparera à l'activité de Mise en scène.

CORRIGÉ

Curiosité : « Où étiez-vous entre 11 heures et midi mardi dernier ? » – Indifférence : « À la boulangerie, j'achetais du pain. » – Surprise : « Vous avez mis une heure pour acheter une baguette ? » – Indifférence : « J'ai un peu parlé avec la boulangère, on se connaît. » – Satisfaction : « Ha ! Eh bien, elle ne s'en souvient pas du tout ! » – Inquiétude : « Elle ne s'en souvient pas ? » – Énervement : « Alors je répète : où étiez-vous mardi dernier entre 11 heures et midi ? » – Colère : « Mais je vous assure que je bavardais avec madame Martin, même si elle ne s'en souvient pas ! » – Énervement : « Écoutez, ce n'est pas la peine d'insister ! » – Désespoir : « Mais je vous assure, j'étais à la boulangerie, à – la – bou – lan – ge – rie ! »

Phonie-graphie
⋯⟩ OBJECTIF DES ACTIVITÉS 1 ET 2

: **Discriminer les sons [ʃ] et [k].**

1 Passer l'enregistrement une première fois. Inviter les apprenants à travailler individuellement puis à comparer leurs réponses à celles de leur voisin. Passer une seconde fois l'enregistrement pour leur permettre de contrôler leurs réponses. Corriger en grand groupe. Préciser aux apprenants que, dans la plupart des mots tirés du grec, le *ch* se prononce [k] ; par exemple : *écho, chronomètre, psychiatre, archéologue, chœur...*

CORRIGÉ

architecture – <u>orchestre</u> – chirurgie – <u>écho</u> – monarchie – <u>psychologue</u> – <u>chorale</u> – hiérarchie – <u>technologie</u> – <u>cholestérol</u> – tauromachie – chute – achalander – <u>archange</u> – <u>archaïque</u> – archet – <u>chaos</u> – <u>charisme</u> – enchanté – <u>chœur</u> – <u>psychiatre</u>

2 Même démarche que pour l'activité 1.

CORRIGÉ

1. Je suis enchanté du briquet que mon responsable hiérarchique m'a offert pour récompenser mon charisme et mon sens aigu de la psychologie. – 2. Christophe a choisi de faire une psychanalyse dans un cabinet de psychiatres. – 3. L'orchestre n'a pas pu éviter le chaos. L'archet du premier violon s'est rompu. Il y avait un écho dans la cathédrale et la chorale n'a pas pu chanter le chœur final.

Mise en scène
⋯⟩ OBJECTIF DE L'ACTIVITÉ

: **Jouer une scène d'interrogatoire issue d'un film.**

Dans un premier temps, présenter Claude Miller aux apprenants à l'aide du Point Info ci-dessous. Puis faire lire la scène en grand groupe pour en vérifier la compréhension. Faire remarquer aux apprenants l'évolution des sentiments des deux personnages : l'inspecteur Galien est d'abord calme, ensuite menaçant, puis à nouveau calme. Martinaud, lui, passe de l'énervement à l'inquiétude, puis à la colère. Finalement, faire relire l'extrait par plusieurs binômes en leur demandant d'utiliser le ton juste pour chaque réplique.

POINT Info

Claude Miller (1942-2012) est un réalisateur, acteur et scénariste français qui a d'abord travaillé pour de grands metteurs en scène, tels que Marcel Carné, Jean-Luc Godard ou François Truffaut, avant de passer lui-même à la réalisation. Il a réalisé de grands succès tels que *La Meilleure façon de marcher* (1976), *Garde à vue* (1981) et *L'Effrontée* (1985). Son dernier film *Thérèse Desqueyroux*, adapté du roman de François Mauriac, a été présenté en clôture du Festival de Cannes en mai 2012.

CD-ROM Pour conclure cette page, vous pouvez faire le jeu proposé sur le CD-ROM (Jeu de la charade du polar) qui fera réutiliser le lexique du dossier.

PROJET DOSSIER 8

1 Réflexion préalable

⋮ Définir le projet.

Prévenir les apprenants quelques jours à l'avance de la tenue de cette activité pour qu'ils apportent en classe des renseignements précis sur un roman policier dont ils souhaiteraient parler et également sur son auteur.

2 Préparation

⋮ Écrire une chronique pour présenter un roman policier.

Placer les apprenants en petits groupes de trois ou quatre personnes, de profils différents si possible (âge, sexe, personnalité...) et leur laisser quelques minutes pour choisir ensemble le livre sur lequel ils vont travailler. Chaque apprenant pourra proposer un roman ; le groupe se mettra ensuite d'accord sur un titre. Il existe l'autre solution d'une « Foire aux livres » en grand groupe, ce qui permettrait aux apprenants de se réunir par affinités. Par exemple : « Qui veut parler avec moi de ce roman ? C'est un livre passionnant ! » Faire ensuite lire les consignes et s'assurer de leur compréhension en demandant aux apprenants de les reformuler.
La première étape sera d'écrire la chronique pour le site rayonpolar.com et de la relire pour une parfaite rédaction. Puis il s'agira d'en utiliser les éléments pour la transformer en présentation orale dans une émission littéraire télévisée. Lors de cette activité, les apprenants devront réutiliser le lexique de la justice, de la police et du polar, les mots pour situer des événements dans un récit au passé ainsi que les articulateurs du discours. L'objectif est d'entraîner à la créativité, à la reformulation et à la synthèse. Laisser environ 1 heure aux différents groupes pour préparer leur projet.

3 Présentation

⋮ Présenter sa chronique à l'oral et décerner le prix Polar.

Dans un premier temps, définir en grand groupe des critères de jugement et un système de notation : une annotation pour l'originalité, la créativité, l'aisance, le dynamisme, la correction linguistique... Puis les groupes présentent leur chronique, chacun étant évalué par la classe. Inviter les apprenants à voter pour le meilleur (interdiction de voter pour son propre groupe). Le groupe gagnant reçoit le prix Polar.

POINT Info

Stanislas-André Steeman (1908-1970) est un auteur et illustrateur belge connu pour ses romans policiers dont plusieurs ont été portés à l'écran. *L'Assassin habite au 21*, adapté au cinéma en 1942 par Henri-Georges Clouzot, est une de ses œuvres majeures, publiée en 1939.
Lars Kepler est le nom de plume d'un couple d'auteurs suédois de romans policiers, Alexander et Alexandra Ahndoril.
S.J. Watson est un auteur anglais né en 1971. *Avant d'aller dormir*, paru en 2011, est son premier roman. Il a été publié dans 36 pays. Ridley Scott en a acheté les droits d'adaptation cinématographique.

VERS LE DELF B1

Les activités de cette double page permettent de préparer les apprenants au DELF B1. Dans ce dossier, les apprenants seront amenés à travailler deux compétences : la compréhension des écrits et la production écrite. On peut donner ce bilan à faire à la maison sous forme de devoir ou bien le présenter sous forme d'examen écrit à faire en classe.

Compréhension des écrits

Pour chaque item des questions 4 et 9, le candidat obtient la totalité des points si le choix Vrai/Faux et la justification sont corrects, sinon aucun point ne sera attribué.

CORRIGÉ

1. c – 2. a – 3. b – 4. a. Vrai : « Le documentariste s'est rendu à la 10e chambre correctionnelle de Paris, qui traite principalement des convocations pour délits mineurs » ; b. Faux : « Le cinéaste et son équipe ont obtenu une autorisation exceptionnelle, qui leur a permis de filmer au plus près le travail des magistrats et les réactions des inculpés. » – 5. Risquer d'avoir une condamnation/peine sévère. – 6. c – 7. Elle y croit encore. – 8. b – 9. a. Faux : « La juge applique la loi avec une efficacité souriante : elle dialogue, en aide certains, en bouscule d'autres, consciente que chaque cas est un petit drame qu'il lui faut régler au mieux » ; b. Vrai : « Le documentaire poignant et drôle fait alors froid dans le dos. »

Production écrite

Faire travailler les apprenants individuellement. Leur faire lire la consigne et leur donner comme limite de temps 20 minutes et comme nombre de mots à respecter : 160 à 180 mots.
Pour l'évaluation, voir la grille ci-après.

EXEMPLE DE PRODUCTION

Bonjour à tous,
Je voudrais rappeler l'histoire de Roland Agret, un garagiste qui a été accusé d'avoir tué son patron au début des années 1970. Il a passé 7 ans en prison pour un crime qu'il n'avait pas commis. Pour attirer l'attention des journalistes sur son histoire, il a fait une grève de la faim. Après avoir été libéré pour raisons médicales par une grâce présidentielle (qui donc ne se prononce pas sur son innocence), il s'est coupé deux doigts qu'il a envoyés au ministère de la Justice comme preuve de son innocence. Finalement, il a été rejugé en 1985 et acquitté. Et c'est seulement en 2005 que la justice lui a donné 500 000 euros de dédommagements après qu'il s'est tiré une balle dans le pied.
500 000 euros, c'est une belle somme d'argent mais est-ce que ça suffit pour racheter 35 ans d'injustice, deux doigts et un pied ?
J'admire beaucoup le courage de Roland Agret qui n'a jamais abandonné la bataille pour prouver son innocence. Son histoire montre qu'il a confiance en la justice et la vérité. Aujourd'hui, il travaille dans une association pour aider d'autres victimes.
Karim, un fidèle lecteur

PRODUCTION ÉCRITE	25 points
Respect de la consigne	2
Capacité à présenter des faits	4
Capacité à exprimer sa pensée	4
Cohérence et cohésion	3
Compétence lexicale / Orthographe lexicale	
Étendue du vocabulaire	2
Maîtrise du vocabulaire	2
Maîtrise de l'orthographe lexicale	2
Compétence grammaticale / Orthographe grammaticale	
Degré d'élaboration des phrases	2
Choix des temps et des modes	2
Morphosyntaxe – Orthographe grammaticale	2

Contenus socioculturels • Thématiques

Petits et grands voyages
Le dépaysement
Vivre ailleurs
La France et ses étrangers

Objectifs sociolangagiers

Objectifs pragmatiques

Ouvertures	– comprendre un extrait de roman sur un voyage interplanétaire – exprimer ses habitudes et ses préférences en matière de voyage
La vie au quotidien	– comprendre les offres d'un dépliant touristique – suivre un itinéraire sur une carte – confirmer par écrit un changement de destination – résoudre un problème au téléphone
Outils pour...	– utiliser des indéfinis – utiliser la négation – faire des recommandations – faire une narration au passé
Points de vue sur...	– comprendre des témoignages écrits de voyageurs – rédiger un court récit de voyage – comprendre à l'oral des anecdotes de voyage
Paroles en scène	– jouer une scène de théâtre poétique sur un voyageur de la vie
Projet	– préparer une excursion

Objectifs linguistiques

Grammaticaux	– les indéfinis – la phrase négative – les temps de la narration – le passé simple
Lexicaux	– le vocabulaire du voyage – la description d'un lieu – les interactions au téléphone – les mots pour faire des recommandations
Prosodiques	– l'intonation de l'incompréhension
Phonie-graphie	– la prononciation du *e* accentué et le *e* muet

Vers le DELF B1 épreuve complète	– compréhension de l'oral – compréhension des écrits – production écrite – production orale : entretien dirigé, exercice en interaction, expression d'un point de vue

> Lexique thématique → p. 186   > Abécédaire culturel → p. 198-199

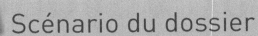

9 Scénario du dossier

Dans la première double page, OUVERTURES, un extrait de *La Planète des singes* offrira aux apprenants une vision de la vie sur une autre planète. Ce texte les amènera à s'exercer à l'écriture de la science-fiction, puis ils échangeront sur le thème des voyages.

Dans LA VIE AU QUOTIDIEN, après avoir étudié un dépliant touristique, ils écouteront un couple parler d'un choix de destination de vacances, puis ils apprendront à résoudre au téléphone un problème de réservation et à rédiger un mail de confirmation.

La première double page d'OUTILS POUR entraînera les apprenants à utiliser les indéfinis à travers l'introduction d'un ouvrage sur le Maroc. Puis, en écoutant le récit d'un voyageur malchanceux, ils reviendront sur la construction de la phrase négative.

Dans POINTS DE VUE SUR, les apprenants découvriront plusieurs témoignages de voyages, écrits dans des styles littéraires différents et écouteront une jeune femme parler d'un séjour qu'elle a fait en Colombie. Ce sera l'occasion pour eux de s'essayer à l'écriture de leurs propres découvertes touristiques.

Dans la deuxième double page d'OUTILS POUR, des extraits de guides touristiques leur permettront de travailler sur les moyens de faire des recommandations aux voyageurs. Ils liront ensuite un récit de voyage du 19ᵉ siècle et se familiariseront avec un temps essentiel à la narration littéraire : le passé simple.

Dans PAROLES EN SCÈNE, les apprenants s'exerceront au métier d'acteur en imitant l'intonation de l'incompréhension et en jouant une scène de théâtre surréaliste mettant en scène un « voyageur de la vie » dans une gare.

Dans le PROJET, ils organiseront une excursion : depuis le choix de la destination, des moyens de transport jusqu'à celui du mode de restauration. Ils se mettront d'accord sur la destination la plus tentante et partiront à l'aventure.

Dans S'EXERCER, ils systématiseront à l'aide d'exercices les points linguistiques vus dans le dossier.

Dans le DELF B1, les apprenants mobiliseront les acquis et de ce manuel avec une épreuve complète en quatre parties : compréhension de l'oral, compréhension des écrits, production écrite, production orale.

Pages de sommaire

> Livre de l'élève p. 154-155

Illustration : Faire observer aux apprenants le titre du dossier (« Je voyage ») et leur faire décrire la photo. C'est une étiquette d'identification de bagage collée à la poignée d'une valise. Le vol est à destination de Tokyo (TYO) depuis l'aéroport de Londres Heathrow (LHR). Le départ est le 7 octobre. Le numéro de vol est JL402. À partir de ces éléments, leur faire faire des hypothèses sur la thématique du dossier. On va y parler non seulement de destinations lointaines, mais aussi de détails concrets sur les façons de voyager.

Citations : Faire ensuite confirmer cette interprétation en demandant d'expliquer la phrase de Marcel Proust. Elle signifie que le véritable voyage n'est pas forcément de se déplacer mais de regarder autrement le monde autour de soi. Pour préciser cette réflexion, faire réfléchir les apprenants sur le dicton qui suit la phrase de Proust : « Les voyages forment la jeunesse ». Les jeunes apprennent à mieux se connaître en relevant le défi des voyages. Ils sortent du cocon familial pour découvrir par leurs propres moyens comment vivent les autres et doivent faire preuve de caractère pour résoudre les situations inhabituelles dans lesquelles ils se trouvent soudain placés. Leur demander s'il y a un dicton semblable ou analogue dans leur langue. Dans ce dossier, on va donc parler aussi des transformations de caractère qu'entraînent les voyages.

Ouvertures

> Livre de l'élève p. 156-157

⋯: OBJECTIF DES ACTIVITÉS 1 ET 2

⋮ **Comprendre un extrait de roman de science-fiction sur un voyage interplanétaire.**

① et **②** Faire lire la biographie de Pierre Boulle par un apprenant tandis que le reste de la classe prend des notes, livres fermés, puis demander ce qu'ils ont retenu. À ce stade de l'apprentissage, ne pas s'attarder sur le contenu du roman, réservé à l'activité 3. Demander aux apprenants de lire l'extrait individuellement et de répondre aux questions en binômes. Vérifier les réponses en grand groupe.

CORRIGÉ 1

1. Un roman de science-fiction. (« La planète ressemblait étrangement à la Terre. [...] Nous survolions une ville [...]. Mais nous devions atterrir bien loin de là. ») – 2. Des Terriens découvrent une nouvelle planète où vivent des primates civilisés. (« Il était habillé comme vous et moi, je veux dire comme nous serions habillés si nous participions à une de ces battues, organisées chez nous pour les ambassadeurs... ») – 3. Il décrit la planète Soror, une ville, et un gorille habillé en chasseur.

CORRIGÉ 2

1. Les deux planètes ont la même atmosphère. (« L'atmosphère était claire [...] un peu comme dans notre ciel de Provence au soleil couchant. ») Les océans se ressemblent. (« L'océan était d'un bleu léger, avec également des nuances vertes ».) Les villes ont la même allure. (« Nous survolions une ville [...] de larges rues, des maisons blanches avec de longues arrêtes rectilignes. ») Les habitants de Soror sont habillés comme des Terriens. (« Il était habillé comme vous et moi... ») – 2. La géographie des deux planètes est différente. (« Rien dans la géographie ne rappelait notre ancien ni notre nouveau continent. ») La morphologie des habitants de Soror diffère de celle des Terriens. (« Là s'arrêtait la ressemblance ; au lieu de souliers, il portait de gros gants noirs. C'était un gorille, vous dis-je [...] Du col de la chemise sortait la hideuse tête... ») – 3. L'incrédulité (« J'avais beau me répéter que je devenais fou [...]. Mais la rencontre d'un gorille sur la planète Soror ne constituait pas l'extravagance essentielle de l'événement. ») – La surprise (« l'extravagance essentielle [...] tenait pour moi à ce que le singe était correctement habillé ») – 4. C'est un animal selon les normes terriennes et pourtant il s'habille et se conduit comme un homme.

⤷ OBJECTIF DE L'ACTIVITÉ 3

⋮ **Échanger sur le roman *La Planète des singes*.**

3 Faire décrire l'affiche du film et la photo p. 156. L'affiche montre l'acteur Charlton Heston capturé par des gorilles, sur la planète Soror. Les gorilles sont habillés convenablement, si l'on peut dire, alors que lui est presque nu, et l'un des gorilles le tient avec une sorte de laisse. En arrière-plan, on voit la ville des primates. La photo quant à elle montre trois gorilles en tenues de chasse complètes, armés de fusils, et posant devant l'objectif comme le feraient des hommes. On peut en inférer un des enseignements du roman : sur Soror, les hommes sont traités comme nous traitons les animaux des réserves de chasse, de cirque ou de zoo ou même les animaux qui servent aux expériences scientifiques et c'est une dénonciation de ces pratiques. Puis faire lire la consigne et y répondre en grand groupe.

CORRIGÉ

Le dénouement du livre de Pierre Boulle correspond à la deuxième proposition (voir le Point Info ci-dessous). La troisième proposition est celle du film de Franklin J. Schaffner (1968) : la célèbre scène finale montre Charlton Heston fuyant ses geôliers, tombant sur les restes de la Statue de la Liberté et comprenant enfin que la Planète des singes est en réalité la Terre. En effet, à la suite d'une catastrophe apocalyptique vieille de deux mille ans (espace de temps réduit à moins de deux ans pour les astronautes, qui ont voyagé à la vitesse de la lumière), les primates ont pris le pouvoir et transformé les hommes en gibier. La première proposition n'est pas impossible puisqu'elle semble correspondre à l'esprit de domination qui caractérise l'espèce humaine. Mais il faudrait beaucoup d'imagination à l'écrivain pour nous convaincre qu'une poignée d'hommes serait capable de soumettre un peuple de gorilles armés jusqu'aux dents.

POINT Info

La Planète des singes commence par la découverte d'un manuscrit dans une bouteille racontant le voyage qu'une équipe de scientifiques et un journaliste prénommé Ulysse ont fait sur la planète Soror, où les primates vivent comme des hommes et les hommes comme des bêtes. Ulysse est capturé par des gorilles au cours d'une chasse en forêt et conduit à un laboratoire pour des expériences. Ayant réussi à échapper à la mort grâce à son ingéniosité, il commence à se faire accepter tel qu'il est par les primates ; mais de nouvelles découvertes scientifiques permettent de mettre en lumière l'antériorité de la civilisation des hommes sur celle des gorilles et la vie d'Ulysse est de nouveau menacée ; il doit fuir Soror. De retour sur Terre, il découvre que les primates ont pris là aussi le pouvoir. Le livre se termine par la description du couple qui avait découvert le manuscrit, au début du roman : ce ne sont pas des hommes mais des chimpanzés. On comprend alors que l'espèce humaine a disparu de la galaxie.

⤷ OBJECTIF DE L'ACTIVITÉ 4

⋮ **Compléter une nouvelle de science-fiction.**

4 Ce travail peut être fait en devoir à la maison ou en classe. En classe, imposer un temps limite de 20 minutes. En grand groupe, lire le début de la nouvelle et demander à quel genre littéraire elle appartient. Faire justifier. (C'est une nouvelle de science-fiction : il est question d'un taxi intersidéral.) Vérifier la compréhension du vocabulaire (*une plate-forme* = une terrasse, un plateau ; *décoller* = s'envoler, partir ; *une rumeur* = un bruit confus causé par un grand nombre de personnes). Faire décrire la photo (une soucoupe volante qui semble échappée d'un film des années 1960 sert d'objet décoratif dans un jardin ou de manège pour des enfants) et conseiller aux apprenants d'écrire un texte dans l'esprit de cette soucoupe, c'est-à-dire avec humour : cela leur facilitera le travail. Dans le même but, leur conseiller de reprendre certaines des expressions de Pierre Boulle. Lire les productions en grand groupe et en apprécier les mérites.

EXEMPLE DE PRODUCTION

Nous avions beau nous répéter que nous devenions fous, nous ne pouvions pas nourrir le moindre doute sur la réalité des larges becs qui fendaient le visage des habitants de la planète Colvert : c'étaient des canards ! Des canards, vous dis-je ! Au lieu de souliers, ils portaient des palmes et de leurs gosiers sortaient d'horribles « coin-coin », incompréhensibles à nos oreilles, mais non dénués de sens à en juger par l'intérêt qu'ils manifestaient à leurs discours réciproques. Quant à leur courte taille, elle ne diminuait en rien le péril de la situation dans laquelle nous nous étions bien inconsidérément plongés. Car la ville était peuplée de palmipèdes, le ciel en était couvert et, les uns après les autres, ces oiseaux de malheur dirigeaient vers nous des regards lourds de reproches. « Oh, mon Dieu ! haleta Callisto. Faites quelque chose, Artémis, pour l'amour du ciel faites quelque chose, ou nous allons finir dans du miel et du jus d'orange ! »

❺ **EGO** Questionnaire • **Vous et les voyages**

Faire lire en grand groupe l'encadré « Les mots pour le voyage » et vérifier la compréhension du lexique en demandant aux apprenants de le classer en quatre colonnes : 1. les moyens de transports : *Je voyage en bus, en voiture… ; Je me déplace à vélo, à cheval, à dos de chameau…* – 2. la préparation du voyage : *J'organise mon voyage à l'avance, je planifie mon itinéraire, je prévois mon parcours.* – 3. les façons de voyager : *Je préfère voyager seul(e), en groupe. Je pars en voyage organisé. ; J'apprécie les haltes, je prévois des étapes. Je suis les itinéraires balisés. Je sors de sentiers battus. ; Je me laisse guider par le hasard, je vais à l'aventure. ; J'essaie de communiquer avec les gens. Je baragouine, je me débrouille dans la langue du pays. ; J'aime prendre mon temps, flâner, me balader.* – 4. les buts du voyage : *Je cherche des endroits insolites, hors du commun. ; Je pars pour faire une pause, décompresser, faire des rencontres, des découvertes, visiter des sites célèbres. ; Je cherche le dépaysement, à m'évader du quotidien. J'aime découvrir d'autres cultures.*

Vérifier la compréhension du vocabulaire nouveau en demandant aux apprenants de l'expliquer ou de l'illustrer à l'aide d'exemples. Par exemple : Un voyage organisé se fait en présence d'un guide, dans un moyen de transport en commun, généralement un autocar, et selon un parcours décidé au préalable par une agence… Puis, en grand groupe, faire lire les questions de l'EGO Questionnaire en demandant aux apprenants d'en reformuler les différents points afin de s'assurer de leur compréhension. Enfin, former des groupes de trois ou quatre personnes, de profils différents si possible (âge, sexe, personnalité…) et leur proposer d'échanger sur le thème. Pour dynamiser la discussion, laisser les groupes circuler librement dans la classe et se mélanger. L'enseignant n'intervient pas dans les discussions, mais observe et répond aux demandes d'aide. Pour enrichir leurs échanges, ils peuvent recourir
`Manuel p. 186` au **Lexique thématique**. Prévoir un retour en grand groupe pour constater les points communs et les disparités.

POUR ALLER PLUS LOIN : Faire suivre l'EGO Questionnaire d'exposés sur des voyages. À l'aide de cartes et de photos, voire d'objets-souvenirs, un apprenant raconte un voyage qu'il a fait. Ne pas organiser plus d'un exposé par cours. Ces exposés devront être en grande partie improvisés : les apprenants ne lisent pas un texte écrit au préalable mais racontent leurs souvenirs et leurs impressions de voyage avec leurs propres mots et en s'aidant des cinq entrées
`Manuel p. 186` du **Lexique thématique**. Fixer un temps limite de 3 à 5 minutes d'oral en continu. L'enseignant note les fautes de langue sans intervenir. Procéder à la correction après l'exposé.

La vie au quotidien

> Livre de l'élève p. 158-159

⋯⋙ OBJECTIF DE L'ACTIVITÉ 1

⋮ Comprendre un dépliant touristique et le descriptif d'un voyage.

❶ En grand groupe, faire décrire les deux photographies (sur la première photo, on voit des érables et des conifères au bord d'un lac ou d'une rivière ; sur la deuxième photo, il y a une colonie de fous de Bassan), puis placer les apprenants en binômes, leur faire lire le descriptif du voyage et répondre aux questions. Corriger en grand groupe.

Il s'agit du Canada, du Québec (l'aéroport d'arrivée est Montréal et la carte représente un circuit au Québec, les couleurs des arbres de la photo évoquent « l'été indien »). Les provinces sont celles de l'Acadie, à savoir la Gaspésie et le Nouveau-Brunswick (voir Point Info ci-dessous). C'est un voyage organisé (le voyage comprend le vol, un séjour de 13 jours avec un « autotour », des visites de sites touristiques, un dîner dans un restaurant...) par une agence qui s'appelle Visa voyages.

POINT Info

L'Acadie est un territoire regroupant les localités francophones des provinces de l'Atlantique (en particulier la Gaspésie et le Nouveau-Brunswick), dans l'est du Canada, au sud du Québec. Fondée en 1604 par des Français originaires de l'Ouest de la France, l'Acadie a été conquise en 1713 par les Britanniques. La culture acadienne est mise en valeur depuis les années 1960, en particulier grâce au portail d'informations L'Acadie nouvelle (http://www.capacadie.com) et à Radio-Canada Acadie. Les liens entre les différentes régions sont favorisés par des événements comme le Congrès mondial acadien et les Jeux de l'Acadie.

Les fous sont des oiseaux de mer de taille moyenne (de 64 à 100 cm), à bec conique et aux longues ailes étroites et pointues. Ils se nourrissent de petits poissons et de mollusques, et peuvent plonger d'une hauteur allant jusqu'à 40 mètres pour attraper leurs proies. Le fou de Bassan doit son nom à l'île de Bass, à proximité des côtes orientales de l'Écosse, qui en abrite une colonie particulièrement abondante. Il vit uniquement dans l'Atlantique Nord. C'est le plus gros des oiseaux de mer d'Europe.

⋯⋮ OBJECTIF DES ACTIVITÉS 2 ET 3

⋮ **Comprendre les étapes d'un voyage organisé à partir d'une discussion et d'un dépliant.**

2 et **3** Avant de faire l'activité, s'assurer de la compréhension du vocabulaire du dépliant, à l'aide d'un exercice d'associations. Par exemple :

1. une façade   a. montagneux, abrupt
2. un rivage   b. un mur naturel face à la mer
3. escarpé   c. des indications pour aller d'un lieu à un autre
4. une baie   d. un rassemblement
5. un itinéraire   e. une avancée de la mer à l'intérieur des terres
6. un homard   f. une masse de pierre
7. une colonie   g. une butte de sable formée par l'action du vent
8. un rocher   h. une sorte de gros crabe
9. une dune   i. une large bande de terre le long d'une côte

Corrigé : 1 b, 2 i, 3 a, 4 e, 5 c, 6 h, 7 d, 8 f, 9 g

Faire lire ensuite les consignes, placer les apprenants en binômes et procéder aux deux écoutes. Vérifier les réponses en grand groupe.

Un homme propose à sa femme de faire un voyage en Acadie avec leur fille Pauline, pour récompenser celle-ci de son succès au bac. Le programme proposé par l'agence plaît beaucoup à la femme mais elle craint que leur fille ne soit pas très tentée de partir : en effet, Pauline a eu une relation avec un Canadien qui s'est mal terminée et maintenant elle sort avec un joueur de jembé sénégalais. L'homme est désolé d'apprendre cela car il a déjà réservé les billets. Sa femme lui conseille alors de parler avec leur fille et de changer au besoin de destination.

vol + autotour + une excursion dans un village historique acadien + une croisière jusqu'au rocher de Percé / à partir du 29 août jusqu'au 10 septembre / prix : 1 825 € par personne / la façade atlantique du Canada [...] et son fameux rocher, en passant par la Baie des Chaleurs / la visite du village historique acadien / la croisière autour de l'énigmatique rocher Percé.

⋯⋮ OBJECTIF DE L'ACTIVITÉ 4

⋮ **Approfondir le vocabulaire soulignant les charmes d'un lieu touristique.**

4 Faire lire la consigne en grand groupe et placer de nouveau les apprenants en binômes. Corriger en grand groupe.

CORRIGÉ

des rivages spectaculaires / son fameux village historique / itinéraire original / l'incroyable colonie / l'énigmatique rocher / les belles courbes

⋯⋮ OBJECTIF DE L'ACTIVITÉ 5

⋮ **Approfondir la compréhension du dialogue sur le projet de voyage.**

5 Faire lire les questions en grand groupe et procéder à la réécoute de la discussion entre les parents de Pauline. Les apprenants confrontent leurs réponses en grand groupe.

CORRIGÉ

1. La principale raison est de récompenser Pauline de son succès au bac (elle a beaucoup travaillé et n'a pas eu le temps de décompresser). D'après l'homme, Pauline rêve d'aller au Canada, et avec son goût pour l'histoire, un circuit au pays des Acadiens pourrait lui plaire : ce serait une occasion de remonter sur les traces de leurs ancêtres. Par ailleurs, ce voyage ferait du bien au couple. – 2. Pauline a vécu une aventure sentimentale avec un Canadien qui s'est mal terminée ; elle sort maintenant avec un Sénégalais et n'a donc sans doute pas très envie de visiter le Canada. – 3. *Réponse libre.*

POUR ALLER PLUS LOIN : Enrichir la discussion autour de la dernière question en lisant en grand groupe les entrées Manuel p. 198-199 « Destinations de voyages » et « Vacances » dans l'**Abécédaire culturel**. Demander aux apprenants de comparer leurs pratiques avec celles des Français en expliquant comment ils organisent leurs vacances. Ils Manuel p. 186 pourront également s'aider des cinq entrées du **Lexique thématique**.

⋯⋮ OBJECTIF DE L'ACTIVITÉ 6

⋮ **Comprendre le dépliant d'une agence de voyage.**

6 Livres fermés, faire un rapide remue-méninges sur la francophonie. Que recouvre le terme francophonie ? Combien de gens dans le monde ont le français pour langue de partage ? Dans quels pays le français est-il la langue maternelle, une langue d'enseignement ? Pour les réponses, voir l'entrée « Francophonie » dans Manuel p. 199 l'**Abécédaire culturel**. Demander ensuite aux apprenants de situer le Sénégal sur la carte. Lire les questions en grand groupe, s'assurer de leur compréhension en demandant aux apprenants de les reformuler, puis les faire répondre en binômes. Corriger en grand groupe.

Comme dans l'activité 4, demander enfin aux apprenants de repérer dans le descriptif du dépliant les éléments qui soulignent l'aspect exceptionnel du séjour : « une mer chaude », « un soleil éclatant », « la quiétude raffinée de la plage », « une contrée authentique », « la station balnéaire la plus connue d'Afrique de l'ouest », « restaurants et bars de luxe ». Possibilité ensuite d'une discussion en grand groupe : Ces éléments vous attirent-ils ou préférez-vous la description de l'Acadie ? Pourquoi ?

CORRIGÉ

1. Un séjour en pension complète dans un club de vacances sénégalais. – 2. *Réponses possibles :* On n'est pas tous les jours sur la route comme dans un voyage organisé et on peut donc profiter à cent pour cent de ses vacances grâce à des activités sportives et des excursions entrecoupées de moments de repos. De plus, c'est un club de haut standing, ce qui signifie que les chambres seront superbes et la nourriture délicieuse. – 3. *Réponse possible :* Pauline ne va pas choisir le Sénégal : d'abord parce qu'elle est jeune et la formule club est plutôt faite pour les personnes d'un certain âge ; ensuite elle n'acceptera sans doute pas de découvrir le pays de son nouveau petit ami à travers la lorgnette d'une « usine à touristes » ; enfin, ce séjour tombera au milieu de la saison des pluies, qui va de juin à octobre. À mon avis, elle préférera l'Acadie, même si cela risque de lui rappeler des souvenirs douloureux...

POUR ALLER PLUS LOIN : Parler ou inviter les apprenants à parler du Sénégal. Quelle est sa capitale ? (Dakar.) Quand le pays a-t-il accédé à l'indépendance ? (1960.) Quelles personnalités sénégalaises connaissez-vous ? (L'écrivain Léopold Sédar Senghor, le chanteur Youssou N'Dour...)

⋯⋮ OBJECTIF DE L'ACTIVITÉ 7

⋮ **Comprendre des stratégies pour résoudre au téléphone un problème de réservation.**

7 Faire lire les questions et procéder à l'écoute. Les apprenants répondent individuellement. Corriger en grand groupe. Compléter le vocabulaire relevé en b) à l'aide de l'encadré « Stratégies pour résoudre un problème au téléphone ».

a) 1. Le père de Pauline (Jean-François Portal) voudrait changer sa réservation pour l'Acadie en une réservation pour le Sénégal. – 2. Le changement de réservation ne pose pas de problème. Il suffit de payer 30 € par personne pour le changement, plus le complément, car le voyage au Sénégal est plus cher que celui en Acadie. Jean-François devra également confirmer sa demande par mail, en joignant un scan d'une pièce d'identité. Enfin, il devra passer à l'agence le plus vite possible pour régler la totalité du voyage et les frais complémentaires. – b) 1. une demande de patienter (« ne quittez pas s'il vous plaît. Merci de patienter un petit instant. […] ne quittez pas, je vous passe la personne responsable, restez en ligne, s'il vous plaît. ») – 2. une explication du problème (« Voilà, je vous explique […] ») – 3. une incompréhension du problème (« Vous voulez annuler ? » « […] Non ! Non, je me suis mal fait comprendre ! ») – 4. une reformulation de la demande (« En fait, on voudrait […] ») – 5. des excuses (« Oh, oui, je vous prie de m'excuser, j'ai mal lu ») – 6. des consignes de « marche à suivre » (« Eh bien, vous nous envoyez tout de suite […] vous passez à l'agence pour régler la totalité de votre voyage et les frais complémentaires. ») – 7. des remerciements (« – C'est noté. Merci beaucoup. – Je vous en prie. Au revoir, monsieur Portal. – Au revoir madame et merci encore. »)

⋯⋮ OBJECTIF DE L'ACTIVITÉ 8

⋮ **Écrire un mail de confirmation à une agence de voyage.**

8 Dans un premier temps, noter au tableau les éléments que les apprenants vont compléter en écoutant la discussion et dont ils vont avoir besoin pour rédiger le mail (nombre de personnes – nom de l'interlocutrice – destination et dates initiales – nouvelle destination et dates de séjour – numéro de dossier – nom – déjà réglé – reste à régler – quand – adresse mail). Puis procéder à la nouvelle écoute. Les apprenants répondent individuellement, confrontent leurs réponses en binômes puis, toujours en binômes, rédigent le mail. Imposer une limite de 10 minutes. Lire quelques productions en grand groupe.

De : Jean-François Portal – À : amosset@visavoyages.fr
Sujet : changement de destination – Numéro de dossier : AX2543G
Madame,
Suite à notre conversation téléphonique de ce jour, je vous confirme les changements dans mon dossier : au lieu d'un autotour en Acadie du 29 août au 10 septembre, je réserve un séjour dans votre club de Saly au Sénégal, du 2 au 9 septembre. Ce voyage sera pour trois personnes, comme initialement prévu. Je passerai en fin de semaine à votre agence pour vous régler ce que je vous dois, à savoir 30 € × 3 pour les frais de changement + les 70 % qui restait à payer pour le voyage en Acadie (1 277,50 € × 3) + 165 € × 3 pour la différence de prix entre les deux voyages. Total : 4 417,5 €. Vous trouverez en pièce jointe, le scan de ma pièce d'identité.
Bien cordialement, Jean-François Portal

⋯⋮ OBJECTIF DE L'ACTIVITÉ 9

⋮ **Changer par téléphone une réservation de voyage.**

9 Demander aux apprenants d'observer une nouvelle fois l'encadré « Stratégie pour résoudre un problème au téléphone » et procéder à une autre écoute de l'enregistrement en rappelant les étapes de la conversation. Puis faire lire la consigne, la faire reformuler pour s'assurer de sa compréhension et placer les apprenants en binômes. Ils jouent pendant quelques minutes. Enfin, demander à un ou deux binômes de présenter à la classe ce jeu de rôles.

Outils pour...

> Livre de l'élève p. 160-161

› **Utiliser des indéfinis**

⋯⋮ OBJECTIF DE L'ACTIVITÉ 1

⋮ **Repérer des indéfinis dans l'introduction d'un guide.**

1 Les apprenants lisent le texte individuellement puis répondent en binômes. Corriger en grand groupe.

1. Le Maroc présente des aspects pittoresques. Il est à la fois un condensé du Maghreb et un avant-goût de la terre africaine ; on en revient bardé de bijoux clinquants et la tête remplie de souvenirs fantaisistes ; ce pays a de tout temps été une source inépuisable de romans d'aventures ; c'est un inégalable réservoir de traditions et de coutumes. – 2. L'auteur a choisi de laisser les clichés de côté et de présenter des instantanés de la réalité marocaine d'aujourd'hui.

POINT Langue

Les indéfinis

a) et b) Demander aux apprenants de relire le texte en y repérant les indéfinis indiqués dans la consigne, puis de répondre en binômes aux questions. Corriger en grand groupe.

> **CORRIGÉ** a) Ils servent à désigner de manière imprécise.
> b) dans tous les lieux → partout – une partie des coutumes → certaines – l'ensemble des coutumes → toutes les – le visiteur → on
> *Exemple de phrase :* Partout, on peut découvrir toutes les coutumes dont certaines sont mal connues.

c) Faire l'activité en grand groupe.

> **CORRIGÉ** *N'importe* indique un choix indifférent. (Le mot signifie littéralement que ce n'est pas important.)

Faire relever quelles locutions dans les exemples sont utilisées avec un sens péjoratif (« Partir ? Oui, mais pas n'importe où. » ; « N'importe qui est capable de programmer un itinéraire »).

> **Utiliser la négation**

⋯⟶ OBJECTIF DE L'ACTIVITÉ 2

⠶ **Repérer dans un dialogue les aspects négatifs d'un voyage.**

2 Livres fermés, faire écouter une première fois l'enregistrement et vérifier la compréhension globale à l'aide de questions simples et rapides : Qui parle ? (Deux amis.) De quoi ? (L'un des deux raconte à l'autre ses vacances ratées.) Puis procéder à une réécoute et demander aux apprenants placés en binômes de répondre aux questions. Corriger en grand groupe.

> **CORRIGÉ** a) vol / accueil / hébergement / santé – b) vol : pas de vol direct, trois escales imprévues, dix heures de retard à l'arrivée / accueil : en raison du retard de l'avion, les amis qui devaient attendre Gilles à l'aéroport n'étaient plus là et il n'a pu les joindre au téléphone que beaucoup plus tard / hébergement : pas d'air conditionné à l'hôtel, beaucoup de moustiques / santé : piqûres de moustiques, puis problème d'estomac.

POINT Langue

La phrase négative

a) Suivre la consigne. Pour la correction en grand groupe, faire lire le dialogue par deux apprenants.

> **CORRIGÉ** ne m'en parle pas / n'a pas eu / n'allait jamais / n'étaient plus là / n'avais pas / n'avais nulle part / rien ne / n'ai... que / personne ne / ne pas / n'ai plus rien / plus jamais / ne plus / n'as jamais eu aucune

Faire observer ces constructions et demander aux apprenants combien de mots sont nécessaires dans une phrase pour marquer la négation : deux mots : l'adverbe *ne* + pas / *jamais* / *plus*, etc.
• La locution adverbiale *ne... que* exprime la restriction (« je n'ai réussi à les joindre que deux heures plus tard ») → *ne... que* = *seulement*.
• Dans les phrases « C'est clair que tu n'as jamais eu aucune disposition pour devenir explorateur » et « je n'ai plus rien fait », *aucun* et *rien* donnent une quantité nulle et peuvent donc accompagner une négation. À noter également que *jamais* n'est pas toujours négatif, par exemple : « Si jamais tu vas à Rio, tu verras le Pain de sucre. » (*jamais* = *un jour*)

b) Faire cet exercice en grand groupe à partir de phrases écrites au tableau, et si besoin d'autres phrases.

>>>

\>\>\>\>

CORRIGÉ – À un temps simple, les adverbes de la négation entourent le verbe (« ils n'étaient plus là »).
– À un temps composé, la négation entoure l'auxiliaire (« On n'a pas eu un vol direct »).
– Quand le verbe est un infinitif, les deux éléments de la négation se placent avant lui (« Le médecin m'a dit de ne pas m'en faire. »).

Vous pouvez ajouter que, quand le pronom négatif est sujet, les deux mots de la négation se placent devant le verbe (« **Rien ne** pouvait se faire avant le matin », « **Personne ne** répondait »). Quand le pronom négatif est complément, il se place après le verbe et *ne* avant le verbe (« Il **n'**aime **rien**, il **ne** connaît **personne** »). Citer enfin la négation avec *ne… ni… ni…* (« Il **ne** parle **ni** l'anglais **ni** l'espagnol. »).

⋯⋮ OBJECTIF DE L'ACTIVITÉ 3

⋮ **Réemployer des négations dans un récit de voyage.**

3 Cette activité peut se faire en devoir à la maison ou en exercice en classe. En classe, imposer une limite de 10 minutes. Les apprenants écrivent en binômes. Corriger leurs productions au fur et à mesure et en faire lire quelques-unes en grand groupe.

EXEMPLE DE PRODUCTION

– Ne me parle plus d'aventures ! L'été prochain, je reste tranquillement chez moi. – Qu'est-ce qui t'est arrivé ? – J'ai voulu faire le Sahara en 2CV de collection. Résultat : je n'ai rien vu, sauf la 2CV ! Il ne s'est pas passé un jour sans que j'aie au moins une panne. Je n'ai pu trouver de pièces détachées nulle part et je n'ai rien fait d'autre que de bricoler le moteur. – Mais tu as rencontré des gens, au moins ? – Pas beaucoup. Figure-toi que, dans le désert, il n'y a pas un chat. Certains jours je ne voyais personne, je ne parlais à personne : l'enfer ! En plus, je n'avais aucun moyen pour appeler des secours, j'avais oublié mon chargeur de batterie et mon téléphone ne me servait à rien ! Le Sahara, c'est magnifique, mais pas en 2CV !

Corrigés S'exercer

1. 1. plusieurs – 2. chaque – 3. tout le – 4. certain – 5. Tout – 6. aucun

2. 1. Quelqu'un – 2. Tout le monde / Chacun / On – 3. N'importe où – 4. quelque part – 5. quelque chose – 6. certains / les uns ; d'autres / les autres ; chacun – 7. tous

3. 1. Non, je n'ai aucun endroit / je n'ai nulle part où aller. – 2. Non, je n'y suis jamais allé(e) / je n'y suis pas encore allé(e). – 3. Je ne fais rien. / Je ne prépare rien. – 4. Non, je n'ai aucune préférence / je n'ai pas de désir particulier. – 5. Je ne veux visiter aucun de ces deux pays. / Je ne veux visiter ni l'un ni l'autre. – 6. Merci, mais je n'ai besoin de personne. Je ne veux ni l'un ni l'autre.

4. quelque part – certains / quelques-uns – ne que – ne jamais – n' jamais – tout – quelques-unes – chacun – tous – Nulle part / Rien – ne rien – ne nulle part

Points de vue sur...

\> Livre de l'élève p. 162-163

⋯⋮ OBJECTIF DE L'ACTIVITÉ 1

⋮ **Comprendre des témoignages de voyage.**

1 Avant de procéder à l'activité, faire lire l'entrée « Écrivains voyageurs français » dans l'**Abécédaire**
nuel p. 198-199 **culturel.** Puis inviter les apprenants à lire individuellement les trois témoignages de voyage puis à répondre aux deux questions de l'activité. Corriger en grand groupe.

CORRIGÉ

1. document 1 : le panorama / document 2 : la philosophie des habitants / document 3 : l'hospitalité – 2. document 1 : réservé / document 2 : neutre / document 3 : étonné

⋯⟶ OBJECTIF DES ACTIVITÉS 2, 3 ET 4

⋮ **Approfondir la compréhension écrite des témoignages de voyage.**

2, **3** et **4** Faire relire individuellement les trois témoignages, puis placer les apprenants en binômes et leur demander de répondre aux questions des activités. Confronter les réponses en grand groupe.

CORRIGÉ 2

1. La description est faite d'un avion. – 2. Une impression de monotonie, d'aridité, de solitude. – 3. La description du fleuve a un effet négatif, on n'a aucune envie d'aller voir de plus près ce « trait d'eau boueuse marron clair ».

CORRIGÉ 3

1. Le temps n'a pas d'importance : « On rentre deux ans après comme si on était parti la veille. » / Les habitants sont délicats à l'égard des autres : « Ici, personne ne demande "Et vous, qu'est-ce que vous faites dans la vie ?" » – 2. « Ici » s'oppose à ailleurs.

CORRIGÉ 4

1. Ils se rassemblent à l'occasion du Nouvel An. – 2. « Les auberges étaient pleines, tous ceux qui disposaient d'une chambre ou d'un abri quelconque l'avaient loué ; les voyageurs couchaient dans les écuries et campaient dans les cours. » – 3. « Les gens obligeants sont nombreux au "Pays des Neiges" et la charitable sollicitude de cette inconnue n'avait rien de particulièrement extraordinaire... » – 4. La phrase finale laisse présager que cette rencontre n'est pas due au hasard, qu'elle a été préméditée dans un but précis.

POINT Info

Isabelle Autissier, née en 1956 à Paris, est une navigatrice française, première femme à avoir accompli un tour du monde en compétition, en 1991. Elle est également écrivain et anime chaque été une émission radiophonique, « In Extremis », sur France Inter.
Érik Orsenna est un romancier et académicien français né en 1947 à Paris. Il a reçu le prix Goncourt en 1988 pour *L'Exposition coloniale*. Il a été élu membre de l'Académie française en 1998.
Nicolas Fargues est un écrivain français né en 1972. En 2002, il a rencontré le succès public et critique avec son troisième roman *One Man Show*. De 2002 à 2006, il a dirigé l'Alliance française de Diégo-Suarez à Madagascar. Il a publié en 2004 *Rade Terminus*, s'inspirant de cette expérience d'expatrié.
Alexandra David-Néel (1868-1969), de nationalités française et belge, est une orientaliste, tibétologue, chanteuse d'opéra, journaliste, écrivain et exploratrice. Elle est également franc-maçonne et bouddhiste. Elle fut, en 1924, la première femme d'origine européenne à séjourner à Lhassa au Tibet, exploit dont les journaux se firent l'écho un an plus tard en 1925 et qui contribua fortement à sa renommée, en plus de ses qualités personnelles et de son érudition. Elle s'est installé à Digne (Alpes de Haute-Provence) en 1928. Sa maison a été transformée depuis en musée. Voir : www.ot-dignelesbains.fr/maison-david-neel.html

⋯⟶ OBJECTIF DE L'ACTIVITÉ 5

⋮ **Réemployer à l'oral les acquis de la leçon.**

5 Faire répondre en grand groupe à l'oral à la question a) puis demander aux apprenants de répondre en binômes à la question b). Prévoir un retour en grand groupe pour débattre des différentes propositions.

CORRIGÉ

a) *Réponses possibles :* délicatesse – patience – discrétion – gentillesse – b) *Réponse libre.*

⋯⟶ OBJECTIF DE L'ACTIVITÉ 6

⋮ **Réemployer à l'écrit les acquis de la leçon.**

6 Placer les apprenants en binômes et leur laisser une dizaine de minutes pour écrire un petit texte à la manière de Nicolas Fargues. Faire lire les productions en grand groupe et demander aux autres apprenants de deviner de quel pays ou de quelle région il s'agit.

EXEMPLE DE PRODUCTION

Ici, les gens ne sont jamais pressés.
Ici, lorsque le soleil tape, la sieste est de rigueur.
Ici, on dit souvent « demain ».
Ici, les tapas sont à l'honneur.
(→ Ici = En Espagne)

RENDEZ-VOUS Alterculturel

Lire la consigne générale aux apprenants, leur faire écouter une première fois l'enregistrement, puis leur faire lire les trois questions avant de procéder à une deuxième écoute. Faire répondre en grand groupe.

CORRIGÉ

1. Premier contact avec le pays : surprise, paysages variés et inattendus, un pays « magique » où tout peut arriver. – 2. Il faisait des listes de mots qu'il apprenait tous les jours et, tous les soirs, il allait dans les magasins et il utilisait ce vocabulaire. – 3. Au lieu d'atterrir à Carthagène, dans les Caraïbes, l'avion s'est posé à Medellín, une ville où le paysage est totalement différent de celui auquel ils s'attendaient. Ils ont assisté à une scène surprenante et marquante dans l'avion : les pilotes s'en sont remis à Dieu pour le voyage. Ils ont ramassé des fleurs et les ont apportées chez eux avec un couple de scorpions.

Outils pour...

> Livre de l'élève p. 164-165

> Faire des recommandations

⋯⟩ OBJECTIF DES ACTIVITÉS 1, 2 ET 3

⫶ **Repérer dans des extraits de brochures touristiques comment faire des recommandations.**

1 Textes cachés, demander aux apprenants d'observer les photos, de les décrire oralement et de faire en grand groupe des hypothèses sur les pays qu'elles présentent.

2 Faire lire aux apprenants les trois extraits de brochures touristiques et leur demander d'associer à chaque texte une des trois photos. Corriger en grand groupe.

CORRIGÉ

1 b – 2 a – 3 c

3 Faire lire la consigne, puis demander aux apprenants de travailler en binômes. Vérifier les réponses en grand groupe puis faire lire l'encadré « Les mots pour faire des recommandations » afin d'enrichir le lexique.

CORRIGÉ

Invitations à la découverte : naviguez, découvrez, laissez-vous conter, se laisser tenter, s'offre à vous, allez à la rencontre de, promet, offre – Recommandations : ne manquez pas, à ne pas manquer, faites une sélection, évitez de, il est d'usage de, attention, il est préconisé de

⋯⟩ OBJECTIF DE L'ACTIVITÉ 4

⫶ **Réemployer à l'écrit les mots pour faire des recommandations.**

4 Faire travailler les apprenants en binômes. Veillez à ce qu'ils utilisent différentes manières de faire des recommandations. Faire lire les productions en grand groupe.

Salut Johanna !
Alors, tes bagages sont prêts ? Surtout, n'oublie pas de prendre de la crème solaire ! Au Maroc, à cette époque de l'année, il fait vraiment très chaud. Il est aussi essentiel de porter un chapeau et des lunettes de soleil. Par contre, évite de prendre des jupes trop courtes ! La ville où j'habite n'est pas très touristique, il est recommandé pour une femme de faire attention à ce qu'elle porte. Sache aussi que les habitants apprécient qu'on connaisse quelques mots d'arabe, je t'en apprendrai quelques-uns. Bien sûr, il y a des visites incontournables dans ce pays, compte sur moi pour te montrer les plus beaux endroits ! J'ai hâte de te voir, bise,
Abder

› Faire une narration au passé

⋯⫶ OBJECTIF DE L'ACTIVITÉ 5

⁚ **Comprendre un extrait d'un roman de voyage au passé.**

5 Faire lire l'extrait par un ou plusieurs apprenants, tout en vérifiant la compréhension du lexique. Puis faire répondre aux questions en grand groupe.

CORRIGÉ

1. Nantes et la cathédrale Saint-Pierre – 2. Ce qui l'a frappé, c'est que, dans l'église même, rien n'est antérieur au onzième siècle alors que sa fondation date de 555. Le chœur a été arrangé au dix-huitième. Quant à la nef actuelle, qui a fortement impressionné Stendhal, elle a été bâtie au quinzième siècle.

⋯⫶ OBJECTIF DE L'ACTIVITÉ 6

⁚ **Échanger oralement sur le thème.**

6 Avant de procéder à l'activité, présenter Stendhal à l'aide du Point Info ci-dessous. Puis demander aux apprenants d'exprimer à l'oral en grand groupe leurs impressions sur le caractère de l'auteur.

POINT Info

Henri Beyle, plus connu sous le pseudonyme de Stendhal (1783-1842) est un des grands représentants du roman français du XIXe siècle, aux côtés de Balzac, Hugo, Flaubert ou Zola. Dans ses romans, caractérisés par un style économe et resserré, Stendhal cherche « la vérité, l'âpre vérité » dans le domaine psychologique et campe essentiellement des jeunes gens aux aspirations romantiques de vitalité, de force du sentiment et de rêve de gloire. Ses romans les plus connus sont *Le Rouge et le Noir* (1830) et *La Chartreuse de Parme* (1839). Il a vécu longtemps en Italie où il a été consul de France et s'est plu à voyager en France et en Europe.

POINT Langue

Les temps de la narration

a) Demander aux apprenants de relever dans le texte de Stendhal tous les verbes conjugués.

CORRIGÉ *Sous leur dictée, les écrire au tableau en plusieurs colonnes :* A : a fallu, ont montré, ai vu, a été arrangé, a essayé – B : fut construite, fit, fut bâtie, remplaça, s'arrêtèrent – C : était peint, menaçait, avais – D : a, prouve, s'appuie, est, faut – E : ferai. *Leur demander ensuite de nommer les cinq temps utilisés :* A : passé composé – B : passé simple – C : imparfait – D : présent – E : futur simple.

Si la colonne des verbes au passé simple n'a pas de titre car les apprenants n'ont pas trouvé, leur dire qu'ils vont découvrir ce temps dans le prochain Point Langue. Si besoin est, faire un retour rapide en grand groupe sur ces différents temps, à l'exception du passé simple qui sera vu plus loin. Leur faire remarquer que, dans un récit au passé, on peut également rencontrer d'autres temps tels que le conditionnel présent ou le plus-que-parfait.

b) Puis demander aux apprenants d'identifier à quel moment du voyage sont rédigés ces carnets.

CORRIGÉ La rédaction de ces carnets se fait pendant le voyage : on est dans des « mémoires » et il y a une date d'écriture (« Nantes, le 26 juin »).

POINT Langue

Le passé simple

a) Après relecture du texte, faire observer les cinq verbes au passé simple (voir colonne B du Point Langue précédent).

> **CORRIGÉ** Stendhal utilise le passé simple pour parler des faits les plus anciens concernant la construction de la cathédrale.

b) **CORRIGÉ** Dans la phrase « Le féroce Carrier, scandalisé du sujet religieux qui était peint à la coupole, la fit couvrir d'une couche de peinture à l'huile que dernièrement l'on a essayé d'enlever », le passé composé et le passé simple sont utilisés ensemble. Ces deux temps sont utilisés pour parler de faits ponctuels du passé, de faits ayant une durée limitée dans le passé, de succession de faits dans le passé. Mais, quand un fait du passé explique un résultat, une situation plus proche du présent du narrateur (on a essayé d'enlever cette couche de peinture à l'huile), on utilise le passé composé.

Pour la formation du passé simple, faire lire le Mémo. Insister sur le fait que le passé simple est réservé à la langue écrite (textes littéraires, biographies, contes – rappeler le Dossier 1 : *Cendrillon* –...).

⋯⋮ OBJECTIF DE L'ACTIVITÉ 7

⋮ **Réemployer les temps du passé dans un récit écrit.**

7 À ce stade de l'apprentissage, il est essentiel que les apprenants maîtrisent bien les différents temps du récit au passé. On peut donner cette activité à faire à la maison sous forme de devoir ou bien le présenter sous forme d'examen écrit à faire en classe.

On complètera cette double page en faisant visionner aux apprenants la vidéo « La France et ses étrangers » (voir CD-Rom / Dossier 9). On trouvera la fiche pour son exploitation p. 214-215 de ce guide.

Corrigés S'exercer

5. 1. Attention ! N'oubliez pas que, sauf entre jeunes, le tutoiement n'est acceptable que si quelqu'un en fait clairement la demande. – 2. Dans les couloirs du métro, il est préconisé de tenir la porte ouverte pour la personne qui arrive derrière soi. – 3. Il est d'usage pour les hommes de laisser passer les femmes devant eux. – 4. Si vous êtes invité, il est recommandé d'apporter des fleurs à la maîtresse de maison. – 5. On vous propose de vous servir. Cependant, avant de vous servir, sauf insistance particulière, il est indispensable de présenter d'abord le plat à la maîtresse de maison. – 6. Il est souhaitable de faire un compliment sur un vêtement ou une nouvelle coiffure. – 7. Les Français parlent beaucoup de nourriture et il est recommandé de leur faire quelques compliments sur leur cuisine. – 8. Sachez que les Français n'aiment pas qu'on leur demande combien ils gagnent.

6. *Réponses possibles :* 1. Veillez, lorsque vous rencontrez des gens pour la première fois, à ne surtout pas les tutoyer. – 2. À l'opéra, il est recommandé, pour les hommes, de porter un costume et une cravate et, pour les femmes, une robe, longue de préférence. – 3. Il est d'usage d'arriver un peu en retard lorsqu'on est invités à dîner chez des amis. – 4. N'oubliez pas de complimenter la maîtresse de maison sur sa cuisine. – 5. Évitez de parler de politique avec vos collègues.

7. m'ont offert – fait – ai vécu – quitterai – avait affermies – n'avais jamais éprouvé – ne sont pas – revient

8. Le 17 octobre, je suis arrivée au Caire, je me suis installée à l'Hôtel Royal place de l'Esbekieh puis j'ai fait une promenade nocturne avec une Française vivant au Caire que j'avais rencontrée à Paris l'année passée. Le 18 octobre, je me suis promenée dans la ville. Les ânes étaient plus nombreux que les voitures. C'est une monture aimée des Égyptiens depuis l'Antiquité ; des baudets aux jambes rugueuses, aux sabots poussiéreux que montaient les pauvres paysans arabes avec leurs charges de fruits et de légumes, jusqu'aux ânons fringants au pelage lisse et soyeux, à l'œil intelligent, richement harnachés, préférés des fonctionnaires turcs et des Européens dans les rues étroites du Caire. Je croisais les femmes des harems, assises à califourchon sur ce docile animal, qui parcouraient la ville et se rendaient aux bazars pour faire des emplettes. J'ai assisté à une audience privée du Khédive Isma'il Pacha au palais de Kasr el-Nil puis, ce soir-là, je me suis rendue à une réception officielle de l'ensemble des invités au palais ; depuis le vice-roi jusqu'au plus simple effendi, tous étaient vêtus de la redingote en drap noir, serrée à la taille et flottant sur le pantalon. Désormais une àssemblée d'hommes, soit en Égypte, en Turquie ou en Perse, offre un aspect aussi morne qu'une réunion de Français ou d'Anglais. Toutes les femmes étaient vêtues à la française ; quelques-unes trop richement parées exagéraient les modes parisiennes.

Le 21 octobre à minuit, j'ai embarqué à bord du Gyzeh pour la croisière sur le Nil.

9. est né – a publié – a fait – a découvert – a fait – a été – est mort – a laissé

10. 1. donna ; invita – 2. se marièrent ; eurent – 3. conquit ; devint – 4. perdit – 5. découvrit ; mourut – 6. se leva ; prit ; plaça ; disparut

11. pénétra – tint – avancions – s'accentuaient – aperçus – faisait – s'agitaient – suivaient – étaient – fit – étaient – fit – pouvions – posai – frétillais – demandai – était – dit – faisait – étais – volai – souhaitaient

12. prospectais – avais installé – avais – buta – se retourna – avait pas été attaché – s'en alla – je prenais / j'avais pris – ne se montrerait – m'obligea – rentrais – résistais – est – paraît / paraissait – J'ai survécu

Paroles en scène

> Livre de l'élève p. 166

Sur tous les tons
⋯⋮> OBJECTIF DE L'ACTIVITÉ

⋮ **Distinguer à l'oral différentes intonations et surtout l'incompréhension.**

Faire écouter les trois dialogues et demander aux apprenants d'identifier les situations et les personnages. Confronter les réponses en grand groupe. Puis faire réécouter les dialogues phrase par phrase et inviter les apprenants à répéter chaque réplique avec la bonne intonation. Enfin, faire lire les échanges devant la classe par plusieurs binômes (p. 224 du livre de l'élève).

CORRIGÉ

1. Une vieille dame et sa petite-fille, avant leur départ en voyage. La grand-mère est un peu sourde et ne comprend pas la question de sa petite-fille. Elle entend « tour des étages » et « aventures en voyage » au lieu de « couverture de voyage » (ton surpris). – 2. Un couple vient de quitter le camping où ils passent leurs vacances. Le mari, peu attentif aux paroles de sa femme, répond de travers à sa question. Il entend « vase » au lieu de « gaz » (ton distrait). – 3. Deux amis parlent des projets de vacances de l'un d'eux, peu enthousiaste à l'idée de partir en voyage en famille (ton désabusé) et l'amie est étonnée (ton surpris).

Phonie-graphie
⋯⋮> OBJECTIF DES ACTIVITÉS 1 ET 2

Repérer le _e_ accentué et le _e_ muet.

1 Passer l'enregistrement une première fois. Inviter les apprenants à travailler individuellement puis à comparer leurs réponses à celles de leur voisin. Passer une seconde fois l'enregistrement pour leur permettre de contrôler leurs réponses. Corriger en grand groupe.

CORRIGÉ

debout – dang(e)reux – gouvernement – maint(e)nant – arrondiss(e)ment – mercredi – justement – sam(e)di – rassemblement – ach(e)ter – apercevoir – quelque chos(e) – semer – am(e)ner – au-d(e)ssus – méd(e)cin – rev(e)nu – grenouill(e) – portefeuill(e) – devant – port(e)manteau – fenêtr(e) – dénou(e)ment – peler – quelque part

2 Inviter les apprenants à travailler individuellement puis à comparer leurs réponses à celles de leur voisin. Puis faire écouter l'enregistrement pour leur permettre de contrôler leurs réponses. Corriger en grand groupe et faire relire à voix haute.

CORRIGÉ

1. Sa mèr(e) est bretonn(e) et son pèr(e) all(e)mand. – 2. Cett(e) semain(e), il écout(e) beaucoup de musiqu(e) par rapport à la semain(e) dernièr(e). – 3. Ell(e)s jou(e)nt dans l(e) jardin. Nous sifflerons pour les app(e)ler. – 4. Prêt(e)-moi ce livr(e), j(e) t'en suppli(e). Je n(e) te l(e) red(e)mand(e)rai plus ! – 5. C'est un arbr(e) gigantesqu(e) ! C'est presque sûr qu'on s(e)ra obligés d(e) le couper ! – 6. Ell(e) devait v(e)nir mais ell(e) a eu un accident d(e) voitur(e). Heureus(e)ment, c(e) n'est pas grav(e). Ell(e) a eu d(e) la chanc(e) ! – 7. Si je n(e) fais rien demain, j(e) te téléphon(e) ! Pas d(e) problèm(e).

Mise en scène

···⟩ OBJECTIF DE L'ACTIVITÉ

⦂ **Jouer une scène de théâtre poétique sur un voyageur de la vie.**

Dans un premier temps, présenter Jean Tardieu aux apprenants en quelques mots à l'aide du Point Info ci-dessous. Puis faire lire la scène en grand groupe afin d'en vérifier la compréhension. Faire préciser le caractère des personnages : le préposé assez agressif, ton sec et coupant, et le client timide qui hésite et bégaye mais qui prend de l'assurance quand on l'écoute. Enfin, faire relire l'extrait par plusieurs trios en leur demandant d'utiliser le ton juste.

> ## POINT Info
>
> Jean Tardieu (1903-1995) est un écrivain et poète français. Difficilement classable, poète avant tout, il écrit aussi pour le théâtre. Il remet en jeu les conventions des genres et tente des expériences à propos du langage poétique et de sa relation avec le langage de tous les jours. En 1967, il est l'invité d'honneur de l'OuLiPo (Voir Point Info p. 35 de ce guide). Jean Tardieu sait aussi utiliser la poésie comme un art engagé comme le montre le poème *Oradour*, publié en août 1944.

CD-ROM Pour conclure cette page, vous pouvez faire le jeu proposé sur le CD-ROM (Jeu de la francophonie) qui fera réutiliser le lexique du dossier.

PROJET DOSSIER **9**

1 Préparation

⦂ **Définir le projet : choisir un lieu, une date, des activités.**

Les activités de cette page permettent aux apprenants de réinvestir les savoirs et les savoir-faire acquis tout au long du dossier 9, par exemple le lexique des voyages et de leur préparation, celui de la description d'un lieu touristique, les stratégies pour résoudre un problème, l'utilisation des indéfinis et de la négation, les façons de faire des recommandations... Les apprenants devront faire preuve de conviction pour choisir une destination et devront s'exprimer en français pendant toute la durée de la préparation et du voyage.

En grand groupe, faire lire le titre du projet (Préparer une excursion) ainsi que les consignes et faire travailler les apprenants en notant toutes les propositions dans un tableau, puis en invitant la classe à choisir la meilleure. Ce choix devra donner lieu à des tractations et des compromis. Par exemple :

Dates du séjour	Destinations	Centres d'intérêts	Organisation (moyen de transport, lieu de départ et d'arrivée, hébergement...)	Avantages	Inconvénients
1. ...	1. ...	1. ...	1. ...	1. ...	1. ...
2. ...	2. ...	2. ...	2. ...	2. ...	2. ...

2 Réalisation
: Organiser l'excursion, partir en excursion et raconter ses aventures.

En petits groupes
Prévoir autant de cartes routières qu'il y aura de groupes. Par ailleurs, les apprenants devront faire une recherche de documents iconographiques quelques jours avant le cours. Après les avoir placés en petits groupes de trois ou quatre, de profils différents si possible (âge, sexe, personnalité), faire lire en grand groupe les six items en les faisant reformuler pour s'assurer de leur compréhension. Prévoir entre 30 et 45 minutes pour cette activité. L'accent devra être mis sur les centres d'intérêts de la région choisie et sur le budget : cette excursion doit être accessible à toutes les bourses.

En grands groupes
Inviter chaque groupe à passer devant la classe pour présenter son programme et procéder à un vote. La praticabilité du projet est essentielle pour qu'il ait des chances de se réaliser. Guider les apprenants afin qu'ils choisissent le projet le plus réalisable possible. Ensuite, toujours en grand groupe, mettre au point les dernières questions du voyage : date, argent, vêtements à emporter, hébergement si nécessaire, restauration, etc.

Pendant le voyage, inviter les apprenants à prendre des photos et à tenir des carnets de voyage en français dans lesquels ils noteront aussi bien des détails pratiques (composition des menus, température, horaires, etc.) que des anecdotes vécues. Il serait intéressant de garder les petits groupes composés lors du stade de préparation et de comparer les carnets de voyage à l'arrivée. Cette excursion pourra également être l'occasion d'un récit de voyage composé selon les modèles vus dans la page Point de vue sur, p. 162 et 163 du manuel.

VERS LE DELF B1

Les activités de ces pages correspondent à une épreuve complète du DELF B1. Les apprenants seront donc amenés à travailler les quatre compétences : la compréhension de l'oral, la compréhension des écrits, la production écrite et la production orale. On peut donner ce bilan à faire à la maison sous forme de devoir ou bien le présenter sous forme d'examen écrit et oral à faire en classe.

Compréhension de l'oral

Exercice 1

CORRIGÉ

1. b – 2. a – 3. b – 4. c – 5. Il a vu un documentaire sur l'Islande sur France 2 / à la télévision. – 6

Exercice 2

CORRIGÉ

1. a – 2. b – 3. *Une réponse attendue parmi :* connaître l'emplacement d'un parking, prévoir une pause-déjeuner, réserver un restaurant, indiquer les boutiques de souvenirs. – 4. *Une réponse attendue parmi :* incollable, pédagogue, autonome, débrouillard, dynamique, sachant faire face aux imprévus, possédant une excellente mémoire. – 5. Linguistique et culturelle. – 6. b

Exercice 3

CORRIGÉ

1. c – 2. *Deux réponses attendues parmi :* durable, responsable, écologique, équitable ou solidaire. – 3. ...préserve les ressources naturelles / répartit les recettes de façon équitable entre les voyagistes et les destinations. – 4. b – 5. c – 6. b – 7. c – 8. Choisir un hébergement local et payer l'hébergement séparément du billet d'avion.

>>>

Compréhension des écrits

Exercice 1

Compter 0,5 point par bonne réponse.

	1. Les Chênes verts		2. Marc & Montmija		3. Cap France Finistère		4. VVF Villages Doucy-Valmorel	
	Convient	Ne convient pas	Convient	Ne convient pas	Convient	Ne convient pas	Convient	Ne convient pas
Ouvert au Nouvel An		✗	✗		✗		✗	
Montagne		✗	✗			✗	✗	
Animaux acceptés	✗			✗	✗		✗	
Visite de ville olympique		✗		✗		✗	✗	
Possibilité de parapente		✗		✗	✗		✗	

VVF Villages Doucy-Valmorel. *(On retirera 1 point si la réponse à cette question n'est pas logique par rapport aux cases cochées.)*

Exercice 2

CORRIGÉ

1. b – 2. a – 3. Ils veulent donner une bonne image de leur ville. – 4. *(Pour chaque question, le candidat obtient la totalité des points si le choix Vrai/Faux et la justification sont corrects, sinon aucun point ne sera attribué.)* a. Faux : « Né aux États-Unis, le phénomène des *greeters*... » b. Vrai : « Aujourd'hui, il est décliné dans huit pays, avec seize associations de bénévoles. » – 5. a – 6. b – 7. *(Pour chaque question, le candidat obtient la totalité des points si le choix Vrai/Faux et la justification sont corrects, sinon aucun point ne sera attribué.)* a. Vrai : « Parisien d'un jour, Parisien toujours n'accepte que des petits groupes de un à six visiteurs. « Les bénévoles ont un contact unique avec les personnes qu'ils prennent en charge, ils essayent vraiment de faire en sorte qu'elles se sentent chez elles à l'issue de la promenade », explique le président de l'association, Dominique Cotto. » – b. Faux : « tout ça, c'est de la concurrence déloyale ». – 8. c – 9. Il affirme qu'elle est complémentaire.

Production écrite

EXEMPLE DE PRODUCTION

De : Louise – À : Simon et Charlotte – Objet : Week-end

Salut, comment va ?

Un petit mot pour vous dire que pour moi, tout va super bien ! J'ai suivi vos conseils et j'ai décidé de partir en week-end au bord de la mer. Rien de tel qu'un petit break pour retrouver le moral. Ce matin, réveil aux aurores et départ en bus direction Bordeaux. Trois heures de route passées à discuter avec mon voisin, un Écossais passionnant et passionné !!! Arrivés à destination, installation à l'hôtel, puis déjeuner dans un petit restaurant du centre avec tout le groupe et le guide. Tous sont très sympas mais rien ne vaut les discussions en tête à tête avec mon bel Écossais ! Aujourd'hui, après-midi libre, on en a profité pour faire une promenade à vélo tous les deux au milieu des champs de vigne, c'était magique !!!

Demain, au programme, la dune du Pyla : 120 mètres de haut, un mini-Sahara au bord de la mer, j'ai hâte d'y être !!!

Je vous appelle dès mon retour, bisous à tous les deux,

Louise

>>>>

Production orale

Entretien dirigé – sans préparation – durée de l'épreuve : 2 à 3 minutes

Question 1 : Parlez-moi de la ville ou du village où vous habitez.
Exemple de production : J'habite dans un tout petit village de montagne. Une église, quelques commerces et une nature à couper le souffle ! C'est magnifique ! La ville la plus proche se trouve à plus de quarante kilomètres. Bien sûr, ici, tout le monde se connaît, ce qui est parfois un peu pesant, mais j'adore y vivre !

Question 2 : Quels sont les lieux où vous aimez retrouver vos amis ?
Exemple de production : En semaine, on adore se retrouver dans un petit café près de l'université. On peut y rester des heures à discuter. Les serveurs sont très sympas, certains sont même devenus des amis. Et le week-end, on va souvent dans un bar à tapas place de la Mairie.

Question 3 : Quels sont les pays que vous aimeriez visiter ? Pourquoi ?
Exemple de production : J'adorerais partir à la Réunion. Son volcan, ses montagnes et ses côtes, j'en rêve depuis des années ! J'adore le sport et un ami m'a dit qu'il y avait de superbes randonnées à faire et que, pour la plongée, c'était vraiment un lieu idéal.

Exercice en interaction – sans préparation – durée de l'épreuve : 3 à 4 minutes

EXEMPLE DE PRODUCTION

Examinateur : Alors, tu as réfléchi pour février ? On part ?
Candidat : Oui, ce serait génial. J'ai vu une super offre sur Internet : une semaine à Courchevel dans un hôtel magnifique...
Examinateur : À Courchevel ??! Tu veux partir à la montagne ?
Candidat : Bien sûr ! Février, c'est la meilleure période pour partir à la montagne !
Examinateur : Oui, mais tu sais, moi, la montagne, c'est pas mon truc... Par contre, un petit séjour à la mer...
Candidat : On peut partir à la mer cet été si tu veux. Mais là, franchement, avec la neige qu'il a cette année, ce serait dommage de pas en profiter... Et puis, Courchevel, c'est une station extra ! J'y suis allé il y a deux ans avec des amis, on s'est éclatés !!!
Examinateur : Oui, enfin moi, je risque pas de m'éclater, je suis nul en ski...
Candidat : T'inquiète, ça s'apprend vite ! Et puis, à l'hôtel, il y a une piscine, un sauna, un jacuzzi, bref, de quoi te requinquer le soir avant de sortir dans une des boîtes de la station !
Examinateur : Bon, alors, pourquoi pas ! Direction Courchevel !

Expression d'un point de vue – préparation : 10 minutes **– durée de l'épreuve :** 2 à 3 minutes

EXEMPLE DE PRODUCTION

Ce texte parle de la différence entre « touriste » et « voyageur ». Le touriste est considéré comme passif, il est uniquement en quête de plaisir. Le voyageur, lui, est en quête de découvertes, d'expériences. Effectivement, les gens n'ont pas tous la même façon de voyager. Certains ne s'intéressent pas réellement aux pays qu'ils visitent, ni aux habitants de ces pays. Ils voyagent souvent en groupe et ne visitent que les lieux recommandés par les guides, photographiant tout et n'importe quoi à longueur de journée pour pouvoir dire à leur retour : « Eh oui, j'y étais ! ». D'autres, au contraire, sortent des sentiers battus, cherchent à rencontrer les habitants des lieux qu'ils traversent et à découvrir des endroits peu connus, au risque peut-être de rompre la tranquillité de ces lieux. Alors, oui, on peut faire la différence entre le « touriste » passif et le « voyageur » actif, mais après tout, l'important est que chacun d'entre eux y trouve son compte.

Épreuves DELF B1

1

DELF B1 ÉPREUVE COMPLÈTE

Compréhension de l'oral   25 points

Vous allez entendre 3 documents sonores, correspondant à 3 exercices.
Pour le premier et le deuxième document, vous aurez :
– 30 secondes pour lire les questions ;
– une première écoute, puis 30 secondes de pause pour commencer à répondre aux questions ;
– une seconde écoute, puis 1 minute de pause pour compléter vos réponses.
Pour répondre aux questions, choisissez la bonne réponse ou écrivez l'information demandée.

EXERCICE 1   6 points

1. Que fait le garçon sur son ordinateur ?   1 point
   ❑ Il écrit un roman.
   ❑ Il joue à un jeu vidéo.
   ❑ Il compose de la musique.

2. Le garçon pense que sa mère ne peut pas le comprendre à cause :   1 point
   ❑ de son âge.
   ❑ de ses préjugés.
   ❑ du fait qu'elle est une femme.

3. Quelle est la guerre dont parlent le garçon et sa mère ?   1 point

....

4. Quel est le rapport du garçon à ses études ?   1 point
   ❑ Il a des difficultés de mémorisation.
   ❑ Il critique les méthodes d'enseignement.
   ❑ Il a d'excellents résultats dans une matière.

5. La mère est inquiète car elle trouve que son fils :   1 point
   ❑ a des loisirs trop violents.
   ❑ passe trop de temps seul.
   ❑ confond la réalité et la fiction.

6. Qu'est-ce que la mère exprime dans la dernière phrase du dialogue ?   1 point
   ❑ La colère.
   ❑ La tristesse.
   ❑ La complicité.

EXERCICE 2   8 points

1. Quel est le problème présenté dans ce document ?   1 point
   ❑ L'entretien des centrales nucléaires.
   ❑ Le démontage des centrales nucléaires.
   ❑ La mise aux normes des centrales nucléaires.

2. Citez les 3 adjectifs qui qualifient cette opération.   1,5 point

....

3. D'après le document, à quelle étape du processus peut-on considérer que 99,9 %
de la radioactivité est éliminée ?   1 point
❏ La première.
❏ La deuxième.
❏ La troisième.

4. Quelles sont les 3 opérations qui sont menées sur les déchets pendant la deuxième phase
de l'opération ?   1,5 point

....

5. Qui ou qu'est-ce qui est principalement chargé de l'intervention sur le bâtiment du réacteur ?   1 point
❏ Des robots.
❏ Des véhicules spécialisés.
❏ Du personnel en combinaison.

6. Combien d'années peut prendre l'ensemble de la procédure de démontage ?   2 points

....

EXERCICE 3   11 points

1. La théorie des couleurs développée dans cette interview s'applique :   1 point
❏ à la gestion des équipes au travail.
❏ au choix des couleurs des murs dans les bureaux.
❏ au choix des couleurs des objets commercialisés.

2. D'après le document, notez une expression qui caractérise chaque famille de couleur.   2 points

– Rouge : ....

– Jaune : ....

– Vert : ....

– Bleu : ....

3. Quel est l'un des principaux objectifs de la théorie des couleurs ?   1 point
❏ Adapter sa communication à son interlocuteur.
❏ Identifier rapidement les faiblesses d'un collaborateur.
❏ Associer des profils complémentaires autour de projets.

4. Qui est concerné par la méthode des couleurs ?   1 point
❏ Le personnel encadré.
❏ Le personnel encadrant.
❏ Les managers tout autant que leurs collaborateurs.

5. À qui confiera-t-on de préférence une mission de confiance à long terme ?   2 points

....

6. Selon Lionel Clément, la gestion des ressources humaines est plus efficace grâce à la théorie
des couleurs car :   1 point
❏ elle est intuitive.
❏ elle est simplifiée.
❏ elle est individualisée.

7. Qui est le plus apte à entretenir une ambiance détendue et conviviale au sein de son équipe ?   2 points

....

8. Le sens de l'analyse est une qualité qu'on retrouve davantage dans les profils du groupe :   1 poin

❏ rouge.
❏ bleu.
❏ vert.

Compréhension des écrits   25 points

EXERCICE 1   10 points

Vous habitez en région parisienne. Pour le congé du 1er mai, vous avez décidé d'inviter votre ami français et sa famille à aller passer la journée dans un parc d'attractions. Vous choisissez un lieu parmi les 4 présentations suivantes, sachant que :
– la fille aînée de votre ami veut monter dans un petit train ;
– le fils cadet de votre ami a 5 ans ;
– vous voulez voir un spectacle pendant votre visite ;
– votre budget est de 30 € par personne ;
– la femme de votre ami est en fauteuil roulant.

① Parc France Miniature

Voilà un parc d'attractions qui plaît particulièrement aux familles. Au Parc France Miniature, vous devenez un géant qui parcourt la France : une carte de l'Hexagone est dessinée au sol sur un terrain de 5 hectares. Au fil de la promenade, vous découvrirez les 116 plus beaux monuments de France, 150 paysages reconstitués, des villages, des ports, des milliers de personnages. Du Stade de France au château de Chambord, de la tour Eiffel au Mont-Saint-Michel, en passant par la fusée Ariane en Guyane, il y en a pour tous les goûts.

Ouvert de février à novembre, de 10 h à 18 h.
Adulte : 20,50 €. Enfant de 4 à 14 ans : 14,50 €.
Labels « Tourisme et Handicap mental/auditif », mais les installations ne sont pas accessibles aux personnes en fauteuil.

② *Parc Hérouval*

À Gisors, le Parc Hérouval offre plus de 20 hectares de verdure avec une partie réservée pour les moins de 11 ans et une plage pour les petits et les grands.
Ce parc de loisirs est un lieu reposant pour les jeux d'enfants et les pique-niques en famille.
✌ Un petit train promène les enfants au milieu d'un bois à la rencontre des lamas, moutons et chèvres.
✌ Pour les plus petits, des mini-bolides pour s'initier en toute sécurité aux joies de la conduite.
✌ Pour les plus grands, des bateaux tamponneurs, le beach-volley et le mini-golf.

Ouvert d'avril à septembre, de 10 h à 18 h.
Entrée : 8 €. Gratuit pour les enfants de moins de 3 ans.
Personnes handicapées : parc accessible.

③ **Jardin d'acclimatation**

● ●

Bordant le bois de Boulogne, le Jardin d'acclimatation est adoré des enfants. D'une dimension à échelle enfantine, les attractions se succèdent et il est difficile de résister ! Vous commencez par des miroirs déformants, puis vous longez une vingtaine de manèges et de stands de jeux. Ensuite, le parc propose de nombreuses possibilités de loisirs : de très grandes aires de jeux gratuites dont une réservée aux moins de 10 ans, avec piscine pour se rafraîchir l'été. Également sur place : le cirque, la grande volière, la petite ferme et le nouveau théâtre de Guignol dans les grandes écuries Napoléon III entièrement rénovées.

> Ouvert toute l'année de 10 h à 18 h.
> Droit d'entrée adultes et enfants : 2,90 €.
> Gratuit pour les moins de 3 ans.
> Entrée + Petit train à partir de la porte Maillot :
> 5,60 € A/R.
> Personnes à mobilité réduite :
> gratuit, parc accessible.

④ **Manoir de Paris**

Le Manoir de Paris vient d'ouvrir ses portes sur le thème des mystères de la capitale. Concept inédit en France, ce nouveau lieu d'animation se situe à mi-chemin entre un musée vivant et un parc d'attractions. Il fait revivre 13 légendes parisiennes qui font trembler de peur : le fantôme de l'Opéra, Quasimodo et Notre-Dame, les sombres récits du cimetière du Père Lachaise... À réserver donc aux très grands enfants et ados amateurs de sensations fortes et de frissons.

> Ouvert toute l'année les vendredis, samedis, dimanches et jours fériés, de 15 h à 20 h.
> Adulte : 20 €. Enfant de 10 à 15 ans : 15 €.
> Tarif jeune : 18 €.
> Personnes handicapées : le personnel vous aidera à accéder aux attractions lors de la visite.

Pour chaque parc d'attractions et pour chacun des critères proposés, choisissez si la proposition « convient » ou « ne convient pas ».

	① Parc France Miniature		② Parc Hérouval		③ Jardin d'acclimatation		④ Manoir de Paris	
	Convient	Ne convient pas	Convient	Ne convient pas	Convient	Ne convient pas	Convient	Ne convient pas
Petit train								
Âge								
Spectacle								
Tarifs								
Accès handicapés								

Dans quel lieu choisissez-vous d'inviter votre ami et sa famille ?

....

EXERCICE 2 | 15 points

Lisez le texte ci-dessous, puis répondez aux questions, en cochant la bonne réponse ou en écrivant l'information demandée.

ON A CRÉÉ LA MACHINE À ÉCRIRE DES LIVRES

Dans La Grande Grammatisatrice automatique *(nouvelle parue dans* Bizarre ! Bizarre !)*, l'écrivain britannique Roald Dahl imaginait une machine capable d'écrire des livres. Mais un conte est un conte, et personne ne pensait qu'une telle machine puisse réellement exister.*

Pourtant, elle existe déjà. Un économiste américain, Phil Parker, a mis au point un algorithme* capable d'écrire des livres, révèle le site ReadWrite. À l'aide d'un calcul sophistiqué, un ordinateur peut produire un récit ou un manuel en quelques minutes. L'entreprise de Phil Parker, ICON Group International Inc., a ainsi produit plus d'un million de titres, pour la plupart sur des sujets très spécifiques comme l'économie. Sur les 100 000 ouvrages attribués à Parker [lui-même] sur le site de vente en ligne Amazon, seuls six ont été rédigés à la main. 600 000 autres sont signés par ICON Group International Inc. La plupart sont des manuels, des rapports techniques ou des dictionnaires. Mais ils ont été créés par un programme.

Ce n'est pas la première fois qu'une machine écrit un texte. En Russie en 2008, un livre a entièrement été produit par un ordinateur, rapporte le journal *St. Petersburg Times*. Aux États-Unis, certaines sociétés comme Narrative Science ont créé des programmes qui rédigent des comptes rendus sportifs ou des faits divers.

Dans une interview donnée à ReadWrite, Phil Parker explique que [...] tous les genres littéraires correspondent à un schéma défini qui peut être automatisé. « Je n'ai pas créé une nouvelle façon d'écrire. Tout ce que j'ai fait, c'est écrire un programme informatique qui imite ce que les gens écrivent. » Ce programme est même capable de rédiger des poèmes.

« Shakespeare, ou l'un de ses contemporains, a créé le poème de 14 lignes en langue libre** où le rythme est "a-b, a-b, c-d, c-d, e-f, e-f g-g", g-g étant un couplet à la fin. La ligne 9 doit être un tournant dans le poème, donc il doit y avoir un mot comme "cependant" ou "mais". La première ligne est généralement une question, une sorte de titre. Chaque ligne fait dix syllabes... [...] Une fois que vous avez toutes ces règles, vous pouvez écrire un algorithme qui les imite. »

La mise au point de ce programme a mis plusieurs années, explique l'économiste à ReadWrite. L'écriture d'un livre se fait en vingt à trente minutes. Selon Phil Parker, les auteurs qui produisent un travail original n'ont pas lieu de s'inquiéter. En revanche, ceux qui produisent un « travail stéréotypé », oui. [...] « Ces deux dernières semaines, il y a eu quelque chose comme dix articles écrits sur ce que j'ai fait, et aucun des journalistes qui les ont rédigés n'est venu me parler. Ils se sont tous copiés les uns les autres. Je pense que c'est une observation intéressante du fait qu'ils utilisent une méthode mécanique pour produire un contenu et le signer de leur nom, alors qu'en réalité, ils ont fait un copier-coller automatique. Ce genre d'article est faible, niveau créativité. »

Slate.fr, 16 janvier 2013 (www.slate.fr).

* Algorithme : ensemble de calculs permettant de résoudre un problème.
** Langue libre : langue où se mélangent la prose (langue de tous les jours) et les vers.

1. Quel est le thème de cet article ?   1 po
   ❏ Une création artistique mettant en scène une machine à écrire.
   ❏ Une méthode d'écriture pour venir en aide aux personnes qui souhaitent écrire.
   ❏ Un programme informatique permettant de produire automatiquement des écrits.

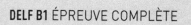
2. Qui est Phil Parker ?   1 point
  ❑ Un économiste américain.
  ❑ Un écrivain britannique.
  ❑ Un poète allemand.

3. Combien d'ouvrages Phil Parker a-t-il produits lui-même ?   1 point
  ❑ 100 000.
  ❑ 600 000.
  ❑ Plus d'un million.

4. Quels types d'ouvrages l'entreprise ICON Group International Inc. publie-t-elle ?   2 points

....

5. Vrai ou faux ? Choisissez la bonne réponse et recopiez la phrase ou la partie du texte qui justifie
votre réponse.   3 points
  a. Le fait qu'un ordinateur produise un texte de façon autonome est totalement nouveau. ❑ Vrai ❑ Faux

  Justification : ....

  ....

  b. L'algorithme créé par Phil Parker fonctionne uniquement avec des textes scientifiques ou factuels. ❑ Vrai ❑ Faux

  Justification : ....

  ....

6. Sur quel principe repose le programme informatique conçu par Phil Parker ?   1 point
  ❑ L'imitation.
  ❑ L'innovation.
  ❑ La recombinaison.

7. Vrai ou faux ? Choisissez la bonne réponse et recopiez la phrase ou la partie du texte qui justifie
votre réponse.   3 points
  a. L'automatisation de l'écriture est possible parce que la rédaction de tout texte obéit à des règles. ❑ Vrai ❑ Faux

  Justification : ....

  ....

  b. L'écriture automatique d'un livre prend quelques heures. ❑ Vrai ❑ Faux

  Justification : ....

  ....

8. L'invention de Phil Parker risque-t-elle de faire de la concurrence aux écrivains ? Citez la partie
du texte qui justifie votre réponse.   2 points

....

9. Phil Parker observe le faible niveau de créativité :   1 point
  ❑ de Roald Dahl.
  ❑ de Shakespeare.
  ❑ des journalistes.

Production écrite

25 points

Vous lisez sur un forum Internet ce message inquiet d'une mère de famille française.

 http://www.parents.fr

Sujet : décrochages scolaires

Marielle

Posté le 30-01-2013 à 14:28:03

Bonjour,

Ma fille a 14 ans et, depuis deux ans, elle ne fait plus rien à l'école et parfois elle ne va tout simplement pas en cours ! Je l'aide à faire ses devoirs, elle a aussi un professeur particulier qui vient à la maison deux fois par semaine mais ses résultats ne s'améliorent pas. Le professeur particulier me dit que ma fille a de grandes possibilités mais qu'elle est dans une période de rejet de l'école. Que faire ? Comment la décider à se remettre au travail ?

Merci de vos réponses !

Vous êtes vous-même parent d'un(e) adolescent(e) qui traverse une période difficile. Vous répondez à Marielle pour lui raconter votre expérience, votre point de vue et pour lui donner des conseils (160 à 180 mots).

....

....

....

....

....

....

....

....

....

....

....

....

....

....

....

....

Production orale

25 points

L'épreuve se déroule en trois parties qui s'enchaînent. Elle dure entre 10 et 15 minutes. Pour la troisième partie seulement, vous disposez de 10 minutes de préparation. Cette préparation a lieu avant le déroulement de l'ensemble de l'épreuve.

ENTRETIEN DIRIGÉ (2 à 3 minutes)

Vous parlez de vous, de vos activités, de vos centres d'intérêt. Vous parlez de votre passé, de votre présent et de vos projets.
L'épreuve se déroule sur le mode d'un entretien avec l'examinateur qui amorcera le dialogue par une question.

Voici des exemples de questions, essayez d'y répondre en plusieurs phrases.

Question 1 : Parlez-moi de votre famille.
Question 2 : Pour quelles raisons avez-vous commencé à étudier le français ?
Question 3 : Quels sont vos principaux projets pour les prochaines années ?

EXERCICE EN INTERACTION (3 à 4 minutes)

Vous tirez au sort l'un des deux documents que vous présente l'examinateur. Vous jouez le rôle qui vous est indiqué.
Vous travaillez dans une entreprise française. Avec un(e) collègue, vous êtes chargé(e)s d'organiser un déjeuner avec les membres de votre équipe pour le lancement d'un nouveau projet. C'est l'été, vous proposez un pique-nique dans le parc d'à côté. Mais votre collègue préfère faire une réservation dans un restaurant luxueux. Vous essayez de le/la faire changer d'avis.

L'examinateur joue le rôle du collègue français.

EXPRESSION D'UN POINT DE VUE (2 à 3 minutes)

Vous tirez au sort l'un des deux documents que vous présente l'examinateur.
Vous dégagerez le thème soulevé par le document et vous présenterez votre opinion sous la forme d'un exposé personnel de trois minutes environ. L'examinateur pourra vous poser quelques questions.

Les décroissants : quand consommation rime avec raison

Le mouvement des « décroissants » est né dans les années soixante-dix avec les premières crises pétrolières. Ce courant revient avec les problèmes écologiques et sanitaires que nous connaissons actuellement : réchauffement climatique, disparition de certaines espèces, cancers en augmentation...
Les « décroissants » veulent tout simplement mettre fin à une surconsommation des richesses de la Terre, en revenant à un mode de vie beaucoup plus raisonnable et raisonné.
Comment ce mouvement se traduit-il au quotidien ? Pas de téléphone portable, pas de télévision, pas de voiture, on se déplace à pied ou à vélo. Les couches lavables ont remplacé les couches jetables qui coûtent cher et qui polluent. Les « décroissants » mangent local et de saison, achètent directement aux producteurs ou produisent eux-mêmes leur nourriture. Côté douche, les minutes sont comptées. Ils vont également préférer un habitat en bois à une maison conventionnelle.

D'après SJ, www.femininbio.com, 30 novembre 2012.

DELF B1 ÉPREUVE COMPLÈTE

Compréhension de l'oral   25 points

Vous allez entendre 3 documents sonores, correspondant à 3 exercices.
Pour le premier et le deuxième document, vous aurez :
– 30 secondes pour lire les questions ;
– une première écoute, puis 30 secondes de pause pour commencer à répondre aux questions ;
– une seconde écoute, puis 1 minute de pause pour compléter vos réponses.
Pour répondre aux questions, choisissez la bonne réponse ou écrivez l'information demandée.

EXERCICE 1   6 points

1. Où l'homme et la femme ont-ils passé leur soirée ?   1 point
❑ À l'opéra.
❑ Au cinéma.
❑ Au théâtre.

2. Quelle est la relation entre l'homme et la femme ?   1 point
❑ Ils sont collègues.
❑ Ils sont père et fille.
❑ Ils sont mari et femme.

3. Pourquoi la femme attendait-elle beaucoup de ce spectacle ?   1 point
❑ Elle avait lu des critiques positives à son sujet.
❑ Elle connaissait la bonne réputation des artistes.
❑ Elle en avait vu un extrait au journal télévisé.

4. Quels sont les reproches que la femme fait à la principale comédienne ?   1 point

....

5. Qu'est-ce que l'homme n'a pas apprécié dans le spectacle ?   1 point
❑ Les jeux de lumière.
❑ Les costumes et les décors.
❑ L'interprétation de la comédienne.

6. Qu'est-ce que l'homme exprime dans la dernière phrase du dialogue ?   1 point
❑ L'admiration.
❑ L'indignation.
❑ L'inquiétude.

EXERCICE 2   8 points

1. Quel est le sujet traité dans cette émission ?   1 point
❑ La recherche d'un stage pour les étudiants.
❑ Les solutions contre le chômage de longue durée.
❑ L'accompagnement dans le choix d'un nouveau métier.

2. Que propose principalement le site Internet de Matthieu Fortier à ses clients ?   1 point
❑ L'entraînement à passer des entretiens d'embauche.
❑ L'acquisition de nouvelles qualifications en autoformation.
❑ L'expérimentation pendant quelques jours d'un métier différent.

3. Quel est le profil typique des clients de Matthieu Fortier ?   2 points

Sexe : ....

Âge : ....

4. Que fait le client avant d'effectuer son stage ?   1,5 point

....

5. Quel est le pourcentage des clients pour qui le site Internet de Matthieu Fortier a un impact sur la vie
professionnelle ?   1,5 point

....

6. Qu'est-ce que la formule proposée par Matthieu Fortier ne permet pas d'imaginer ?   1 point
❑ Les difficultés qu'on éprouve à passer d'un rôle à un autre.
❑ Les obstacles qu'on rencontre quand on démarre une entreprise.
❑ Le budget dont il faut disposer pour se lancer dans une nouvelle activité.

EXERCICE 3   11 points

1. Quelle phrase résume cette chronique ?   1 point
❑ Les stimulations extérieures gênent la créativité.
❑ Les nouvelles technologies développent le cerveau.
❑ Les promenades dans la nature ralentissent la pensée.

2. Notez quatre objets technologiques cités dans cette émission.   2 points

....

3. De quelle manière la capacité d'attention a-t-elle évolué dans le monde moderne ?   1 point
❑ Elle est devenue volontaire.
❑ Elle est devenue créative.
❑ Elle est devenue passive.

4. Quelle est l'expression que les psychologues utilisent pour parler des sollicitations du monde extérieur ?   2 points

....

5. D'après la « théorie de la restauration de l'attention », l'environnement naturel permet à l'homme
de se concentrer sur :   1 point
❑ ses émotions.
❑ ses pensées.
❑ ses sensations.

6. L'expérience des psychologues de l'université du Kansas a montré que…   1 point
❑ les vacances permettaient d'améliorer de 50 % les résultats aux tests de créativité.
❑ les sports de haut niveau permettaient d'améliorer de 50 % les résultats aux tests de créativité.
❑ les promenades dans la nature permettaient d'améliorer de 50 % les résultats aux tests de créativité.

7. D'après cette émission, créer, c'est :   2 points
❑ imaginer selon propre rythme.
❑ réagir au monde extérieur.
❑ s'inspirer de la nature pour trouver des réponses.

8. Complétez.   2 point

Un jeune de moins de 18 ans passe chaque jour en moyenne .... devant

des écrans et seulement .... à jouer dehors.

Compréhension des écrits   25 point

EXERCICE 1   10 points

Vous passez des vacances chez un couple d'amis français, Alain et Caroline. Vous devez choisir ensemble un programme télévisé parmi les quatre suivants, sachant que :

– le programme doit être une adaptation d'un roman français ;
– Caroline veut voir un film dans lequel joue la comédienne Dominique Blanc ;
– Alain est passionné par l'histoire de France ;
– Alexandre Dumas est votre écrivain préféré ;
– vous disposez au maximum de 3 heures.

La Joie de vivre

Pays : France, d'après le roman d'Émile Zola
Date de sortie : 2011
Durée : 1 h 30
Avec : Anaïs Demoustier – Swann Arlaud

Pauline Quenu, fille de Lisa Macquart et du charcutier Quenu, devient orpheline à l'âge de 10 ans. La riche héritière est alors recueillie par les Chanteau, des cousins fortunés. Sans rien attendre en retour, elle se laisse déposséder de ses biens par Mme Chanteau et son fils Lazare avec lesquels elle continue à mener une vie paisible, affichant toujours un charmant sourire.

À la recherche du temps perdu

Malgré la difficulté, Nina Companeez a relevé le défi : adapter le roman de Marcel Proust, *À la recherche du temps perdu*. Un travail de titan qui lui a pris près de trois ans pour aboutir en 2011 : quelque 2 400 pages à condenser en deux téléfilms de 110 minutes qu'Arte a choisi de programmer l'un à la suite de l'autre ce vendredi soir.

Micha Lescot joue le narrateur avec sa diction si particulière qui colle au plus près à l'atmosphère proustienne. Coup de chapeau également aux autres acteurs, dont Didier Sandre (le Baron de Charlus) et Dominique Blanc (Madame Verdurin).

③

Les Misérables

Film français, d'après le roman de Victor Hugo
Année de production : 1982
Durée : 3 h oo
Réalisateur : Robert Hossein
Casting : Lino Ventura, Michel Bouquet

Nous sommes au milieu du XIXe siècle. Après avoir effectué vingt ans de travaux forcés pour avoir volé un pain, Jean Valjean retrouve la liberté. Décidé à refaire sa vie, il est hébergé par l'évêque de Digne, monseigneur Myriel, à qui il vole deux chandeliers d'argent. Mais l'ecclésiastique lui pardonne et lui évite d'être à nouveau arrêté par la police. Touché par sa bienveillance, Jean Valjean est maintenant prêt à faire le bien.

④ ## LA REINE MARGOT

Durée : 140 min
Origine : France, d'après le roman d'Alexandre Dumas
Année de réalisation : 1994
Réalisation : Patrice Chéreau
Distribution : Isabelle Adjani (Margot), Dominique Blanc (Henriette de Nevers)

En août 1572, la France est divisée par les guerres de religion. Pour calmer les esprits, la catholique Catherine de Médicis, mère du roi de France Charles IX, donne en mariage sa fille Marguerite de Valois (dite Margot) au protestant Henri de Navarre. Un chef-d'œuvre baroque et sombre de Chéreau porté par des acteurs talentueux.

Pour chaque programme et pour chacun des critères proposés, choisissez si la proposition « convient » ou « ne convient pas ».

	① La Joie de vivre		② À la recherche du temps perdu		③ Les Misérables		④ La Reine Margot	
	Convient	Ne convient pas	Convient	Ne convient pas	Convient	Ne convient pas	Convient	Ne convient pas
Adaptation d'un roman français								
Dominique Blanc								
Film historique								
Alexandre Dumas								
Durée								

Quel programme choisissez-vous de regarder avec votre couple d'amis ?

....

EXERCICE 2 | **15 points**

Lisez le texte ci-dessous, puis répondez aux questions, en cochant la bonne réponse ou en écrivant l'information demandée.

DES LASAGNES* MADE IN « MALBOUFFE** »

Les firmes agroalimentaires cherchent décidément à nous faire avaler n'importe quoi. Le scandale des plats préparés surgelés, dans lesquels on a retrouvé de la viande de cheval à la place de la viande de bœuf annoncée, en est une preuve supplémentaire. Il ne s'agit pas ici d'une affaire de santé publique (pas encore…), puisque cette viande est (semble-t-il) consommable ; mais il s'agit d'une fraude énorme dont les consommateurs sont les victimes.

Le secteur agroalimentaire n'a plus grand chose d'agricole ni d'alimentaire. Son seul but est de faire des bénéfices, qui sont améliorés par des circuits commerciaux complexes permettant d'acheter les ingrédients les moins chers possibles. Pourquoi la viande provient-elle de Roumanie dans cette affaire ? Parce que, dans ce pays, le cheval est particulièrement bon marché ces derniers temps suite à une loi interdisant sur les routes la circulation des charrettes, traditionnellement tirées par des chevaux.

Pour comprendre comment cette viande de cheval a pu remplacer la viande de bœuf, il faut entrer dans la chaîne interminable d'une filière agroalimentaire extra-longue où plus personne ne se sent responsable de quoi que ce soit, alors que tous les éléments sont pourtant en cause. Ce système de chaîne avec de nombreux intermédiaires est particulièrement idéal pour noyer les responsabilités et mettre en place des systèmes douteux.

Résumons : ce nouveau scandale alimentaire implique des intermédiaires de six nationalités différentes : le groupe Findus (basé en Suède) qui sous-traitait la fabrication des plats à l'usine luxembourgeoise de Tavola, filiale de la société Comigel (implantée à Metz***), fourni par l'importateur Spanghero (installé à Castelnaudary****), qui « a acquis la viande surgelée auprès d'un opérateur de Chypre, qui avait sous-traité la commande à un opérateur situé aux Pays-Bas, ce dernier s'étant fourni auprès d'un abattoir et d'un atelier de découpe situés en Roumanie », d'après un communiqué de Benoît Hamon, le ministre délégué à la Consommation. Bien évidemment, tout ce petit monde se renvoie la balle et chacun estime être la victime d'un système. Ben voyons !

Pour sauver les apparences, les acteurs du secteur promettent d'améliorer la « traçabilité », ce mot passe-partout et rassurant. Pourtant, la traçabilité ne garantit rien sur les conditions d'élevage des animaux, qui est un aspect essentiel de ces filières internationales complexes. L'animal n'est pour elles qu'une usine à viande, abstraite et interchangeable. Ce n'est pas un hasard si ces firmes agroalimentaires ont peu à peu remplacé les élevages à taille humaine d'animaux sortant au plein air, par des élevages industriels surpeuplés, nids à virus et bactéries résistants et bombes sanitaires à retardement. Cette affaire nous donne encore une fois l'occasion de dire qu'il est vraiment temps de raccourcir les circuits d'approvisionnement et de limiter les intermédiaires. Rapprocher le consommateur du producteur permet de mieux connaître (et améliorer) les conditions d'élevage, d'éviter les mauvaises surprises ou de régler les problèmes plus rapidement.

D'après Larissa de Kochko,
Agir pour l'environnement, 13 février 2013.

* Lasagnes : Plat italien composé de pâtes et de viande hachée de bœuf.
** Malbouffe : Alimentation jugée mauvaise sur le plan diététique ou dont la production est jugé mauvaise.
*** Metz : Ville du nord-est de la France.
**** Castelnaudary : Ville du sud-ouest de la France.

1. Quel est le point de vue exprimé dans cet article ? 1 po

❏ Les modes de production modernes entraînent un gaspillage important.
❏ Les aliments industriels contiennent de plus en plus de substances toxiques.
❏ La poursuite du profit de l'industrie agroalimentaire menace les consommateurs.

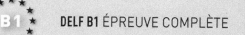
2. Vrai ou faux ? Choisissez la bonne réponse et recopiez la phrase ou la partie du texte qui justifie votre réponse.

3 points

a. Le scandale a éclaté quand des analyses ont détecté de la viande impropre à la consommation dans des lasagnes surgelées. ❏ Vrai ❏ Faux

Justification : ....

....

b. La viande de cheval a été utilisée dans la préparation des plats car elle était moins chère à produire que la viande de bœuf. ❏ Vrai ❏ Faux

Justification : ....

....

3. Pourquoi la viande de cheval est-elle devenue bon marché en Roumanie ?

1 point

❏ À cause de la multiplication des élevages de chevaux.
❏ À cause d'une interdiction frappant les courses de chevaux.
❏ À cause d'une loi interdisant les charrettes tirées par des chevaux sur les routes.

4. Quelle est la caractéristique des chaînes de production des filières agroalimentaires ?

1 point

❏ Elles comportent de nombreux intermédiaires.
❏ Elles rapportent des bénéfices importants à un petit nombre d'individus.
❏ Elles respectent des procédures pour l'information des consommateurs.

5. Quelle conséquence cette caractéristique entraîne-t-elle ? Citez le texte.

2 points

....

6. Que signifie l'expression « tout ce petit monde se renvoie la balle » ? Reformulez.

2 points

....

7. Vrai ou faux ? Choisissez la bonne réponse et recopiez la phrase ou la partie du texte qui justifie votre réponse.

3 points

a. L'amélioration de la traçabilité est un gage de qualité. ❏ Vrai ❏ Faux

Justification : ....

....

b. Les sociétés agroalimentaires considèrent l'animal comme une machine qui produit de la viande. ❏ Vrai ❏ Faux

Justification : ....

....

8. Qu'est-ce que l'auteur de l'article pense des élevages industriels ?

1 point

❏ Ils sont plus propres que les élevages traditionnels.
❏ Ils vont être à l'origine de catastrophes pour la santé.
❏ Leur organisation correspond à un schéma économique maîtrisé.

9. Quelle est la solution défendue par l'auteur de l'article ?

1 point

❏ Il faudrait raccourcir le circuit de production.
❏ Il faudrait mettre en place plus de contrôles.
❏ Il faudrait appliquer une sanction exemplaire aux contrevenants.

Production écrite   25 points

**Vous travaillez dans une entreprise en France qui soutient de nombreuses actions en faveur de l'environnement.
Vous lisez cette annonce sur un site Internet :**

 http://www.annonces.fr

>>>> **Annonces** <<<<

Les Trophées du ministère de l'Écologie récompensent tous les ans les bonnes idées
et les bonnes pratiques pour la protection de l'environnement et le développement durable
dans le monde professionnel. Alors n'hésitez plus et remplissez le dossier de candidature
en ligne pour faire connaître vos actions !

**Vous écrivez un message sur le forum de votre entreprise pour rappeler ce que votre entreprise fait pour le respect
de l'environnement et pour proposer, à vos collègues et à vos responsables, de déposer un dossier de candidature
aux Trophées du ministère de l'Écologie (160 à 180 mots).**

....

....

....

....

....

....

....

....

....

....

....

....

....

....

....

....

....

....

Production orale

25 points

L'épreuve se déroule en trois parties qui s'enchaînent. Elle dure entre 10 et 15 minutes. Pour la troisième partie seulement, vous disposez de 10 minutes de préparation. Cette préparation a lieu avant le déroulement de l'ensemble de l'épreuve.

ENTRETIEN DIRIGÉ (2 à 3 minutes)

Vous parlez de vous, de vos activités, de vos centres d'intérêt. Vous parlez de votre passé, de votre présent et de vos projets.
L'épreuve se déroule sur le mode d'un entretien avec l'examinateur qui amorcera le dialogue par une question.

Voici des exemples de questions, essayez d'y répondre en plusieurs phrases.

Question 1 : Parlez-moi de votre maison.
Question 2 : Quelle était votre matière préférée pendant vos études ? Pour quelles raisons ?
Question 3 : Quel pays, parmi ceux où vous n'êtes encore jamais allé, aimeriez-vous visiter en priorité ?
   Pourquoi ?

EXERCICE EN INTERACTION (3 à 4 minutes)

Vous tirez au sort l'un des deux documents que vous présente l'examinateur. Vous jouez le rôle qui vous est indiqué.

Vous habitez en France depuis un certain temps. Vous louez une voiture pour passer quelques jours de vacances au bord de la mer. Lorsque vous revenez avec la voiture à l'agence de location, l'employé ne veut pas vous rendre votre caution. Il prétend que vous avez abîmé la voiture. Vous discutez avec lui pour essayer de récupérer votre caution.

L'examinateur joue le rôle du loueur de voiture.

EXPRESSION D'UN POINT DE VUE (2 à 3 minutes)

Vous tirez au sort l'un des deux documents que vous présente l'examinateur. Vous dégagerez le thème soulevé par le document et vous présentez votre opinion sous la forme d'un exposé personnel de trois minutes environ. L'examinateur pourra vous poser quelques questions.

Des webcams diffusent votre vie privée sur Internet

Ils voulaient surveiller leurs enfants, leur appartement, leur magasin.
Finalement, c'est le monde entier qui les surveille.

Sur l'écran, vous voyez un homme qui s'habille, le guichet d'une administration, une femme assise à son bureau ou même un bébé qui dort dans son berceau. Ces images sont diffusées en temps réel. Elles sont filmées par des centaines de webcams, dans plusieurs pays. Normalement, ces caméras fonctionnent en circuit privé. Seuls leurs propriétaires peuvent consulter les images sur Internet, par exemple pour surveiller leur domicile. Sauf que là, il y a une faille de sécurité. N'importe qui peut obtenir l'adresse informatique de ces caméras et donc espionner tranquillement ceux qui sont filmés.
Depuis un an, des individus continuent à être filmés en permanence. Sans qu'ils le sachent, tout le monde peut les observer chez eux, dans leur vie quotidienne.

D'après France Info, 23 janvier 2013.

LES ÉPREUVES DU **DELF B1** : conseils et barèmes

I. CONSEILS

A. Vous êtes enseignant et vos élèves vont passer l'examen du DELF B1, voici quelques conseils pour vous :

– <u>Pour la compréhension de l'oral</u> : proposez des activités d'écoute guidée portant sur des discussions de la vie quotidienne et de courts extraits d'émission de radio pour familiariser vos élèves à ces différents contextes d'utilisation de la langue et aux stratégies d'écoute reposant sur les indices glissés dans les questionnaires.

– <u>Pour la compréhension des écrits</u> : attirez l'attention des élèves sur l'importance de la gestion du temps ; le premier exercice doit être réalisé rapidement pour que le temps restant puisse être consacré à la lecture du long texte du deuxième exercice.

– <u>Pour la production écrite</u> : révisez avec vos élèves les différentes manières d'exprimer son opinion et entraînez-les à structurer un texte avec des connecteurs logiques.

– <u>Pour la production orale</u> : entraînez vos élèves à répondre à des questions courantes sur eux-mêmes et leurs activités en donnant quelques détails complémentaires dans leurs réponses. Familiarisez-les au jeu de rôle de l'exercice en interaction pour éviter qu'ils ne soient intimidés face à l'examinateur le jour de l'examen s'ils doivent protester ou le contredire. Enfin, pour les préparer au monologue suivi, proposez-leur des exposés oraux sans lecture de notes.

B. Vous êtes candidat au diplôme du DELF B1, voici quelques conseils pour vous :

– <u>Pour la compréhension de l'oral</u> : lisez bien les questions avant l'écoute du document audio, elles vous donnent des informations précieuses sur les thèmes et donc le vocabulaire qui va apparaître et sur l'identité des personnes qui vont prendre la parole. Ne paniquez pas si vous ne comprenez pas tous les mots ! Les questions ne portent pas sur le sens d'un seul mot et n'oubliez pas que vous avez deux écoutes pour vérifier vos réponses. Quand vous devez répondre en rédigeant, n'ayez pas peur de faire des fautes : l'orthographe n'est pas pénalisée dans cette épreuve.

– <u>Pour la compréhension des écrits</u> : le premier exercice peut être fait rapidement, mais n'oubliez pas de mettre toutes les croix nécessaires dans le tableau et vérifiez que votre réponse finale est cohérente avec le tableau ! Pour le deuxième exercice, lisez les questions puis lisez le texte et soulignez les endroits où les réponses apparaissent pour les reporter après avoir fini de lire le texte. Lorsqu'on vous demande de justifier votre réponse, recopiez uniquement le passage où apparaît l'élément qui justifie votre réponse pour montrer que vous avez bien compris et que vous ne recopiez pas au hasard un paragraphe.

– <u>Pour la production écrite</u> : lisez bien la consigne pour comprendre la position à partir de laquelle vous devez écrire et ce qu'on vous demande de faire (raconter un événement, donner une opinion, donner un conseil...). Faites un brouillon pour organiser vos idées et avoir un plan général.

– <u>Pour la production orale</u> : les deux premiers exercices se font sans préparation. Montrez que vous comprenez ce que l'examinateur vous dit en reprenant ses paroles et jouez sans timidité le rôle qui vous est attribué dans l'exercice en interaction. Pour le monologue suivi, vous avez 10 minutes de préparation pour lire le texte et préparer votre intervention. Vous devez parler pendant 3 minutes, ce qui est assez long. Rédigez votre phrase d'introduction pour présenter le texte et le problème qu'il pose, faites un plan pour organiser vos idées. Pendant votre intervention, vous pouvez regarder vos notes mais évitez de lire au-delà de votre phrase d'introduction pour rendre votre exposé plus vivant.

II. BARÈMES

A. Grille d'évaluation de la production écrite

Respect de la consigne Peut mettre en adéquation sa production avec le sujet proposé. Respecte la consigne de longueur minimale indiquée.	0	0,5	1	1,5	2				
Capacité à présenter des faits Peut décrire des faits, des événements ou des expériences.	0	0,5	1	1,5	2	2,5	3	3,5	4
Capacité à exprimer sa pensée Peut présenter ses idées, ses sentiments et/ou ses réactions et donner son opinion.	0	0,5	1	1,5	2	2,5	3	3,5	4
Cohérence et cohésion Peut relier une série d'éléments courts, simples et distincts en un discours qui s'enchaîne.	0	0,5	1	1,5	2	2,5	3		

COMPÉTENCE LEXICALE / ORTHOGRAPHE LEXICALE

	0	0,5	1	1,5	2
Étendue du vocabulaire Possède un vocabulaire suffisant pour s'exprimer sur des sujets courants, si nécessaire à l'aide de périphrases.	0	0,5	1	1,5	2
Maîtrise du vocabulaire Montre une bonne maîtrise du vocabulaire élémentaire mais des erreurs sérieuses se produisent encore quand il s'agit d'exprimer une pensée plus complexe.	0	0,5	1	1,5	2
Maîtrise de l'orthographe lexicale L'orthographe lexicale, la ponctuation et la mise en page sont assez justes pour être suivies facilement le plus souvent.	0	0,5	1	1,5	2

COMPÉTENCE GRAMMATICALE / ORTHOGRAPHE GRAMMATICALE

	0	0,5	1	1,5	2
Degré d'élaboration des phrases Maîtrise bien la structure de la phrase simple et les phrases complexes les plus courantes.	0	0,5	1	1,5	2
Choix des temps et des modes Fait preuve d'un bon contrôle malgré de nettes influences de la langue maternelle.	0	0,5	1	1,5	2
Morphosyntaxe – Orthographe grammaticale Accord en genre et en nombre, pronoms, marques verbales, etc.	0	0,5	1	1,5	2

B. Grille d'évaluation de la production orale

1. ENTRETIEN DIRIGÉ (2 à 3 minutes)

	0	0,5	1	1,5	2
Peut parler de soi avec une certaine assurance en donnant informations, raisons et explications relatives à ses centres d'intérêt, projets et actions.	0	0,5	1	1,5	2
Peut aborder sans préparation un échange sur un sujet familier avec une certaine assurance.	0	0,5	1		

2. EXERCICE EN INTERACTION (3 à 4 minutes)

	0	0,5	1	1,5	2
Peut faire face sans préparation à des situations même un peu inhabituelles de la vie courante (respect de la situation et des codes sociolinguistiques).	0	0,5	1		
Peut adapter les actes de parole à la situation.	0	0,5	1	1,5	2
Peut répondre aux sollicitations de l'interlocuteur (vérifier et confirmer des informations, commenter le point de vue d'autrui, etc.).	0	0,5	1	1,5	2

3. EXPRESSION D'UN POINT DE VUE (5 à 7 minutes)

	0	0,5	1	1,5	2	2,5
Peut présenter d'une manière simple et directe le sujet à développer.	0	0,5	1			
Peut présenter et expliquer avec assez de précision les points principaux d'une réflexion personnelle.	0	0,5	1	1,5	2	2,5
Peut relier une série d'éléments en un discours assez clair pour être suivi sans difficulté la plupart du temps.	0	0,5	1	1,5		

POUR L'ENSEMBLE DES 3 PARTIES DE L'ÉPREUVE

	0	0,5	1	1,5	2	2,5	3	3,5	4	4,5	5
Lexique (étendue et maîtrise) Possède un vocabulaire suffisant pour s'exprimer sur des sujets courants, si nécessaire à l'aide de périphrases ; des erreurs sérieuses se produisent encore quand il s'agit d'exprimer une pensée plus complexe.	0	0,5	1	1,5	2	2,5	3	3,5	4		
Morphosyntaxe Maîtrise bien la structure de la phrase simple et les phrases complexes les plus courantes. Fait preuve d'un bon contrôle malgré de nettes influences de la langue maternelle.	0	0,5	1	1,5	2	2,5	3	3,5	4	4,5	5
Maîtrise du système phonologique Peut s'exprimer sans aide malgré quelques problèmes de formulation et des pauses occasionnelles. La prononciation est claire et intelligible malgré des erreurs ponctuelles.	0	0,5	1	1,5	2	2,5	3				

ÉPREUVE COMPLÈTE 1

COMPRÉHENSION DE L'ORAL

Exercice 1

1. Il joue à un jeu vidéo. – 2. De son âge. – 3. La seconde guerre mondiale. – 4. Il a d'excellents résultats dans une matière. – 5. Passe trop de temps seul. – 6. La complicité.

TRANSCRIPTION

Mère : Encore sur ton ordinateur ? Ça fait au moins 5 heures que tu es dessus !
Fils : Ben oui maman, c'est l'éclate totale mais tu peux pas comprendre, c'est pas de ta génération.
Mère : Si au moins tu étais en train de faire quelque chose ! Composer de la musique, écrire un roman, je ne sais pas, moi !
Fils : Mais je fais quelque chose de très sérieux, je suis en train de gagner la seconde guerre mondiale !
Mère : Tu plaisantes ou quoi ? La seconde guerre mondiale, ça fait presque 70 ans que c'est fini, pour ton information !
Fils : Merci maman, je suis au courant et, pour ton information à toi, je suis le meilleur de la classe en histoire ! Mais ça me détend de jouer à ça. En plus, on apprend plein de détails sur cette époque et la musique est super !
Mère : C'est peut-être vrai mais je trouve ça dommage que tu passes tout ce temps tout seul.
Fils : C'est là que tu te trompes ! En fait je suis en train de jouer en équipe avec tous les copains que tu connais, mais tu ne t'en rends pas compte parce qu'on joue chacun sur notre ordinateur. D'ailleurs, tu ne voudrais pas essayer toi aussi, en utilisant l'ordinateur du salon ?
Mère sur un ton de défi amusé : Attention, tu sais que je suis capable de relever le défi !

Exercice 2

1. Le démontage des centrales nucléaires. – 2. Longue, complexe, coûteuse. – 3. La première. – 4. Nettoyage, démontage, traitement (approprié). – 5. Des robots. – 6. De 25 à 100 ans.

TRANSCRIPTION

Journaliste 1 : Vous écoutez Radio Planète Bleue et, aujourd'hui, dans « Questions d'environnement », on parle du nucléaire. Lucas, bonjour, on vous écoute.
Journaliste 2 : Bonjour à tous. Alors, depuis la création des premières centrales nucléaires civiles dans les années 60, l'un des problèmes majeurs est celui de leur démantèlement. C'est une opération longue, complexe et coûteuse. La première phase est celle de la mise à l'arrêt de la centrale : les combustibles sont déchargés, les circuits vidangés, 99,9 % de la radioactivité présente est normalement éliminée. Les installations sont mises hors service mais restent en l'état et sont placées sous surveillance pendant un certain temps. Le démantèlement proprement dit intervient dans un deuxième temps : les équipements et bâtiments sont nettoyés et démontés, sauf le bâtiment-réacteur lui-même. Même si les parties les plus contaminées ne sont pas traitées à ce stade, ce démantèlement doit être fait avec précaution et les déchets traités de manière appropriée. Le bâtiment du réacteur reste, lui, fermé et surveillé. Ce n'est que dans un troisième temps que le bâtiment du réacteur est démonté. C'est l'opération la plus délicate. Il faut rompre l'isolement du réacteur en faisant attention à ne pas contaminer l'environnement et le personnel. C'est pourquoi l'industrie nucléaire
.../...

.../...
a mis au point des robots télécommandés pour effectuer une grande partie de ce démontage.
Électricité de France estime que, pour une centrale nucléaire de 4 réacteurs, un démantèlement de niveau 2, c'est-à-dire hors démontage du réacteur, entraîne la production de 30 500 tonnes de déchets plus ou moins radioactifs. Mais ce chiffre doit être pris avec précaution car, aujourd'hui, aucune centrale nucléaire de production n'a été entièrement démantelée. La totalité de la procédure peut durer, en fonction de la stratégie adoptée, de 25 à 100 ans et la quantité de déchets n'est, pour le moment, qu'une estimation.

Exercice 3

1. À la gestion des équipes au travail. – 2. Rouge : *Une réponse attendue parmi* : la rapidité, le sens du défi, la volonté de réussir, l'autonomie, l'exigence. – Jaune : *Une réponse attendue parmi* : la convivialité, l'optimisme, la créativité, l'humour, l'aisance orale. – Vert : *Une réponse attendue parmi* : le calme, la discrétion, le respect des valeurs, l'attention, la fiabilité, la stabilité. – Bleu : *Une réponse attendue parmi* : la rigueur, la précision, l'organisation, la planification, la recherche de perfection, le respect des normes et des règles. – 3. Adapter sa communication à son interlocuteur. – 4. Les managers tout autant que leurs collaborateurs. – 5. À un commercial Vert. – 6. Elle est individualisée. – 7. Le manager Jaune. – 8. Bleu.

TRANSCRIPTION

Journaliste : La théorie des couleurs est le résultat de plusieurs travaux de psychologues à travers le monde ; elle se base sur l'observation des comportements des individus. Lionel Clément, bonjour, vous êtes expert en management et auteur de l'ouvrage *Manager avec les couleurs*. Alors, expliquez-nous, dans les grandes lignes, qu'est-ce que la théorie des couleurs ?
Lionel Clément : Bonjour. En fait, cette théorie définit quatre grandes familles de comportements symbolisées par des couleurs : rouge, pour la rapidité, le sens du défi, la volonté de réussir, l'autonomie, l'exigence ; Jaune, pour la convivialité, l'optimisme, la créativité, l'humour, l'aisance orale… Vert, pour le calme, la discrétion, le respect des valeurs, l'attention, la fiabilité, la stabilité… Et enfin bleu, pour la rigueur, la précision, l'organisation, la planification, la recherche de perfection, le respect des normes et des règles… Savoir identifier ses propres comportements et ceux de ses interlocuteurs permet d'adapter sa communication pour la rendre plus convaincante.
Journaliste : D'accord. Et en quoi cette théorie est-elle utile pour gérer une équipe ?
Lionel Clément : C'est une méthode très utile pour… comment dire « gérer » ses collaborateurs de façon appropriée. Ainsi, un manager commercial qui sait déléguer confiera à un commercial Rouge une mission importante avec obligation de résultat, présentée comme un défi ; à un commercial Jaune, l'animation d'une activité convoquant sa créativité ; à un commercial Vert, une mission de confiance, à long terme, ou de fidélisation de la clientèle ; à un commercial Bleu, l'analyse précise et structurée d'un marché ou d'un concurrent. Bien comprise et utilisée, la méthode des couleurs permet d'adapter langage, comportements et tactiques à chaque collaborateur ou situation, pour un management personnalisé, donc plus efficace !
Journaliste : Je vois. Alors, après la gestion du personnel, passons à ce que cette théorie nous apprend sur les managers eux-mêmes. Quelles couleurs pour quels types de management ?
Lionel Clément : Un manager Rouge pilote son équipe de façon plus directive, en se posant en exemple, en fixant des objectifs ambitieux. Pour un manager Jaune, plutôt « animateur », le plaisir est le moteur de l'efficacité de son équipe ; résolument optimiste, il entretient .../...

.../...

une ambiance détendue et conviviale. Un manager Vert a le management « participatif » ; il appuie ses actions sur les attentes de ses collaborateurs, plus que sur ses propres convictions. Enfin, un manager Bleu est un pilote, organisateur, planificateur ; il soigne l'analyse en amont et le contrôle en aval, avec l'aide d'indicateurs de performance très normés.

COMPRÉHENSION DES ÉCRITS

Exercice 1 : voir tableau ci-dessous.
Compter 0,5 point par bonne réponse.
Jardin d'acclimatation (on retirera 1 point si la réponse à cette question n'est pas logique par rapport aux cases cochées).

Exercice 2
1. Un programme informatique permettant de produire automatiquement des écrits. – 2. Un économiste américain. – 3. 100 000. – 4. *Réponses attendues :* des ouvrages économiques, des manuels, des rapports techniques, des dictionnaires. – 5. *(Pour chaque question, le candidat obtient la totalité des points si le choix Vrai/Faux et la justification sont corrects, sinon aucun point ne sera attribué.)* a. Faux : « Ce n'est pas la première fois qu'une machine écrit un texte. En Russie en 2008, un livre a entièrement été produit par un ordinateur, rapporte le journal *St. Petersburg Times*. » – b. Faux : « Dans une interview donnée à ReadWrite, Phil Parker explique que [...] tous les genres littéraires correspondent à un schéma défini qui peut être automatisé. » / « Ce programme est même capable de rédiger des poèmes. » – 6. L'imitation. – 7. *(Pour chaque question, le candidat obtient la totalité des points si le choix Vrai/Faux et la justification sont corrects, sinon aucun point ne sera attribué.)* Vrai : « Phil Parker explique que tous les genres littéraires correspondent à un schéma défini qui peut être automatisé. / « Une fois que vous avez toutes ces règles, vous pouvez écrire un algorithme qui les imite. » – b. Faux : « À l'aide d'un calcul sophistiqué, un ordinateur peut produire un récit ou un manuel en quelques minutes. » / « L'écriture d'un livre se fait en vingt à trente minutes. » - 8. *Réponse attendue :* Non, « les auteurs qui produisent un travail original n'ont pas lieu de s'inquiéter ». – 9. Des journalistes.

	① Parc France Miniature		② Parc Hérouval		③ Jardin d'acclimatation		④ Manoir de Paris	
	Convient	Ne convient pas	Convient	Ne convient pas	Convient	Ne convient pas	Convient	Ne convient pas
Petit train		✗	✗		✗			✗
Âge	✗			✗	✗			✗
Spectacle		✗		✗	✗		✗	
Tarifs	✗		✗		✗		✗	
Accès handicapés		✗	✗		✗		✗	

ÉPREUVE COMPLÈTE 2

COMPRÉHENSION DE L'ORAL

Exercice 1
1. Au théâtre. – 2. Ils sont mari et femme. – 3. Elle avait lu des critiques positives à son sujet. – 4. On ne comprenait rien à ce qu'elle/la comédienne disait. La femme a eu l'impression que la comédienne avait oublié son texte. – 5. Les costumes et les décors. – 6. L'indignation.

TRANSCRIPTION

Femme : Oh là là, qu'est-ce que c'était mauvais, je suis désolée de t'avoir entraîné là-dedans !
Homme : Mais non, n'exagère pas, ce n'était pas totalement raté quand même ! Et puis c'était une occasion de sortir en amoureux, sans les enfants.
Femme : C'est gentil de dire ça, mais moi j'ai vraiment été déçue par rapport aux bonnes critiques que j'avais lues. On ne comprenait rien à ce que disait la comédienne qui tenait le premier rôle. Il y a même des moments où j'ai eu l'impression qu'elle avait oublié son texte !
Homme : Je te trouve sévère : ce n'est pas sa langue maternelle et puis c'est un texte très difficile, qui demande beaucoup de concentration. Non, moi ce qui m'a trouvé triste, ce sont les décors et les costumes. Je ne comprends pas bien cette mode du noir et du vide, il y avait juste deux chaises face-à-face sur la scène !   .../...

.../...
Femme : Ah bon ? Moi, j'aime bien cette simplicité ; comme ça, on peut se concentrer sur l'histoire et sur le jeu des comédiens. Sauf que là... pauvre Molière !
Homme : Moi, quand je vais à un spectacle, j'attends quand même de voir des choses qui sortent de l'ordinaire !
Femme : Oui, enfin, de toute façon, on n'a pas vu grand-chose...
Homme : Oui, c'est vrai, c'est incroyable d'ailleurs qu'ils puissent vendre d'aussi mauvaises places à ce tarif ! On devrait écrire à une association de défense des consommateurs.

Exercice 2
1. L'accompagnement dans le choix d'un nouveau métier. – 2. L'expérimentation pendant quelques jours d'un métier différent. – 3. Sexe : féminin / une femme (dans 60 % des cas) ; Âge : 40 ans (en moyenne). – 4. Il définit son projet avec l'aide d'un consultant. – 5. 70 %. – 6. Les obstacles qu'on rencontre quand on démarre une entreprise.

TRANSCRIPTION

Journaliste 1 : Bonjour à tous. Aujourd'hui, dans le magazine de l'emploi, nous allons vous parler d'un site Internet qui peut vous aider si vous décidez de changer de métier ou de créer votre entreprise.
Journaliste 2 : Bonjour. Des salariés, en activité ou au chômage, qui rêvent de créer leur propre entreprise... Matthieu Fortier, le   .../...

…/…
fondateur de viamétiers.fr, en voit défiler de plus en plus, 300 par an environ. Son site Internet propose à ces hommes ou ces femmes en reconversion professionnelle de se plonger pendant trois ou quatre jours dans l'ambiance de leur futur métier. Gérant de magasin, restaurateur, électricien, antiquaire… De nombreux métiers, ne demandant pas de qualifications trop spécifiques et ne posant aucun problème de sécurité, se prêtent à ces journées de découverte. Profil type du stagiaire : une femme dans 60 % des cas, de 40 ans en moyenne, un âge où on a souvent envie d'une nouvelle carrière. La prestation du site ne se limite pas à des propositions de stages. Pour 1 000 euros environ, le client va tout d'abord passer une journée avec un consultant qui va l'aider à bien définir son projet. Après avoir testé le métier de ses rêves, il fera le point sur son expérience avec son consultant. Et s'il veut continuer, il trouvera de l'aide pour préparer un « plan d'action » qui va accompagner sa reconversion. D'après le site, 70 % des utilisateurs de ce service exercent maintenant un nouveau métier, ont créé leur entreprise ou sont en formation six mois après. Mais quatre jours, n'est-ce pas trop court pour se rendre compte de toutes les difficultés du métier d'entrepreneur ? On écoute l'avis de Cédric Camoin, 44 ans, ex-ingénieur chez SFR, désormais gérant d'un magasin de décoration-ameublement à Toulouse.
Cédric Camoin : C'est très court comme stage mais ça m'a permis de vérifier si j'étais à l'aise en tant que vendeur, un poste que je n'avais jamais occupé avant. L'autre limite de cette formule, c'est que le stagiaire est plongé dans une affaire qui tourne depuis déjà plusieurs années. Il ne peut donc pas imaginer tous les obstacles auxquels il devra faire face en partant de zéro.

Exercice 3

1. Les stimulations extérieures gênent la créativité. – 2. *Quatre réponses attendues parmi :* téléphones portables, ordinateurs, télévisions, tablettes, smartphones, écrans. – 3. Elle est devenue passive. – 4. Les vols d'attention. – 5. ses pensées. – 6. Les promenades dans la nature permettaient d'améliorer de 50 % les résultats aux tests de créativité. – 7. Imaginer selon propre rythme. – 8. Sept heures et demie ; 15 à 25 minutes.

TRANSCRIPTION

Quand tout va trop vite apprenez à faire une pause, avec notre chronique « La vigie des temps modernes ».
Journaliste : Téléphones portables, ordinateurs, télévisions, tablettes ou smartphones : les nouvelles technologies imposent au cerveau humain des stimulations sans cesse plus nombreuses. L'attention devient passive, elle se concentre en réaction à ces stimulations et non de façon volontaire : on réagit à des sollicitations externes plutôt que de penser par soi-même. Les psychologues parlent aujourd'hui de « vols d'attention » pour qualifier ce monde qui capte notre attention à chaque coin de rue, devant chaque écran, à chaque sonnerie de téléphone ou d'alerte e-mail qui perturbe un travail en cours. Face à cela, la « théorie de la restauration de l'attention » prétend que les environnements naturels, moins riches en stimulations fortes, plus apaisants, favorisent l'activité d'une partie du cerveau qui permet le vagabondage de l'esprit, le fait de se laisser entraîner au fil de ses pensées, sans être interrompu en permanence par l'extérieur. …/…

…/…
Du coup, des psychologues de l'université du Kansas ont mené une expérience au cours de laquelle ils ont demandé à deux groupes d'une trentaine de participants de se lancer dans quatre jours de randonnée dans les grands parcs américains. La moitié remplissait un test de créativité avant de partir, l'autre après. Ils ont ainsi constaté que les personnes passant le test au retour de la randonnée trouvaient en moyenne la réponse à six tests de créativité, contre quatre pour les autres, soit une augmentation de 50 pour cent. L'idée est, finalement, que les environnements naturels permettent une stimulation plus douce et discrète, laissant ainsi les pensées intérieures et les processus créatifs s'exprimer – car la création est possible quand l'imagination travaille à son propre rythme, sans subir la pression du monde extérieur. Le calme de la nature a ainsi accompagné le développement de notre cerveau pendant des milliers d'années. Or, un jeune de moins de dix-huit ans passe en moyenne sept heures et demie par jour devant des écrans ou smartphones, et seulement 15 à 25 minutes à jouer dehors. Les chiffres pour la population française dans son ensemble parlent de cinq heures quotidiennes devant les écrans, sans compter les smartphones.

COMPRÉHENSION DES ÉCRITS

Exercice 1 : voir tableau ci-dessous.
Compter 0,5 point par bonne réponse.
La Reine Margot (on retirera 1 point si la réponse à cette question n'est pas logique par rapport aux cases cochées).

Exercice 2

1. La poursuite du profit de l'industrie agroalimentaire menace les consommateurs. – 2. *(Pour chaque question, le candidat obtient la totalité des points si le choix Vrai/Faux et la justification sont corrects, sinon aucun point ne sera attribué.)* a. Faux : « Le scandale des plats préparés surgelés, dans lesquels on a retrouvé de la viande de cheval à la place de la viande de bœuf annoncée […] cette viande est (semble-t-il) consommable. » – b. Vrai : « Pourquoi la viande provient-elle de Roumanie dans cette affaire ? Parce que, dans ce pays, le cheval est particulièrement bon marché ces derniers temps » – 3. À cause d'une loi interdisant les charrettes tirées par des chevaux sur les routes. – 4. Elles comportent de nombreux intermédiaires. – 5. « Plus personne ne se sent responsable de quoi que ce soit. » – 6. Chacun des acteurs de la filière rejette la responsabilité du scandale sur les autres. – 7. *(Pour chaque question, le candidat obtient la totalité des points si le choix Vrai/Faux et la justification sont corrects, sinon aucun point ne sera attribué.)* a. Faux : « La traçabilité ne garantit rien sur les conditions d'élevage des animaux, qui est un aspect essentiel de ces filières internationales complexes. » – b. Vrai : « L'animal n'est pour elles qu'une usine à viande, abstraite et interchangeable. » – 8. Ils vont être à l'origine de catastrophes pour la santé. – 9. Il faudrait raccourcir le circuit de production.

	① La Joie de vivre		② À la recherche du temps perdu		③ Les Misérables		④ La Reine Margot	
	Convient	Ne convient pas	Convient	Ne convient pas	Convient	Ne convient pas	Convient	Ne convient pas
Adaptation d'un roman français	x		x		x		x	
Dominique Blanc		x	x			x	x	
Film historique		x		x	x		x	
Alexandre Dumas		x		x		x	x	
Durée	x			x	x		x	

Accompagnement à l'utilisation des vidéos

AVANT DE VISIONNER LA VIDÉO

1 Mettez-vous par deux. Faites connaissance avec votre voisin(e). Interrogez-le/la pour connaître une caractéristique originale de sa vie. Puis présentez-le/la à la classe en trente secondes au maximum.

2 Aimez-vous les jeux télévisés ? Lesquels (expliquez leur principe) et pour quelles raisons ? Y a-t-il des jeux qui vous énervent particulièrement ? Lesquels et pourquoi ?

VISIONNER

> ### Visionnez la première partie de la vidéo sans le son

(jusqu'à la fin de la présentation des cinq premières personnes – 2'52'')

3 **A.** Observez les images, le titre de l'émission, la « Spéciale » proposée, les personnes et les lieux présentés puis faites une hypothèse sur le but de cette présentation et l'objectif de cette émission.

....

....

....

B. Associez chaque personne à son pays d'origine.

1. Amor
2. Patrick
3. Jak
4. Alexandra
5. Viera

a. Turquie
b. Tunisie
c. Mexique
d. Slovaquie
e. Cameroun

C. Retrouvez l'ordre de leur présentation.

....

> ### Visionnez la première partie de la vidéo avec le son

4 Complétez vos hypothèses de l'activité 3 A. : dites qui sont ces personnes, pourquoi elles sont réunies sur le plateau de télévision et quel est le rôle de Julien Lepers.

....

....

5 Complétez le tableau.

Prénom	Pays	Profession	Passions
Jak	....	....	....
Alexandra	....	....	....
Patrick	....	....	....
Viera	....	....	....
Amor	....	....	....

> ## Visionnez la deuxième partie de la vidéo avec le son

6 Relevez les cinq prénoms et les cinq autres pays constituant l'équipe adverse.

....

....

....

....

....

7 Dites :

1. qui est professeur de littérature française : ....

2. qui fait un doctorat de philosophie : ....

3. qui habite à Antananarivo : ....

4. qui aime Anna Gavalda : ....

5. qui vient des bords du Nil : ....

> ## Visionnez toute la vidéo avec le son

8 Divisez la classe en deux groupes (chaque groupe choisit cinq des dix pays représentés) et relevez, pour chaque pays, deux éléments qui permettent de les identifier et dans lesquels les candidats se reconnaissent avec bonne humeur.

9 Si vous connaissez un ou plusieurs de ces pays, ou si vous en êtes originaire, ajoutez une courte information originale qui peut mieux le/les caractériser.

POUR ALLER PLUS LOIN

10 Par deux, choisissez une célébrité internationale que vous ferez deviner aux autres en leur donnant seulement quatre informations : le sexe (homme ou femme), une caractéristique physique particulière, une caractéristique morale ou intellectuelle et un détail de sa biographie. Vos camarades doivent trouver le nom et le pays d'origine de cette personnalité.

11 Épreuve de rapidité.
Constituez des équipes de trois ou quatre personnes puis convenez d'un signe (lever la main, pousser un cri...) qui signalera que vous avez la bonne réponse. L'équipe qui donne le plus vite possible le plus de bonnes réponses a gagné *(30 secondes chrono pour chaque question)*.

1. Géographie : quel pays a un drapeau rouge orné d'un croissant blanc et d'une étoile blanche ?
2. Littérature : Carlos Fuentes est-il un écrivain espagnol ou mexicain ?
3. Gastronomie : quel aliment faut-il ajouter sur un croque-monsieur pour qu'il devienne un croque-madame ?
4. Grammaire : par quelle phrase habitue-t-on les enfants français à mémoriser les conjonctions de coordination ?
5. Mathématiques : si chacun d'entre vous dans l'équipe serre la main une fois aux participants d'une autre équipe, combien de poignées de main seront échangées au total ? Faites-le et comptez !
6. Culture générale : quelle organisation internationale créée en 1946 a pour mission d'améliorer la condition de l'enfance : l'UNESCO ou l'UNICEF ?

12 Par deux, préparez quatre questions sur des thèmes différents (culture générale, gastronomie, sciences, animaux, géographie, histoire...). Votre professeur centralise ensuite les questionnaires et joue le rôle de Julien Lepers *(30 secondes chrono et 2 points par réponse juste)*. Que le meilleur gagne !

Vidéo **2** Parler de sa consommation avec humour `Durée 6'06''`

AVANT DE VISIONNER LA VIDÉO

1 En général, quelle est votre réaction face à un problème ou à une information qu'affiche votre ordinateur et que vous ne comprenez pas ?

❑ **1.** Vous éteignez l'ordinateur : vous verrez plus tard.
❑ **2.** Vous allez chercher de l'aide (auprès de votre compagnon ou de votre collègue).
❑ **3.** Vous vous énervez.
❑ **4.** Vous réagissez avec humour.
❑ **5.** Vous agissez avec méthode et analysez le problème.
❑ **6.** Vous téléphonez à un(e) ami(e).
❑ **7.** Vous téléphonez au dépannage en ligne (la hotline).
❑ **8.** Autre.

2 Les mots suivants sont utilisés en informatique. Lisez-les et associez-les aux définitions.

1. reconfigurer	a. un programme installé dans un ordinateur
2. surfer	b. un utilisateur d'Internet
3. ramer	c. avoir beaucoup de difficultés pour comprendre le fonctionnement d'un ordinateur
4. planter	d. réinstaller différents réglages sur l'ordinateur après l'avoir mal éteint
5. un logiciel	e. relier un appareil périphérique comme une imprimante à son ordinateur
6. une application	f. faire une erreur et bloquer l'ordinateur
7. brancher	g. naviguer
8. télécharger	h. un programme spécifique
9. un internaute	i. transférer des informations sur son ordinateur

1	2	3	4	5	6	7	8	9
....	....	....	....	....	....	....	....	....

VISIONNER

> Visionnez la première partie de la vidéo avec le son

(jusqu'à 2'30")

3 Qu'a fait l'humoriste Anne Roumanoff pour rentrer dans le 21ᵉ siècle ? Quelle(s) situation(s) a-t-elle choisi de raconter pour faire rire le public ?

....

> Visionnez toute la vidéo avec le son

4 Les sujets suivants sont traités dans le sketch. Remettez-les dans l'ordre.

.... **a.** l'envoi de méls
.... **b.** l'installation d'une imprimante
.... **c.** les renseignements sur l'achat d'un ordinateur
.... **d.** les messages de l'ordinateur

.... **e.** le dépannage en ligne des ordinateurs
.... **f.** l'utilisation d'Internet
.... **g.** les achats en ligne

5 A. Anne Roumanoff joue son propre rôle mais aussi celui d'autres personnes : lesquelles ? Elle donne également la parole à des objets : lesquels ?

....

B. Cochez les trois réactions les plus fréquentes de l'humoriste face à l'ordinateur.

❐ 1. Elle est dubitative.   ❐ 4. Elle rit.   ❐ 7. Elle est très étonnée.

❐ 2. Elle s'énerve.   ❐ 5. Elle est ironique.

❐ 3. Elle garde son calme.   ❐ 6. Elle s'interroge.

> Visionnez à nouveau la première partie de la vidéo avec le son

(jusqu'à 2'30")

6 A. Pour Anne Roumanoff, que signifie « PC » ? Notez les deux définitions données.

1. ....

2. ....

B. Qu'est-ce qui est comique dans ces deux définitions ? Dites ce que l'humoriste reproche au PC ?

....

....

7 Selon elle, l'ordinateur réagit comme un être humain. Que fait-il ? Cochez les bonnes réponses.

❐ 1. Il lui obéit.   ❐ 4. Il la tutoie.   ❐ 7. Il l'« engueule ».

❐ 2. Il lui parle.   ❐ 5. Il a mauvais caractère. (Il se braque.)

❐ 3. Il est poli.   ❐ 6. Il parle plusieurs langues.

8 Qu'utilise Anne Roumanoff pour provoquer les rires du public ? Cochez les bonnes réponses et donnez des exemples.

❐ 1. les malentendus   ❐ 4. la langue familière

❐ 2. les jeux de mots   ❐ 5. les accents

❐ 3. les gestes   ❐ 6. les mimiques, les expressions du visage

....

....

> Visionnez la deuxième partie de la vidéo avec le son

(de 2'31" à 4'19")

9 Le verbe « brancher » signifie relier, connecter deux éléments ensemble. Le public applaudit quand l'humoriste compare le branchement d'une imprimante à celui d'une machine à laver. Pourquoi ? Expliquez le comique de situation.

....

....

....

10 Répondez.

A. Dites combien de temps Anne Roumanoff doit patienter et au bout de combien de temps elle obtient la hotline (le dépannage en ligne).

....

B. Selon vous, cette situation est :

❐ 1. ridicule.   ❐ 2. normale.   ❐ 3. absurde.   ❐ 4. invraisemblable.

Justifiez votre réponse.

....

🔊 **11** L'humoriste évoque des gens moins doués qu'elle en informatique. Complétez ses propos.

« J'ai .... , dans son bureau, on lui a demandé de .... une disquette.
Il .... et .... dans un préservatif pour la ....
des virus. Et lui, quand il a vu .... dans l'ordinateur, il ....
le disjoncteur de l'immeuble et il a appelé .... »

> ## Visionnez la troisième partie de la vidéo avec le son

(de 4'20" à 5'17")

🔊 **12** **A.** Selon Anne Roumanoff, que peut-on faire avec Internet ? Complétez.

« On ne sait pas ce qu'on .... , et on trouve .... [...].
Tu peux discuter avec des gens du monde entier que tu ....
et .... »

B. Comment qualifieriez-vous cette présentation d'Internet ? Justifiez votre réponse.

❏ **1.** originale   ❏ **2.** ordinaire   ❏ **3.** caricaturale   ❏ **4.** drôle   ❏ **5.** paradoxale   ❏ **6.** plate

....

> ## Visionnez la quatrième partie de la vidéo avec le son

(à partir de 5'18")

🔊 **13** **A.** Dans cette dernière partie, quel(s) effet(s) comique(s) l'humoriste utilise-t-elle tout particulièrement ?

....

B. Présentez son mode d'emploi des méls. Qu'en pensez-vous ? Vous est-il arrivé de vous comporter de la même manière ?

....
....

> ## Visionnez toute la vidéo avec les sous-titres

🔊 **14** Les spectateurs rient beaucoup. Et vous ? Dites quelle partie du sketch vous avez préférée et si vous avez apprécié l'interprétation de l'humoriste. Iriez-vous voir l'un de ses spectacles ? Pourquoi ?

....
....

POUR ALLER PLUS LOIN

🗨 **15** Réagissez-vous avec humour à un problème ? Avez-vous déjà eu un problème technique (avec votre téléphone portable, votre MP3, votre tablette, votre machine à laver perfectionnée...) ? Racontez la situation avec humour à la manière d'Anne Roumanoff.

🗨 **16** Présentez un(e) humoriste de votre pays. Dites de quoi et de qui il/elle se moque, quels sont les sujets de ses sketchs en général. Décrivez ses effets comiques et racontez un de ses sketchs.

Vidéo **3**   Relater son parcours

AVANT DE VISIONNER LA VIDÉO

1 Si, pour des raisons personnelles ou professionnelles, vous deviez vous installer dans un pays étranger pour y vivre, lequel choisiriez-vous ? Imaginez votre vie dans ce pays (installation, travail, amis, adaptation à la culture du pays…). Travaillez avec un(e) camarade si il/elle a choisi le même pays que vous. Présentez ce changement de vie à la classe. Peut-être avez-vous déjà vécu cette expérience ? Racontez-la à votre classe.

VISIONNER

> **Visionnez la première partie de la vidéo sans le son**

(jusqu'à 0'40'')

2 Notez le titre de l'émission. À votre avis, quel va être le thème ? Que va raconter ce reportage ?

....

....

> **Visionnez la première partie de la vidéo avec le son**

3 À l'aide des informations données sur le parcours de cette femme, indiquez :

1. son prénom : .... **2.** son pays natal : ....

3. les deux pays étrangers qu'elle connaît : ....

4. la ville où elle vit actuellement : ....

5. sa profession : ....

6. son diplôme et l'année de son obtention : ....

4 A. Enfant, dans les rues de son pays natal, Angèle avait une habitude étrange. Laquelle ?

....

B. Cette manie est à l'origine de son métier actuel. Comment l'expliquez-vous ?

....

....

5 Que représente Amsterdam pour Angèle ? Pourquoi cette ville a-t-elle orienté son destin ?

....

....

> **Visionnez la deuxième partie de la vidéo avec le son**

(depuis 0'41'')

6 A. Quel est le nom de famille d'Angèle ?

....

B. Complétez puis remettez dans l'ordre chronologique le parcours de la jeune femme.

a. « Six mois pour .... » → ....

b. « Quelques mois plus tard, ... » → ....

c. « Deux ans pour .... » → ....

> **Visionnez à nouveau la deuxième partie de la vidéo avec le son**

(depuis 0'41")

🔊 **7 A.** Faites un arrêt sur l'affiche de l'exposition d'Angèle (1'11"). Notez le titre. Comment le comprenez-vous ? Que signifie-t-il ?

....

....

B. Regardez les œuvres exposées. Qui en est le personnage central ? Notez les trois adjectifs qui le qualifient.

....

C. Que pensez-vous des photos d'Angèle ?

....

🔊 **8** Réécoutez les deux interventions d'Angèle (dans sa voiture et dans le café). Relevez :

1. le type de choc qu'elle a eu en arrivant. ....

2. la particularité du pays d'accueil. ....

3. son idéal de vie. ....

4. son réel besoin. ....

🔊 **9** Donnez la raison pour laquelle Angèle est particulièrement attachée au Café blanc.

....

🔊 **10 A.** La jeune femme a dû faire un choix difficile à un moment donné. Lequel ?
Dans la même situation, que feriez-vous ?

....

....

B. Quel est le pourcentage de la population étrangère dans le pays qui l'a accueillie ? Pouvez-vous donner des chiffres pour comparer avec votre pays ?

....

....

✏️ **10** Angèle va exposer dans son pays natal francophone.
Rédigez un article à partir des éléments donnés dans le reportage. Complétez son parcours en imaginant différentes expériences concernant son enfance, son arrivée dans le pays étranger, son installation, son apprentissage de la langue, ses débuts professionnels, ses difficultés et ses premiers succès dans sa carrière. Le titre de l'article sera : « Retour d'une enfant dans son pays natal ».

POUR ALLER PLUS LOIN

💬 **12** Un(e) artiste (peintre, sculpteur, photographe, écrivain...) veut se faire connaître du public français et vient présenter son travail à un galeriste ou à un éditeur. Distribuez-vous les rôles avec un(e) camarade de classe : l'un joue le rôle de l'artiste et invente un CV (curriculum vitæ) et des expériences, l'autre joue le rôle du galeriste ou de l'éditeur et prépare les questions. Jouez ensuite la scène devant la classe.

AVANT DE VISIONNER LA VIDÉO

1 Quel média utilisez-vous pour vous informer sur l'actualité nationale et internationale et à quelle fréquence ? Présentez-le en quelques mots (nom, rythme de parution, tendance...).

VISIONNER

> ### Visionnez toute la vidéo sans le son

2 Comment appelle-t-on la présentation/l'ouverture d'un journal télévisé ?

....

3 Notez les cinq titres inscrits à l'écran et imaginez la rubrique. Cherchez dans un dictionnaire la signification du mot « sursis ». Puis, à l'aide des images, formulez des hypothèses et finissez de remplir le tableau ci-dessous.

Titre	Rubrique	Sujet/Thème/Événement	Lieu	Personnes concernées
....	....	....	....	....
....	....	....	....	....
....	....	....	....	....
....	....	....	....	....
....	....	....	....	....

4 Formez cinq groupes de deux ou trois personnes. Chaque groupe choisit un des cinq titres, imagine le contenu de l'information donnée par la journaliste et rédige un commentaire à partir des images.

> ### Visionnez toute la vidéo avec le son

5 Reprenez le tableau de l'activité 3. Vérifiez vos hypothèses pour chaque titre, corrigez et complétez vos réponses.

6 Tout journaliste se doit d'être précis. À vous de l'être maintenant ! Des erreurs se sont glissées dans les informations suivantes. Corrigez-les.

1. Le Salon de l'agriculture a duré une semaine.

....

2. Le nombre de visiteurs en 2009 a été légèrement en baisse par rapport à 2008.

....

3. L'usine Continental à Clairoix ferme ses portes.

....

4. 1 100 emplois sont supprimés.

....

5. La crise n'angoisse que les salariés qui partent de l'entreprise.

....

6. Les patrons aident les chômeurs stressés par la crise.

....

7. Une famille indienne fabrique des bijoux depuis le 6ᵉ siècle.

....

8. C'est le 10ᵉ album du groupe Indochine.

....

9. Le prochain spectacle du groupe Indochine aura lieu en juin 2009.

....

10. La carrière du groupe dure depuis plus de 30 ans.

....

7 À l'aide d'un dictionnaire unilingue français, cherchez des synonymes pour chacun des mots soulignés.

1. Les visiteurs se sont pressés au Salon de l'agriculture.

....

2. le chômage ....

3. Les plans sociaux ont des répercussions sur les salariés licenciés.

....

4. des emplois menacés

....

5. Une famille perpétue l'art de la taille des pierres précieuses.

....

6. la joaillerie ....

7. Les places s'arrachent par milliers.

....

 8 Reprenez le titre que vous avez choisi dans l'activité 4, relisez les réponses des activités 5 et 6 puis présentez ce titre oralement devant la classe en développant l'information donnée par la journaliste. Attention ! Ne lisez pas vos notes, comportez-vous comme un journaliste de télévision en regardant la classe lorsque vous présenterez les informations.

 9 Y a-t-il des différences de présentation entre les journaux télévisés français et ceux de votre pays ? Si oui, lesquelles (la présentation des premières images, le plateau, la place et la position de la journaliste, ses vêtements, la présentation des titres, la musique...) ?

POUR ALLER PLUS LOIN

10 Formez des groupes selon le type de média que vous préférez.
Une fois le média choisi, cherchez-y les informations du jour sur votre pays. Puis rédigez des titres et développez-les afin de concevoir la présentation d'un journal télévisé. Les informations sélectionnées doivent porter sur différentes rubriques.
Présentez ensuite votre journal télévisé à la classe ou créez un blog d'information en langue française sur Internet.

 11 Créez le journal de votre classe ou de votre entreprise.
Rassemblez différentes informations sur votre classe et sur l'établissement où vous apprenez le français ou sur votre lieu de travail (nouvel élève ou collègue, nouveau projet, sortie, examen...). Formez des groupes de travail et mettez-vous d'accord sur la hiérarchie des informations (l'ordre des priorités). Soignez les titres de votre journal pour ménager un certain suspense puis remettez-le à votre professeur ou mettez-le sur Internet si vous avez un blog.

Vidéo 5 Promouvoir une action caritative

AVANT DE VISIONNER LA VIDÉO

1 À quoi vous font penser les mots « charité » et « solidarité » ? Trouvez 10 mots en relation avec l'idée de charité et de solidarité. Puis comparez votre liste avec celle de votre voisin. Mettez en commun avec la classe.

2 **A.** Connaissez-vous des manifestations médiatiques, des émissions de télévision ayant pour but de récolter de l'argent, de faire un appel aux dons pour des causes humanitaires ?

B. Que pensez-vous de ce type de manifestations ? Donneriez-vous ou avez-vous déjà donné de l'argent ? Pourquoi ? Et pour quelles causes le feriez-vous ou l'avez-vous déjà fait ?

VISIONNER

> Visionnez toute la vidéo sans le son

3 **A.** Regardez uniquement le générique. Lisez les informations données et complétez le tableau ci-dessous.

Titre de l'émission	....
Année	....
Durée de l'émission	....
Nom de la présentatrice	....
Nom du présentateur	....

B. Quels sont le sujet et l'objectif de l'émission ? Faites des hypothèses. Quels éléments du générique montrent que tout le pays est concerné ?

....

....

4 Visionnez toujours sans le son la totalité du document. Suivez l'homme qui arrive en voiture. Selon vous, qui est-il ? Notez ses différents déplacements et formulez des hypothèses sur l'identité des différentes personnes qu'il salue et qu'il rencontre.

....

....

....

....

> Visionnez toute la vidéo avec le son

5 Visionnez à nouveau tout le document cette fois avec le son. Et vérifiez, complétez et précisez vos hypothèses formulées dans les activités 3 et 4.

....

....

....

....

6 **A.** Dites quel est le sentiment de la présentatrice Sophie Davant quand elle voit entrer Gad Elmaleh dans le car-régie.

....

B. Et quel autre sentiment elle éprouve de voir Gad Elmaleh à ses côtés pour présenter le Téléthon ?

....

7 Présentez Gad Elmaleh.

1. Quelles sont ses différentes professions ? ....

2. À quel titre présente-t-il l'édition 2011 du Téléthon ? ....

3. Comment les Français le considèrent-ils ? ....

4. Quels sont ses sentiments au moment de lancer ce Téléthon ? ....

8 **A.** Écoutez Sophie Davant présenter l'équipe technique du car-régie puis barrez les professions qu'elle ne nomme pas.

scénariste – script – réalisateur – producteur – maquilleur – perchiste – truquiste

B. Cherchez dans un dictionnaire monolingue français le sens des mots « truquiste » et « truc ». Essayez d'expliquer le jeu de mots de Gad Elmaleh.

....

....

9 Visionnez à nouveau la partie de la vidéo où les deux présentateurs descendent du car-régie et s'arrêtent plus loin dans le village de l'AFM. Répondez.

1. Que vont-ils faire ? ....

2. Combien de pompiers se mobilisent pour le Téléthon ? ....

3. Qui retrouvent-ils dans le village de l'AFM ? ....

10 Écoutez les propos de la présidente du Téléthon, Laurence Tiennot-Herment, et relevez de quelles avancées elle parle.

....

11 Pour conclure, dites s'il existe une émission du même type dans votre pays et si vous connaissez d'autres moyens de collecter des dons pour la recherche.

POUR ALLER PLUS LOIN

12 Allez sur le site officiel du Téléthon (www.afm-telethon.fr) et rassemblez des informations sur
le Téléthon 2012 (parrain, montant des dons par rapport à 2011, avancées dans la recherche, mobilisations des villes et des télévisions, etc.). Faites une synthèse pour la classe.

13 Cherchez des informations sur Gad Elmaleh sur Internet. Puis imaginez les questions que
vous lui poseriez pour connaître ses impressions sur l'animation du Téléthon pendant 30 heures. Rédigez l'interview (environ 150 mots).

Durée 1'43"

AVANT DE VISIONNER LA VIDÉO

1 **A.** Connaissez-vous la Provence ? Si vous y avez fait un voyage réel ou virtuel (film, documentaire, photos...), dites ce que vous en savez.

B. À deux, allez sur le site du village de Saint-Rémy-de-Provence : http://www.saintremy-de-provence.com/. Sur la page d'accueil, cliquez sur « Infos pratiques » puis sur « Se rendre à Saint-Rémy » pour situer le village dans sa région. Citez les grandes villes proches de Saint-Rémy-de-Provence. Ensuite, retournez sur la page d'accueil et regardez les photos. Donnez les caractéristiques du village et de son environnement en quelques phrases.

VISIONNER

> Visionnez la première partie de la vidéo sans le son

(jusqu'à 0'21")

2 Décrivez ce que vous voyez et précisez de quel événement il s'agit. Faites des hypothèses sur l'époque où ces tableaux ont été réalisés, leur style et leur auteur.

....
....
....

> Visionnez la première partie de la vidéo avec le son

(jusqu'à 0'21")

3 Complétez vos hypothèses de l'activité 2. Écoutez le commentaire de la voix off et notez :

1. de quel événement il est question, où il se passe et combien de tableaux y sont présentés.
....

2. le nom de l'auteur, le titre, la date et le lieu de la réalisation du premier tableau.
....

3. ce qu'il a fallu au peintre pour « en arriver là ».
....

4. ce que présente exclusivement cette rétrospective.
....

> Visionnez la deuxième partie de la vidéo avec le son

(de 0'22" jusqu'à 0'44")

4 **A.** Pourquoi le peintre privilégiait-il le paysage ?

....
....

B. Quelles sont les expérimentations liées au paysage ? Complétez le texte.

« [...] le paysage permet beaucoup d'expérimentations parce qu'il y a ....
avec les angles qu'on peut choisir, les .... , des ....
.... »

> ## Visionnez la troisième partie de la vidéo avec le son

(de 0'44" jusqu'à 1'29")

5 **A.** Reformulez l'itinéraire du peintre : le pays où il a commencé, sa formation, quel déplacement il a fait, quelles influences il a subies.

....

B. Notez la phrase qui montre que le peintre s'est détaché de ces influences.

....

6 Deux éléments-clés donnent l'impression que « quelque chose bouge dans ce tableau-là ». Lesquels ?

Un ornement de .... et de ....

> ## Visionnez la quatrième partie de la vidéo avec le son

(de 1'29" jusqu'à la fin)

7 Nous voyons un visiteur qui observe un tableau. Comment s'appelle ce genre de tableau ? À votre avis, pourquoi le peintre a-t-il choisi ce sujet ? Décrivez le tableau (couleurs, technique, impression rendue). Pourquoi la vidéo se termine-t-elle par un gros plan sur les yeux du peintre ?

....

8 Écoutez le commentaire de la voix off. Expliquez les expressions suivantes.

1. « Il aura fallu cinq ans pour mettre sur pied cette exposition monumentale. »

....

2. « chefs-d'œuvre ou toiles méconnues »

....

3. « la rétrospective la plus exhaustive »

....

> ## Visionnez toute la vidéo sans le son

9 À vous maintenant de commenter la vidéo.
Utilisez vos notes. Vous pouvez également reprendre les paroles de la spécialiste du musée en utilisant le discours rapporté (*elle explique, elle déclare, elle juge que, elle interprète comment, elle indique pourquoi*...). Chaque apprenant dit une phrase avant de passer la parole à son/sa voisin(e) qui poursuit. Rappelez l'événement et ses circonstances. Lorsque les toiles apparaissent, décrivez-les en donnant leurs caractéristiques principales (n'hésitez pas à faire quelques arrêts sur images) ; citez les spécificités du peintre et soulignez les différences entre la période hollandaise et la période française.

POUR ALLER PLUS LOIN

10 Allez sur le site du musée d'Orsay : www.musee-orsay.fr. Cliquez sur « Collections » puis sur « Acquisitions ». Quelques tableaux apparaissent. Choisissez un tableau avec votre voisin(e). Cliquez sur ce tableau pour l'agrandir. Quels sont les traits qui le caractérisent ?
Puis choisissez-en deux et décrivez-les. Vos camarades doivent trouver de quels tableaux il s'agit en consultant la page. S'ils ne trouvent pas, donnez des indices de plus en plus précis.

11 Vous êtes amateur d'art et vous avez un tableau à vendre. Vous choisissez le site eBay pour trouver un acquéreur. Rédigez une description de votre tableau en 100 mots environ (ce tableau peut être complètement imaginaire).

AVANT DE VISIONNER LA VIDÉO

1 Si vous deviez choisir votre lieu de vie, que préféreriez-vous ?

❏ 1. un habitat isolé (pleine nature, hameau
❏ 2. un village
❏ 3. un bourg
❏ 4. une petite ville de moins de 10 000 habitants (vie semi-rurale)
❏ 5. une grande ville (vie urbaine)
❏ 6. une mégapole

Faites votre choix individuellement puis présentez-le à la classe en le justifiant. Donnez deux raisons majeures.

2 En petits groupes, réfléchissez aux inconvénients de la vie dans une très grande ville.
Listez cinq améliorations qui vous semblent nécessaires et déterminez les deux améliorations prioritaires.
Faites-en part aux autres et défendez votre point de vue.

VISIONNER

> ### Visionnez la première partie de la vidéo avec le son

(jusqu'à 1'19'')

3 Observez et écoutez le début de l'émission et la présentation des invités.

1. Donnez le titre de l'émission. ....

2. Notez le thème du débat formulé par le présentateur. ....

3. Dites quelle est la profession commune des trois invités. ....

4. Précisez pour quel projet ils ont été invités à cette émission. ....

4 A. Associez à chaque invité l'idée forte de son projet et sa réalisation.

Invité	Idée forte	Réalisation
Christian de Portzamparc	Combattre « l'apartheid urbain »	Tours de végétation
Jean Nouvel	Décongestionner le trafic	Opéra futuriste en banlieue
Roland Castro	Élever des éco-cités	Métro aérien

B. Deux professionnels français ont été couronnés par le prix Pritzker : lesquels ?
Quelle est la notoriété de ce prix ?

....

....

> ### Visionnez la deuxième partie de la vidéo avec le son

(de 1'20'' jusqu'à 2'57'')

5 Écoutez et complétez la présentation du film.

« Revenons en .... , un .... signé Fritz Lang :
Metropolis. Il imaginait .... , il y voyait ....
Une .... d'ailleurs, comme vous, Jean Nouvel. Il y voyait aussi ....
.... de masse. On va le regarder, *Metropolis*, qui bien entendu aujourd'hui est en DVD. »

6 Dans ce bref commentaire final, on nous dit que le cinéaste Fritz Lang :

❏ 1. s'intéressait peu à l'architecture.   ❏ 2. avait commencé des études d'architecture.

🔊 **7** Relevez quatre éléments de la ville du futur imaginée par Fritz Lang qui sont devenus réalité.

....

🔊 **8** **A.** Les axes de circulation sont présentés en hauteur. Observez et listez ce qui y circule.

....

B. Observez à nouveau les images du premier axe de circulation et dites quelle est l'attitude des personnes qui y circulent. À votre avis, quelle place est faite à l'humain dans cette ville du futur ?

....

C. Observez tous les axes de circulation. Semblent-ils :

❏ **1.** mener vers le monde extérieur ?   ❏ **2.** tourner en rond dans la ville ?

D. Quelles impressions le cinéaste veut-il donner ?

❏ **1.** activité incessante   ❏ **3.** consolation   ❏ **5.** folie
❏ **2.** angoisse   ❏ **4.** écrasement   ❏ **6.** sérénité

E. Quel rôle joue la musique dans ce passage ?

....

🔊 **9** Qu'est-ce que la tour de Babel ? (Cherchez sur Internet si vous ne savez pas répondre.) Décrivez-la telle qu'elle apparaît dans le film et dites quelles impressions elle donne.

> Visionnez la troisième partie de la vidéo avec le son

(de 2'58" jusqu'à la fin)

🔊 **10** Regardez les images de la maquette de la cité verte à Dongtan. Donnez deux adjectifs pour qualifier vos impressions.

....

🔊 **11** **A.** Retrouvez les informations principales sur la future ville verte.

1. Habitants prévus : de .... dès 2010 à ....
en ....
2. Hauteur des bâtiments : pas plus de...
3. Matériau utilisé sur les toitures : ....
4. Ce matériau permettra d'.................................. et de ....
5. Espace dont disposeront les piétons : .... qu'à Copenhague.

B. Quels éléments de cette ville future s'inscrivent dans une perspective de développement durable ?

....

C. Un des invités de l'émission n'est pas très enthousiaste : lequel ? Et vous, êtes-vous enthousiaste ?

....

POUR ALLER PLUS LOIN

12 Après Fritz Lang, d'autres cinéastes ont inventé des villes futuristes dans leurs films comme Jacques Tati (*Play Time*, 1967) ; Ridley Scott (*Blade Runner*, 1982) ; Terry Gillian (*Brazil*, 1985) ; Coline Serreau (*La Belle Verte*, 1996) ; Alex Proyas (*Dark City*, 1998) ; Larry Wachoski (*Matrix*, 1999).
Avec deux camarades, présentez le projet d'une ville futuriste en tenant compte des paradoxes générés par une mégapole.

Vidéo **8**   Convaincre

AVANT DE VISIONNER LA VIDÉO

1 Regardez-vous des films ou des séries télévisées montrant des enquêtes policières ou des affaires de justice authentiques ? Lesquel(le)s préférez-vous et pourquoi ?
Dans les représentations de procès/scènes au tribunal, précisez ce qui vous intéresse le plus ou le moins (l'accusé, le représentant chargé de la défense ou de l'accusation, le juge, les jurés...).

2 Cherchez dans un dictionnaire le sens du mot « abolition ». Donnez-en une définition simple.

....

VISIONNER

> ### Visionnez la première partie de la vidéo sans le son

(jusqu'à 1'18")

3 Faites des hypothèses sur la situation (lieu, événement, personnages).

....

....

4 Observez la rencontre entre les deux personnages principaux.

A. Selon vous, quelle est la fonction du personnage vêtu d'un manteau rouge et quelle est celle de son interlocuteur ? (Observez l'inscription sur la porte de la salle où entre ce dernier.)

....

....

B. Choisissez, pour chacun d'eux, deux adjectifs qualifiant leur attitude.

polie – froide – agressive – chaleureuse – ironique – méprisante

....

> ### Faites un arrêt sur image sur la salle d'audience

(à 1'05")

5 A. Selon vous, quelle fonction importante occupe l'homme vêtu d'une robe rouge avec un col de fourrure ?

....

B. Essayez de définir la fonction des civils qui l'entourent.

....

> ### Visionnez toute la vidéo avec le son

6 Les six intitulés suivants correspondent à six moments-clés du téléfilm. Remettez-les dans l'ordre d'apparition.

.... **a.** L'arrivée de la cour de justice.

.... **b.** La rencontre de l'avocat de la défense avec l'avocat général.

.... **c.** La lecture d'un article de presse.

.... **d.** La plaidoirie de l'avocat de la défense devant les jurés.

.... **e.** Le réquisitoire de l'avocat général.

.... **f.** Les couloirs du palais de justice.

7 Confirmez vos hypothèses de l'activité 3 et complétez.

Date : Janvier 1977   Ville : Troyes (Aube)
Événement : ....
Lieu où se déroule l'événement : ....
Les deux personnages principaux : ....
L'enjeu de leur débat : ....

> Visionnez à nouveau la première partie de la vidéo avec le son

(jusqu'à 1'18")

8 Regardez la une du journal *Le Monde*, écoutez la lecture de l'article de presse et répondez aux questions.

1. Quel sentiment a saisi l'opinion publique ?
....

2. Quelle peine encourt un assassin d'enfant ?
....

3. Quelle est la position de M. Lecanuet (garde des Sceaux) et de M. Poniatowski (ministre de l'Intérieur) par rapport à cette peine ?
....

4. Selon le lecteur de l'article, la position des ministres d'État :
❒ renforce   ❒ équilibre   ❒ menace   la séparation des pouvoirs ?

> Visionnez la deuxième partie de la vidéo avec le son

(de 1'19" jusqu'à la fin)

9 Les deux hommes s'adressent aux jurés. Qui dit quoi ? Classez les phrases dans le tableau.

1. La mort du condamné n'est pas une fin.
2. L'accusé est un être maléfique.
3. La société doit défendre les victimes.
4. Le chemin vers la guillotine est terrible.
5. C'est un devoir d'appliquer la loi.
6. On ne doit pas oublier le supplice du condamné.
7. On doit juger sans haine et sans passion.

L'avocat général	....
	....
L'avocat de la défense	....
	....

10 Observez le visage de l'avocat général après la question que lui adresse l'avocat de la défense (3'02"-3'09"). Est-il :

❒ **1.** convaincu ?   ❒ **2.** déstabilisé ?   ❒ **3.** imperturbable ?

> Visionnez à nouveau la plaidoirie de l'avocat de la défense avec le son

(de 2'08" jusqu'à la fin)

11 **A.** Complétez l'extrait de la plaidoirie.

« Vous êtes donc seuls, ...
de ce garçon. On vous demande de dire : "Je veux que ....,
je veux .... , qu'on le mène ....
.... , qu'on ...." »

B. Trouvez trois mots pour qualifier les expressions physiques de l'avocat de la défense.

....

12 Au lendemain du procès, l'hebdomadaire *Le Nouvel Observateur* titrait, à propos du verdict rendu par les jurés : « C'est la peine de mort qu'ils ont condamnée. » À votre avis, quelle a été l'issue de ce procès ?

....
....

13 Et vous, avez-vous été convaincu(e) par les arguments de l'avocat de la défense ? Justifiez votre réponse.

....
....

POUR ALLER PLUS LOIN

14 À votre avis, est-il intéressant de proposer à la télévision des fictions retraçant des affaires de justice authentiques ? Donnez votre opinion par petits groupes et dites pourquoi vous êtes pour ou contre.

15 Organisez le procès d'un objet de votre vie quotidienne que vous détestez. Décidez de l'objet qui sera mis en accusation. Une partie de la classe prépare le réquisitoire et un porte-parole le prononce. L'autre partie prépare l'argumentaire qui doit sauver le malheureux objet de la poubelle et un porte-parole prononce la plaidoirie. Le professeur jugera.

Vidéo 9 — La France et ses étrangers

AVANT DE VISIONNER LA VIDÉO

1 Connaissez-vous l'origine de votre prénom ? (Si vous ne le connaissez pas, faites des recherches.) Expliquez à la classe ce qu'il signifie et à quoi il fait référence (la religion, l'histoire, la nature, une qualité particulière, une région, une époque…). Expliquez aussi les raisons ou les circonstances du choix de votre prénom.

VISIONNER

> Visionnez le générique complet sans le son

(jusqu'à 0'22")

2 **A.** Observez les images et identifiez le type de documents. Il s'agit :

☐ **1.** d'une correspondance personnelle.
☐ **2.** de documents administratifs.
☐ **3.** d'extraits de presse.

B. Selon vous, qui était concerné par ces documents ? Justifiez votre choix par plusieurs indices visuels.

....
....

3 Expliquez le titre du documentaire et faites des hypothèses sur son contenu.

....
....
....

> Visionnez toute la vidéo sans le son

4 Observez les images du port et de la ville ainsi que les personnes filmées et anticipez les informations. Dites :

1. de quel port français il s'agit.

....

2. quelles sont les populations qui y habitent.

....
....

3. à quelles activités se livrent ses habitants.

....
....

> Visionnez toute la vidéo avec le son

5 Confirmez vos hypothèses des activités 2, 3 et 4 et cochez vrai ou faux.

	Vrai	Faux
1. Ville connue des Grecs et des Phéniciens.	☐	☐
2. Porte de l'Occident en Méditerranée.	☐	☐
3. Carrefour de toutes les origines.	☐	☐
4. Au siècle dernier, un Marseillais sur 100 est étranger.	☐	☐
5. Parmi les migrants, il y a une minorité d'Italiens.	☐	☐
6. Beaucoup d'Italiens sont devenus marins-pêcheurs.	☐	☐

> ## Visionnez à nouveau toute la vidéo avec le son

6 Complétez les phrases.

1. Les différentes nationalités ayant peuplé la ville : « Génois, ... ,
.... , Levantins, ... ,
.... »

2. Leurs relations : « Toutes les origines se sont toujours .... ,
.... , ... parfois. »

3. Les origines majoritaires : « .... sont les étrangers les plus nombreux,
d'abord juste devant .... et puis devant .... ,
enfin devant .... »

4. Les professions exercées par les migrants italiens : « .... ,
.... ou .... »

7 Écoutez l'intervention de Luc Alfieri (à partir de 1'15") et répondez.

1. Combien de Français d'origine française connaît-il dans sa profession ?
....

2. Quelle preuve apporte-t-il de ses affirmations sur la nationalité des marins-pêcheurs ?
....

3. Est-ce que ses racines italiennes représentent quelque chose pour lui aujourd'hui ?
....

8 Rédigez une courte rétrospective de l'histoire de Marseille en utilisant les informations que vous avez recueillies dans le reportage.

POUR ALLER PLUS LOIN

9 D'où venez-vous ? Faites un exposé sur votre ville ou la capitale de votre pays en présentant ses origines, son histoire, son peuplement et ses activités principales. Lors de votre présentation, signalez les lieux, les monuments, les habitudes, les objets et les traditions qui sont des traces de son passé.

10 Vous êtes un écrivain voyageur et vous rédigez pour une brochure touristique francophone un chapitre qui présente une grande ville « carrefour de civilisations ». Mettez-vous par petits groupes et écrivez l'histoire d'une ville qui vous passionne. Utilisez le passé simple, l'imparfait et le plus-que-parfait. (300 mots environ)

Fiches Vidéo
Transcriptions – Corrigés – Notes culturelles

Vidéo 1 • Présenter quelqu'un

TRANSCRIPTION

Première partie

– Bonsoir à tous. Que diriez-vous maintenant d'une petite révision des connaissances ? Vous êtes prêts ? Alors, voici votre programme de remise en forme. Voici *Questions pour un champion*, présenté par Julien Lepers.

– Oui, bonsoir à tous. Bonsoir.

– Julien, et pour commencer, accueillons notre premier champion. Il nous vient tout droit des rives du Bosphore. Au carrefour de l'Europe, de l'Asie et de l'Orient. Fils d'une très ancienne famille d'Istanbul, c'est un féru depuis toujours de culture française. Il représente la Turquie. Je vous demande une ovation pour Jak.

Au pays de Frida Kahlo et de Diego Rivera, de Carlos Fuentes et d'Octavio Paz, vit une belle championne venue de Mexico. Elle est professeur de littérature, passionnée de voyages, une maman française, un papa mexicain. Voici Alexandra. Elle représente le Mexique.

Suite de notre carnet de voyage et bienvenue à tous sur le continent africain avec vol en 1re classe à destination de Yaoundé, Garoua, Douala. Il est pilote et lieutenant de l'armée de l'air. Depuis longtemps les instruments de bord ont été vérifiés, le voici prêt à décoller. Voici Patrick. Il représente le Cameroun.

Nous voici maintenant au cœur de l'Europe, avec balades en montagne sur les hautes Tatras et vue imprenable sur les Carpates et la plaine du Danube. Elle est professeur de français, c'est une passionnée de lecture et de nature, fan de Milan Kundera. Nous sommes heureux de retrouver Viera. Elle représente la Slovaquie.

Enfin, difficile de résister à l'humour et à la bonne humeur de ce champion, ancien dentiste, venu de Tunis. Mais attention, ne vous y trompez pas, ce fan de chanson française est un champion à prendre très au sérieux. Il portera les espoirs de son pays, la Tunisie. Laissez-moi vous présenter Amor.

Ils sont prêts, bonne chance à tous nos champions !

Deuxième partie

Oui, Julien. Nous prendrons la direction de l'océan Indien. Il est ingénieur informatique, habite Antananarivo. De Diégo-Suarez à Cap Sainte-Marie, de Mahajanga à Tamatave, voici Al-Fetra, dit Ralf. Il défendra brillamment les couleurs de Madagascar.

Retour en Europe, cap au sud, bouclons nos valises pour une belle escapade du côté de Milan, là où réside notre championne. Elle est professeur de lettres, avoue une passion pour les romans d'Anna Gavalda. Nous avons le plaisir de retrouver Patrizia. Elle représente l'Italie.

Par-delà la Méditerranée, il est des parfums d'Afrique et d'Orient qui longent la superbe vallée du Nil. Lui nous vient d'Alexandrie, ce port et cette ville chargés d'histoire. Il est gérant d'entreprise, voici Karim. Il portera les espoirs de l'Égypte.

Nouveau décalage horaire et bienvenue à tous sur le continent américain. Elle est professeur de littérature française à l'université du Delaware, spécialiste de théâtre du 17e. Elle est aussi fan de Stevie Wonder. Accueillons comme il se doit Deborah. Elle représente les États-Unis.

Enfin, notre dernier champion nous invite à une dernière escale tout au nord de l'Europe, sur la mer Baltique, au pays des mille lacs, du design et de la haute technologie. Il nous vient d'Helsinki. Il est étudiant en doctorat de philosophie. Voici Tommi. Il représente son pays, la Finlande.

Bonne chance à notre deuxième équipe ! La compétition peut commencer.

CORRIGÉS

1 et **2** *Réponses libres.*

3 A. *Réponse libre.* – **B.** 1 b ; 2 e ; 3 a ; 4 c ; 5 d – **C.** 3 ; 4 ; 2 ; 5 ; 1

4 Ces personnes sont les candidats d'un jeu télévisé présenté par l'animateur Julien Lepers.

5

Prénom	Pays	Profession	Passions
Jak	Turquie		culture française
Alexandra	Mexique	professeur de littérature	voyages
Patrick	Cameroun	Pilote et lieutenant de l'armée de l'air	
Viera	Slovaquie	professeur de français	littérature, nature, Milan Kundera
Amor	Tunisie	ancien dentiste	fan de chanson française

6 Al-Fetra : Madagascar – Patrizia : Italie – Karim : Égypte – Deborah : États-Unis – Tommi : Finlande.

7 1. Deborah – 2. Tommi – 3. Al-Fetra – 4. Patrizia – 5. Karim.

8 et **9** *Réponses libres.*

10 *Production libre.*

11 1. la Turquie – 2. Carlos Fuentes est mexicain. – 3. un œuf – 4. Mais où est donc Ornicar ? (mais, ou, et, donc, or, ni, car) – 5. *Comptez en faisant l'activité.* – 6. l'Unicef.

12 *Production libre.*

NOTES CULTURELLES

Questions pour un champion

Émission quotidienne diffusée sur France 3, *Questions pour un champion* a fêté en novembre 2012 ses vingt-quatre ans d'existence. Inspirée au départ par un jeu télévisé anglais, elle a connu un succès foudroyant en France et dans les pays francophones, entraînant la création de clubs puis la mise en ligne sur Internet. Diffusée sur TV5 monde, elle est très suivie à l'étranger. Une émission « Spéciale langue française » est organisée chaque année.

Déroulement du jeu

Le jeu se déroule en trois manches :

• Première manche, le « Neuf points gagnants » : quatre candidats s'affrontent pour répondre le plus vite possible à des questions variées de culture générale. Le moins rapide est éliminé.

• Deuxième manche, le « Quatre à la suite » : les trois candidats obtiennent un score entre 1 et 4 points en répondant en 40 secondes à des questions ciblées sur un thème choisi parmi ceux proposés.

• Troisième manche : les deux meilleurs s'affrontent dans un « Face-à-face » sur des questions de culture générale dans divers domaines. Le premier qui obtient 15 (ou 21) points a gagné.

Dans l'émission présentée ici, c'est Amor, le Tunisien, qui a été sacré champion après un match très serré avec Patrizia, l'Italienne. Les prix : un trophée (une Vénus) et des séjours touristiques d'une semaine en France.

Pour suivre en ligne et jouer à *Questions pour un champion* www.france3.fr.

Vidéo **2** • Parler de sa consommation avec humour

TRANSCRIPTION

Première partie

Vous savez que ça y est ! Je suis rentrée dans le 21ᵉ siècle, je suis connectée à Internet. Je surfe, je navigue, enfin pour l'instant je rame. Ça a commencé quand j'ai acheté l'ordinateur.
– Monsieur, je voudrais un Mac parce que PC, ça veut dire « plante constamment ».
– Mac ou PC, c'est pareil madame. De toute façon, dans trois mois, votre matériel sera obsolète. J'arrive.
– Faut peut-être mieux que j'attende trois mois ?
– Ce sera pareil madame, avec l'informatique, tout va vite, tout va très très vite.
Et c'est vrai que ça va vite, en cinq minutes, j'ai dépensé 1 500 euros. En plus, mon ordinateur, j'essaie de faire tout ce qu'il me dit mais lui il fait rien de ce que je veux. Déjà quand il me parle, je comprends rien :
– *Vous avez mal éteint l'ordinateur, nous allons le reconfigurer.*
Qui « nous » ? Ils sont plusieurs là-dedans ?
– *L'application ayant servi à créer ce document est introuvable.*
Attends, si lui il ne la trouve pas, comment je la trouve, moi ?
– *Une erreur système est survenue inopinément.*
Genre, t'as une erreur système qui passait par là : « Je suis une erreur système, je m'ennuie, qu'est-ce que je vais faire ? Tiens, je vais survenir inopinément. »
– *Veuillez libérer de la mémoire.*
Attends, je ne demande pas mieux, moi : « Mémoire, par ordre de Sa Majesté, je vous libère. » Où elle est la touche mémoire ? Il n'y a pas de touche mémoire. Tu sais ce que ça veut dire PC ? « P'tit con ». Non, mais, il est très poli, mon ordinateur, parce que j'ai beau l'insulter, il continue de me vouvoyer. Poli mais mauvais caractère, des fois il se braque, il n'y a plus aucune touche qui marche :
– *Bad command, invalid response.*
Quand il parle anglais, c'est qu'il est très énervé. Alors là, pour débloquer la situation, je le débranche. Et quand je le rallume, il m'engueule :
– *Vous avez mal éteint l'ordinateur, nous allons le reconfigurer.*

Deuxième partie

J'ai acheté une super imprimante sophistiquée mais alors manque de bol, j'ai jeté le driver d'installation avec le carton d'emballage. Le driver d'installation, pour ceux qui savent pas, c'est la disquette que tu mets dans l'ordinateur pour lui dire qu'il est relié à une imprimante. Sinon il n'est pas au courant. 1 500 euros et il n'est pas au courant. Franchement, tu branches une machine à laver le linge dans le mur, tu n'as pas besoin de lui dire au mur qu'il est relié à une machine à laver. Alors j'appelle le dépannage. Pour les ordinateurs, ça s'appelle la hotline. Dix euros la minute.
– Vous avez demandé le service technique, ne quittez pas, toutes nos lignes sont saturées, veuillez patienter toute la journée.
Au bout de deux jours, j'arrive à joindre un être humain.
– Ah ! Si vous êtes vraiment pressée, madame, le plus simple c'est que vous téléchargiez directement le logiciel sur Internet.
Là je me suis dit : on est au 21ᵉ siècle, courage, je télécharge. Sur Internet, il y avait une bombe avec marqué *Fatal System Error.*
– Allô ! Mon ordinateur est sur le point d'exploser.
Il y en a qui sont encore moins doués que moi en informatique. J'ai un copain, dans son bureau, on lui a demandé de sauvegarder une disquette. Il l'a photocopiée et il l'a mise dans un préservatif pour la protéger des virus. Et lui, quand il a vu une bombe dans l'ordinateur, il a coupé le disjoncteur de l'immeuble et il a appelé les pompiers.

Troisième partie

Non, mais c'est formidable Internet parce que il y a tout, il y a tout. On sait pas ce qu'on y cherche et on trouve tout… ce qu'on cherche pas. Sur Internet il y a les horaires des trains. Ça c'est facile c'est « http/h » ; le temps de taper l'adresse sans te gourer, t'as plus vite fait d'aller

…/…

…/…

à la gare. Sur Internet, tu as les dialogues en ligne, tu peux discuter avec des gens du monde entier que tu ne connais pas et tu sais pas quoi leur dire. Mais surtout sur Internet, tu peux écouter la radio tout en payant le téléphone. Moi, j'ai essayé de faire mes courses de supermarché en ligne. Au moment de payer, y m'ont mis :
– Vous avez envoyé un formulaire de paiement non-sécurisé, les informations fournies peuvent être lues pendant le transfert, souhaitez-vous poursuivre ?
Genre est-ce que tu veux encore empirer ton découvert ?

Quatrième partie

Non, mais je suis contente parce que maintenant j'ai une adresse e-mélIII. Non, mais j'en avais assez qu'on me demande :
– T'as pas d'e-mélIII ?
– Non j'ai un téléphone, un fixe, un portable.
– Ouais mais t'as pas un mélIIII ? Tu vois, je fonctionne beaucoup par mélIIII et on pourrait s'envoyer des mélIIIs sur ton mélI et je t'emmélIIIe*.
Mais ça me prend un temps fou d'être une internaute de la cyber planète. J'envoie des méls, après je téléphone pour vérifier qu'ils sont bien arrivés.
– Tu l'as pas reçu ou tu les as pas ouverts ? Alors tu vas regarder si tu l'as reçu et tu m'envoies un mél pour me dire. Dès que j'ai reçu ton mél, je te rappelle. Non, non, non, non ! On ne discute pas maintenant par téléphone ! C'est plus rapide Internet !

* Jeu de mots avec le verbe « emmêler » qui signifie « mélanger, embrouiller les idées, rendre confus ».

Internet, sketch interprété par Anne Roumanoff, extrait du spectacle *Follement Roumanoff*, coécrit par Anne et Colette Roumanoff, Best Of, 2004.

CORRIGÉS

1 *Réponse libre.*
2 1 d ; 2 g ; 3 c ; 4 f ; 5 a ; 6 h ; 7 e ; 8 i ; 9 b
3 Anne Roumanoff a acheté un ordinateur et elle s'est connectée à Internet. Elle a choisi de raconter ses difficultés face au fonctionnement/dysfonctionnement de son ordinateur pour faire rire le public.
4 c ; d ; b ; e ; f ; g ; a
5 **A.** Les personnes : le vendeur, le dépanneur de la hotline, le destinataire de ses méls. Les objets : l'ordinateur, la boîte vocale. – **B.** 2 ; 5 ; 7
6 **A.** 1. plante constamment ; 2. p'tit con – **B.** L'effet comique est qu'Anne Roumanoff traite son ordinateur PC comme un être humain et l'insulte en le qualifiant de « p'tit con » (insulte qui signifie « imbécile », « stupide »). Elle reproche au PC (*Personal Computer*) d'être toujours en panne (de « planter constamment ») et de n'avoir aucune intelligence alors que l'ordinateur est considéré comme l'une des plus grandes inventions technologiques du 20ᵉ siècle.
7 2 ; 3 ; 5 ; 6 ; 7
8 2 ; 3 ; 4 ; 6 – *Réponse libre.*
9 Lorsqu'on branche une imprimante à un ordinateur, il faut communiquer cette information à l'ordinateur, alors que lorsqu'on branche une machine à laver, il n'est pas nécessaire de communiquer cette information au mur dans lequel se trouve la prise électrique. Le comique de situation vient donc de la comparaison entre le mur et l'ordinateur (appareil très sophistiqué). Anne Roumanoff joue sur le sens du verbe « brancher ».
10 **A.** Anne Roumanoff doit patienter toute la journée ; elle obtient la hotline au bout de deux jours. – **B.** *Réponse libre.*
11 J'ai un copain, dans son bureau, on lui a demandé de sauvegarder une disquette. Il l'a photocopiée et il l'a mise dans un préservatif pour la protéger des virus. Et lui, quand il a vu une bombe dans l'ordinateur, il a coupé le disjoncteur de l'immeuble et il a appelé les pompiers.
12 **A.** On ne sait pas ce qu'on y cherche, et on trouve tout ce qu'on cherche pas. […] Tu peux discuter avec des gens du monde entier que tu ne connais pas et tu sais pas quoi leur dire. – **B.** *Réponse libre.*

13A. La répétition, les grimaces, l'accentuation et la prononciation du mot mél. – **B.** Elle envoie un mél puis elle téléphone au destinataire pour vérifier qu'il l'a bien reçu. Elle lui demande de confirmer la réception de ce mél par mél. Ensuite, elle rappelle la personne pour lui dire qu'elle a bien reçu son accusé de réception. – *Réponse libre.*

14 à **16** *Réponses libres.*

NOTES CULTURELLES

Anne Roumanoff

Elle est humoriste, comédienne et metteur en scène. Elle est née le 25 septembre 1965 à Paris. Elle est mariée et a deux enfants. Après des études à l'Institut d'études politiques de Paris (« Sciences Po »), elle débute à 22 ans à la télévision en jouant ses propres sketchs et devient alors comédienne comique adepte du *one woman show*. En septembre 2007, dans l'émission télévisée de France 2 *Vivement dimanche*, animée par Michel Drucker, elle tient une tribune sur l'actualité politique intitulée « On ne nous dit pas tout ! Les chroniques de Radio Bistrot ». Cette émission lui apporte la reconnaissance des critiques. Depuis l'été 2009, elle anime également sur Europe 1 une émission radiophonique satirique tous les samedis de 11 heures à 12 h 30, *Samedi Roumanoff*.

Vidéo 3 • Relater son parcours

TRANSCRIPTION

Première partie

Petite, dans son Cameroun natal, Angèle avait cette étrange manie de fixer les gens dans la rue. « Avance, lui disait son père et regarde donc où tu vas. » Sa route l'a menée en France puis aux Pays-Bas. Mais ce désir d'immortaliser les visages ne l'a pas quittée. Alors, elle en a fait un métier, un art. Aujourd'hui, Angèle est photographe, elle vend ses tirages dans le monde entier. Une référence qui s'impose au regard dès le hall d'entrée de ce laboratoire professionnel. Amsterdam, pour Angèle, c'est la ville du premier appareil photo et des premiers tirages. Une ville où elle a posé ses valises avec seulement un bac en poche, c'était en 1982.

Deuxième partie

– Ça a été, je peux dire, un choc culturel, vraiment. C'était un pays très libre, très très libre parce que c'était, je dirais presque, dans l'air. J'ai tout de suite senti ça, que ça, c'est un pays où on pouvait construire beaucoup de choses, où on pouvait réaliser beaucoup de choses.

Angèle s'est donc mise à la tâche mais en version accélérée. Six mois pour apprendre le néerlandais, deux ans pour maîtriser les techniques de la photo. Quelques mois plus tard, elle décroche sa première expo. Et dans ses clichés s'impose déjà l'univers de la femme, une femme noire, fière et forte. Avant de se quitter, Angèle nous amène dans un café stylé, tendance Art déco qu'on appelle ici « Café blanc ». Mais cela reste un de ses cafés amstellodamois où générations et classes sociales se confondent. Une atmosphère à laquelle Angèle est très attachée.

– Autant le Cameroun peut me manquer, autant Amsterdam peut me manquer, j'ai vraiment ces deux bases-là. L'idéal, en fait, serait de vivre six mois ici et six mois là-bas parce que j'ai réellement besoin des deux.

À un moment de sa vie pourtant, Angèle a dû choisir sa nationalité. Camerounaise ou hollandaise, elle a opté pour la seconde. Le choix n'a pas été facile. Comme elle, plus de 18 % des habitants des Pays-Bas sont d'origine étrangère.

CORRIGÉS

1 *Réponse libre.*

2 *Destination réussite.* Cette émission est un portrait. Il s'agit du parcours professionnel réussi d'une femme.

3 1. Angèle – 2. le Cameroun – 3. la France et les Pays-Bas – 4. Amsterdam – 5. photographe – 6. le bac, en 1982.

4 A. Elle fixait les gens dans la rue. – **B.** Fixer les gens, c'est chercher à immortaliser leur visage comme on peut le faire en les photographiant.

5 Pour Angèle, Amsterdam est la ville qui lui a permis de devenir photographe. Elle y a acheté son premier appareil photo et y a fait ses premiers tirages.

6 A. Etoundi Essamba. – **B.** a. « Six mois pour apprendre le néerlandais » → 1 ; b. « Quelques mois plus tard, elle décroche sa première expo » → 3 ; c. « Deux ans pour maîtriser les techniques de la photo » → 2

7 A. *Voiles et dévoilements* signifie qu'Angèle photographie des femmes voilées. En se faisant photographier, ces femmes se dévoilent face à l'objectif. – **B.** La femme. C'est une femme noire, fière et forte. – **C.** *Réponse libre.*

8 1. Un choc culturel. – 2. Un pays libre. – 3. Vivre six mois au Cameroun et six mois aux Pays-Bas. – 4. Les deux pays.

9 Au Café blanc, les générations et les classes sociales se confondent.

10A. Elle a dû choisir entre la nationalité camerounaise et la nationalité hollandaise. Elle a choisi la nationalité hollandaise. – *Réponse libre.* – **B.** Plus de 18 % des habitants des Pays-Bas sont d'origine étrangère. – *Réponse libre.*

11 et **12** *Productions libres.*

NOTES CULTURELLES

Angèle Etoundi Essamba

Née à Douala, au Cameroun, en 1962, Angèle Etoundi Essamba est arrivée à l'âge de dix ans en France. C'est une vraie rupture avec ses origines africaines, qu'elle retrouvera à vingt-cinq ans après la naissance de ses deux premiers enfants en retournant au Cameroun avec eux. De son pays natal, elle photographie le visage des femmes africaines drapées, voilées. Elle utilise le portrait pour interroger la représentation et l'identité multiculturelles. Au-delà de la religion et de l'esthétique, ses photos sont une réflexion autour de la liberté et de l'exclusion, une ouverture sur le monde et sur nous-mêmes. Actuellement, Angèle Etoundi Essamba vit à Amsterdam entourée de ses trois enfants dont elle espère que l'un d'entre eux prendra la relève. Ses photos sont exposées dans le monde entier. Son dernier ouvrage, *Voiles et dévoilements*, est paru aux éditions Cheminements en 2008.

Le Cameroun

Pays qui se situe en Afrique de l'Ouest. Capitale politique : Yaoundé. Capitale économique : Douala. Langues administratives : français et anglais. Colonisé par la France en 1900, il obtient son indépendance en 1960. Il compte 240 ethnies et 150 langues.

Vidéo 4 • Présenter des titres d'actualité

TRANSCRIPTION

– Bonsoir. Bonsoir à tous, bienvenue. Voici les titres de votre journal. Affluence record au Salon de l'agriculture. 700 000 personnes en 8 jours se sont pressées Porte de Versailles. C'est 10 % de plus que l'an dernier.

1 130 emplois directs menacés chez Continental. L'usine de Clairoix dans l'Oise pourrait bientôt fermer ses portes. C'est la direction elle-même qui le dit. Le site est en ce moment même en pleine période de chômage partiel.

…/…

.../...
Et en ces temps de crise, les plans sociaux ont souvent des répercussions psychologiques sur les salariés, licenciés, évidemment, mais aussi sur ceux qui restent. Nous verrons comment certains de leurs patrons leur viennent en aide.
Notre grand format nous conduira en Inde, sur les traces des maharajas à Jaïpur où une famille perpétue l'art de la taille des pierres précieuses et de la joaillerie, depuis le 16e siècle.
Enfin, un 11e album qui sort la semaine prochaine, une tournée dont les places s'arrachent déjà par milliers et qui s'achèvera au stade de France en juin 2010, Indochine fête ses 30 ans de carrière. Nicola Sirkis est notre invité. C'est une exclusivité. Merci, bonsoir.
– Bonsoir.
– Et à tout à l'heure.

CORRIGÉS

1 *Réponse libre.*
2 Le sommaire d'un journal.
4 *Production libre.*
3 et **5 Titre 1 :** 700 000 visiteurs – Rubrique : société – Sujet : le Salon de l'agriculture – Lieu : porte de Versailles – Personnes : les visiteurs du Salon.
Titre 2 : Une usine en sursis – Rubrique : économie – Sujet : licenciements et fermeture probable d'une usine – Lieu : une usine de pneus à Clairoix dans l'Oise – Personnes : les ouvriers.
Titre 3 : Maîtriser son stress – Rubrique : santé et entreprises – Sujet : comment les patrons viennent en aide aux salariés stressés – Lieu : entreprises – Personnes : salariés et patrons.
Titre 4 : Les parures de l'Inde – Rubrique : culture – Sujet : les bijoux, la joaillerie, la tradition de la taille des pierres précieuses – Lieu : l'Inde (ville de Jaïpur) – Personnes : une famille de joailliers.
Titre 5 : Indochine est de retour – Rubrique : culture, musique – Sujet : le groupe de rock Indochine sort un album – Lieu : les salles de concert de la tournée – Personnes : le groupe et son leader Nicola Sirkis.
6 **1.** Le Salon de l'agriculture a duré huit jours. – **2.** Le nombre de visiteurs en 2009 a été en hausse de 10 % par rapport à 2008. – **3.** L'usine Continental à Clairoix pourrait fermer ses portes. – **4.** 1 130 emplois sont menacés. – **5.** La crise angoisse aussi les salariés qui restent dans l'entreprise. – **6.** Les patrons aident les salariés qui travaillent dans leur entreprise. – **7.** Une famille indienne fabrique des bijoux depuis le 16e siècle. – **8.** C'est le 11e album du groupe Indochine. – **9.** Le prochain spectacle du groupe Indochine aura lieu en juin 2010. – **10.** Le groupe fête ses 30 ans de carrière.
7 **1.** se sont précipités – **2.** la perte de son travail – **3.** les licenciements, la diminution du personnel ; retentissements, incidences, contrecoups ; mis à la porte – **4.** qui risquent d'être supprimés – **5.** continue, maintient ; la coupe – **6.** la grande bijouterie, l'orfèvrerie – **7.** sont très demandées, on se dispute pour obtenir une place de concert.
8 et **9** *Réponses libres.*
10 et **11** *Productions libres.*

NOTES CULTURELLES

Les journaux télévisés français et les chaînes nationales
Créée en 1963, France 2 est la deuxième chaîne historique de télévision généraliste française de service public. La couleur de son logo est rouge et caractérise l'habillage de ses émissions. Elle figure derrière sa grande rivale TF1 (Télévision Française 1), la première chaîne de télévision généraliste française, privée depuis 1987 (anciennement publique et créée en 1935). Les couleurs du logo de TF1 sont celles du drapeau tricolore français (bleu, blanc, rouge). Le 20 heures de TF1 est le journal télévisé le plus regardé de France et d'Europe.

Autrefois première chaîne en termes d'audience et d'image, France 2 tente de retrouver cette place : le départ de Patrick Poivre d'Arvor, journaliste vedette de TF1, en septembre 2008, la nouvelle grille de programmes de France 2, des changements dans la manière de présenter l'information et la présence de nouveaux journalistes comme Laurent Delahousse et Marie Drucker ont sensibilisé les téléspectateurs dont le nombre ne cesse d'augmenter.

Marie Drucker
Marie Drucker est née le 3 décembre 1974 à Paris. Elle est titulaire d'une licence de lettres et d'un diplôme de journaliste reporter d'images. C'est la fille de Jean Drucker, fondateur de la chaîne de télévision privée M6 et la nièce de Michel Drucker, l'un des présentateurs préférés des Français. À 19 ans, elle commence à faire des piges pour la presse écrite d'information. À 22 ans, elle est reporter pour l'agence de presse CAPA. Ses reportages sont diffusés sur des chaînes du service public et privé. Elle gravit rapidement les échelons : présentation du *Soir 3* puis intégration à France 2. En 2006, elle reçoit le trophée des Femmes en or pour son parcours professionnel. Depuis septembre 2008, elle présente les journaux en remplacement de Laurent Delahousse sur France télévisions et, depuis 2011, elle présente également un magazine d'investigation, *Les Infiltrés.* Toujours depuis 2011, elle présente une émission sur la radio RTL.

Le Salon international de l'agriculture (www.salon-agriculture.com)
C'est la plus grande manifestation agricole française. Il est l'héritier des comices agricoles du 19e siècle et des concours d'animaux de boucherie. Depuis la création officielle de ce Salon en 1964, le nombre de visiteurs au Parc des expositions de la Porte de Versailles dans le 15e arrondissement de Paris augmente chaque année. Ce Salon présente la richesse et la diversité de l'agriculture française et internationale. Des espèces animales du monde entier sont exposées et on peut s'y informer sur l'évolution de la génétique bovine et porcine. À la fois centre de documentation, point de diffusion et de vente de produits agricoles nationaux et internationaux, le Salon suit les évolutions de la société et accorde une place de plus en plus importante au tourisme vert et à l'environnement.

Vidéo **5** • Promouvoir une action caritative

TRANSCRIPTION

– Bonsoir Gad !
– Bonsoir ! Bonsoir ! C'est là ?
– Bonsoir ! Ça va bien ?
– Bonsoir ! Je vous accompagne.
– Il faut que je trouve Sophie Davant juste avant que ça commence. C'est où ?
– Ah, c'est par ici alors !
– C'est où ? Ah c'est là ! Ok ! Est-ce que Sophie Davant est là ?
– Oh, j'ai eu peur Gad ! J'ai eu peur que tu ne sois pas au rendez-vous.
– Non, non, je suis là, je suis là.
– Comment ça va ?
– Comment ça va ?
– Mesdames, messieurs, Gad Elmaleh, le parrain de ce vingt-cinquième Téléthon ! L'une des personnalités préférées des Français. Il sait tout faire : acteur, humoriste, réalisateur. Merci Gad. C'est un grand, grand, grand bonheur. Ça fait longtemps qu'on attend, qu'on espère, mais ça y est !

.../...

.../...

– Je suis très heureux, très heureux d'être là ce soir et très fier en tout cas de lancer ce Téléthon. Dans combien de temps d'ailleurs ?
– On va le lancer dans quelques instants. Là, on avait envie pour ce démarrage de te faire découvrir les coulisses du Téléthon parce que le public a envie de savoir comment ça se passe. Alors, ici on est ici dans le car-régie, tout le monde est là. Le réalisateur, Tristan Carné.
– Bonjour ! Comment ça va ? Mais à quoi servent tous ces boutons, monsieur ? Pourquoi tous ces boutons ?
– Jérôme, truquiste. Le producteur, Daniel Pate, mesdames et messieurs.
– Truquiste, c'est un métier, ça, truquiste.
– Caroline... Véronique, la script !
– Truquiste, c'est tout ce qui... Par exemple, s'il y a un truc, si tu as oublié un truc, c'est un truquiste qui s'en occupe, voilà.
– Donc ça passe ici, Gad. On va vous faire découvrir tous les lieux névralgiques du Téléthon.
– Moi, j'ai envie de vous dire « merde » à tous et bon courage, je suis avec vous !
– Tu viens avec moi. On va découvrir les coulisses. À tout l'heure ! Bon courage Tristan ! Ça dure 30 heures, hein !
– Merci. À tout à l'heure. Bon courage !
– Alors, les coulisses du Téléthon. Vas-y. Suis-moi. Alors il y a du bruit, de l'ambiance. Il y a des fanfares. Et là, on se dirige vers le village de l'AFM. Ça, c'est les DOM-TOM, ce sera la nuit. Les pompiers ! Salut, les pompiers ! Bravo ! Quarante mille pompiers, qui, comme chaque année vont se mobiliser pour le Téléthon.
– Ici, c'est le village de l'AFM. C'est là qu'on accueille toutes les familles. Les parents, les malades et la présidente est là.
– Bon, Laurence on va s'approcher du plateau.
– Plus que jamais pour ce 25e Téléthon vous attendez bien sûr que les Français soient au rendez-vous, parce qu'on a des choses à leur annoncer et on va justifier les dons.
– C'est vrai que depuis 25 ans, quand on fait un retour en arrière, tellement de choses se sont passées, tellement d'avancées, que ce soit sociales, que ce soit médicales, que ce soit scientifiques, c'est vrai que plus que jamais on a besoin en effet de la mobilisation.
– Bonsoir tout le monde !
– Bonsoir !

CORRIGÉS

1 *Proposition de corrigé :* la bienfaisance, la bonté, l'aide, donner, assister, s'occuper des pauvres / des SDF (sans domicile fixe), les sans-abri, les démunis, etc.
être solidaire : partager, s'entraider, porter assistance, apporter une aide mutuelle, s'engager, etc.
2 **A.** Pour la France : le Sidaction, Les Restos du cœur avec le spectacle des Enfoirés, etc. – **B.** Réponse libre.
3 **A.** Titre de l'émission : Téléthon ; Année : 2011 ; Durée de l'émission : 30 heures (chrono) ; Nom de la présentatrice : Sophie Davant ; Nom du présentateur : Gad Elmaleh – **B.** *Réponse libre.* Une carte de France remplie de bougies afin de montrer que tout le monde est concerné et en éveil pendant toute la soirée, la nuit.
4 et 5 *Proposition de corrigé :* C'est une émission de charité en direct appelée le Téléthon qui a pour but de collecter des dons pour la recherche scientifique et qui, pour inciter les gens à donner de l'argent, propose aussi des divertissements.
L'homme s'appelle Gad Elmaleh. Il monte dans un camion où il rencontre Sophie Davant et toute l'équipe technique, c'est le car-régie. Ensuite, ils se déplacent ensemble pour aller au village de l'AFM rencontrer sa présidente. Puis tous les trois, ils se dirigent vers le plateau du direct.
6 **A.** La peur : « J'ai eu peur que tu sois pas au rendez-vous. » – **B.** Le bonheur : « C'est un grand grand bonheur. »
7 **1.** Acteur, humoriste, réalisateur – **2.** Gad Elmaleh est le parrain du Téléthon 2011 – **3.** il est l'une des personnalités préférées des Français (2e du classement, lire la note culturelle) – **4.** il est très heureux et très fier de lancer le Téléthon

8 **A.** scénariste ; maquilleur ; perchiste – **B.** Lire les définitions de « truquiste » et de « truc » dans la rubrique « Notes culturelles » ci-après. Il fait volontairement une confusion entre le mot « truc », effet spécial à l'écran réalisé par le technicien appelé « truquiste » et le mot « truc » dans l'expression de la vie courante, « j'ai oublié un truc », qui signifie simplement « j'ai oublié quelque chose ». Gad Elmaleh fait croire aux gens qu'un truquiste est quelqu'un qui s'occupe des choses qu'on a oubliées.
9 **1.** Ils vont montrer les coulisses du Téléthon aux téléspectateurs. – **2.** 40 000 pompiers. – **3.** Les familles, les parents, les malades et la présidente de l'AFM.
10 Avancées sociales, médicales et scientifiques
11 *Réponse libre.*
12 et 13 *Productions libres.*

NOTES CULTURELLES

Le Téléthon
Le Téléthon est une émission de télévision en direct créée en 1986 sur le modèle américain. Aux États-Unis, le comique Jerry Lewis animait cette émission depuis 1966 ; il a présenté son dernier Téléthon en 2012. France Télévisions, consortium des chaînes publiques, a repris l'idée et retransmet 30 heures en continu et en direct de programmes liés à la recherche contre des maladies génétiques. De nombreuses villes, associations, personnes à titre individuel y participent. Le but est de collecter de l'argent pour la recherche scientifique afin de trouver des thérapies innovantes pour soigner des enfants atteints de déficits immunitaires, de maladies rares. Chaque année, le Téléthon désigne un parrain ou une marraine choisie dans le monde du spectacle qui co-anime l'émission avec Sophie Davant, l'animatrice en titre depuis plusieurs années. Pour faire un don, il faut téléphoner au 3637.

L'AFM
L'Association Française contre les Myopathies, créée en 1958 et alimentée par les dons du Téléthon, consacre son budget à la découverte de thérapies pour des maladies génétiques pour la plupart incurables. Sa présidente est Laurence Tiennot-Herment.

Gad Elmaleh
Gad Elmaleh est un humoriste, acteur, scénariste et réalisateur français d'origine marocaine. Né en 1971 au Maroc, Gad Elmaleh quitte son pays à 17 ans pour le Canada afin d'y faire des études. Puis en 1992, il arrive en France et entre au cours Florent (école qui propose des cours pour devenir acteur). Il écrit un spectacle de *one man show* et le présente à Paris en 1996. Depuis, le succès ne le quitte plus et les réalisateurs le sollicitent de plus en plus au cinéma. Son plus grand succès est *La Vérité si je mens 2 et 3* du réalisateur Thomas Gilou. Ensuite, il écrit et réalise son premier film intitulé *Coco* qui reçoit un grand succès public.
Selon le traditionnel Top 50 des personnalités préférées des Français, sondage réalisé tous les 6 mois (en juillet et en décembre) par le *Journal du Dimanche* depuis 25 ans, Gad Elmaleh, en décembre 2012, est classé deuxième après Omar Sy, acteur du film *Intouchables*, grand succès cinématographique de l'année 2011. Ils déclassent ainsi Yannick Noah, ancien joueur de tennis devenu chanteur, de son titre de première personnalité préférée des Français acquis depuis 2007.

Un truquiste
C'est un technicien à la télévision qui s'occupe de trucages, d'effets d'illusions, comme des effets d'optique. Par exemple, ce sont des mouvements de caméra (accélérés, ralentis), des fondus enchaînés (mode de montage où l'on passe d'une image à une autre en faisant disparaître la première image progressivement), etc. Il utilise des « trucs ». Un truc signifiant une astuce, un procédé pour obtenir un effet particulier.
En français courant, un truc est quelque chose qu'on ne peut ou ne veut pas nommer. Par exemple : Qu'est-ce que c'est ce truc ? Cette chose ?

Dire « merde » à quelqu'un pour lui souhaiter bonne chance
Cette pratique vient du monde du spectacle. Vers la fin du 19e siècle, les gens riches se déplaçaient en calèche pour aller notamment voir des spectacles. Pendant que les cochers attendaient la fin du spectacle devant les théâtres, les chevaux y faisaient tout naturellement leurs besoins. Et plus il y avait de calèches, plus les gens marchaient dans le crottin et entraient en salissant le sol du théâtre, et plus cela signifiait que le spectacle avait du succès. Les acteurs qui, avant de commencer, soulevaient le rideau et voyaient le sol se couvrir de crottins, finirent par se dire « merde » pour se souhaiter bonne chance et offrir un beau spectacle.

Vidéo **6** • Décrire des œuvres d'art

TRANSCRIPTION

Première partie
Les Oliviers, exaltation des couleurs, dynamique des motifs. Nous sommes en 1889 à Saint-Rémy. Van Gogh a déjà créé sa révolution. Pour en arriver là, il a fallu multiplier les horizons. C'est cette quête que retrace le musée d'Art de Bâle à travers soixante-dix toiles du peintre, exclusivement des paysages.

Deuxième partie
– Le paysage était toujours là pour lui ; il ne fallait pas payer des modèles et le paysage permet beaucoup d'expérimentations parce qu'il y a toutes les couleurs avec les angles qu'on peut choisir, les angles extrêmes, des différentes saisons… les heures du jour.

Troisième partie
Il y a d'abord les tons terreux de la période hollandaise : 1884, *Le Moulin à eau*. Van Gogh, l'autodidacte, celui qui n'a jamais fréquenté une école d'art, étonne déjà par sa maîtrise. Puis il y a le voyage en France, la découverte des impressionnistes et de ceux qui ne le sont déjà plus. Nouvelles influences, nouvelles techniques, Van Gogh invente une troisième voie : la sienne.
– C'est une fête de couleurs et… un ornement de couleurs, un ornement de traces de pinceau qui est extrêmement mouvementé. Comme ça, on a presque l'impression que quelque chose bouge dans ce tableau-là.

Quatrième partie
Il aura fallu cinq ans pour mettre sur pied cette exposition monumentale. Chefs-d'œuvre ou toiles méconnues, l'ensemble compose la rétrospective la plus exhaustive jamais réalisée sur l'artiste.

CORRIGÉS

1 et **2** *Réponses libres.*
3 **1.** Il est question d'une exposition au musée d'Art de Bâle présentant soixante-dix tableaux du peintre Van Gogh. – **2.** Le premier tableau, *Les Oliviers*, a été réalisé par Vincent Van Gogh à Saint-Rémy en 1889. – **3.** L'auteur a dû « multiplier les horizons », c'est-à-dire voyager, pour arriver à trouver sa propre voie artistique. – **4.** Cette rétrospective présente exclusivement / uniquement des paysages.
4 **A.** Le peintre privilégiait les paysages parce qu'il ne devait pas payer de modèles mais surtout parce que le paysage permet de nombreuses expérimentations artistiques. – **B.** « […] le paysage permet beaucoup d'expérimentations parce qu'il y a toutes les couleurs avec les angles qu'on peut choisir, les angles extrêmes, des différentes saisons… les heures du jour. »
A. Vincent Van Gogh a commencé à peindre dans son pays natal, la Hollande. Il n'a jamais étudié les Beaux-arts. Puis il s'est rendu

en France, où il a subi les influences des peintres impressionnistes et d'autres courants artistiques. – **B.** « Nouvelles influences, nouvelles techniques, Van Gogh invente une troisième voie : la sienne. »
6 Un ornement de couleurs et de traces de pinceau.
7 Ce genre de tableau s'appelle un autoportrait. – *Réponse libre.*
8 **1.** Cinq années ont été nécessaires pour réaliser une exposition aussi importante. – **2.** L'exposition présente aussi bien des tableaux très célèbres que des tableaux peu connus du public. – **3.** Cette exposition présente de manière très détaillée les différentes périodes du peintre, les tableaux exposés sont très nombreux.
9 à **11** *Productions libres.*

NOTES CULTURELLES

Van Gogh
Vincent Van Gogh (1853, Hollande – 1890, Auvers-sur-Oise) resta jusqu'à sa mort un homme tourmenté, un isolé, un incompris ; sa vie fut un échec tant en amour que dans ses liens familiaux et ses contacts humains. Seul son frère cadet, Théo, l'aida moralement et financièrement sans jamais se lasser. Il lui permit ainsi d'accomplir son œuvre. Cette œuvre est variée : elle commence par l'inspiration du naturalisme avant d'être attachée au mouvement impressionniste. Van Gogh va ensuite persévérer dans une voie personnelle annonçant le mouvement dit « des fauves ». Il meurt, aliéné, dans la clinique du docteur Gachet, à Auvers-sur-Oise, en France.

Musée de Bâle
Le musée des Beaux-Arts de Bâle, en Suisse (Kunstmuseum) représente la plus ancienne collection d'art publique au monde. Il possède la plus grande collection de travaux de la famille Holbein. La Renaissance est également remarquablement représentée avec Witz, Cranach l'Ancien, Grünewald, etc. Pour le 20e siècle, l'accent a été mis sur le cubisme (Picasso, Braque, Léger), l'expressionnisme allemand et l'art américain depuis 1950. L'exceptionnelle exposition des soixante-dix tableaux de Van Gogh a eu lieu en 2009.

Vidéo **7** • La ville du futur

TRANSCRIPTION

Première partie
Bonsoir. Bienvenue sur le plateau de *Ce soir (ou jamais !)*. On va pouvoir enfin débattre : comment vivre dans la mégapole du futur et comment la faire vivre ? Je vous présente mes invités : Christian de Portzamparc, architecte et urbaniste. Vous êtes le premier Français à avoir reçu le prix Pritzker, le Nobel de l'architecture. C'était en 1994, aujourd'hui votre projet « Grand Paris » s'articule autour d'un train aérien au-dessus du périphérique, comme on le voit sur ce dessin. On en verra d'autres, au cours de cette émission. Jean Nouvel, vous aussi, vous êtes architecte et urbaniste. Vous avez été le second Français à recevoir le Nobel de l'architecture, le prix Pritzker. C'était l'année dernière en 2008. Vous étiez d'ailleurs venu dans cette émission peu après. Alors, depuis onze mois, vous vous êtes, vous aussi, penché sur le « Grand Paris ». Vous le voyez polycentrique et vous plaidez pour des éco-cités où l'on oserait construire en hauteur des tours, mais des tours vertes. Vous nous en direz, je vous rassure, beaucoup plus au cours de cette émission. Roland Castro, vous êtes également architecte, également urbaniste. Pour vous, le « Grand Paris » doit être un moyen de combattre ce que vous appelez « l'apartheid urbain » en imaginant par exemple l'opéra de Sydney dans le port de Gennevilliers.

…/…

.../...

Deuxième partie

– Revenons en 1927, un chef-d'œuvre du cinéma signé Fritz Lang : *Metropolis*. Il imaginait la ville du futur, il y voyait des tours. Une tour de Babel d'ailleurs, comme vous, Jean Nouvel. Il y voyait aussi des transports de masse. On va le regarder, *Metropolis*, qui bien entendu aujourd'hui est en DVD.

– Thierry Pacot, je sais que tout ça vous passionne. Les projets d'architecte justement, quand on raisonne à 30-40 ans. Fritz Lang n'était pas architecte mais il les avait étudiés.

– Il avait commencé des études d'architecture.

Troisième partie

– Vous savez qu'il y a un projet à Shanghai pour « Shanghai 2030 », d'une ville écologique. Je vous propose de le regarder. Vous me direz ce que vous en pensez. Vous avez pas l'air d'en penser beaucoup de bien.

– Y en a un à côté d'Abu Dhabi aussi.

– Regardez, « Shanghai 2030 », peut-être ce sera ça.

– Déjà confronté à des pénuries d'énergie, le pays construit à Dongtan une cité verte qui devrait accueillir 20 000 habitants dès 2010 et près de 500 000 en 2040. Aucun bâtiment ne dépassera les huit étages. Les toits, recouverts de gazon et de plantes vertes, permettront d'isoler les bâtiments et de recycler l'eau. Les piétons disposeront de six fois plus d'espace qu'à Copenhague, l'une des capitales les plus aérées d'Europe.

– Ce que Shanghai souhaite montrer au monde, et c'est fondamental pour moi, c'est que nous investissons pour le développement durable.

CORRIGÉS

1 et **2** *Réponses libres.*

3 **1.** *Ce soir (ou jamais !).* – **2.** Comment vivre dans la mégapole du futur et comment la faire vivre ? – **3.** Ils sont architectes et urbanistes. – **4.** Ils sont réunis autour du projet du « Grand Paris ».

4 **A.** Christian de Porzemparc – décongestionner le trafic – métro aérien / Jean Nouvel – élever des éco-cités – tours de végétation / Roland Castro – combattre « l'apartheid urbain » – opéra futuriste en banlieue
B. Christian de Portzamparc et Jean Nouvel. Le prix Pritzker est le Nobel de l'architecture.

5 « Revenons en 1927, un chef-d'œuvre du cinéma signé Fritz Lang : *Metropolis*. Il imaginait la ville du futur, il y voyait des tours. Une tour de Babel d'ailleurs, comme vous, Jean Nouvel. Il y voyait aussi des transports de masse. On va le regarder, *Metropolis*, qui bien entendu aujourd'hui est en DVD. »

6 **2.** Fritz Lang avait commencé des études d'architecture.

7 *Quatre parmi :* Les gratte-ciel, les autoroutes en ville, les autoroutes surélevées, les échangeurs, l'intense circulation automobile, les immeubles qui ont vue sur les périphériques…

8 **A.** On voit des hommes en rangs, une voiture qui passe au-dessus des hommes, des avions, des trains et des voitures qui passent en même temps dans un flux continu. – **B.** C'est une attitude de soumission : ils marchent en rangs serrés et le dos voûté. L'homme est mécanisé. – **C.** **2.** Les axes de circulation semblent tourner en rond. – **D.** 1 ; 2 ; 4 ; 5. Cela donne une sensation d'activité incessante, d'angoisse, d'écrasement (empilement de voies les unes sur les autres) et de folie. – **E.** La musique accentue cette double impression d'angoisse et d'activité répétitive (même thème répété), avec un crescendo jusqu'à la vision de la tour de Babel qui domine ce monde.

9 Selon le texte de la Bible, la tour de Babel a été construite par les hommes pour égaler la puissance de Dieu qui s'est vengé en multipliant les langues pour qu'ils ne puissent plus se comprendre. Ici, on voit un bâtiment massif et inquiétant qui domine la ville. Plus qu'un bâtiment, la tour apparaît comme un monstre effrayant.

10 *Réponse libre.*

11A. **1.** de 20 000 dès 2010 à 500 000 en 2040 – **2.** pas plus de 8 étages – **3.** gazon et plantes vertes – **4.** Ce matériau permettra d'isoler les bâtiments et de récupérer l'eau. – **5.** Espace dont disposeront les piétons : 6 fois plus qu'à Copenhague.
B. L'isolation et la récupération de l'eau. – **C.** Jean Nouvel a l'air très sceptique. – *Réponse libre.*

12 *Production libre.*

NOTES CULTURELLES

Projets du « Grand Paris »

En juin 2008, le président de la République Nicolas Sarkozy a lancé le projet d'une « capitale du 21e siècle ». Dix équipes internationales d'architectes ont été chargées de donner leur vision de la métropole du futur : Paris à l'horizon 2040. Les projets ont été rendus publics en avril 2009 et en 2012, 26 projets ont été sélectionnés.

Le prix Pritzker

Il a été créé en 1979 par Jay A. Pritzker et sa femme. Il est décerné chaque année par la fondation américaine Hyatt. Il récompense d'un montant de 100 000 dollars le travail d'un architecte vivant ayant démontré une combinaison significative de talent, de vision et d'engagement à travers l'art de l'architecture. Ce prix est considéré comme le prix Nobel de l'architecture. Le fils de Jay A. Pritzker (Thomas J. Pritzker) a pris la tête de la fondation à la mort de son père en 1999.

Metropolis de Fritz Lang (1927, musique originale de Gottfried Huppertz)

Metropolis, la cité de l'avenir, est gouvernée d'une main despotique par Joh Fredersen. La ville est divisée en deux secteurs : la partie haute, la ville des maîtres, entourée de magnifiques jardins verdoyants, et la partie basse, grouillante et crasseuse ville des travailleurs, où survivent des ouvriers qui assurent le fonctionnement de la cité, rivés à des machines avilissantes. Un jour, Freder, le fils de Fredersen, va rencontrer Maria, esclave de la ville basse qui prêche la bonne parole aux travailleurs. Avec elle, il découvre les bas quartiers et la misère. Bouleversé, il va essayer de défendre la cause des travailleurs auprès de son père.

La tour de Babel

La Bible (dans le livre de la Genèse) parle d'une tour que souhaitaient construire les hommes pour atteindre le ciel. Selon la tradition judéo-chrétienne, c'est Nemrod, régnant sur les descendants de Noé, qui eut l'idée de la construire pour rivaliser avec Dieu et échapper à un nouveau déluge. Pour mettre un terme à ce projet, Dieu multiplia les langues afin que les hommes ne se comprennent plus entre eux. Ainsi, la construction ne pouvait plus avancer et les hommes se dispersèrent sur la Terre.

Shanghai

Ce nom signifie « sur la mer ». La ville, devenue le véritable centre économique de la Chine, est la plus grande du pays avec plus de 23 millions d'habitants, ce qui donne la plus grande densité au km^2 du monde.

Vidéo **8** • Convaincre

TRANSCRIPTION

Première partie

– *Le Monde* reprend en titre la phrase de Gicquel « La France a peur » prononcée en ouverture du journal télévisé. Et plus loin, M. Lecanuet,

.../...